KB248087

EBS
교육방송교재

검스타트
검정고시
고졸 수학

2026
최신판

단원별 개념정리 + 기출문제 체크 + 실전모의고사

검스타트 고득점 합격 로드맵

기출이 답이다
최신 기출문제
+ 무료 강의

연습은 실전처럼
온라인 모의고사
+ 상세 해설

빈틈 없는 마무리
시험장에서 보는
5분 정리집

빠른 결과 확인
가답안 문자 예약
+ 자동 채점

시험 안내

고졸 검정고시는 부득이한 이유로 정규 고등학교 과정을 마치지 못한 사람들을 대상으로 실시하는 국가 자격 시험으로, 고졸 검정고시에 합격한 자는 고등학교를 졸업한 자와 동등한 자격을 인정받습니다.
※ 자세한 사항은 각 시·도별 공고문을 참고하십시오.

1 시행 기관
- 시·도 교육청 : 시행 공고, 원서 교부 및 접수, 시험 실시, 채점, 합격자 발표
- 한국교육과정평가원(KICE) : 문제 출제, 인쇄 및 배포

2 시험 일정*

구분	공고 기간	접수 기간	시험일	합격자 발표
제1회	1월 말 ~ 2월 초	2월 초 ~ 중순	4월 초·중순	5월 초·중순
제2회	5월 말 ~ 6월 초	6월 초 ~ 중순	8월 초·중순	8월 하순

※ 상기 일정은 시·도 교육청 협의에 따라 변경될 수 있습니다. 반드시 해당 시험 공고문을 참조하세요.

3 시험 과목 및 시간표

구분	1교시	2교시	3교시	4교시	중식	5교시	6교시	7교시
시간	09:00~ 09:40	10:00~ 10:40	11:00~ 11:40	12:00~ 12:30	중식 12:30~ 13:30	13:40~ 14:10	14:30~ 15:00	15:20~ 15:50
	40분	40분	40분	30분		30분	30분	30분
시험 과목	국어	수학	영어	사회		과학	한국사	선택 과목

※ 필수 과목 : 국어, 수학, 영어, 사회, 과학, 한국사(6과목)
※ 7교시 선택 과목은 '도덕, 기술·가정, 체육, 음악, 미술' 중 1과목(따라서 총 7과목 응시)

4 출제 형식 및 배점
- 문항 형식 : 객관식 4지 택 1형
- 출제 문항 수 및 배점

구분	문항 수	배점
고졸	각 과목별 25문항(단, 수학은 20문항)	각 과목별 1문항당 4점(단, 수학은 1문항당 5점)

5 합격자 결정 및 취소
- 고시 합격 ➡ 각 과목을 100점 만점으로 하여 결시 없이 평균 60점 이상을 취득한 자(과락제 폐지)
- 과목 합격 ➡ 과목당 60점 이상 취득한 과목
- 합격 취소 ➡ 응시 자격에 결격이 있는 자, 제출 서류를 위조 또는 변조한 자, 부정행위자

6 응시 자격 및 제한

◆ 응시자격 및 응시과목

응시자격	응시과목
중학교 졸업자	● 국어, 수학, 영어, 사회, 과학, 한국사【필수 : 6과목】 ● 도덕, 기술・가정, 체육, 음악, 미술【선택 : 1과목】
중학교 졸업학력 검정고시 합격자	
초・중등교육법시행령 제97조・제101조 및 제102조 해당자	
보호소년 등의 처우에 관한 법률 시행령 제69조 제3호의 규정에 의한 자	
3년제 고등기술학교 및 고등학교에 준하는 각종학교 졸업자 또는 졸업예정자	국어, 수학, 영어 【총 3과목】
3년제 직업훈련과정의 수료자	
3년제 고등기술학교 및 고등학교에 준하는 각종학교 졸업자 또는 졸업예정자, 3년제 직업훈련과정의 수료자 해당자로서 '89.11.22 이후 국가기술자격법에 의한 기능사 이상의 자격 취득자	국어, 수학 또는 영어 【총 2과목】
3년제 고등기술학교 및 고등학교에 준하는 각종학교 졸업자 또는 졸업예정자, 3년제 직업훈련과정의 수료자 해당자로서 '89.11.21 이전 국가기술자격법에 의한 기능사 이상의 자격 취득자	수학 또는 영어 【총 1과목】
만 18세 이후에 평생교육법 제23조 제2항에 따라 평가인정한 학습과정 중 고시과목에 관련된 과정을 교육부장관이 정하는 바에 따라 과목당 90시간 이상 이수한자	국어, 수학, 영어【3과목】 + 미이수 과목

◆ 응시 자격 제한
- 고등학교 또는 초・중등교육법 시행령 제98조 제1항 제2호의 학교를 졸업한 자 또는 재학 중인 자(휴학 중인 자 포함)
- 공고일 이후 중학교 또는 초・중등교육법 시행령 제97조 제1항 제2호의 학교를 졸업한 자
- 고시에 관하여 부정행위를 한 자로서 2년이 경과되지 아니한 자
- 고등학교 또는 초・중등교육법 시행령 제98조 제1항 제2호의 학교에서 퇴학된 사람으로서 퇴학일부터 공고일까지의 기간이 6개월이 되지 않은 사람(다만, 장애인복지법에 제32조에 따라 등록한 장애인으로서 신체적・정신적 장애로 학업을 계속하는 것이 불가능하여 퇴학된 사람은 제외)

7 제출 서류

◆ 응시자 전원 제출 서류(공통)
- 응시원서(소정 서식) 1부(현상 접수 시, 온라인 접수 시는 전사파일 형식의 사진 1매만 필요)
- 동일한 사진 2매(탈모 상반신, 3.5cm×4.5cm, 응시원서 제출 전 3개월 이내 촬영)
- 본인의 해당 최종학력증명서 1부(아래 해당 서류 중 한 가지)
  - 중졸 검정고시 합격자 : 합격증서 사본(원본 지참)
  - 고등학교 재학 중 중퇴자 : 제적증명서
  - 중학교 졸업 후 상급학교 미진학자 : 상급학교 신학 여부가 표시된 '검정고시용' 중학교 졸업(졸업 예정)증명서, 미진학사실확인서

◆ 과목 면제 대상자 추가 제출 서류
- 과목합격증명서 또는 성적증명서, 평생학습이력증명서 등(이상 해당자만 제출)

◆ 장애인 시험 시간 연장 및 편의 제공 대상자 제출 서류
- 복지카드 또는 장애인등록증 사본(원본 지참), 장애인 편의 제공 신청서

8 출제 수준, 세부 출제 기준 및 방향

◆ 출제 수준
- 고등학교 졸업 정도의 지식과 그 응용 능력을 측정할 수 있는 수준

◆ 세부 출제 기준 및 방향
- 각 교과의 검정(또는 인정) 교과서를 활용하는 출제 방식
  - 가급적 최소 3종 이상의 교과서에서 공통으로 다루고 있는 내용으로 출제
    (단, 국어와 영어 지문의 경우 공통으로 다루고 있는 교과서 종수와 관계없으며, 교과서 외 지문
    도 활용 가능)
- 문제은행(기출문항 포함) 출제 방식을 학교 급별로 차등 적용
  - 초졸 : 50% 내외, 중졸 : 30% 내외, 고졸 : 적용하지 않음.
- 출제 난이도 : 최근 5년간 평균 합격률을 고려하여 적정 난이도 유지

9 응시자 시험 당일 준비물

◆ 중졸 및 고졸

> **(필수) 수험표, 신분증, 컴퓨터용 수성사인펜**
> **(선택) 아날로그 손목시계, 수정 테이프, 도시락**

※ 수험표 분실자는 응시원서에 부착한 동일한 사진 1매를 지참하고 시험 당일 08시 20분까지 해당 고사장 시험 본부
에서 수험표를 재교부 받을 수 있다.

※ 시험 당일 고사장에는 차량을 주차할 수 없으므로 대중교통을 이용해야 한다.

10 고졸 검정고시 교과별 출제 대상 과목

구분	교과(고시 과목)	출제범위(과목)
필수	국어	국어
	수학	수학
	영어	영어
	사회	통합사회
	과학	통합과학
	한국사	한국사
선택	도덕	생활과 윤리
	기술·가정	기술·가정
	체육	체육
	음악	음악
	미술	미술

검정고시 온라인 원서 접수, 이렇게 해요!

※ 사전 준비 : 본인의 '공동인증서' 발급 받기

1. 온라인 접수 기간에 시·도 교육청의 검정고시 서비스 사이트에 접속

 http://kged.sen.go.kr

2. 검정고시 전체 서비스 메인 화면에서, 화면 왼쪽의 `검정고시 온라인 접수` 클릭

3. 왼편의 검정고시 온라인 접수에서 해당하는 '시·도 교육청'을 선택하여 이동

4. 상단의 〈온라인 원서 접수〉 메뉴에서 본인이 희망하는 자격의 검정고시 선택
   ☞ 해당 자격의 `원서 접수하기` 버튼을 클릭하면 '온라인 원서 접수 페이지'로 이동

5. 성명과 주민등록번호(또는 외국인등록번호)를 입력하고, 원서 접수 허위 사실 기재에 관한 안내
   및 서약서와 개인식별번호 처리 동의에 체크(✔)한 뒤, `인증서 로그인`을 클릭한 후 본인의 공동
   인증서를 통해 로그인

6. 응시자 정보 ➡ 학력 과목 정보 ➡ 고사장 선택 ➡ 접수 완료 순으로 작성

   (1) 응시자 정보에서 본인의 기본 신상 정보와 검정고시 응시 기본 정보를 입력한 후 `저장` 버튼을
   클릭하여 저장 (*표시는 필수 입력 항목으로, 미입력 시 다음 순서로 진행되지 않음) ➡ `다음` 버
   튼 클릭
   • 사진 파일은 100kb 크기 미만의 jpg와 gif 파일만 저장 가능

   (2) 학력 과목 정보에서 응시자 본인의 학력 정보와 과목 응시 정보를 등록, 관련된 서류를 첨부한
   후 `저장` 버튼을 클릭하여 저장 ➡ `다음` 버튼 클릭

   (3) 고사장 선택에서 금회차의 고사장이 조회되며, 고사장별 수용 인원이 도달할 때까지 응시자가
   신청할 수 있음 ➡ `다음` 버튼 클릭
   ※ 고사장을 변경할 시에는 상단의 〈원서 조회〉 메뉴에서 '3. 고사장 선택 입력 단계 화면'에서 수정

   (4) 접수 완료에서 이전 단계에서 등록했던 주요 항목을 다시 한번 확인한 후, `제출` 버튼을 클릭하
   여, 최종적으로 원서 제출
   ※ 입력을 완료하였으나 제출을 하지 않을 경우 오프라인으로 재접수를 해야만 응시 가능
   ※ 제출 완료한 응시원서에 수정이 필요한 경우, 〈수정후제출〉 버튼을 클릭하여 수정

7. 상단의 〈원서 조회〉 메뉴를 통해 본인이 응시한 검정고시 원서 조회 기능(공동인증서로 로그인)

8. 상단의 〈수험표 출력〉 메뉴에서 수험표 출력 가능(해당 자격의 `수험표 출력하기` 버튼 클릭)
   ※ 식별이 가능하도록 가급적 컬러프린터로 출력하여 시험 당일 소지할 것

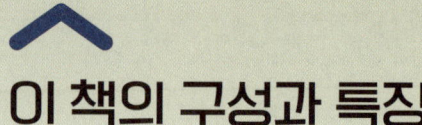

이 책의 구성과 특징

■ 알찬 개념 정리 + 다양한 학습장치

해당 단원에서 자주 출제되는 핵심 키워드를 제시하고, 각종 도형·수식·그래프 등의 시각적 자료를 충분히 활용하여 핵심 이론을 정리하였습니다. 또한 실력 체크 문제, 단원출제요소정리, 기출문제 체크, 실전모의고사 2회분을 통해 자신의 학습 상태를 점검해보실 수 있습니다.

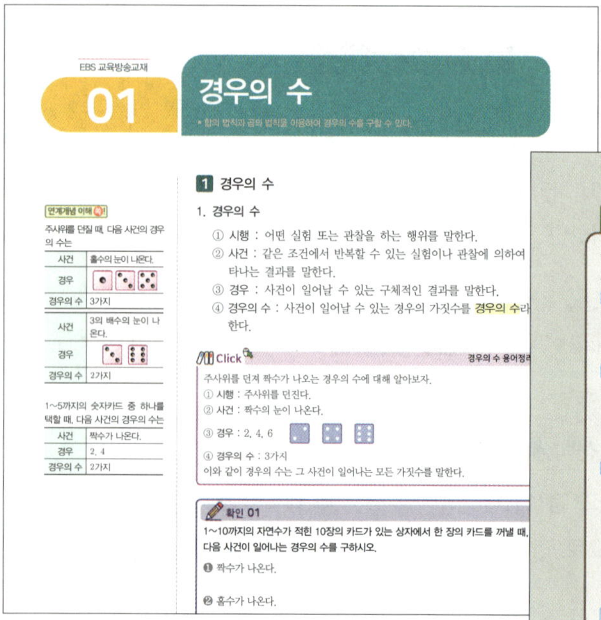

EBS 교육방송교재

01 경우의 수

- 합의 법칙과 곱의 법칙을 이용하여 경우의 수를 구할 수 있다.

1 경우의 수

1. 경우의 수
   ① 시행 : 어떤 실험 또는 관찰을 하는 행위를 말한다.
   ② 사건 : 같은 조건에서 반복할 수 있는 실험이나 관찰에 의하여 타나는 결과를 말한다.
   ③ 경우 : 사건이 일어날 수 있는 구체적인 결과를 말한다.
   ④ 경우의 수 : 사건이 일어날 수 있는 경우의 가짓수를 **경우의 수**라 한다.

연계개념 이해

주사위를 던질 때, 다음 사건의 경우의 수는

사건	홀수의 눈이 나온다.
경우	
경우의 수	3가지

사건	3의 배수의 눈이 나온다.
경우	
경우의 수	2가지

1~5까지의 숫자카드 중 하나를 택할 때, 다음 사건의 경우의 수는

사건	짝수가 나온다.
경우	2, 4
경우의 수	2가지

Click 　　　　　경우의 수 용어정리

주사위를 던져 짝수가 나오는 경우의 수에 대해 알아보자.
① 시행 : 주사위를 던진다.
② 사건 : 짝수의 눈이 나온다.
③ 경우 : 2, 4, 6
④ 경우의 수 : 3가지
이와 같이 경우의 수는 그 사건이 일어나는 모든 가짓수를 말한다.

확인 01
1~10까지의 자연수가 적힌 10장의 카드가 있는 상자에서 한 장의 카드를 꺼낼 때, 다음 사건이 일어나는 경우의 수를 구하시오.

❶ 짝수가 나온다.

❷ 홀수가 나온다.

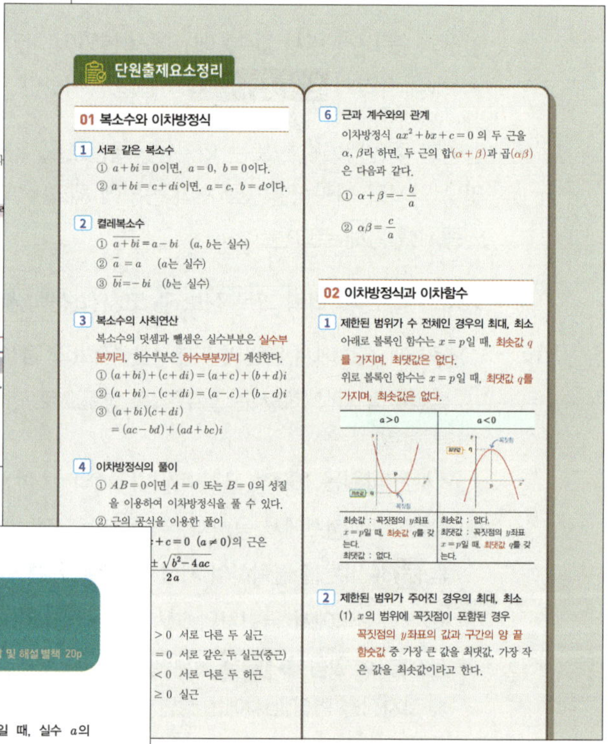

단원출제요소정리

01 복소수와 이차방정식

1 서로 같은 복소수
① $a+bi=0$이면, $a=0$, $b=0$이다.
② $a+bi=c+di$이면, $a=c$, $b=d$이다.

2 켤레복소수
① $\overline{a+bi}=a-bi$ (a, b는 실수)
② $\overline{\overline{a}}=a$ (a는 실수)
③ $\overline{bi}=-bi$ (b는 실수)

3 복소수의 사칙연산
복소수의 덧셈과 뺄셈은 실수부분은 **실수부분끼리**, 허수부분은 **허수부분끼리** 계산한다.
① $(a+bi)+(c+di)=(a+c)+(b+d)i$
② $(a+bi)-(c+di)=(a-c)+(b-d)i$
③ $(a+bi)(c+di)$
　　$=(ac-bd)+(ad+bc)i$

4 이차방정식의 풀이
① $AB=0$이면 $A=0$ 또는 $B=0$의 성질을 이용하여 이차방정식을 풀 수 있다.
② 근의 공식을 이용한 풀이
$\cdots+c=0$ $(a\neq0)$의 근은
$$\frac{\pm\sqrt{b^2-4ac}}{2a}$$
>0 서로 다른 두 실근
$=0$ 서로 같은 두 실근(중근)
<0 서로 다른 두 허근
≥0 실근

6 근과 계수와의 관계
이차방정식 $ax^2+bx+c=0$의 두 근을 α, β라 하면, 두 근의 합$(\alpha+\beta)$과 곱$(\alpha\beta)$은 다음과 같다.
① $\alpha+\beta=-\dfrac{b}{a}$
② $\alpha\beta=\dfrac{c}{a}$

02 이차방정식과 이차함수

1 제한된 범위가 수 전체인 경우의 최대, 최소
아래로 볼록인 함수는 $x=p$일 때, **최솟값 q**를 가지며, **최댓값은 없다.**
위로 볼록인 함수는 $x=p$일 때, **최댓값 q**를 가지며, **최솟값은 없다.**

$a>0$	$a<0$
최솟값 : 꼭짓점의 y좌표 $x=p$일 때, **최솟값 q**를 갖는다. 최댓값 : 없다.	최솟값 : 없다. 최댓값 : 꼭짓점의 y좌표 $x=p$일 때, **최댓값 q**를 갖는다.

2 제한된 범위가 주어진 경우의 최대, 최소
(1) x의 범위에 꼭짓점이 포함된 경우
꼭짓점의 y좌표의 값과 구간의 양 끝 **함숫값** 중 가장 큰 값을 최댓값, 가장 작은 값을 최솟값이라고 한다.

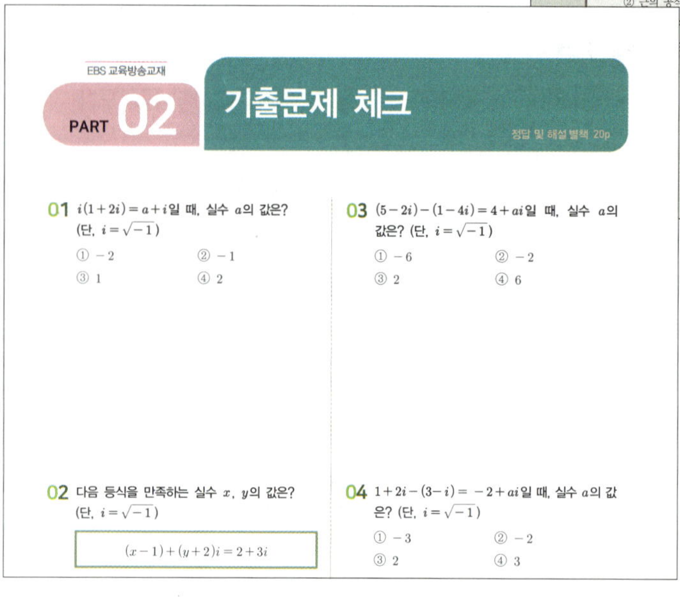

EBS 교육방송교재

PART 02 기출문제 체크

정답 및 해설 별책 20p

01 $i(1+2i)=a+i$일 때, 실수 a의 값은?
(단, $i=\sqrt{-1}$)
① -2　　　　② -1
③ 1　　　　　④ 2

02 다음 등식을 만족하는 실수 x, y의 값은?
(단, $i=\sqrt{-1}$)

$$(x-1)+(y+2)i=2+3i$$

03 $(5-2i)-(1-4i)=4+ai$일 때, 실수 a의 값은? (단, $i=\sqrt{-1}$)
① -6　　　　② -2
③ 2　　　　　④ 6

04 $1+2i-(3-i)=-2+ai$일 때, 실수 a의 값은? (단, $i=\sqrt{-1}$)
① -3　　　　② -2
③ 2　　　　　④ 3

■ 최신기출문제 1, 2회분 + 상세한 해설

2025년 제1회, 제2회 기출문제를 모두 수록하여 기출 유형을 완벽하게 파악할 수 있으며, 왜 정답인지, 왜 오답인지 정확하게 파악할 수 있도록 명쾌한 해설을 수록하였습니다. [정답과 해설]을 별책으로 분리 구성하여, 책을 앞뒤로 뒤적이며 정답과 해설을 찾아보는 수고를 줄였습니다.

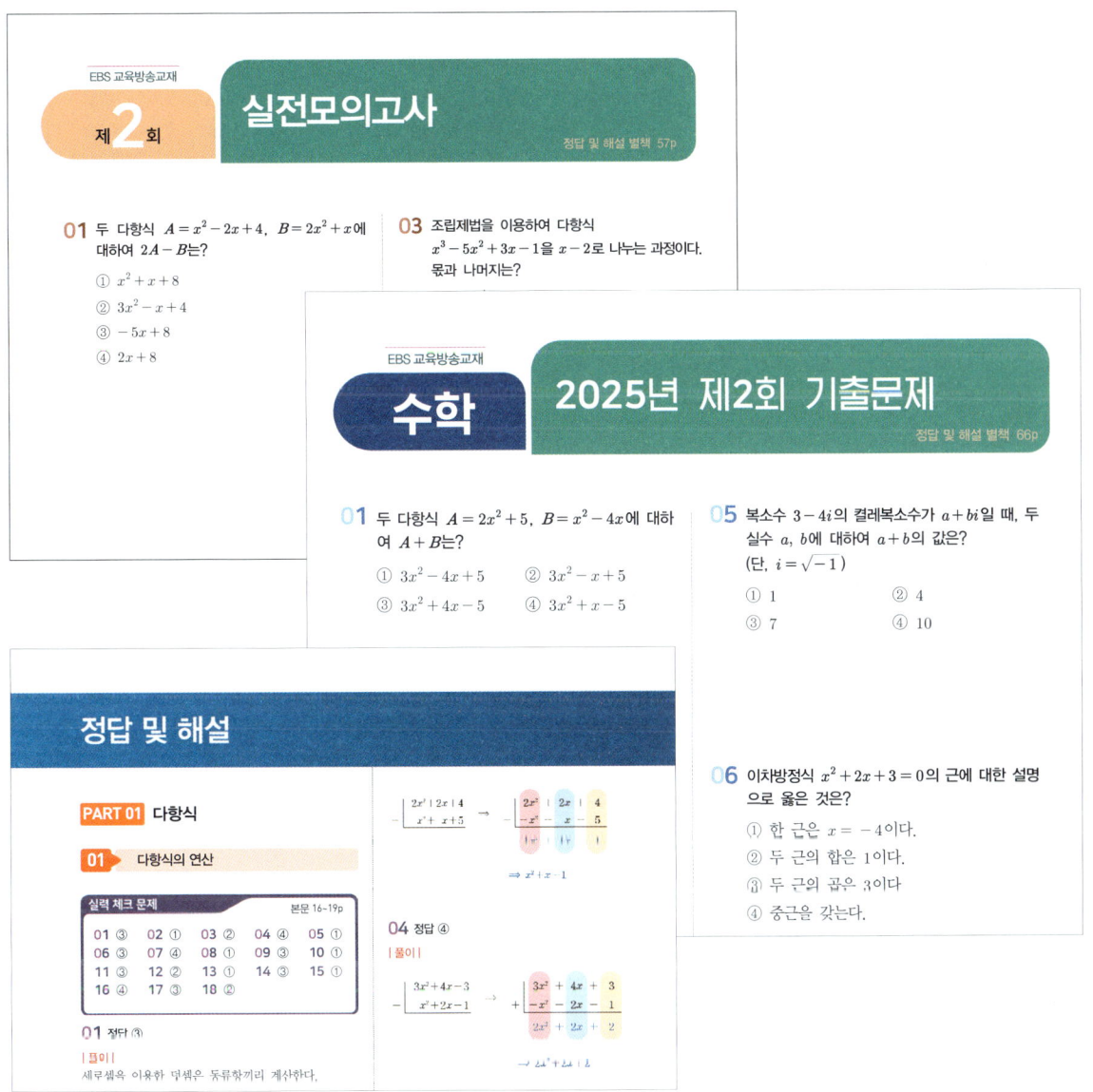

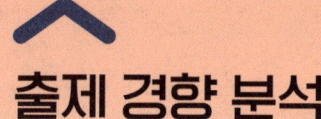

출제 경향 분석

■ 단원별 출제 빈도(고졸 수학)

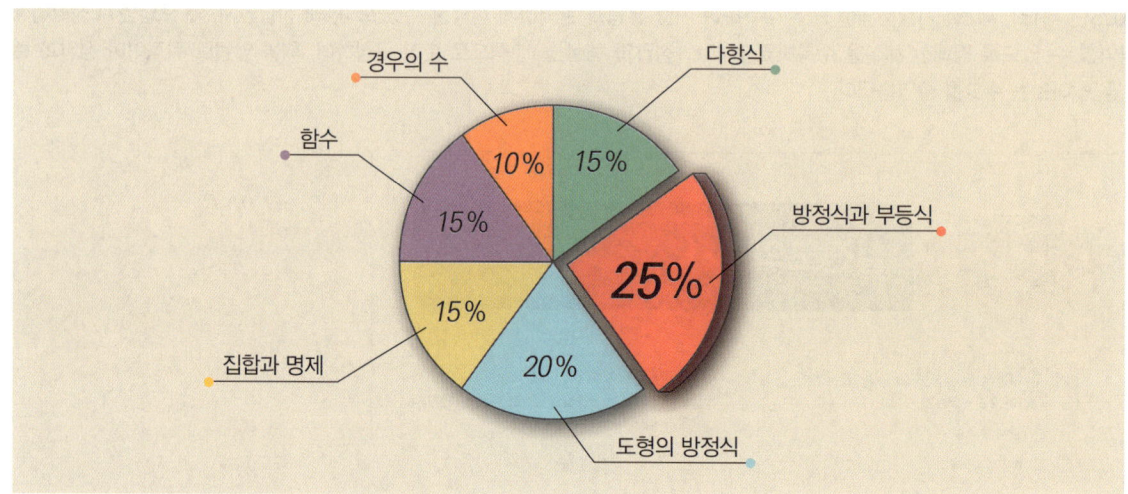

- 경우의 수 10%
- 다항식 15%
- 방정식과 부등식 25%
- 함수 15%
- 집합과 명제 15%
- 도형의 방정식 20%

■ 최근 출제 경향

고졸 검정고시 수학은 예년보다 전반적으로 난이도가 높아지고 있습니다. 기존에 자주 출제되던 대표 유형 위주가 아닌, 과거 출제된 적은 있었지만 한동안 등장하지 않았던 유형들이 새롭게 포함되어 수험생에게 낯선 느낌을 주고 있습니다.

특히 중반부와 후반부 문제 중 조건이 복잡하거나 계산 과정이 까다로운 문항들이 출제되어 문제 해결력과 응용력이 함께 요구되고 있습니다. 그동안 기출 중심, 빈출 유형 위주의 학습만 해온 수험생이라면 실전에서 적지 않은 부담을 느낄 가능성이 큽니다.

하지만 해당 문항들 역시 모두 기본 교재에 수록된 개념과 내용에서 출제되고 있어, 기초부터 충실히 공부한 수험생이라면 충분히 풀 수 있을 것으로 보입니다.

최근 시험은 단순히 많이 출제된 문제를 반복하는 것보다는 개념 이해를 기반으로 다양한 유형에 꾸준히 노출되어 있는지가 합격의 핵심 요소가 되고 있습니다.

■ 수학, 이렇게 공부해요!

- 고졸 검정고시 수학에서 어려움을 느끼는 가장 큰 이유는 기초 없이 기출문제만 반복하기 때문입니다. 기초 계산력과 개념 이해가 부족한 상태에서 응용 문제에 막히면 쉽게 흥미를 잃게 됩니다. 수학은 기본부터 차근차근 쌓아가는 것이 가장 중요합니다.

- 가장 먼저 중등 개념을 정리한 기초 강의를 먼저 공부하신다면 처음 시작하는 분들도 부담 없이 따라올 수 있습니다. 기초를 다진 후엔 빈출 공식과 핵심 개념 위주로 학습하여 문제 접근력을 꾸준히 키워보세요.

- 최근 출제 경향이 다소 낯설게 출제되고 있지만, 기본을 충실히 학습하신다면 충분히 풀 수 있는 수준입니다. 포기하지 말고, 기초부터 차근차근! 수학은 기본이 가장 강한 무기입니다.

■ 기출 분석에 따른 학습 포인트

❶ 다항식

다항식의 용어의 뜻을 익히고, 꾸준한 연습을 통하여 다항식의 사칙연산을 정확히 할 수 있도록 해야 한다. 깊이 있게 공부하기에는 양이 상당히 많고 부담스러운 단원이므로, 다항식의 덧셈과 뺄셈을 정확히 익히고 빈출 개념 위주로 학습하도록 한다.

❷ 방정식과 부등식

가장 많은 문제가 출제되는 단원이며, 가장 많은 내용을 담고 있는 단원이기 때문에 주로 출제되는 주제들에 집중하여 학습하는 것이 중요하다.

복소수, 여러 가지 방정식과 부등식의 해에 관련된 문항들이 주로 출제되며, 이차함수의 최댓값과 최솟값에 대한 문항도 꾸준히 출제되고 있다.

해당 단원을 학습하기에 앞서 일차방정식과 일차부등식의 풀이, 이차함수의 기초, 함숫값의 표현 등 꼭 알아야 할 중등연계개념을 반드시 정리하도록 한다.

❸ 도형의 방정식

네 개의 소단원에서 한 문항씩 꾸준히 출제되고 있으며, 암기해야 할 공식들이 많아 어렵게 느낄 수 있는 단원이지만, 공식만 정확히 암기하면 맞힐 수 있는 난이도의 문제들이 출제된다. 따라서 빈출개념에 집중하여 공식을 정확히 암기하도록 학습하는 것이 중요하다.

해당 단원을 학습하기에 앞서 좌표평면의 기초적인 내용을 알고 학습하는 것이 좋다.

❹ 집합과 명제

집합 단원은 난이도가 높지는 않지만, 수식으로 표현된 여러 가지 용어들이 생소할 수 있으므로 용어에 대한 이해를 정확히 하는 것이 좋다. 자주 출제되는 집합의 연산을 벤다이어그램을 이용하여 정확히 이해할 수 있도록 학습한다.

명제 단원은 이해하기 까다로운 단원이지만, 몇 가지 주제 안에서 돌아가며 출제되고 있으므로 출제경향에 맞춰 난이도를 조절하여 학습하는 것이 중요하다.

❺ 함수

함수에 대한 이해, 합성함수, 역함수, 유리함수, 무리함수 등 여러 가지의 주제가 번갈이 출제되는 단원이다. 다양한 주제에 비해 출제되는 문항의 수는 많지 않으며, 상당히 어렵게 느낄 수 있는 단원이므로, 출제 경향에 맞춰 적절한 난이도의 학습을 하는 것이 중요하다.

❻ 경우의 수

순열과 조합의 차이를 알고, 문제에서 원하는 경우의 수를 정확히 구할 수 있도록 학습해야 한다. 복잡한 문항보다는 경우의 수의 원리를 이용하여 해결할 수 있는 문항들이 주로 출제되므로, 기본적인 내용만 선별하여 학습하는 것이 좋다.

목차

정답 및 해설

EBS 교육방송교재

고졸 검정고시 **수학**

다항식

✪ 이 단원에서는 다항식과 관련된 여러 가지 용어의 뜻을 알고, 구별할 수 있으며, 이를 이용하여 다항식의 사칙연산을 할 수 있도록 합니다. 항등식에 대해 이해하고, 나머지 정리와 인수정리를 사용할 수 있으며, 인수분해를 이해하고, 간단한 인수분해 공식을 이용할 수 있도록 합니다.

01 다항식의 연산

● 다항식의 용어를 정확히 알고 사칙연산을 할 수 있다.

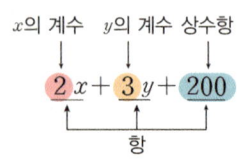

x의 계수　y의 계수　상수항

$2x + 3y + 200$

항

① 항 : $2x$, $3y$, 200

② 상수항 : 200

③ x의 계수 : 2

　　y의 계수 : 3

④ x의 차수 : 1차

　　y의 차수 : 1차

⑤ 다항식의 차수 :

　　x에 대한 1차식, y에 대한

　　1차식

그림으로 핵심만 쏙 쏙!

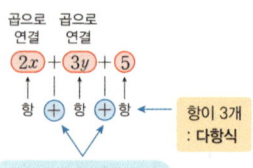

곱으로　곱으로
연결　연결

$2x + 3y + 5$

항 ⊕ 항 ⊕ 항　←　항이 3개 : 다항식

항끼리는 덧셈으로 연결

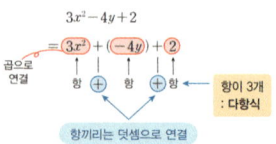

$3x^2 - 4y + 2$

$= (3x^2) + (-4y) + (2)$

곱으로 연결

항 ⊕ 항 ⊕ 항　←　항이 3개 : 다항식

항끼리는 덧셈으로 연결

1 단항식과 다항식

1. 용어 및 기본개념 정리

① 항 : 수 또는 문자의 **곱으로** 이루어진 식

② 상수항 : 문자 없이 '**수'만으로** 이루어진 항

③ 계수 : 항에서 문자에 곱한 수

④ 차수 : 어떤 항에서 문자가 곱해진 개수

⑤ 단항식 : 항이 한 개뿐인 식

⑥ 다항식 : 한 개 또는 두 개 이상의 항의 합으로 이루어진 식

⑦ 다항식의 차수 : 다항식에서 **가장 높은 차수**

예

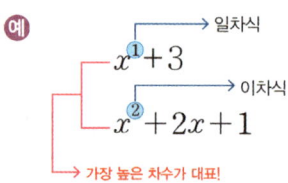

$x^{①} + 3$　→　일차식

$x^{②} + 2x + 1$　→　이차식

가장 높은 차수가 대표!

✏️ **확인 01**

다음은 다항식 $3x - 2y + 3$에 대한 설명이다. 빈칸에 알맞은 수를 넣으시오.

❶ 항은 모두 □ 개이다.

❷ x의 계수는 □ 이다.

❸ y의 계수는 □ 이다.

❹ 상수항은 □ 이다.

정답 ❶ 3 ❷ 3 ❸ −2 ❹ 3

✏️ 확인 02

다음 표를 완성하시오.

다항식	항	계수
$3x+1$		x의 계수 :
$2x-3y-1$		x의 계수 : y의 계수 :
x^2-x+3		x^2의 계수 : x의 계수 :
$-x^2+2x-3$		x^2의 계수 : x의 계수 :

정답

다항식	항	계수
$3x+1$	$3x,\ 1$	x의 계수 : 3
$2x-3y-1$	$2x,\ -3y,\ -1$	x의 계수 : 2 y의 계수 : -3
x^2-x+3	$x^2,\ -x,\ 3$	x^2의 계수 : 1 x의 계수 : -1
$-x^2+2x-3$	$-x^2,\ 2x,\ -3$	x^2의 계수 : -1 x의 계수 : 2

2 식의 계산

1. 다항식의 정리방법

(1) 내림차순

다항식을 한 문자에 대하여 차수가 <mark>높은 항부터 차례대로 나열</mark>하는 것

例 x^3+x^2-3x+1 [3차 ➡ 2차 ➡ 1차 ➡ 상수항]

(2) 오름차순

다항식을 한 문자에 대하여 차수가 <mark>낮은 항부터 차례대로 나열</mark>하는 것

例 $1-3x+x^2+x^3$ [상수항 ➡ 1차 ➡ 2차 ➡ 3차]

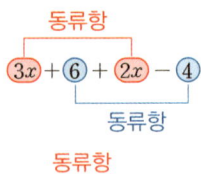

2. 동류항

문자와 차수가 같은 항을 <mark>동류항</mark>이라고 한다.

예 $3x + 6 + 2x - 4$에서 동류항 : $3x$와 $2x$ / 6과 -4

$x^2 + 3x + 2x^2 + x - 5$에서 동류항 : x^2과 $2x^2$ / $3x$와 x

✏️ **확인 03**

다음 중 $3x$와 동류항인 것을 모두 고르시오.

$2x$	$-2y$	x^3	3	$-3x$	$-3x^2$	$\dfrac{1}{2}x$

[정답] $2x$, $-3x$, $\dfrac{1}{2}x$

✏️ **확인 04**

다음에서 x^2과 동류항인 것을 고르시오.

$4x^2$	$4y$	$-x^2$	-1	$-3y$	$-2x$	7

[정답] $4x^2$, $-x^2$

---

3 다항식의 덧셈과 뺄셈

1. 동류항의 덧셈

분배법칙을 이용하여 동류항의 계수끼리 계산한다.

예 $3x + 2x = 3 \times x + 2 \times x = (3 + 2) \times x = 5x$

$3x + 2x$

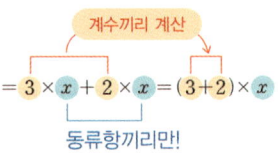

$= 5x$

✏️ **확인 05**

다음을 간단히 하시오.

❶ $5x + x$ ❷ $2x + 3x$

❸ $2x^2 + x^2$ ❹ $2y^2 + y^2$

[정답] ❶ $6x$ ❷ $5x$ ❸ $3x^2$ ❹ $3y^2$

2. 동류항의 뺄셈

분배법칙을 이용하여 동류항의 계수끼리 계산한다.

예 $3x^2 - 2x^2 = 3 \times x^2 - 2 \times x^2 = (3-2) \times x^2 = 1x^2 = x^2$

✏️ 확인 06

다음을 간단히 하시오.

❶ $2x - 5x$

❷ $3a - 2a$

❸ $-x^2 + 2x^2$

정답 ❶ $-3x$ ❷ a ❸ x^2

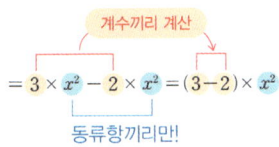

그림으로 핵심만 쏙쏙!

$3x^2 - 2x^2$

계수끼리 계산

$= 3 \times x^2 - 2 \times x^2 = (3-2) \times x^2$

동류항끼리만!

$= 1x^2$

$= x^2$

---

3. 다항식의 덧셈 출제포인트

다항식의 덧셈은 괄호를 풀어 정리한 후 **동류항끼리** 모아서 계산한다.

📖 Click 다항식의 덧셈

다음 두 다항식 A, B에 대하여 $A+B$를 계산해보자.

$A = 2x^2 + 3x - 2$, $B = x^2 - x + 3$

방법 1

$$A+B = \boxed{(2x^2+3x-2)} + \boxed{(x^2-x+3)} \qquad A, B \text{ 대신 식 대입(괄호 사용)}$$

$$= 2x^2+3x-2+x^2-x+3 \qquad \text{괄호 풀기}$$

$$= 2x^2+x^2+3x-x-2+3 \qquad \text{동류항끼리 정리}$$

$$= (2+1)x^2+(3-1)x+(-2+3) \qquad \text{동류항끼리 계산}$$

$$= 3x^2+2x+1$$

그림으로 핵심만 쏙쏙!

방법 2 세로셈을 이용하는 방법

$$
\begin{array}{r}
2x^2 + 3x - 2 \\
+)\ \ x^2 - x + 3 \\
\hline
3x^2 + 2x + 1
\end{array}
$$

동류항끼리 같은 줄에 두고 계산하면 편하게 계산할 수 있어요!

✏️ 확인 07

다음 두 다항식의 계산을 하시오.

❶
$$
\begin{array}{r}
x^2 + \ \ x + 1 \\
+)\ x^2 + 2x + 2 \\
\hline
\end{array}
$$

❷
$$
\begin{array}{r}
2x^2 + \ \ x - 1 \\
+)\ \ x^2 - \ \ x + 3 \\
\hline
\end{array}
$$

정답 ❶ $2x^2+3x+3$ ❷ $3x^2+2$

4. 다항식의 뺄셈 출제포인트 ★★★

(1) 다항식의 뺄셈은 빼는 식의 모든 항의 부호를 바꾸어서 더한다.
(2) 괄호를 풀어 정리할 때에는 분배법칙을 이용하여 정리한다.

/// Click 🖍️ 다항식의 뺄셈

다음 두 다항식 A, B에 대하여 $A - B$를 계산해보자.
$A = 2x^2 + 3x - 2$, $B = x^2 - x + 3$

[방법 1]

$$
\begin{aligned}
A - B &= \boxed{(2x^2 + 3x - 2)} - \boxed{(x^2 - x + 3)} && A,\ B\ \text{대신 식 대입(괄호 사용)} \\
&= 2x^2 + 3x - 2 - x^2 + x - 3 && \text{괄호 풀기(부호 바꾸기)} \\
&= 2x^2 - x^2 + 3x + x - 2 - 3 && \text{동류항끼리 정리} \\
&= (2-1)x^2 + (3+1)x + (-2-3) && \text{동류항끼리 계산} \\
&= x^2 + 4x - 5
\end{aligned}
$$

[그림으로 핵심만 쏙쏙!]

[방법 2]

$$
\begin{array}{r}
2x^2 + 3x - 2 \\
-)\ \ \ x^2 - \ x + 3 \\
\end{array}
$$

$\ominus$ 를 $\oplus$ 부호로 바꾸고 모든 항의 부호를 바꾸어 더한다.

$$
\begin{array}{r}
2x^2 + 3x - 2 \\
+)\ -x^2 + \ x - 3 \\
\hline
x^2 + 4x - 5 \\
\end{array}
$$

꼭! 모든 항의 부호를 바꾸어야 해요!

✏️ 확인 08

다음 두 다항식의 계산을 하시오.

❶
$$
\begin{array}{r}
2x^2 + 3x + 4 \\
-)\ \ \ x^2 + \ x + 2 \\
\hline
\end{array}
$$

❷
$$
\begin{array}{r}
3x^2 + 2x - 1 \\
-)\ \ \ x^2 + \ x - 2 \\
\hline
\end{array}
$$

[정답] ❶ $x^2 + 2x + 2$ ❷ $2x^2 + x + 1$

4 단항식과 다항식의 곱셈

1. 단항식의 계산

계수는 계수끼리, 문자는 문자끼리 곱하며, 같은 문자끼리의 곱셈은 거듭제곱을 이용하여 나타낸다.

예 $2x \times 4 = 2 \times x \times 4 = 2 \times 4 \times x = (2 \times 4) \times x = 8 \times x = 8x$

교환법칙   결합법칙

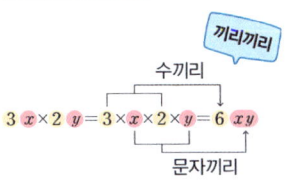

끼리끼리를 기억하면 쉬워요!

 **확인 09**

다음을 간단히 하시오.

❶ $2x \times 5$

❷ $3a \times 5b$

❸ $3x \times (-2)$

❹ $-2x \times (-4)$

정답 ❶ $10x$ ❷ $15ab$ ❸ $-6x$ ❹ $8x$

---

2. 단항식과 다항식의 전개

분배법칙을 이용하여 각 항에 곱하여 준다.

예 $2x(x + y) = 2x \times x + 2x \times y$

$= 2x^2 + 2xy$

$2x(x + y) = 2x^2 + 2xy$

전개

연계개념 이해 !

$3(5x + 2) = 3 \times 5x + 3 \times 2$

$= 15x + 6$

(수) × (일차식)

→ 분배법칙을 이용하여 일차식의 각 항에 수를 곱한다.

3. 다항식과 다항식의 전개

분배법칙을 이용하여 전개하고, 동류항이 있으면 간단히 한다.

예 $(a + 1)(b + 2)$를 전개하면 다음과 같다.

$(a + 1)(b + 2) = ab + 2a + b + 2$
❶ ❷ ❸ ❹

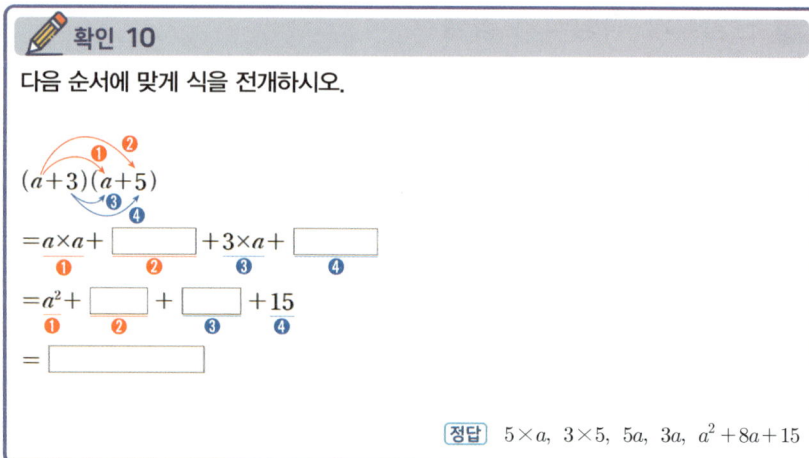

확인 10

다음 순서에 맞게 식을 전개하시오.

$(a+3)(a+5)$

$=a\times a+\boxed{}+3\times a+\boxed{}$

$=a^2+\boxed{}+\boxed{}+15$

$=\boxed{}$

정답 $5\times a,\ 3\times 5,\ 5a,\ 3a,\ a^2+8a+15$

5 곱셈공식

1. 곱셈공식

(1) 곱셈공식의 예

① $(a+b)^2 = a^2 + 2ab + b^2$

→ $(a+b)^2 = (a+b)(a+b) = a^2 + ab + ba + b^2 = a^2 + 2ab + b^2$

② $(a-b)^2 = a^2 - 2ab + b^2$

→ $(a-b)^2 = (a-b)(a-b) = a^2 - ab - ba + b^2 = a^2 - 2ab + b^2$

③ $(a+b)(a-b) = a^2 - b^2$

→ $(a+b)(a-b) = a^2 - ab + ba - b^2 = a^2 - b^2$

④ $(x+a)(x+b) = x^2 + (a+b)x + ab$

→ $(x+a)(x+b) = x^2 + bx + ax + ab = x^2 + (a+b)x + ab$

⑤ $(a+b+c)^2 = a^2 + b^2 + c^2 + 2ab + 2bc + 2ca$

⑥ $(a+b)^3 = a^3 + 3a^2b + 3ab^2 + b^3$

⑦ $(a-b)^3 = a^3 - 3a^2b + 3ab^2 - b^3$

⑧ $(a+b)(a^2 - ab + b^2) = a^3 + b^3$

⑨ $(a-b)(a^2 + ab + b^2) = a^3 - b^3$

그림으로 핵심만 쏙 쏙!

① 완전제곱식
$(\bullet + \blacksquare)^2$
$= \bullet^2 + 2 \times \bullet \times \blacksquare + \blacksquare^2$

② 완전제곱식 2
$(\bullet - \blacksquare)^2$
$= \bullet^2 - 2 \times \bullet \times \blacksquare + \blacksquare^2$

③ 합, 차공식
$(\bullet - \blacksquare)(\bullet + \blacksquare)$
$= \bullet^2 - \blacksquare^2$

⑧ 세제곱 공식
$(\bullet + \blacksquare)(\bullet^2 - \bullet \times \blacksquare + \blacksquare^2)$
$= \bullet^3 + \blacksquare^3$

⑨ 세제곱 공식 2
$(\bullet - \blacksquare)(\bullet^2 + \bullet \times \blacksquare + \blacksquare^2)$
$= \bullet^3 - \blacksquare^3$

확인 11

다음 식을 전개하시오.

❶ $(x+y)^2$

❷ $(x-y)^2$

❸ $(x+y)(x-y)$

❹ $(x+y)(x^2-xy+y^2)$

❺ $(x-y)(x^2+xy+y^2)$

정답 ❶ $x^2+2xy+y^2$ ❷ $x^2-2xy+y^2$ ❸ x^2-y^2 ❹ x^3+y^3 ❺ x^3-y^3

2. 곱셈공식의 변형 출제포인트★★★

(1) 곱셈공식의 변형

① $a^2+b^2=(a+b)^2-2ab$, $a^2+b^2=(a-b)^2+2ab$

② $\left(x+\dfrac{1}{x}\right)^2=x^2+\dfrac{1}{x^2}+2$, $\left(x-\dfrac{1}{x}\right)^2=x^2+\dfrac{1}{x^2}-2$

➜ $\left(x+\dfrac{1}{x}\right)^2=x^2+\dfrac{1}{x^2}+2\times x\times\dfrac{1}{x}=x^2+\dfrac{1}{x^2}+2$

➜ $\left(x-\dfrac{1}{x}\right)^2=x^2+\dfrac{1}{x^2}-2\times x\times\dfrac{1}{x}=x^2+\dfrac{1}{x^2}-2$

③ $x^2+\dfrac{1}{x^2}=\left(x+\dfrac{1}{x}\right)^2-2$, $x^2+\dfrac{1}{x^2}=\left(x-\dfrac{1}{x}\right)^2+2$

④ $a^3+b^3=(a+b)^3-3ab(a+b)$,
$a^3-b^3=(a-b)^3+3ab(a-b)$

⑤ $(a+b)^2=(a-b)^2+4ab$

⑥ $(a-b)^2=(a+b)^2-4ab$

연계개념 이해 😛!

곱셈공식 변형은 곱셈공식을
이항하여 만든 식이에요!

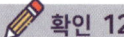 **확인 12**

$a+b=4$, $ab=3$일 때, 다음 식의 값을 구하시오.

❶ a^2+b^2

❷ a^3+b^3

❸ $(a-b)^2$

풀이

❶ $a^2+b^2=(a+b)^2-2ab=4^2-6=16-6=10$

❷ $a^3+b^3=(a+b)^3-3ab(a+b)$
$\qquad =4^3-3\times3\times4=64-36=28$

❸ $(a-b)^2=(a+b)^2-4ab=4^2-4\times3=16-12=4$

정답 ❶ 10 ❷ 28 ❸ 4

 **확인 13**

$x+\dfrac{1}{x}=3$일 때, $x^2+\dfrac{1}{x^2}$ 의 값을 구하시오.

풀이

$x^2+\dfrac{1}{x^2}=\left(x+\dfrac{1}{x}\right)^2-2=3^2-2=9-2=7$

정답 7

6 다항식의 나눗셈

1. 다항식의 나눗셈 출제포인트 ★★★

(1) 다항식의 나눗셈

각 다항식을 내림차순으로 정리한 다음 나눗셈을 한다.

(2) 수의 나눗셈과 다항식의 나눗셈

수의 나눗셈에서 나머지가 나누는 수보다 작아야 하는 것처럼 다항 식의 나눗셈은 그림과 같이 일차식으로 나누면 나머지는 상수가 될 때까지 나눈다.

Click 🖱️ 수와 다항식의 나눗셈

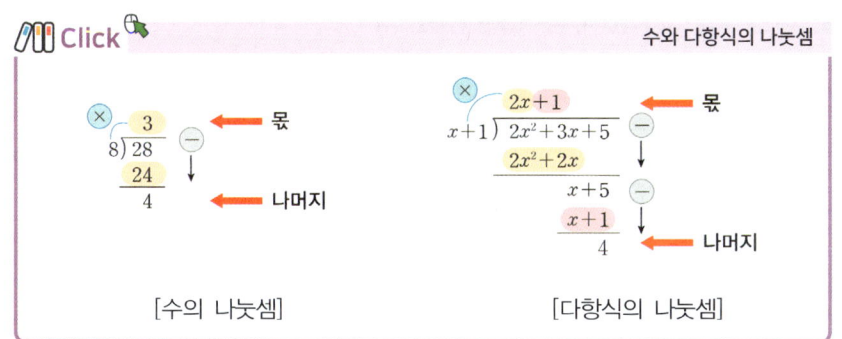

[수의 나눗셈] [다항식의 나눗셈]

연계개념 이해 🤓!

수의 나눗셈과 똑같이
나누는 식과 몫을 곱하여 적은
다음, 위의 식에서 아래 식을 빼나
가는 방법으로 나눗셈을 할 수 있
어요!

✏️ **확인 14**

다음 다항식의 나눗셈에서 빈칸에 알맞은 식을 쓰시오.

❶

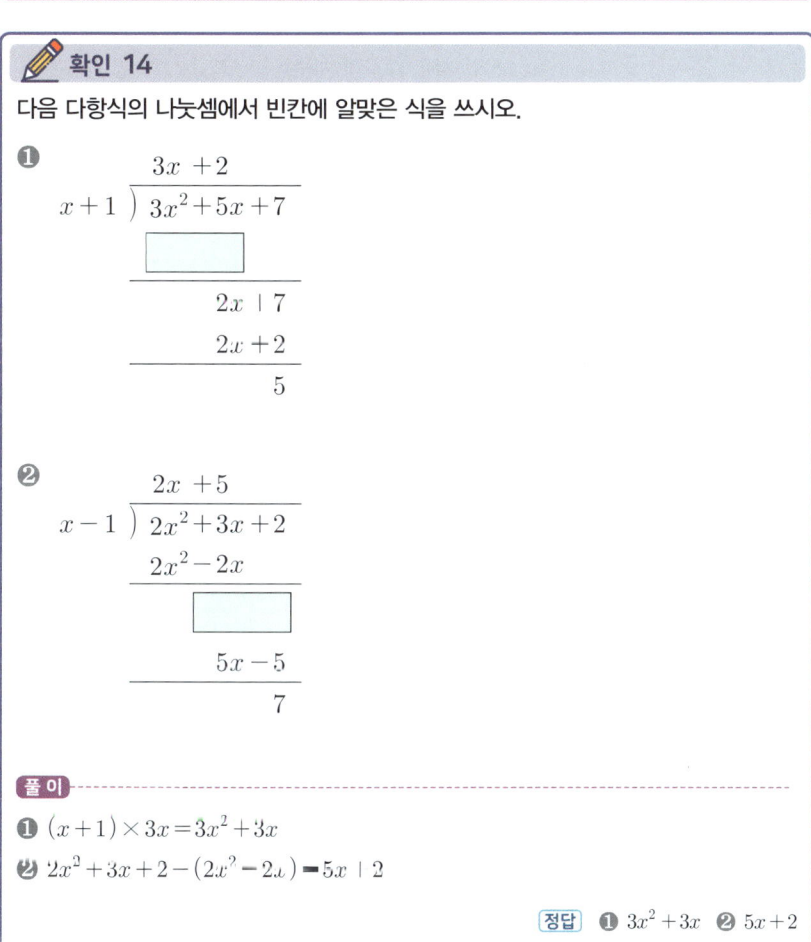

❷

풀이 -----
❶ $(x+1) \times 3x = 3x^2 + 3x$
❷ $2x^2 + 3x + 2 - (2x^2 - 2x) = 5x + 2$

정답 ❶ $3x^2 + 3x$ ❷ $5x + 2$

PART 01

2. 다항식의 나눗셈의 등식표현(검산식)

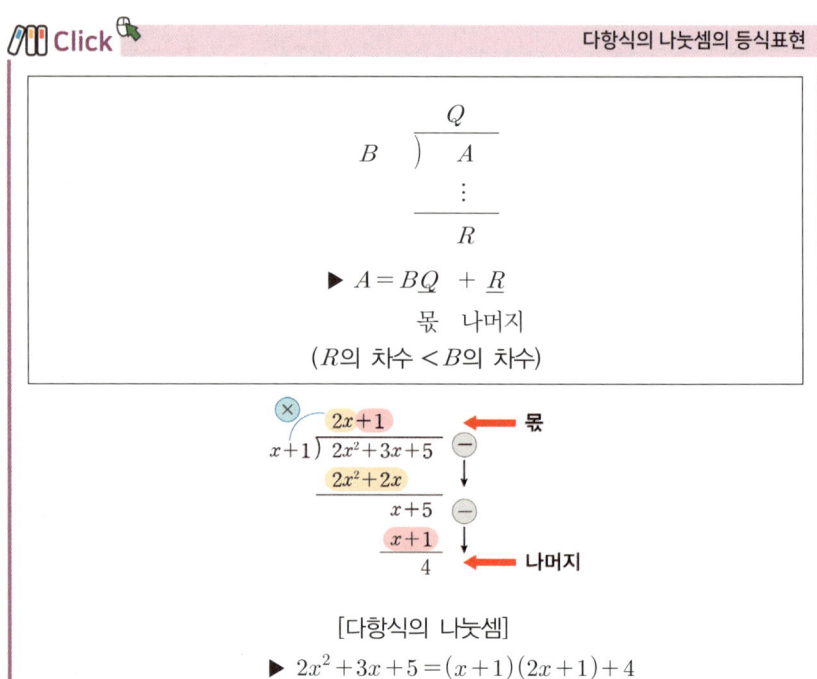

$$\blacktriangleright \underset{\text{몫}}{A = BQ} + \underset{\text{나머지}}{R}$$

$(R$의 차수 $< B$의 차수$)$

그림으로 핵심만 쏙 쏙!

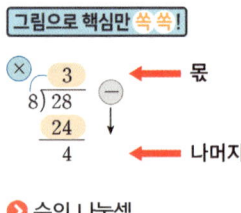

           ← 몫

           ← 나머지

🔸 **수의 나눗셈**

$$28 = 8 \times \underset{\text{몫}}{3} + \underset{\text{나머지}}{4}$$

[다항식의 나눗셈]

$$\blacktriangleright 2x^2 + 3x + 5 = (x+1)\underset{\text{몫}}{(2x+1)} + \underset{\text{나머지}}{4}$$

✏️ **확인 15**

다음 다항식의 나눗셈에서 몫과 나머지를 쓰시오.

❶
$$
\begin{array}{r}
x - 2 \\
2x+1\ \overline{)\ 2x^2 - 3x + 1} \\
\underline{2x^2 + x} \\
-4x + 1 \\
\underline{-4x - 2} \\
3
\end{array}
$$

❷
$$
\begin{array}{r}
5x + 4 \\
x-2\ \overline{)\ 5x^2 - 6x - 2} \\
\underline{5x^2 - 10x} \\
4x - 2 \\
\underline{4x - 8} \\
6
\end{array}
$$

정답 ❶ 몫 : $x-2$ 나머지 : 3

        ❷ 몫 : $5x+4$ 나머지 : 6

7 조립제법 출제포인트★★★

1. 조립제법

다항식을 x에 대한 일차식으로 나눌 때, 계수만을 사용하여 몫과 나머지를 구하는 방법을 말한다.

Click 조립제법

조립제법을 이용하여 $x^3 - 2x^2 + 3x - 2$를 $x - 3$으로 나누어 몫과 나머지를 구해보자.

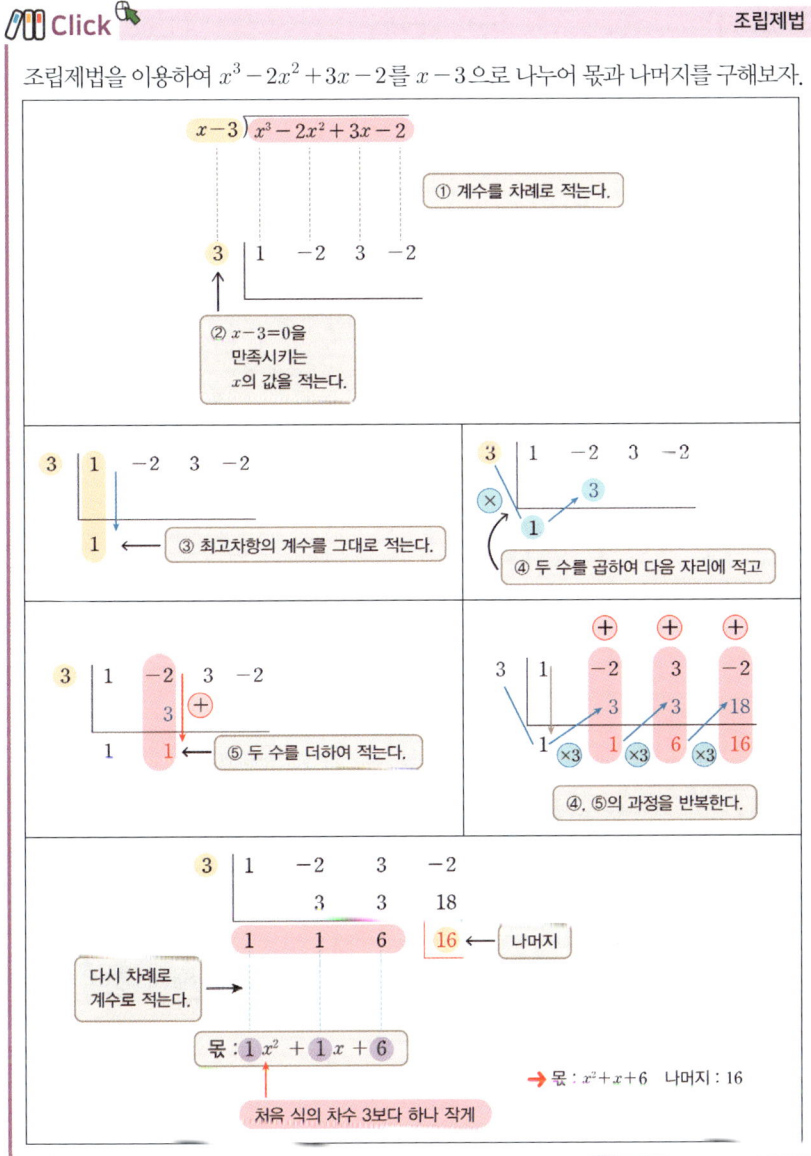

몫 : $x^2 + x + 6$ 나머지 : 16

> **조립제법**
> ① 다항식을 내림차순으로 정리
> ② 항의 계수를 순서대로 적는다.
>   (이때, 계수가 0인 것도 반드시 적어야 한다.)
> ③ 나누는 식 = 0이 되는 값을 가장 왼쪽 바깥에 적는다.
> ④ 설명에 따라 순서대로 반복한다.
> ⑤ 결과를 정리한다.

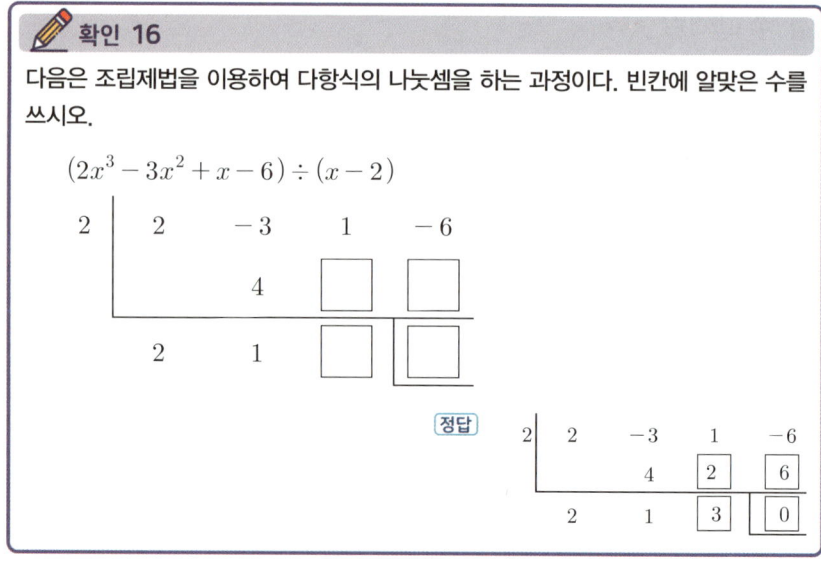

2. 조립제법의 결과 읽기 ^{출제}포인트 ★★★

조립제법의 결과를 보고, 몫과 나머지를 구분하여 정리할 수 있다.

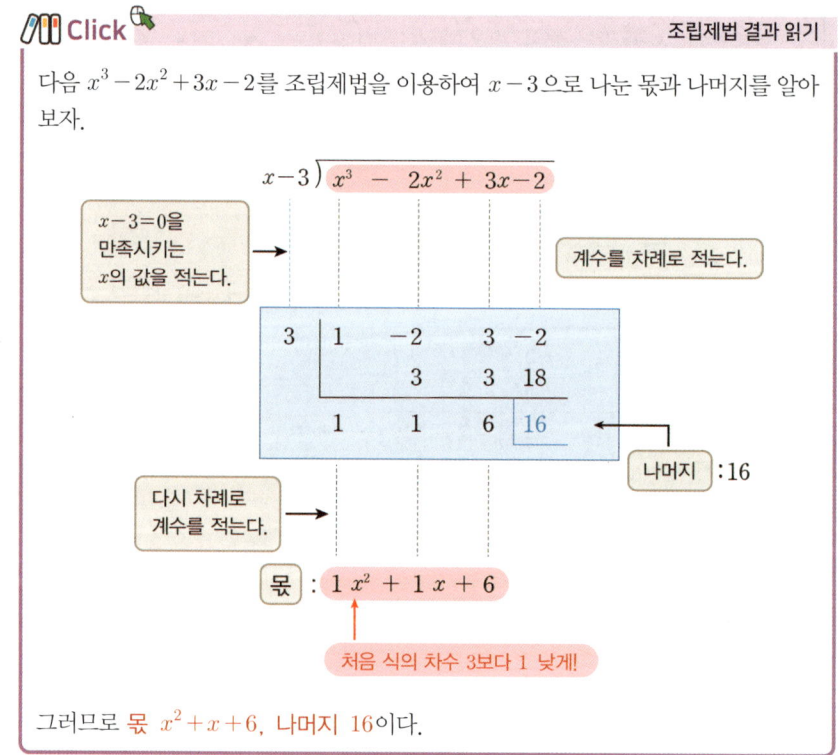

그러므로 몫 x^2+x+6, 나머지 16이다.

확인 17

다음은 조립제법을 이용하여 몫과 나머지를 구하는 과정이다. 각각의 식에서 몫과 나머지를 구하시오.

❶ $(x^3 + 2x^2 - x + 3) \div (x - 1)$

1	1	2	-1	3
		1	3	2
	1	3	2	5

❷ $(x^3 - x^2 + 2x + 1) \div (x - 2)$

2	1	-1	2	1
		2	2	8
	1	1	4	9

정답 ❶ 몫 : $x^2 + 3x + 2$ 나머지 : 5

❷ 몫 : $x^2 + x + 4$ 나머지 : 9

[01~04] 다음 다항식의 계산을 하고, 보기에서 알맞은 답을 고르면?

┤ 보기 ├

① $2x^2 + 4x + 5$ ② $x^2 + x - 1$

③ $3x^2 + x + 4$ ④ $2x^2 + 2x + 2$

01

$$\begin{array}{r} 2x^2 + 2x + 3 \\ +\; x^2 - \;\;x + 1 \\ \hline \end{array}$$

02

$$\begin{array}{r} x^2 + 3x \\ +\; x^2 + \;x + 5 \\ \hline \end{array}$$

03

$$\begin{array}{r} 2x^2 + 2x + 4 \\ -\; x^2 + \;\;x + 5 \\ \hline \end{array}$$

04

$$\begin{array}{r} 3x^2 + 4x + 3 \\ -\; x^2 + 2x + 1 \\ \hline \end{array}$$

05 두 다항식 $A = 2x^2 + 4x + 2$, $B = x^2 + x + 1$ 에 대하여 $A + B$는?

① $3x^2 + 5x + 3$ ② $x^2 + 3x + 3$

③ $2x^2 + 5x + 3$ ④ $x^2 + 5x + 2$

06 두 다항식 $A = x^2 + 2x + 4$, $B = x^2 + x$에 대하여 $A + 2B$는?

① $2x^2 + 3x + 4$ ② $x^2 + 3x + 4$

③ $3x^2 + 4x + 4$ ④ $3x^2 + 3x + 4$

07 두 다항식 $A = x^2 + 2x$, $B = x + 1$에 대하여 $2A - B$는?

① $2x^2 + 4x - 1$　　② $2x^2 + 3x + 1$

③ $2x^2 + 4x + 1$　　④ $2x^2 + 3x - 1$

09 단항식 $A = x$와 다항식 $B = x - 2$의 곱 AB는?

① $2x - 2$　　② $x^2 + 2x$

③ $x^2 - 2x$　　④ $x^2 + 2$

08 두 다항식 $A = x^2 + 2x$, $B = 3x^2 - 1$에 대하여 $3A - B$는?

① $6x + 1$　　② $3x^2 + 6x + 3$

③ $6x - 1$　　④ $6x + 6$

10 $(x + 2)(x - 2)$를 전개하면?

① $x^2 - 4$　　② $x + 2$

③ $x^2 + 4x + 4$　　④ $x^2 - 4x + 4$

11 $A = x+3$, $B = x-2$의 곱 AB는?

① $x^2 + x + 6$ ② $x^2 - x - 6$

③ $x^2 + x - 6$ ④ $x^2 - x + 6$

13 $x+y = 2$, $xy = 1$일 때, $x^3 + y^3$의 값은?

① 2   ② 5

③ 7   ④ 9

12 $x+y = 3$, $xy = 2$일 때, $x^2 + y^2$의 값은?

① 3   ② 5

③ 7   ④ 9

14 $x - \dfrac{1}{x} = 3$일 때, $x^2 + \dfrac{1}{x^2}$의 값은?

① 7   ② 9

③ 11   ④ 13

15 다음 다항식의 나눗셈에서 빈칸에 알맞은 식은?

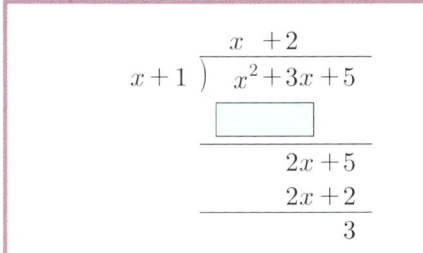

① $x^2 + x$ ② $x^2 + 2x$

③ x^2 ④ $x + 1$

17 다음은 조립제법을 이용하여 $(x^3 - 2x^2 + x - 1) \div (x - 2)$의 몫과 나머지를 구하는 과정이다. 이때, 몫을 바르게 구한 것은?

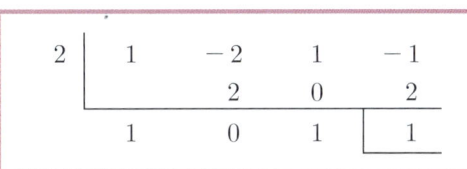

① $x + 1$ ② $2x + 2$

③ $x^2 + 1$ ④ $2x^2 + 2$

16 다음 다항식의 나눗셈에서 빈칸에 알맞은 식은?

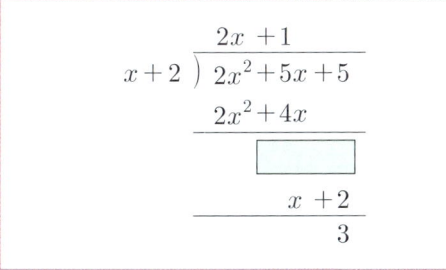

① $9x + 5$ ② $x^2 + 5$

③ $x - 5$ ④ $x + 5$

18 다음은 조립제법을 이용하여 다항식 $x^3 + 5x^2 - 6x + 2$를 $x - 1$로 나눈 몫과 나머지를 구하는 과정이다. 나머지를 구하면?

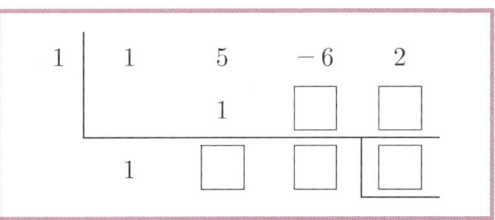

① 1   ② 2

③ 3   ④ 4

02 항등식과 나머지 정리

• 항등식의 성질, 나머지 정리를 이해하고, 이를 이용하여 문제를 해결한다.

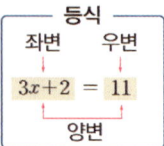

1 항등식

1. 등식과 항등식

(1) 등식

등호 '='를 사용하여 나타낸 식

✏️ **확인 01**

다음 중 등식인 것에는 ○표, 등식이 아닌 것에는 ×표 하시오.

❶ $3x - 1$ ( )   ❷ $2 + 3 = x$ ( )

❸ $2 + 5 = 7$ ( )   ❹ $4 < 6$ ( )

❺ $8 - 3 = 5$ ( )   ❻ $x + 3x = 5$ ( )

정답 ❶ × ❷ ○ ❸ ○ ❹ × ❺ ○ ❻ ○

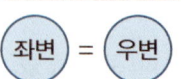

항등식은 좌변과 우변이 같은 식

▶ 항등식의 여러 가지 표현
• x의 값에 관계없이 성립할 때
• 모든 x에 대하여 성립할 때
• 임의의 x에 대하여 성립할 때
• 어떤 x의 값에 대해서도 성립
  할 때

(2) 항등식 출제포인트★★★

미지수에 관계없이 **항상 참**이 되는 등식

예 $x + x = 2x$는 x에 어떤 값을 대입하여도 항상 참이므로 항등식이다.

✏️ **확인 02**

다음 등식 $3x - 4 = 5$에 대하여 빈칸을 채우고, 항등식인지 말하시오.

구분	좌변	우변	참, 거짓
$x = 1$ 대입		5	
$x = 2$ 대입		5	
$x = 3$ 대입		5	

정답 −1, 거짓, 2, 거짓, 5, 참 / 항등식이 아니다.

✏️ 확인 03

다음 등식 $2x = 3x - x$에 대하여 빈칸을 채우고, 항등식인지 말하시오.

구분	좌변	우변	참, 거짓
$x = 1$ 대입			
$x = 2$ 대입			
$x = 3$ 대입			

정답 2, 2, 참, 4, 4, 참, 6, 6, 참 / 항등식이다.

✏️ 확인 04

다음에서 항등식을 모두 찾으시오.

❶ $4x - 1 = 3x$

❷ $x + 7 = 7 - x$

❸ $2(x - 1) = 2x - 2$

❹ $2(x + 1) - x = x + 2$

정답 항등식 : ❸, ❹

---

2. 항등식의 성질과 미정계수법 출제포인트★★★

(1) 비교하여 구하기(계수비교법)

① $ax + b = 0$이 x에 대한 항등식이면, $a = b = 0$이다.

② $ax + b = cx + d$가 x에 대한 항등식이면, $a = c$, $b = d$이다.

🔍 Click   미정계수법 – 계수비교법(1)

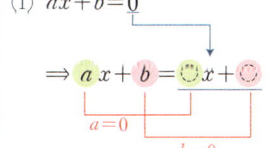

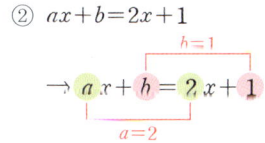

연계개념 이해 😊!

문자를 사용한 식에서 문자 대신 수를 넣는 것을 문자에 수를 대입한다고 한다.

예

a 대신 -2를 대입

$$2a + 3 = 2 \times a + 3 = 2 \times (-2) + 3 = -1$$

곱셈 기호 써넣기   식의 값

💬 이렇게 생각해 봐요!

우변의 0은 $0x + 0$으로 생각할 수 있어요!

❯ 항등식은 동류항끼리
끼리끼리 비교!

---

③ $ax^2+bx+c=0$이 x에 대한 항등식이면, $a=b=c=0$이다.

④ $ax^2+bx+c=dx^2+ex+f$가 x에 대한 항등식이면,
$a=d,\ b=e,\ c=f$이다.

● 항등식은 동류항끼리
끼리끼리 비교!

/ΙΙ Click

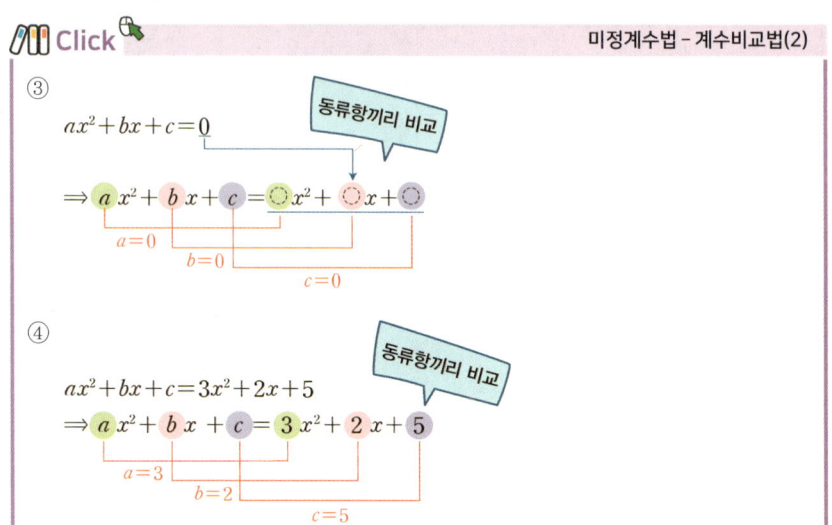

 확인 05

다음 등식이 x에 대한 항등식일 때, a, b의 값을 구하시오.

❶ $ax+b=x+1$

❷ $ax+3=2x+b$

❸ $3x+b=ax+1$

❹ $2x+2=ax+b$

정답 ❶ $a=1, b=1$ ❷ $a=2, b=3$ ❸ $a=3, b=1$ ❹ $a=2, b=2$

✏️ **확인 06**

다음 등식이 x에 대한 항등식일 때, a, b의 값을 구하시오.

❶ $x^2 + ax + 1 = x^2 + 2x + b$

❷ $ax^2 + 2x + b = x^2 + 2x + 1$

❸ $3x^2 + ax + 4 = 3x^2 + 2x + b$

❹ $ax^2 - 2x + b = 3x^2 - 2x + 4$

정답 ❶ $a = 2, b = 1$ ❷ $a = 1, b = 1$ ❸ $a = 2, b = 4$ ❹ $a = 3, b = 4$

(2) 대입하여 구하기(수치대입법)

x에 대한 항등식은 모든 x에 대해 성립하므로 아무 숫자나 대입해도 성립한다.

🎸 **Click**

미정계수법 - 수치대입법

모양은 다르지만
똑같은 식

$x = 0$ 대입 $2x + 4 = 2(x + 2)$ $x = 1$ 대입

$2 \times 0 + 4 = 2 \times (0 + 2)$
$4 = 4$
성립한다.

$2 \times 1 + 4 = 2 \times (1 + 2)$
$6 = 6$
성립한다.

[$x = 0$, 1 이외의 어떤 값을 넣어도 성립한다.]

① $x^2 + ax + 1 = (x-1)^2 + (x-1) + 1$

➡ $x = 1$을 대입하면

➡ $1^2 + a + 1 = 0 + 0 + 1$ ∴ $a = -1$

② $x^2 - 2x + 4 = (x-1)^2 + a(x-1) + b$

➡ $x = 1$을 대입하면

➡ $1^2 - 2 + 4 = 0 + 0 + b$ ∴ $b = 3$

➡ $x = 0$을 대입하면 $4 = 1 - a + b$이고,

➡ $b = 3$을 대입하면 $4 = 1 - a + 3$

➡ ∴ $a = 0$ 따라서, $a = 0, b = 3$

> 🔴 **항등식의 여러 가지 표현**
> • x의 값에 관계없이 성립할 때
> • 모든 x에 대하여 성립할 때
> • 임의의 x에 대하여 성립할 때
> • 어떤 x의 값에 대해서도 성립할 때
> ➥ 항등식의 이러한 성질 때문에 어떤 숫자를 넣더라도 식은 항상 참!

다음 항등식을 수치대입법을 이용하여 값을 구하시오.

❶ $x + 1 = x + a$

❷ $x^2 + 2x + 1 = x^2 + ax + 1$

❸ $(x-2)^2 + 5(x-2) + a = x^2 + x + 1$

❹ $(x-1)^2 + a(x-1) + b = x^2 + x + 2$

풀이

❶ 식의 양변에 $x = 0$을 대입하면 $1 = a$

❷ 식의 양변에 $x = 1$을 대입하면, $1 + 2 + 1 = 1 + a + 1$
➔ $a = 2$

❸ 식의 양변에 $x = 2$를 대입하면,
$0^2 + 0 + a = 2^2 + 2 + 1$
➔ $a = 4 + 2 + 1 = 7$

❹ 식의 양변에 $x = 1$을 대입하면,
$b = 1^2 + 1 + 2 = 4$
또, 식의 양변에 $x = 0$을 대입하면,
$(-1)^2 + a \times (-1) + b = 0^2 + 0 + 2$
$b = 4$이므로, 대입하여 계산하면,
$1 - a + 4 = 2$
➔ $a = 3$, $b = 4$

정답 ❶ $a = 1$ ❷ $a = 2$ ❸ $a = 7$ ❹ $a = 3$, $b = 4$

2 나머지 정리와 인수정리

1. 나머지 정리 출제포인트★★★

다항식 $P(x)$를 $x-a$로 나누었을 때, 나머지를 R이라 하면,
나머지 $R = P(a)$와 같다.

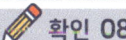**Click**   나머지 정리

다항식의 나눗셈을 등식으로 표현하면
$P(x) = (x-a)Q(x) + R(R$은 상수$)$이 되고,
등식의 양변에 a를 대입하여 정리하면, 나머지 $R = P(a)$이다.

예 다항식 $P(x) = x^2 + 2x$를 $x-1$로 나눈 나머지를 구해보자.
다항식 $P(x)$를 $x-1$로 나눈 나머지는 $P(1)$이다.
$P(1) = 1^2 + 2 \times 1 = 1 + 2 = 3$, 즉 나머지는 3이다.

✏️ 확인 08

다음 다항식을 $x-1$로 나눈 나머지를 구하시오.

❶ $x^3 + x^2 + x + 1$

❷ $x^3 + 2x^2 - x - 1$

풀이 ----

❶ 다항식 $x^3 + x^2 + x + 1$에 x 대신 1을 대입하면,
  $x-1$로 나눈 나머지와 같다.
  그러므로 $1^3 + 1^2 + 1 + 1 = 4$
❷ 다항식 $x^3 + 2x^2 - x - 1$에 x 대신 1을 대입하면,
  $x-1$로 나눈 나머지와 같다.
  그러므로 $1^3 + 2 \times 1^2 - 1 - 1 = 1 + 2 - 1 - 1 = 1$

정답 ❶ 4 ❷ 1

그림으로 핵심만 쏙쏙!

다항식 $P(x)$를

$x-a$로 나눈 나머지는 $P(a)$와 같다.

나누는 식 $x-a = 0$이 되는
x의 값 $x = a$를 대입한다.

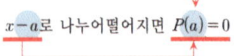

다항식 $P(x)$가

나누어떨어지면 나머지가 0

$x-a$로 나누어떨어지면 $P(a)=0$

나누는 식 $x-a=0$이 되는
x의 값 $x=a$를 대입하면 0

2. 인수정리 출제포인트★★★

① 다항식 $P(x)$가 $x-a$로 나누어떨어지면, $P(a)=0$과 같다.
② 다항식 $P(x)$에서 $P(a)=0$이면, $P(x)$는 $x-a$로 나누어떨어진다.

Click

다항식의 나눗셈을 등식으로 표현하면
$P(x)=(x-a)Q(x)$이 된다. [나머지가 0이므로]
등식의 양변에 a를 대입하여 정리하면, $P(a)=0$이다.

예 $P(x)=x^2+x+b$가 $x-1$로 나누어떨어질 때, b의 값을 구해보자.
다항식 $P(x)$가 $x-1$로 나누어떨어지면, $P(1)=0$이다.
$P(1)=1^2+1+b=2+b=0$이므로 $b=-2$이다.

확인 09

다항식 x^3+x^2+ax+2가 $x-1$로 나누어떨어질 때, 상수 a의 값을 구하시오.

풀이

다항식 x^3+x^2+ax+2가 $x-1$로 나누어떨어지므로, 식에 x 대신 1을 대입하면,
식의 값이 0이 된다. 따라서 $1^3+1^2+a\times1+2=0$ ➡ $a=-4$

정답 $a=-4$

02 실력 체크 문제

정답 및 해설 별책 4p

01 다음 중 x에 대한 항등식은?

① $x = 1$

② $2x^2 - x = 0$

③ $(x+2)^2 = 2x + 5$

④ $x(x+2) = x^2 + 2x$

03 등식 $ax^2 + bx + c = 3x^2 + 2x + 5$가 x에 대한 항등식이 되도록 하는 상수 a, b, c에 대하여 $a+b+c$의 값은?

① 5   ② 8

③ 9   ④ 10

02 다음 중 x에 대한 항등식이 <u>아닌</u> 것은?

① $(x+1)^2 = x^2 + 2x + 1$

② $x^2 - x = -x + x^2$

③ $x^2 + x = x(x+2)$

④ $x(x+3) = x^2 + 3x$

04 $(x-1)^2 + a(x-1) + b = x^2 - x + 2$는 x에 대한 항등식이다. 두 상수 a, b에 대하여 $a+b$의 값은?

① 3   ② 4

③ 5   ④ 6

05 $x^2 - 6x + 9 = (x-1)^2 + a(x-1) + b$는 x에 대한 항등식이다. 두 상수 a, b에 대하여 $a+b$의 값은?

① -2 ② 0

③ 2 ④ 4

06 $x^2 - 2x + 3 = (x-1)Q(x) + R$이 x에 대한 항등식일 때, 상수 R의 값은? (단, $Q(x)$는 다항식)

① 0 ② 1

③ 2 ④ 3

07 다항식 $x^3 + x - 2$를 $x - 2$로 나눈 나머지는?

① 8 ② 10

③ 12 ④ 14

08 다항식 $x^3 - 2x^2 + ax + 5$가 $x - 1$로 나누어떨어질 때, 상수 a의 값은?

① -4 ② 0

③ 4 ④ 6

09 다항식 $x^3 - x + k$를 $x - 2$로 나눈 나미지가 4일 때, 상수 k의 값은?

① -2 ② 2

③ 0 ④ 4

11 다항식 $x^2 - 2x + k$가 $x - 2$로 나누어떨어질 때, 상수 k의 값은?

① -4 ② 0

③ 4 ④ 6

10 다항식 $x^3 + 2x + 5$를 $x + 1$로 나누었을 때의 나머지는?

① 1 ② 2

③ 3 ④ 4

03 인수분해

• 인수분해 공식을 알고, 이를 이용하여 인수분해를 할 수 있다.

1 인수분해

1. 인수와 인수분해

(1) 인수분해

하나의 다항식을 <mark>두 개 이상의 다항식의 곱</mark>으로 나타내는 것을 그 다항식을 인수분해한다고 한다.

$$x^2+5x+6 \xrightarrow[\text{전개}]{\text{인수분해}} (x+2)(x+3)$$

인수

(2) 인수

하나의 다항식을 두 개 이상의 다항식의 곱으로 나타낼 때, 각각의 식을 처음 식의 인수라고 한다.

예 $x^2+3x+2 = (x+1)(x+2)$

→ 인수 : $1,\ x+1,\ x+2,\ (x+1)(x+2)$

2. 공통인수를 이용한 인수분해

(1) 공통인수

다항식의 각 항에 공통으로 들어 있는 인수를 공통인수라 한다.

(2) 공통인수를 이용한 인수분해

공통인수가 있으면 그 인수로 묶어내어 인수분해한다.

예 다항식 $ma+mb$를 분배법칙을 이용하여 두 항 $ma,\ mb$에 공통으로 들어 있는 인수 m으로 묶어내면

$$ma+mb=m(a+b)$$

확인 01

다음 식을 인수분해하시오.

❶ $ax - ay$

❷ $3a^2 + 6ab$

정답 ❶ $ax - ay = a \times x - a \times y = a(x - y)$

❷ $3a^2 + 6ab = 3a \times a + 3a \times 2b = 3a(a + 2b)$

3. 인수분해 공식(Ⅰ)

(1) $a^2 + 2ab + b^2 = (a + b)^2$

(2) $a^2 - 2ab + b^2 = (a - b)^2$

(3) $a^2 - b^2 = (a + b)(a - b)$

(4) $x^2 + (a + b)x + ab = (x + a)(x + b)$

(5) $x^3 + 3x^2y + 3xy^2 + y^3 = (x + y)^3$

(6) $x^3 - 3x^2y + 3xy^2 - y^3 = (x - y)^3$

그림으로 핵심만 쏙쏙!

① 완전제곱식

$●^2 + 2 \times ● \times ■ + ■^2$
$= (● + ■)^2$

② 완전제곱식 2

$●^2 - 2 \times ● \times ■ + ■^2$
$= (● - ■)^2$

③ 합, 차공식

$●^2 - ■^2 = (● + ■)(● - ■)$

Click

합, 곱을 이용한 인수분해 공식

예 다항식 $x^2 + 5x + 6$은 인수분해 공식에서 $a + b = 5$, $ab = 6$인 경우이므로

$$x^2 + \quad 5x \quad + \quad 6$$
$$\vdots \qquad \vdots \qquad \vdots$$
$$x^2 + (a + b)x + \quad ab$$

합이 5이고, 곱이 6인 두 정수 a, b를 찾으면 된다. 아래 표를 참고하면,

곱이 6인 수	합이 5
1, 6	×
-1, -6	×
2, 3	○
-2, -3	×

알맞은 수는 2와 3이므로 $x^2 + 5x + 6 = (x + 2)(x + 3)$

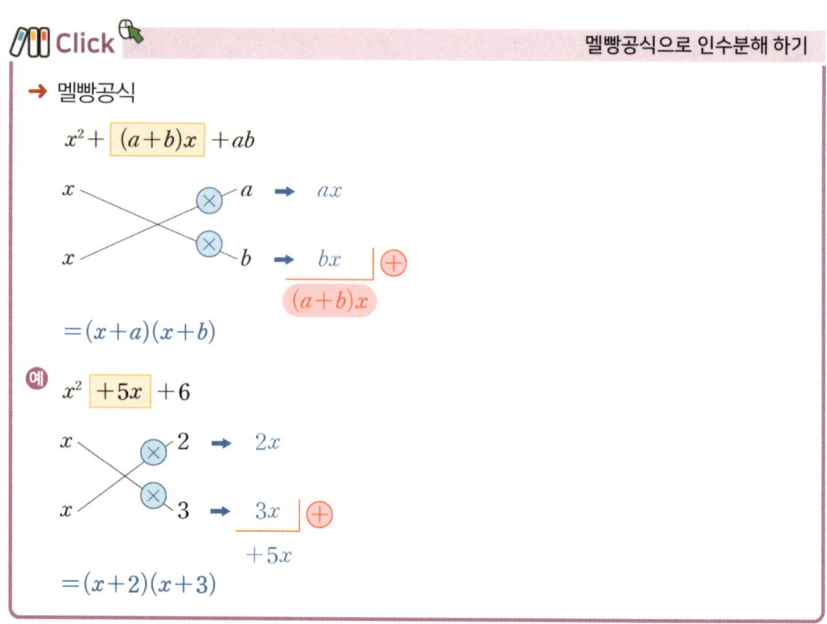

➡ 멜빵공식

$$x^2 + \boxed{(a+b)x} + ab$$

$= (x+a)(x+b)$

예 $x^2 \boxed{+5x} + 6$

$= (x+2)(x+3)$

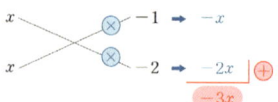

연계개념 이해 😆!

합과 곱 공식

$x^2 - 4x + 3 = (x-1)(x-3)$

곱이 3인 수	합이 −4
1, 3	×
−1, −3	○

➡ $x^2 - 4x + 3 = (x-1)(x-3)$

멜빵공식

$x^2 \boxed{-3x} + 2$

$= (x-1)(x-2)$

✏ 확인 02

다음 표를 이용하여 인수분해하시오.

❶ $x^2 - 2x + 1$

곱이 1인 수	합이 −2

➡ (　　)(　　)

❷ $x^2 + 3x + 2$

곱이 2인 수	합이 3

➡ (　　)(　　)

정답 ❶ $x^2 - 2x + 1$

곱이 1인 수	합이 −2	
1, 1	×	➡ $(x-1)(x-1)$
−1, −1	○	

❷ $x^2 + 3x + 2$

곱이 2인 수	합이 3	
1, 2	○	➡ $(x+1)(x+2)$
−1, −2	×	

🖊 확인 03

다음 공식을 이용하여 인수분해하시오.

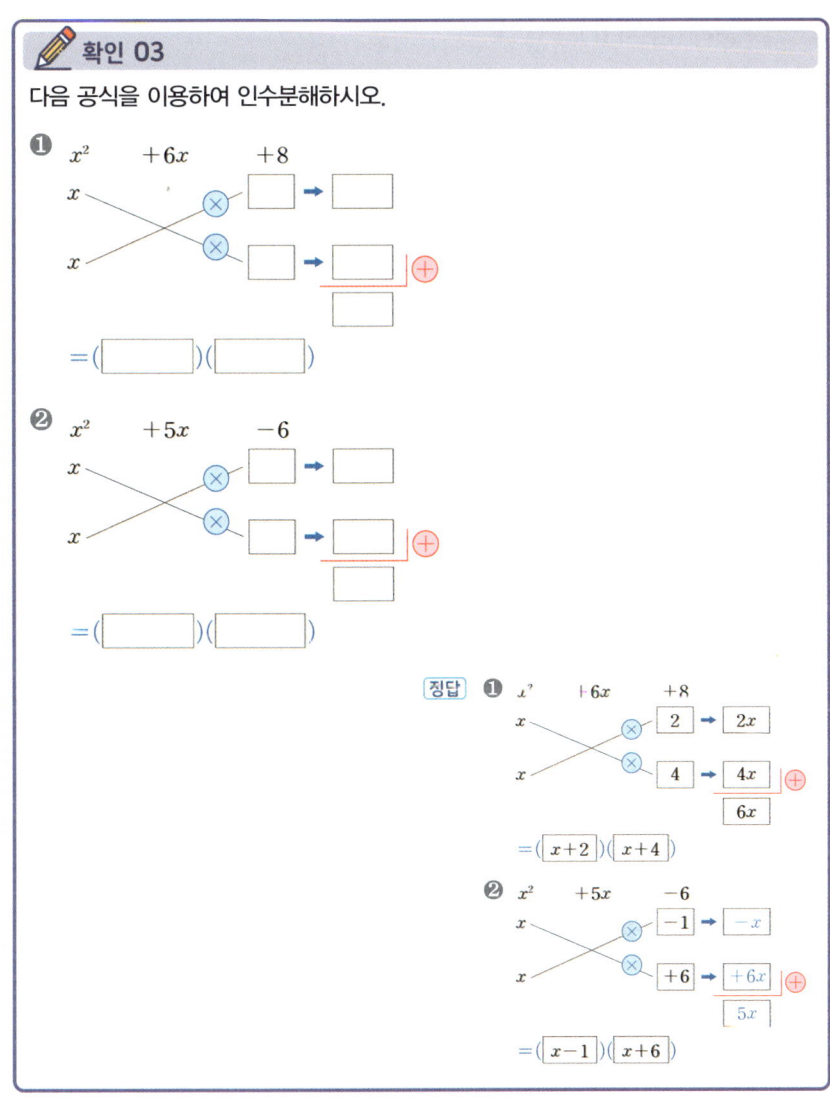

🖊 확인 04

다항식 $x^3 + 3x^2 + 3x + 1$을 인수분해하면 $(x+a)^3$이 된다. 이때 a의 값을 구하시오.

풀이 --

$x^3 + 3x^2 + 3x + 1 = (x+1)^3$이므로 $a=1$

정답 1

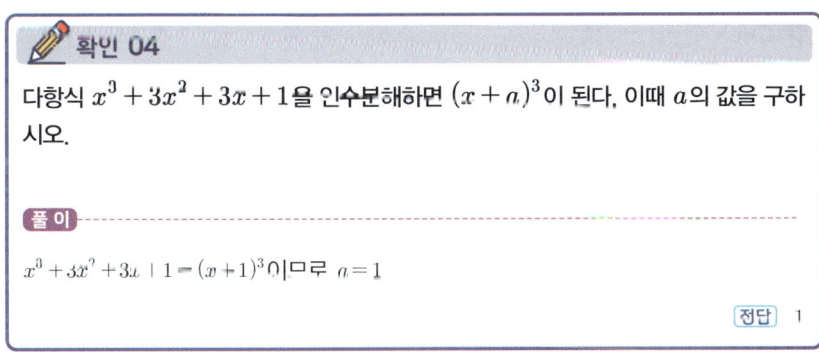

① 세제곱 공식

$●^3 + ■^3 =$
$(● + ■)(●^2 - ● × ■ + ■^2)$

② 세제곱 공식 2

$●^3 - ■^3 =$
$(● - ■)(●^2 + ● × ■ + ■^2)$

4. 인수분해 공식(Ⅱ) 출제포인트★★★

(1) $a^3 + b^3 = (a+b)(a^2 - ab + b^2)$

(2) $a^3 - b^3 = (a-b)(a^2 + ab + b^2)$

✏️ 확인 05

다항식 $x^3 + 1$을 인수분해한 식이 $(x+1)(x^2 - x + a)$일 때, a의 값을 구하시오.

풀이 -----------------------------

인수분해 공식에 의해 $x^3 + 1 = (x+1)(x^2 - x + 1)$이므로, $a = 1$

정답 1

✏️ 확인 06

다항식 $x^3 + 2^3$을 인수분해한 식이 $(x+2)(x^2 - 2x + a)$일 때, a의 값을 구하시오.

풀이 -----------------------------

인수분해 공식에 의해 $x^3 + 2^3 = (x+2)(x^2 - 2x + 4)$이므로, $a = 4$

정답 4

완전제곱식

$x^2 + \boxed{}\, x + \bigcirc$

↑ 반의 제곱

$\bigcirc = \left(\dfrac{\boxed{}}{2}\right)^2$

5. 완전제곱식 만들기

(1) $x^2 + 2ax + a^2 = (x+a)^2$ ➡ 일차항계수의 반의 제곱 = 상수항

(2) $x^2 - 2ax + a^2 = (x-a)^2$ ➡ 일차항계수의 반의 제곱 = 상수항

🖍 Click 🖌 완전제곱식 만들기

$x^2 + 4x + b$가 완전제곱식이 되도록 하는 b의 값을 구해보자.
일차항계수의 반의 제곱 = 상수항을 만족하면 완전제곱식이 됨을 이용하여 일차항 계수의 반의 제곱 $\left(\dfrac{4}{2}\right)^2$ ➡ 4이므로, $b = 4$일 때 완전제곱식이 된다.

✏️ 확인 07

다음 식이 완전제곱식이 되도록 ☐ 에 알맞은 수를 써 넣으시오.

❶ $x^2 + 2x + $ ☐　　　　❷ $x^2 - 2x + $ ☐

❸ $x^2 + 6x + $ ☐　　　　❹ $x^2 - 4x + $ ☐

풀이

완전제곱식 공식에 대입하여 상수항을 구한다.

[완전제곱식]

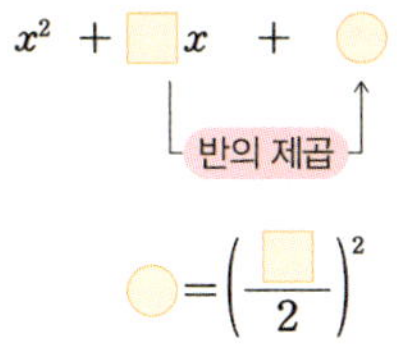

$x^2 + $ ☐$x + $ ◯

└─ 반의 제곱 ─┘

◯ $= \left(\dfrac{☐}{2}\right)^2$

정답　❶ 1　❷ 1　❸ 9　❹ 4

03 실력 체크 문제

정답 및 해설 별책 6p

01 다항식 $x^2 - 5x + 6$을 바르게 인수분해한 것은?

① $(x-1)(x-6)$ ② $(x-2)(x-3)$

③ $(x+1)(x+6)$ ④ $(x+2)(x+3)$

03 다항식 $x^2 + 3x + 2$를 인수분해하면, $(x+a)(x+b)$이다. 이때, $a+b$의 값은?

① 3 ② 2

③ -3 ④ -2

02 다항식 $x^2 - 3x - 10$을 바르게 인수분해한 것은?

① $(x-1)(x-10)$ ② $(x-1)(x+10)$

③ $(x+2)(x-5)$ ④ $(x-2)(x+5)$

04 다항식 $x^2 + 4x + 4$를 바르게 인수분해한 것은?

① $(x-2)(x-2)$ ② $(x+1)(x+3)$

③ $(x+2)(x+2)$ ④ $(x-1)(x-4)$

05 다항식 $x^2 - 4$를 바르게 인수분해한 것은?

① $(x-2)(x-2)$ ② $(x+2)(x-2)$

③ $(x+2)(x+2)$ ④ $(x-1)(x-4)$

07 다항식 $x^3 + 2^3$을 인수분해한 식이
$(x+a)(x^2 - 2x + 4)$일 때, a의 값은?

① 0 ② 1

③ 2 ④ -1

06 다항식 $x^3 - 1$을 인수분해한 식이
$(x-1)(x^2 + x + a)$일 때, a의 값은?

① 0 ② 1

③ 2 ④ 3

08 다항식 $x^2 + 4x + k$가 완전제곱식이 되도록
k의 값을 구하면?

① 2 ② 3

③ 4 ④ 8

PART 01

09 다항식 $x^2 + 6x + 9 = (x+k)^2$이 완전제곱이 되도록 k의 값을 구하면?

① 2 ② 3

③ 4 ④ 8

10 다항식 $x^2 + kx + 16$이 완전제곱식이 될 때, 양수 k의 값은?

① 4 ② 6

③ 8 ④ 10

11 다항식 $x^3 - 3x^2 + 3x - k$를 인수분해한 식이 $(x-1)^3$일 때, k의 값은?

① 0 ② 1

③ 2 ④ 3

12 다항식 $x^3 - 6x^2 + 12x - 8$을 인수분해한 식이 $(x+k)^3$일 때, k의 값은?

① -2 ② -1

③ 1 ④ 2

01 다항식의 연산

1 다항식의 덧셈

다항식의 덧셈은 괄호를 풀어 정리한 후 동류항끼리 모아서 계산한다.

2 다항식의 뺄셈

다항식의 뺄셈은 빼는 식의 모든 항의 부호를 바꾸어서 더한다.

괄호를 풀어 정리할 때에는 분배법칙을 이용하여 정리한다.

3 곱셈공식

① $(a+b)^2 = a^2 + 2ab + b^2$

② $(a-b)^2 = a^2 - 2ab + b^2$

③ $(a+b)(a-b) = a^2 - b^2$

④ $(x+a)(x+b) = x^2 + (a+b)x + ab$

⑤ $(a+b+c)^2$
$= a^2 + b^2 + c^2 + 2ab + 2bc + 2ca$

⑥ $(a+b)^3 = a^3 + 3a^2b + 3ab^2 + b^3$

⑦ $(a-b)^3 = a^3 - 3a^2b + 3ab^2 - b^3$

⑧ $(a+b)(a^2 - ab + b^2) = a^3 + b^3$

⑨ $(a-b)(a^2 + ab + b^2) = a^3 - b^3$

02 항등식과 나머지 정리

1 항등식의 성질과 미정계수법

(1) 비교하여 구하기(계수비교법)

　① $ax+b = 0$이 x에 대한 항등식이면, $a-b=0$이다.

　② $ax+b = cx+d$가 x에 대한 항등식이면, $a=c$, $b=d$이다.

　③ $ax^2 + bx + c = 0$이 x에 대한 항등식이면, $a=b=c=0$이다.

　④ $ax^2 + bx + c = dx^2 + ex + f$가 x에 대한 항등식이면, $a=d$, $b=e$, $c=f$이다.

(2) 대입하여 구하기(수치대입법)

x에 대한 항등식은 모든 x에 대해 성립하므로 아무 숫자나 대입해도 성립한다.

2 나머지 정리

다항식 $P(x)$를 $x-a$로 나누었을 때, 나머지를 R이라 하면, 나머지 $R = P(a)$와 같다.

3 인수정리

다항식 $P(x)$가 $x-a$로 나누어떨어지면, $P(a) = 0$과 같다.

03 인수분해

1 인수분해 공식(Ⅰ)

(1) $a^2 + 2ab + b^2 = (a+b)^2$

(2) $a^2 - 2ab + b^2 = (a-b)^2$

(3) $a^2 - b^2 = (a+b)(a-b)$

(4) $x^2 + (a+b)x + ab = (x+a)(x+b)$

(5) $x^3 + 3x^2y + 3xy^2 + y^3 = (x+y)^3$

(6) $x^3 - 3x^2y + 3xy^2 - y^3 = (x-y)^3$

2 인수분해 공식(Ⅱ)

(1) $a^3 + b^3 = (a+b)(a^2 - ab + b^2)$

(2) $a^3 - b^3 = (a-b)(a^2 + ab + b^2)$

EBS 교육방송교재

PART 01 기출문제 체크

정답 및 해설 별책 9p

01 두 다항식 $A=2x^2+x$, $B=x^2-x$에 대하여 $A-B$는?

① x^2-2x　　② x^2-x
③ x^2+x　　④ x^2+2x

02 두 다항식 $A=x^2-x$, $B=-x^2+1$에 대하여 $2A+B$는?

① x^2-2x+1　　② x^2-x-1
③ x^2+x+3　　④ x^2+2x-3

03 두 다항식 $A=x^2+x$, $B=3x+4$에 대하여 $3A-B$는?

① $3x^2-4$　　② $3x^2+x$
③ $3x^2+x-4$　　④ $3x^2+2x+2$

04 단항식 $A=x$와 다항식 $B=x-3$의 곱 AB는?

① x^2-3x　　② x^2-x
③ x^2+x　　④ x^2+3x

05 다항식 $x^3 + 3^3$을 인수분해한 식이 $(x+3)(x^2 - 3x + a)$일 때, 상수 a의 값은?

① 1   ② 3

③ 6   ④ 9

06 다항식 $x^3 - 2^3$을 인수분해한 식이 $(x-a)(x^2 + 2x + 4)$일 때, 상수 a의 값은?

① 2   ② 4

③ 6   ④ 8

07 등식 $x^2 + 3x - 7 = x^2 + ax + b$가 x에 대한 항등식일 때, 두 상수 a, b에 대하여 $a + b$의 값은?

① -5 ② -4

③ -3 ④ -2

08 다음 등식 중 x에 대한 항등식은?

① $x = 5$

② $x + 2 = 0$

③ $(x+1)^2 = x + 1$

④ $x^2 - 1 = (x+1)(x-1)$

09 등식 $2(x^2+x+2)=ax^2+2x+b$가 x에 대한 항등식일 때, 두 상수 a, b에 대하여 $a+b$의 값은?

① 2   ② 4

③ 6   ④ 8

11 다항식 x^3-2x+a가 $x-1$로 나누어떨어질 때, 상수 a의 값은?

① 1   ② 2

③ 3   ④ 4

10 등식 $(x-1)^2+2(x-1)+a=x^2$이 x에 대한 항등식일 때, 상수 a의 값은?

① 1   ② 2

③ 3   ④ 4

12 다항식 $2x^2+4x-3$을 $x-1$로 나누었을 때, 나머지는?

① 1   ② 3

③ 5   ④ 7

13 다항식 $x^3 - 3x^2 + ax + 5$가 $x-1$로 나누어떨어질 때, 상수 a의 값은?

① -4 ② -3

③ -2 ④ -1

15 다음은 조립제법을 이용하여 다항식 $x^3 + x^2 - x + 1$을 일차식 $x-2$로 나누었을 때, 몫과 나머지를 구하는 과정이다. 나머지 R의 값은?

2	1	1	-1	1
		2	6	10
	1	3	5	R

① 2   ② 5

③ 8   ④ 11

14 다음은 조립제법을 이용하여 다항식 $x^3 - 2x + 1$을 일차식 $x-2$로 나누어 몫과 나머지를 구하는 과정이다. 이때, 몫은?

2	1	0	-2	1
		2	4	4
	1	2	2	5

① 2   ② 5

③ $x+5$ ④ $x^2 + 2x + 2$

16 다음은 다항식 $2x^2 + x - 3$을 일차식 $x+1$로 나누어 몫과 나머지를 구하는 과정이다. (가)에 알맞은 식은?

$$\begin{array}{r} 2x-1 \\ x+1 \overline{)\ 2x^2+x-3} \\ 2x^2+2x \\ \hline \boxed{(가)} \\ -x-1 \\ \hline -2 \end{array}$$

① $-x-3$ ② $-x-2$

③ $x-3$ ④ $x-2$

EBS 교육방송교재

고졸 검정고시 **수학**

방정식과 부등식

✿ 이 단원에서는 복소수의 성질과 복소수의 사칙연산을 할 수 있도록 합니다. 또한 이차방정식의 여러 가지 근의 조건과 근과 계수와의 관계를 익힙니다. 이차방정식과 이차함수와의 관계를 알고, 이차함수의 최대, 최솟값을 구할 수 있도록 합니다. 마지막으로 방정식의 근의 의미를 이용하여 여러 가지 방정식을 풀 수 있도록 하며, 부등식의 성질을 알고, 일차부등식, 이차부등식과 연립부등식의 해를 구할 수 있도록 합니다.

01

복소수와 이차방정식

• 복소수에 대해 이해하고, 복소수의 사칙연산을 할 수 있다.
• 이차방정식의 여러 가지 근의 조건을 살펴보고, 근과 계수와의 관계를 이해한다.

그림으로 핵심만 쏙쏙!

▶ $i = \sqrt{-1}$ 이라고 약속하고, $i^2 = (\sqrt{-1})^2 = -1$
새로운 수 i는 허수라 부르고, 실수와 허수를 결합한 수를 복소수라 해요!

1 복소수

1. 실수와 복소수

(1) 허수단위 i

제곱하여 -1이 되는 수를 i라 하고, $i = \sqrt{-1}$로 약속한다.
$i^2 = (\sqrt{-1})^2 = -1$이 된다.

Click

허수단위 i

제곱하여 -1이 되는 수 i

x가 실수일 때, $x^2 = -1$의 해를 구해보면, 제곱해서 음수가 되는 실수는 없기 때문에 구할 수 없다. 즉, 이 방정식의 해를 구하기 위해서는 수의 확장이 필요하다. 이제부터는 제곱해서 -1이 되는 수가 있다고 약속하되, 그 수는 실수가 아닌 **허수**라고 부른다. 또한 제곱하여 -1이 되는 수를 허수 i라고 약속하고, **허수단위**라고 한다.

이때, $i = \sqrt{-1}$이고, $i^2 = -1$이 된다.

연계개념 이해 쏙!

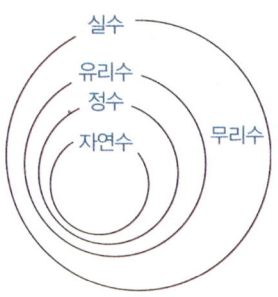

(2) 실수와 복소수

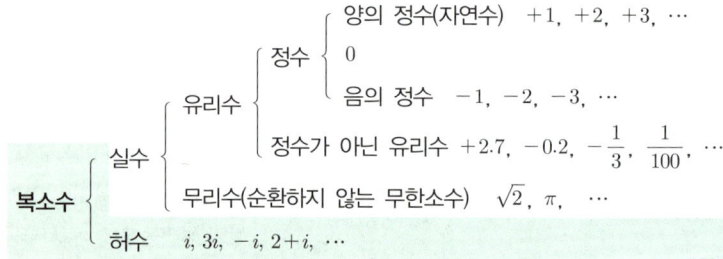

확인 01

다음 수가 해당되는 곳에 ○표를 하시오.

구분	i	-1	$2+i$	3	$2-i$	$3+5i$
실수						
허수						
복소수						

정답

구분	i	-1	$2+i$	3	$2-i$	$3+5i$
실수		○		○		
허수	○		○		○	○
복소수	○	○	○	○	○	○

(3) 실수부분과 허수부분

$a+bi$에서 **실수부분**은 a, **허수부분**은 b라 한다.

예 $1+3i$의 실수부분은 1, 허수부분은 3이다.

예 $2-5i = 2+(-5)i$이므로 실수부분은 2, 허수부분은 -5이다.

그림으로 핵심만 쏙쏙!

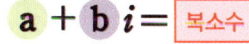

$a + b i =$ 복소수

실수부분 허수부분

Click 복소수의 분류

복소수 $a+bi$에서,

$b=0$이 되면, $a = a+0 = a+0i$로 나타낼 수 있으므로 실수도 복소수이다. 또한, 실수가 아닌 복소수 $a+bi(b \neq 0)$를 **허수**라고 한다.

또한 $a=0, b \neq 0$이면, bi로 나타낼 수 있으며, 이러한 허수를 **순허수**라 한다. 정리하면 다음과 같다.

$$복소수\ a+bi \begin{cases} 실수\ (b=0) \\ 허수\ (b \neq 0) \end{cases} \quad (단,\ a,\ b는\ 실수)$$

또한 허수의 분류는 다음과 같다.

$$허수\ a+bi \begin{cases} 순허수\ (a=0,\ b \neq 0) \\ 순허수가\ 아닌\ 허수\ (a \neq 0,\ b \neq 0) \end{cases} \quad (단,\ a,\ b는\ 실수)$$

확인 02

다음 복소수의 실수부분과 허수부분을 구하시오.

❶ $3+2i$

❷ $2+i$

❸ $1+4i$

❹ $5-i$

정답 ❶ 실수부분 : 3 허수부분 : 2
❷ 실수부분 : 2 허수부분 : 1
❸ 실수부분 : 1 허수부분 : 4
❹ 실수부분 : 5 허수부분 : −1

 확인 03

다음 복소수 중 순허수인 것을 모두 쓰시오.

$$1, \quad 2i, \quad 3+i, \quad 1-i, \quad -i$$

정답 $2i, \ -i$

그림으로 핵심만 쏙 쏙!

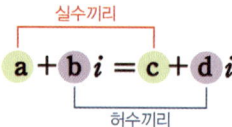

실수끼리

$\mathbf{a} + \mathbf{b}\,i = \mathbf{c} + \mathbf{d}\,i$

허수끼리

(4) 서로 같은 복소수 **출제포인트**★★★

두 복소수에서 실수부분은 실수부분끼리, 허수부분은 허수부분끼리 서로 같을 때, 두 복소수는 '서로 같다'고 한다.

① $a+bi=0$이면, $a=0$, $b=0$이다. (단, a, b는 실수)
② $a+bi=c+di$이면, $a=c$, $b=d$이다. (단, a, b, c, d는 실수)
   예 $a+2i=3+bi$ ➜ $a=3$, $b=2$

 확인 04

다음 등식이 성립하도록 실수 a, b의 값을 정하시오.

❶ $a+bi=2+3i$

❷ $a-i=2+bi$

❸ $(a+1)+2i=3+bi$

정답 ❶ $a=2, b=3$ ❷ $a=2, b=-1$ ❸ $a=2, b=2$

(5) 켤레복소수 출제포인트

복소수 $a+bi$(a, b는 실수)에 대하여 <mark>허수부분의 부호를 반대로</mark> 바꾼 복소수 $a-bi$를 켤레복소수라고 하며, 기호로 $\overline{a+bi}=a-bi$로 표현한다.

① $\overline{a+bi}=a-bi$ (a, b는 실수)

② $\overline{a}=a$ (a는 실수)

③ $\overline{bi}=-bi$ (b는 실수)

> 예 $2+3i$의 켤레복소수는 $\overline{2+3i}=2-3i$
>
> $5-i$의 켤레복소수는 $\overline{5-i}=5+i$

✏️ 확인 05

다음 주어진 복소수의 켤레복소수를 구하시오.

❶ $3+5i$

❷ $7-i$

❸ i

❹ 10

정답 ❶ $3-5i$ ❷ $7+i$ ❸ $-i$ ❹ 10

---

2 복소수의 연산

1. 복소수의 사칙연산 출제포인트

(1) 복소수의 덧셈과 뺄셈

복소수의 덧셈과 뺄셈은 실수부분은 <mark>실수부분끼리</mark>, 허수부분은 <mark>허수부분끼리</mark> 계산한다.

① $(a+bi)+(c+di)=(a+c)+(b+d)i$

> 예 $(1+i)+(2+i)=(1+2)+(1+1)i=3+2i$

② $(a+bi)-(c+di)=(a-c)+(b-d)i$

> 예 $(3+4i)-(1+2i)=(3-1)+(4-2)i=2+2i$

켤레복소수

$$a + bi \xleftrightarrow{\text{켤레}} a - bi$$

허수부분의 부호반대

PART 02

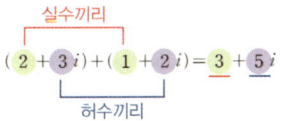

실수끼리

$(\,2\,+\,3\,i\,)+(\,1\,+\,2\,i\,)=\underline{3}+\underline{5}\,i$

허수끼리

끼리끼리 계산해요!

✏️ 확인 06

다음 복소수를 계산하시오.

❶ $(2+2i)+(-1+3i)$

❷ $3+i-1+2i$

풀이

❶ $(2+2i)+(-1+3i) = 2-1+2i+3i$
$$= (2-1)+(2+3)i = 1+5i$$

❷ $3+i-1+2i = 3-1+i+2i$
$$= (3-1)+(1+2)i = 2+3i$$

정답 ❶ $1+5i$ ❷ $2+3i$

---

(2) **복소수의 곱셈, 나눗셈**

곱셈은 **분배법칙**을 이용하고, 나눗셈은 분모를 **유리화**하며, $i^2=-1$을 이용하여 계산한다.

① $(a+bi)\times(c+di) = (ac-bd)+(ad+bc)i$

> **예** $i(1+3i) = i+3i^2 = i-3$

② $\dfrac{a+bi}{c+di} = \dfrac{ac+bd}{c^2+d^2} - \dfrac{ad-bc}{c^2+d^2}i$ (단, $c+di \neq 0$)

$\rightarrow$ $\dfrac{a+bi}{c+di} = \dfrac{(a+bi)(c-di)}{(c+di)(c-di)} = \dfrac{ac-adi+bci-bdi^2}{c^2-d^2i^2}$

$$= \dfrac{(ac+bd)-(ad-bc)i}{c^2+d^2}$$

$$= \dfrac{ac+bd}{c^2+d^2} - \dfrac{ad-bc}{c^2+d^2}i$$

> **예** $\dfrac{1+i}{1-i} = \dfrac{(1+i)(1+i)}{(1-i)(1+i)} = \dfrac{1+i+i+i^2}{1-i^2} = \dfrac{1-1+2i}{2}$
>
> $\qquad = \dfrac{2i}{2} = i$

✏️ 확인 07

다음을 계산하시오.

❶ $i(2+i)$ ❷ $i(4-i)$

❸ $(1+i)(1-i)$ ❹ $(1+i)(1+i)$

풀 이

❶ $i(2+i)=2i+i^2=2i-1=-1+2i$

❷ $i(4-i)=4i-i^2=4i-(-1)=4i+1=1+4i$

❸ $(1+i)(1-i)=1-i+i-i^2=1-i+i+1$
$\qquad\qquad =(1+1)+(-1+1)i=2$

❹ $(1+i)(1+i)=1+i+i+i^2=1+i+i-1$
$\qquad\qquad =(1-1)+(1+1)i=2i$

정답 ❶ $2i-1$ 또는 $-1+2i$ [둘 다 정답]
❷ $4i+1$ 또는 $1+4i$ [둘 다 정답]
❸ 2
❹ $2i$

2. i의 거듭제곱

허수단위인 i를 계속하여 거듭제곱하면 다음과 같은 규칙을 찾을 수 있다.

$$i \quad \rightarrow \quad i^2=-1 \rightarrow i^3=-i \rightarrow i^4=1$$
$$\rightarrow i^5=i \rightarrow i^6=-1 \rightarrow i^7=-i \rightarrow i^8=1$$

그러므로, i^n은 4개를 주기로 반복되며, n을 4로 나눈 나머지가 같으면, 그 값이 같음을 알 수 있다.

① $i=i^5=i^9=\cdots$

② $i^2=i^6=i^{10}=\cdots$

③ $i^3=i^7=i^{11}=\cdots$

④ $i^4=i^8=i^{12}=\cdots$

그림으로 핵심만 쏙 쏙!

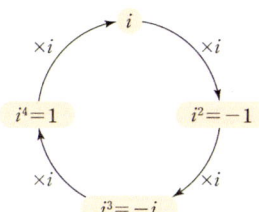

확인 08

다음을 계산하시오.

❶ i^3　　　　　　　　　　❷ i^9

❸ i^{11}　　　　　　　　　❹ i^{12}

풀이

❶ $i^3 = i^2 \times i = -1 \times i = -i$

❷ $i^9 = (i^4)^2 \times i = 1^2 \times i = i$

❸ $i^{11} = (i^4)^2 \times i^3 = 1^2 \times i^3 = i^3 = i^2 \times i = -1 \times i = -i$

❹ $i^{12} = (i^4)^3 = 1^3 = 1$

정답 ❶ $-i$ ❷ i ❸ $-i$ ❹ 1

 확인 09

다음을 계산하시오.

❶ $i^4 + i^8$　　　　　　　　❷ $i + i^2 + i^3 + i^4$

풀이

❶ $i^4 + i^8 = i^4 + (i^4)^2 = 1 + (1)^2 = 1 + 1 = 2$

❷ $i + i^2 + i^3 + i^4 = i - 1 - i + 1 = 0$

정답 ❶ 2 ❷ 0

3 이차방정식

1. 이차방정식

(1) 이차방정식

$ax^2 + bx + c = 0 (a \neq 0)$과 같이 이차식$=0$의 꼴로 나타내어지는 방정식을 x에 대한 <mark>이차방정식</mark>이라 한다.

(x에 대한 이차식)$=0$

(2) 이차방정식의 풀이

① 인수분해를 이용한 풀이

$AB = 0$이면 $A = 0$ 또는 $B = 0$의 성질을 이용하여 이차방정식을 풀 수 있다.

$AB = 0$
➡ $A = 0$ 또는 $B = 0$

예 $(x - 2)(x - 1) = 0$ ➡ $x = 2$ 또는 $x = 1$

 **확인 10**

이차방정식 $(x-2)(x-3)=0$의 해를 구하시오.

풀이 ---

$(x-2)(x-3)=0$이므로 해는 $x-2=0$ 또는 $x-3=0$

➜ $x=2$ 또는 $x=3$

정답 $x=2$ 또는 $x=3$

 확인 11

이차방정식 $x^2-5x+4=0$의 해를 구하시오.

풀이 ---

식을 인수분해하면, $(x-1)(x-4)=0$이 되어, 해는 $x=1$ 또는 $x=4$이다.

정답 $x=1$ 또는 $x=4$

② 근의 공식을 이용한 풀이

㉠ $ax^2+bx+c=0 \ (a\neq0)$의 근은 $x=\dfrac{-b\pm\sqrt{b^2-4ac}}{2a}$

㉡ 특별히 x의 계수 b가 짝수인 경우

$ax^2+2b'x+c=0 \ (a\neq0)$의 근은 $x=\dfrac{-b'\pm\sqrt{b'^2-ac}}{a}$

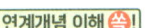 **연계개념 이해** 🔆!

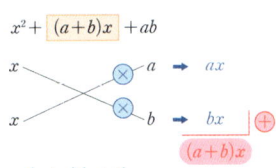

$$x^2+ \boxed{(a+b)x} +ab$$

$=(x+a)(x+b)$

 **확인 12**

이차방정식의 해를 구하시오.

❶ $x^2-2x-1=0$

❷ $x^2+3x+4=0$

❸ $x^2+4x+5=0$

풀이 ---

근의 공식에 대입하여 계산한 것이다.

정답 ❶ $r=1+\sqrt{2}$ ❷ $x=\dfrac{-3\pm\sqrt{7}i}{2}$ ❸ $x=-2\pm i$

2. 판별식

(1) 근의 공식과 판별식 출제포인트★★★

이차방정식 $ax^2 + bx + c = 0$ (단, a, b, c는 실수)의 근을 근의 공식을 이용하여 나타내었을 때, 근호 안의 부호로 이차방정식의 근을 판별하는 식을 <mark>판별식</mark>이라 한다.

$D = b^2 - 4ac$를 판별식으로 나타내며 판별식의 부호에 따라 이차방정식은 다음과 같은 해를 갖는다.

① $b^2 - 4ac > 0$ 서로 다른 두 실근

② $b^2 - 4ac = 0$ 서로 같은 두 실근(중근)

③ $b^2 - 4ac < 0$ 서로 다른 두 허근

④ $b^2 - 4ac \geq 0$ 실근

이렇게 생각해 봐요!

중등 과정에서는 $\sqrt{b^2 - 4ac}$에서 $b^2 - 4ac$의 값이 음수가 나오면 근을 구할 수 없었어요!
그러나 이제 허수를 배웠으므로 이차방정식은 복소수 범위 내에서 반드시 근을 갖는다고 할 수 있고, 이때 실수인 근을 실근, 허수인 근을 허근이라 해요!

⦿ 이차방정식의 판별식을 이용하면, 근을 직접 구하지 않아도, 근이 실근인지 허근인지 판단할 수 있어요!

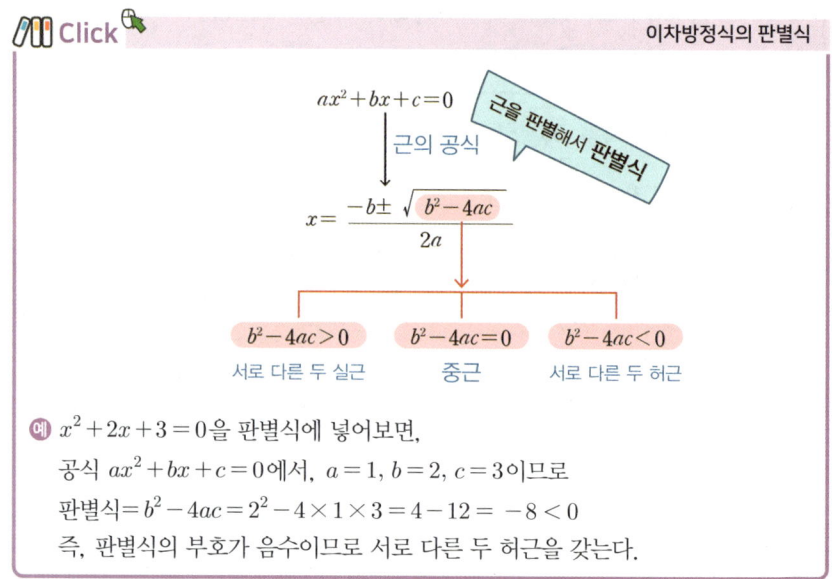

Click   **이차방정식의 판별식**

$ax^2 + bx + c = 0$

↓ 근의 공식

근을 판별해서 **판별식**

$$x = \frac{-b \pm \sqrt{b^2 - 4ac}}{2a}$$

$b^2 - 4ac > 0$	$b^2 - 4ac = 0$	$b^2 - 4ac < 0$
서로 다른 두 실근	중근	서로 다른 두 허근

예 $x^2 + 2x + 3 = 0$을 판별식에 넣어보면,
공식 $ax^2 + bx + c = 0$에서, $a = 1$, $b = 2$, $c = 3$이므로
판별식 $= b^2 - 4ac = 2^2 - 4 \times 1 \times 3 = 4 - 12 = -8 < 0$
즉, 판별식의 부호가 음수이므로 서로 다른 두 허근을 갖는다.

PART 02

✏️ 확인 13

다음을 이용하여 이차방정식의 근을 판별하시오.

❶ $x^2 - 3x + 5 = 0$ ⇨ 판별식 = ⇨

❷ $x^2 - 5x + 2 = 0$ ⇨ 판별식 = ⇨

❸ $x^2 - 6x + 9 = 0$ ⇨ 판별식 = ⇨

정답 ❶ $9 - 20 = -11$, 서로 다른 두 허근
❷ $25 - 8 = 17$, 서로 다른 두 실근
❸ $36 - 36 = 0$, 중근

✏️ 확인 14

다음을 이용하여 이차방정식의 근을 판별하시오.

❶ $x^2 - 2x + 5 = 0$ ⇨ 판별식 = ⇨

❷ $x^2 - 4x + 4 = 0$ ⇨ 판별식 = ⇨

❸ $x^2 - 5x + 1 = 0$ ⇨ 판별식 = ⇨

정답 ❶ $4 - 20 = -16$, 서로 다른 두 허근
❷ $16 - 16 = 0$, 중근
❸ $25 - 4 = 21$, 서로 다른 두 실근

3. 근과 계수와의 관계 출제포인트 ★★★

이차방정식 $ax^2 + bx + c = 0$ 의 두 근을 α, β라 하면,
두 근의 합$(\alpha + \beta)$**과 곱**$(\alpha\beta)$은 다음과 같다.

① $\alpha + \beta = -\dfrac{b}{a}$

② $\alpha\beta = \dfrac{c}{a}$

그림으로 핵심만 쏙쏙!

$a\,x^2 + b\,x + c = 0$

$\alpha + \beta = 합 = -\dfrac{b}{a}$

$\alpha\beta = 곱 = \dfrac{c}{a}$

❯ α(알파)와 β(베타)는 이차방정식에서 두 근을 나타낼 때 주로 사용하는 그리스 소문자에요!

Click

이차방정식 $x^2 + 2x - 3 = 0$의 두 근을 α, β라 할 때, 근과 계수와의 관계를 이용하여 두 근의 합($\alpha + \beta$)과 곱($\alpha\beta$)을 구해보면,

$a = 1, b = 2, c = -3$이므로

$$\alpha + \beta = -\frac{b}{a} = -\frac{2}{1} = -2, \quad \alpha\beta = \frac{c}{a} = \frac{-3}{1} = -3$$

즉, $\alpha + \beta = -2, \alpha\beta = -3$임을 알 수 있다.

 확인 15

$x^2 - 2x - 3 = 0$의 두 근을 α, β라 할 때, $\alpha + \beta$와 $\alpha\beta$를 구하시오.

풀이 --

근과 계수와의 관계 공식에 대입하여 구한다.

정답 $\alpha + \beta = 2, \alpha\beta = -3$

확인 16

$x^2 - 2x + 4 = 0$의 두 근을 α, β라 할 때, $\alpha + \beta$와 $\alpha\beta$를 구하시오.

풀이 --

근과 계수와의 관계 공식에 대입하여 구한다.

정답 $\alpha + \beta = 2, \alpha\beta = 4$

01

실력 체크 문제

정답 및 해설 별책 11p

01 복소수 $a+bi\,(a,\,b$는 실수$)$에 대한 설명으로 옳지 <u>않은</u> 것은?

① 실수부분은 a이다.

② 허수부분은 b이다.

③ $a+bi$의 켤레복소수는 $a-bi$이다.

④ $a=0$, $b\neq0$이면, 실수이다.

02 다음 중 순허수는 몇 개인가?

$$1+i \quad 3i \quad 7+3i \quad 4 \quad -2i \quad 0$$

① 1개   ② 2개

③ 3개   ④ 4개

03 다음 중 순허수인 것은?

① 0 ② $2-i$

③ i^2 ④ i^3

04 복소수 $6+i+(3+i)a$가 순허수가 되도록 하는 a의 값은?

① -1 ② -2

③ 1 ④ 2

05 다음 등식이 성립하도록 하는 실수 a, b의 값은? (단, $i=\sqrt{-1}$)

$$3+bi=a-2i$$

① $a=1$, $b=2$ ② $a=3$, $b=2$

③ $a=2$, $b=-3$ ④ $a=3$, $b=-2$

07 두 실수 x, y에 대하여 $(x-1)+(y-2)i=0$ 이 성립할 때, $x+y$의 값은? (단, $i=\sqrt{-1}$)

① -3 ② -1

③ 1 ④ 3

06 등식 $a+bi=2+3i$를 만족시키는 두 실수 a, b의 값은? (단, $i=\sqrt{-1}$)

① $a=3$, $b=2$ ② $a=2$, $b=3$

③ $a=1$, $b=2$ ④ $a=2$, $b=1$

08 다음 등식을 만족시키는 실수 x, y의 값은? (단, $i=\sqrt{-1}$)

$$(x+3)+yi=2+3i$$

① $x=-1$, $y=2$ ② $x=1$, $y=3$

③ $x=2$, $y=3$ ④ $x=-1$, $y=3$

09 실수 x, y에 대하여
$(x-1)+(y+3)i = 4-2i$일 때, xy의 값은?

① 10   ② -25

③ 25   ④ -10

11 복소수 $\overline{4-i} = a+bi$를 만족하는 두 실수 a, b에 대하여 $a-b$의 값은? (단, $\overline{a+bi} = a-bi$, $i = \sqrt{-1}$)

① 1   ② 2

③ 3   ④ 4

10 복소수 $2-3i$의 켤레복소수는?
(단, $i = \sqrt{-1}$)

① $2-3i$ ② $3-2i$

③ $2+3i$ ④ $3+2i$

12 복소수 $2+i = \overline{a+bi}$를 만족하는 두 실수 a, b에 대하여 $a+b$의 값은? (단, $\overline{a+bi} = a-bi$, $i = \sqrt{-1}$)

① 1   ② 2

③ 3   ④ 4

13 $i(3-2i)=2+bi$일 때, 실수 b의 값은?
(단, $i=\sqrt{-1}$)

① -3 ② -2

③ 2 ④ 3

15 $1+2i-(3-i)=-2+ai$일 때, 실수 a의 값은? (단, $i=\sqrt{-1}$)

① -3 ② -2

③ 2 ④ 3

14 실수 a, b에 대하여 $(-2+i)(3+5i)=a+bi$
일 때, $a-b$의 값은?

① -4 ② -2

③ 2 ④ 4

16 두 복소수 $\alpha=3-i$, $\beta=1+2i$에 대하여
$2\alpha+\beta$는? (단, $i=\sqrt{-1}$)

① $7+i$ ② $4+i$

③ 4 ④ 7

17 이차방정식 $x^2 - 4x + k - 2 = 0$이 중근을 갖도록 하는 k의 값은?

① 6   ② 4

③ 3   ④ 1

18 이차방정식 $x^2 - 6x + k = 0$이 중근을 갖도록 하는 k의 값은?

① 9   ② 6

③ 3   ④ 1

19 다음 이차방정식 중에서 서로 다른 두 실근을 갖는 것은?

① $x^2 + x + 4 = 0$

② $x^2 + 9 = 0$

③ $x^2 + 2x + 1 = 0$

④ $x^2 + x - 2 = 0$

20 다음 이차방정식 중에서 서로 다른 두 허근을 갖는 것은?

① $x^2 - 2x + 1 = 0$

② $x^2 + x + 3 = 0$

③ $x^2 + 4x + 4 = 0$

④ $x^2 + x - 3 = 0$

21 $x^2 - 3x - 4 = 0$의 두 근을 α, β라 할 때, $\alpha + \beta + \alpha\beta$의 값은?

① -3 ② -1

③ 1 ④ 3

22 $x^2 - 6x - 7 = 0$의 두 근을 α, β라 할 때, $\alpha + \beta - \alpha\beta$의 값은?

① -1 ② 1

③ -13 ④ 13

02 이차방정식과 이차함수

• 이차방정식과 이차함수 그래프의 관계를 알고, 이차함수의 최댓값과 최솟값을 구할 수 있다.

1 이차방정식과 이차함수

1. 이차방정식과 이차함수의 관계

이차함수 $y = ax^2 + bx + c$의 그래프와 x축과의 교점의 좌표는
이차방정식 $ax^2 + bx + c = 0$의 **실근**과 같다.

이차식 : $x^2 - 2x + 3$
이차방정식 : $x^2 - 2x + 3 = 0$
이차함수 : $y = x^2 - 2x + 3$

✏️ Click   이차함수의 그래프와 이차방정식

이차함수 $y = x^2 - 3x - 4$의 그래프와 x축의 교점의 x좌표를 구해보자.
x축과의 교점을 구하기 위해, $y = 0$으로 놓으면
$x^2 - 3x - 4 = 0$이므로
이 식을 인수분해하면, $(x-4)(x+1) = 0$
∴ $x = 4$ 또는 $x = -1$
즉, 이차방정식 $x^2 - 3x - 4 = 0$의 해와 같음을 알 수 있다.

> 🗨️ **이렇게 생각해 봐요!**
>
> 이차함수 $y = ax^2 + bx + c$와
> x축과의 교점은 $y = 0$으로 놓고
> 구하므로, $ax^2 + bx + c = 0$이 되
> 어 이차방정식의 해와 같아요!

✏️ 확인 01

다음 이차함수의 그래프와 x축의 교점의 x좌표를 구하시오.

❶ $y = x^2 - 4x - 5$

❷ $y = x^2 + 2x + 1$

풀이

❶ $y = x^2 - 4x - 5$와 x축과의 교점의 x좌표는 $y = 0$을 대입하여 구한다.
$x^2 - 4x - 5 = 0$ ➔ $(x+1)(x-5) = 0$으로 인수분해되므로,
해는 $x = -1$ 또는 $x = 5$

❷ $y = x^2 + 2x + 1$과 x축과의 교점의 x좌표는 $y = 0$을 대입하여 구한다.
$x^2 + 2x + 1 = 0$ ➔ $(x+1)^2 = 0$으로 인수분해되므로,
해는 $x = -1$

> **정답** ❶ $x = -1$ 또는 $x = 5$ ❷ $x = -1$

> 🟢 **연계개념 이해 😊!**
>
> 이차함수 그래프

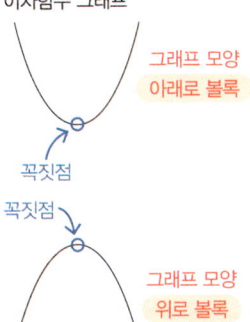

> 그래프 모양
> 아래로 볼록
>
> 꼭짓점
>
> 꼭짓점
>
> 그래프 모양
> 위로 볼록

2. 이차함수 그래프와 x축의 위치관계

이차함수의 그래프와 x축과의 교점의 좌표는 이차방정식의 실근과 같으므로, 교점의 개수 또한 방정식의 실근의 개수와 같다.

구분	$D>0$	$D=0$	$D<0$
$ax^2+bx+c=0$ 의 실근	2개	1개	0개
$a>0$일 때, $y=ax^2+bx+c$			
$a<0$일 때, $y=ax^2+bx+c$			
이차함수와 x축의 위치관계	서로 다른 두 점에서 만난다.	한 점에서 만난다. (접한다)	만나지 않는다.

> ❯ 교점의 개수로 이차함수 그래프와 x축의 관계를 알 수 있어요!

✏️ 확인 02

다음 이차함수의 그래프와 x축의 교점의 개수를 구하시오.

❶ $y=x^2-3x-1$

❷ $y=x^2-2x+3$

❸ $y=x^2-2x+1$

풀이 ------------------------------------

x축과의 교점의 개수는 $y=0$을 대입하여 이차방정식으로 변형한 다음 판별식을 이용하여 구한다.

❶ $D=9+4=13>0$: 2개

❷ $D=4-12=-8<0$: 0개

❸ $D=4-4=0$: 1개

정답 ❶ 2개 ❷ 0개 ❸ 1개

2 이차함수의 최대와 최소

1. 제한된 범위가 수 전체인 경우 출제포인트★★★

$y = ax^2 + bx + c$의 최댓값과 최솟값은 식의 형태를 $y = a(x-p)^2 + q$의 꼴로 바꾸어 **꼭짓점의 y좌표의 값**으로 최대 또는 최소를 구할 수 있다.

조금 더 깊이!

$y = ax^2 + bx + c$의 꼴로 주어진 이차함수를 $y = a(x-p)^2 + q$ 꼴로 바꾸어 꼭짓점의 좌표를 구하면, 최대·최소를 구할 수 있다.

$y = ax^2 + bx + c$

$y = a\left\{x^2 + \dfrac{b}{a}x + \left(\dfrac{b}{2a}\right)^2\right\} - \dfrac{b^2}{4a} + c$

$y = a\left(x + \dfrac{b}{2a}\right)^2 - \dfrac{b^2 - 4ac}{4a}$

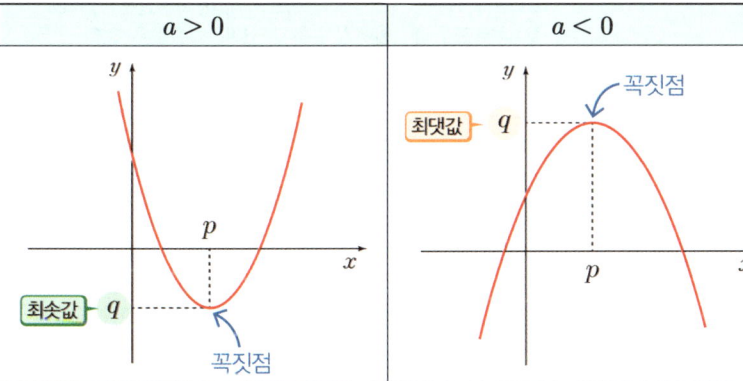

$a > 0$	$a < 0$
최솟값 : 꼭짓점의 y좌표 $x = p$일 때, **최솟값** q를 갖는다. 최댓값 : 없다.	최솟값 : 없나. 최댓값 : 꼭짓점의 y좌표 $x = p$일 때, **최댓값** q를 갖는다.

Click 최솟값을 갖는 이차함수

그래프가 아래로 볼록인 경우의 최댓값과 최솟값
→ 꼭짓점의 y좌표의 값이 최솟값이고, 최댓값은 없다.

예 이차함수 $y = x^2 + 2x + 1 = (x+1)^2$의 그래프를 이용하여 확인해 보자.

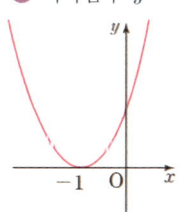

그래프와 같이 꼭짓점의 y좌표의 값이 최솟값이 된다.
즉, $x = -1$일 때, 최솟값 0을 가지며, 최댓값은 없다.

연계개념 이해 쏙!

꼭짓점 좌표읽기
꼭짓점 : 이차함수 그래프에서 가장 볼록한 부분의 점을 말해요.
좌표읽기 : 반드시 순서쌍으로 읽고, (x좌표, y좌표)의 순서로 읽어요!

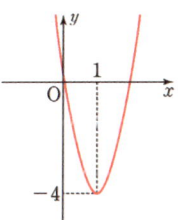

→ 꼭짓점 : $(1, -4)$

📚Click

그래프가 위로 볼록인 경우의 최댓값과 최솟값

→ 꼭짓점의 y좌표의 값이 최댓값이고, 최솟값은 없다.

예 이차함수 $y = -x^2 + 4x - 4 = -(x-2)^2$의 그래프를 이용하여 확인해보자.

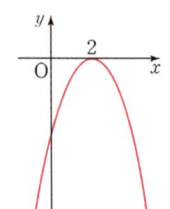

그래프와 같이 꼭짓점의 y좌표의 값이 최댓값이 된다.
즉, $x = 2$일 때, 최댓값 0을 가지며, 최솟값은 없다.

✏️ 확인 03

다음 그래프의 최솟값과 최댓값을 구하시오.

❶ $y = (x+2)^2 - 5$

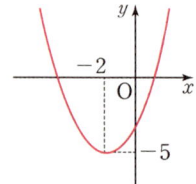

❷ $y = -(x-2)^2 + 6$

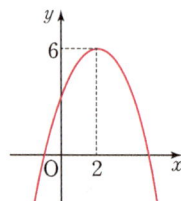

풀이 --

제한된 범위가 없는 이차함수는 아래로 볼록일 때, 꼭짓점에서 최솟값만 갖고, 위로
볼록일 때, 꼭짓점에서 최댓값만 갖는다.

❶ $x = -2$일 때, 최솟값 -5를 갖는다. 최댓값은 없다.

❷ $x = 2$일 때, 최댓값 6을 갖는다. 최솟값은 없다.

정답 ❶ 최솟값 : -5, 최댓값 : 없다.
❷ 최솟값 : 없다, 최댓값 : 6

2. 제한된 범위가 주어진 경우 출제포인트★★★

(1) x의 범위에 꼭짓점이 포함된 경우

<mark>꼭짓점의 y좌표의 값</mark>과 **구간의 양 끝 함숫값** 중 가장 큰 값을 최댓값, 가장 작은 값을 최솟값이라고 한다.

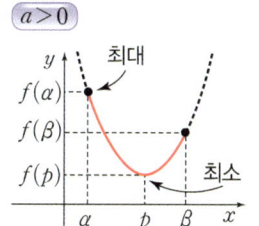

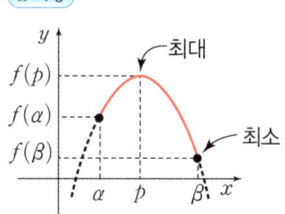

Click 제한된 범위에서의 최대, 최소 ㅣ

$0 \leq x \leq 3$일 때, 함수 $f(x) = (x-1)^2 - 1$의 최댓값과 최솟값을 각각 구해보자.

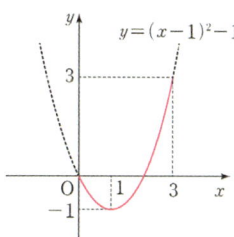

$f(x) = (x-1)^2 - 1 \ (0 \leq x \leq 3)$의 그래프는 왼쪽 그림과 같고, 구간의 양 끝값은 $f(0) = 0$, $f(3) = 3$, 꼭짓점의 y좌표는 $f(1) = -1$이므로 최댓값은 3, 최솟값은 -1이다.

✏️ 확인 04

$-1 \leq x \leq 2$에서 이차함수 $y = -2(x-1)^2 + 5$의 최댓값과 최솟값을 각각 구하시오.

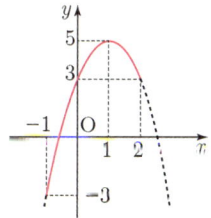

풀이

제한된 범위가 있으며, 범위 안에 꼭짓점이 있을 때는, 꼭짓점과 구간의 양 끝값을 구하여 최대, 최소를 구한다.

꼭짓점 $x = 1$일 때, 5

$\qquad x = -1$일 때, -3

$\qquad x = 2$일 때, 3

이므로 최댓값 5, 최솟값 -3

정답 최댓값 : 5, 최솟값 : -3

연계개념 이해 ✋!

함숫값

함수 $y = f(x)$에서 x의 값에 따라 하나씩 정해지는 y의 값 $f(x)$를 x에 대한 함숫값이라고 한다.

예 y가 x의 함수이고 $y = 2x$인 관계가 있을 때, 이 함수를 $f(x) = 2x$라 한다. 이때, 함수 x의 값이 1, 2, 3일 때, x에 대한 함숫값 $f(x)$는 다음과 같다.

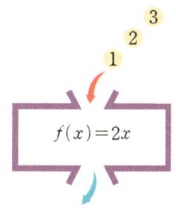

$f(1) = 2 \times 1 = 2$

$f(2) = 2 \times 2 = 4$

$f(3) = 2 \times 3 = 6$

$x = 1$일 때, $f(1) = 2 \times 1 = 2$

$x = 2$일 때, $f(2) = 2 \times 2 = 4$

$x = 3$일 때, $f(3) = 2 \times 3 = 6$

🖊 **확인 05**

$0 \leq x \leq 3$에서 이차함수 $y = (x-1)^2 - 4$의 최댓값과 최솟값을 각각 구하시오.

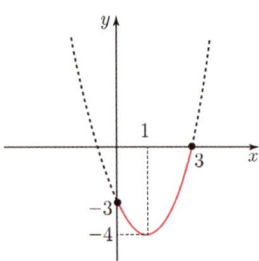

풀 이

제한된 범위가 있으며, 범위 안에 꼭짓점이 있을 때는, 꼭짓점과 구간의 양 끝값을 구하여 최대, 최소를 구한다.

꼭짓점 $x=1$일 때, -4

　　　　$x=0$일 때, -3

　　　　$x=3$일 때, 0

이므로 최댓값 0, 최솟값 -4

정답 최댓값 : 0, 최솟값 : -4

(2) x의 범위에 꼭짓점이 포함되지 않은 경우

구간의 양 끝 함숫값 중 가장 큰 값을 최댓값, 가장 작은 값을 최솟값이라고 한다.

$a>0$

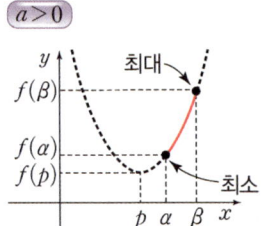

$a<0$

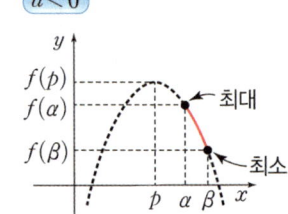

🖍 **Click** 　　　　　　　　　　　　제한된 범위에서의 최대, 최소 Ⅱ

$2 \leq x \leq 4$일 때, 이차함수 $f(x) = (x-1)^2 - 2$의 최댓값과 최솟값을 각각 구해보자.

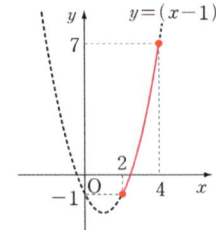

$f(x) = (x-1)^2 - 2$ $(2 \leq x \leq 4)$의 그래프는 왼쪽 그림과 같고, 구간의 양 끝값은

$f(2) = -1$, $f(4) = 7$

이므로 최댓값은 7, 최솟값은 -1이다.

✏️ 확인 06

$1 \le x \le 3$일 때, 이차함수 $y = x^2 - 3$의 최댓값과 최솟값을 각각 구하시오.

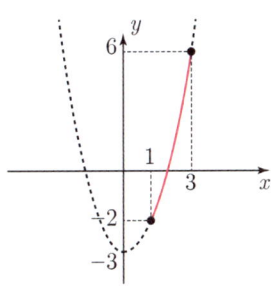

풀 이 ----------------------------------

제한된 범위가 있으며, 범위 안에 꼭짓점이 없을 때는, 구간의 양 끝값을 구하여 최대, 최소를 구한다.

$x = 1$일 때, -2

$x = 3$일 때, 6

이므로 최댓값 6, 최솟값 -2

정답 최댓값 : 6, 최솟값 : -2

✏️ 확인 07

$0 \le x \le 1$일 때, 이차함수 $y = -2(x+1)^2 + 4$의 최댓값과 최솟값을 각각 구하시오.

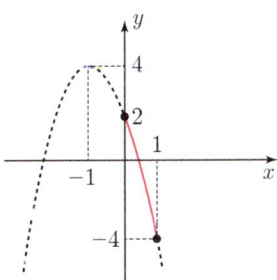

풀 이 ----------------------------------

제한된 범위가 있으며, 범위 안에 꼭짓점이 없을 때는, 구간의 양 끝값을 구하여 최대, 최소를 구한다.

$x = 0$일 때, 2

$x = 1$일 때, -4

이므로 최댓값 2, 최솟값 -4

정답 최댓값 : 2, 최솟값 : -4

01 이차함수 $y = x^2 - 4x + 3$과 x축의 교점의 개수는 몇 개인가?

① 0   ② 1

③ 2   ④ 3

02 이차함수 $y = x^2 - 5x + 6$과 x축의 교점의 x좌표를 α, β라 할 때, $\alpha + \beta$의 값은?

① 3   ② 4

③ 5   ④ 6

03 이차함수 $y = 4(x-1)^2 - 4$의 최솟값은?

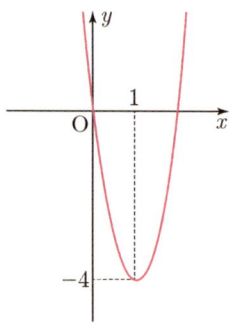

① -4 ② 0

③ 1   ④ 4

04 $0 \leq x \leq 3$에서 $y = -2(x-1)^2 + 3$의 최댓값과 최솟값의 합을 구하면?

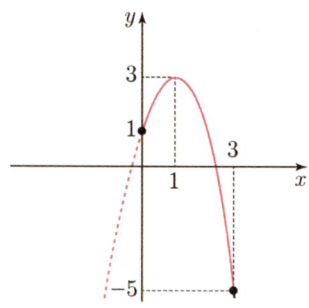

① -2 ② 2

③ 0   ④ 4

05 $-2 \leq x \leq 0$일 때,
이차함수 $y = (x-1)^2 - 5$의 최댓값을 a, 최솟값을 b라 할 때, $a-b$의 값은?

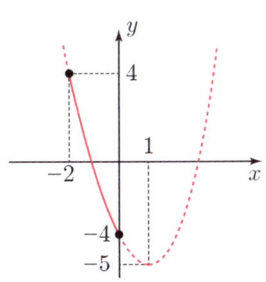

① 8   ② 10

③ 12   ④ 14

06 $-2 \leq x \leq 1$일 때, 이차함수
$f(x) = x^2 + 2x - 2$의 최댓값은?

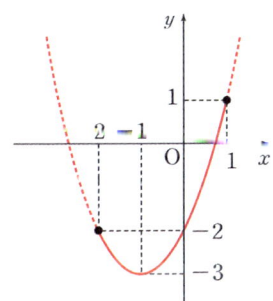

(1) -3 (2) -2

③ 0   ④ 1

07 $0 \leq x \leq 3$일 때, 이차함수
$f(x) = -x^2 + 4x - 3$의 최댓값은?

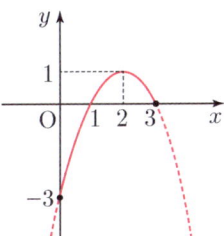

① -3 ② 1

③ 2   ④ 3

08 이차함수 $f(x) = -x^2 + 1 \, (-1 \leq x \leq 2)$의
최댓값은?

① 0   ② 1

③ 2   ④ 3

09 이차함수 $f(x) = x^2 - 2x + 3 \ (0 \le x \le 3)$의 최댓값은?

① 1   ② 2

③ 3   ④ 6

11 이차함수 $y = x^2 - 2x + 2$는 $x = a$에서 최솟값 b를 갖는다. $a + b$의 값은?

① 1   ② 2

③ 3   ④ 5

10 이차함수 $y = x^2 - 2x + 4$는 $x = a$에서 최솟값 3을 갖는다. a의 값은?

① 1   ② 2

③ 3   ④ 4

03 여러 가지 방정식과 부등식

- 방정식의 근의 의미를 이해하고, 이를 이용하여 여러 가지 방정식을 해결한다.
- 부등식의 성질과 일, 이차부등식과 연립부등식의 해를 구할 수 있다.

1 삼차방정식과 사차방정식

1. 삼차방정식과 사차방정식

다항식 $P(x)$가 x에 대한 삼차식, 사차식일 때 $P(x)=0$을 각각 삼차
방정식, 사차방정식이라고 한다.

2. 삼·사차방정식의 풀이

(1) 인수분해 공식을 이용한 풀이

다항식 $P(x)$를 인수분해한 후
$AB=0$이면, $A=0$ 또는 $B=0$임을 이용하여 해를 구한다.

Click 　　　　　　　　　　　　　　　　　　　　　　삼차방정식의 근

인수분해 공식을 이용하여 $x^3-1=0$의 근을 구해보자.
$x^3-1=(x-1)(x^2+x+1)=0$으로 인수분해되므로,
$x-1=0$ 또는 $x^2+x+1=0$을 만족하는 x의 값을 구하면,
$x=1$ 또는 $x=\dfrac{-1\pm\sqrt{3}\,i}{2}$와 같다.

> **연계개념 이해!**
>
> **인수분해 공식**
> $$a^3+b^3=(a+b)(a^2-ab+b^2)$$
> $$a^3-b^3=(a-b)(a^2+ab+b^2)$$

3. 방정식의 해(근)

방정식을 참이 되게 하는 x의 값을 말한다.

Click 　　　　　　　　　　　　　　　　　　　　　　방정식의 해의 의미

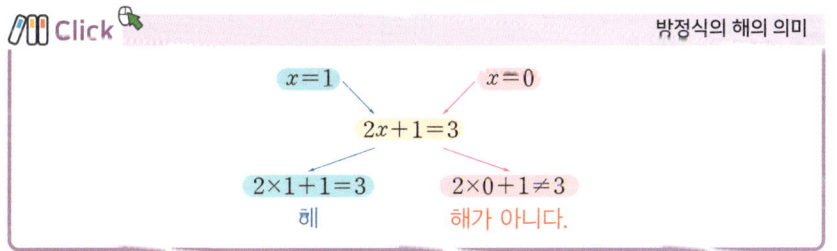

> **연계개념 이해!**
>
> $$3x+2=11$$
> 미지수
>
> 방정식 : 미지수의 값에 따라 참이
> 되기도 하고, 거짓이 되기도 하는
> 등식

확인 01

다음 중 $x = 2$를 근으로 갖는 방정식을 찾아 ○표시 하시오.

❶ $x - 1 = 1$ ❷ $2x - 1 = 0$

❸ $3x - 1 = 2x$ ❹ $5x - 10 = 0$

정답 ❶ ○ ❷ × ❸ × ❹ ○

4. 삼차방정식과 사차방정식의 해(근) 출제포인트★★★

삼·사차방정식을 참이 되게 하는 x의 값을 말한다.

Click 삼차방정식의 해가 주어질 때

삼차방정식 $x^3 - x^2 + x + a = 0$의 한 근이 1일 때 a를 구하면,
방정식 $x^3 - x^2 + x + a = 0$의 근이 $x = 1$이므로 식에 대입한다.
$1^3 - 1^2 + 1 + a = 0$ ➔ $1 - 1 + 1 + a = 0$ ➔ $1 + a = 0$ ➔ $a = -1$

 확인 02

삼차방정식 $x^3 - x^2 - ax + 2 = 0$의 한 근이 2일 때 a를 구하시오.

풀이 ----------

방정식의 근은 식을 참이 되게 하는 값이므로 식에 대입하면 참이 된다.
$x = 2$를 대입하면,
$2^3 - 2^2 - a \times 2 + 2 = 0$ ➔ $a = 3$

정답 $a = 3$

2 연립방정식

1. 미지수가 2개인 연립일차방정식

(1) 미지수가 2개인 연립일차방정식

미지수가 2개인 두 일차방정식을 한 쌍으로 묶어 나타낸 것을 미지수가 2개인 연립일차방정식 또는 간단히 연립방정식이라고 한다.

예 $\begin{cases} 2x + y = 10 \\ 2x - y = 2 \end{cases}$

연계개념 이해 ☝!

미지수가 2개인 일차방정식
$ax + by + c = 0$ (단, a, b, c는 상수, $a \neq 0$, $b \neq 0$)과 같은 방정식을 미지수가 2개인 일차방정식이라고 한다.

(2) 연립방정식의 해 _{출제}포인트 ★★★

① 두 방정식을 동시에 만족시키는 x, y의 값 또는 그 순서쌍 (x, y)

② 연립방정식에서 <mark>각각의 방정식의 공통인 해</mark>를 그 연립방정식의 해라 하고, 연립방정식의 해를 구하는 것을 '연립방정식을 푼다'고 한다.

> ❯ **연립방정식의 해**
> 두 개 이상의 식을 동시에 만족시키는 x, y의 값 또는 그 순서쌍 (x, y)

PART 02

✏️ 확인 03

다음 중 연립방정식의 해를 찾으시오.

❶ $\begin{cases} 2x + y = 10 \\ 2x - y = 2 \end{cases}$ ① $x = 2, y = 3$ ② $x = 3, y = 4$

❷ $\begin{cases} 2x + 3y = 7 \\ 2x - y = 3 \end{cases}$ ① $x = 3, y = 1$ ② $x = 2, y = 1$

풀 이 -

연립방정식의 해는 두 식을 동시에 만족시키는 값이므로 각각의 식에 대입하여 참이 되는 해를 찾으면 된다.

정답 ❶ ② ❷ ②

---

2. 연립방정식의 풀이

(1) 연립방정식의 풀이 1**(대입법)**

한 미지수를 없애기 위하여 한 방정식을 어떤 미지수에 대하여 정리하여 다른 방정식에 대입하여 연립방정식을 푸는 방법을 대입법이라고 한다.

> **연계개념 이해😆!**
> • **연립방정식의 풀이** : 문자를 하나로 만들기!
> • **대입법** : 한 문자로 정리하여 대입
> • **가감법** : 더하거나 빼는 것

📚 Click

연립방정식 - 대입법

대입법을 이용하여 다음 연립방정식의 해를 구해보자.

$\begin{cases} x = 2y & \cdots\cdots ① \\ 2x + y = 7500 & \cdots\cdots ② \end{cases}$

이 식에서 미지수 x를 없애기 위하여 ①을 ②에 대입하면

$2 \times 2y + y = 7500$

이므로, $5y = 7500$과 같이 미지수가 1개인 방정식을 얻는다.

이 방정식을 풀면 $y = 1500$이고, 이것을 ①에 대입하면 $x = 3000$이다.

따라서 이 연립방정식의 해는 $x = 3000$, $y = 1500$이다.

(2) 연립방정식의 풀이 2(**가감법**)

연립방정식의 두 일차방정식을 변끼리 더하거나 빼서 한 미지수를 없앤 후 연립방정식의 해를 구할 수 있다.

Click

연립방정식 - 가감법

가감법을 이용하여 다음 연립방정식의 해를 구해보자.

$$\begin{cases} 2x + y = 7 & \cdots\cdots \text{①} \\ 3x - y = 3 & \cdots\cdots \text{②} \end{cases}$$

y를 없애기 위하여 ①, ②를 변끼리 더하면

$5x = 10$, $x = 2$이고, $x = 2$를 ①에 대입하면

$2 \times 2 + y = 7$, $y = 3$

따라서 주어진 연립방정식의 해는 $x = 2$, $y = 3$이다.

✏️ 확인 04

다음 연립방정식의 해를 구하시오.

❶ $\begin{cases} y = 2x \\ 2x + y = 8 \end{cases}$

❷ $\begin{cases} 4x + y = 6 \\ 2x + y = 4 \end{cases}$

풀이

❶ $\begin{cases} y = 2x & \cdots\cdots \text{㉠} \\ 2x + y = 8 & \cdots\cdots \text{㉡} \end{cases}$

㉠을 ㉡에 대입하면,

$2x + 2x = 8$ ➡ $4x = 8$ ➡ $x = 2$

이것을 다시 ㉠에 대입하여 y의 값을 구하면,

$x = 2$, $y = 4$

❷ $\begin{cases} 4x + y = 6 & \cdots\cdots \text{㉠} \\ 2x + y = 4 & \cdots\cdots \text{㉡} \end{cases}$

가감법을 이용하여, ㉠ − ㉡을 하면,

$4x - 2x = 6 - 4$ ➡ $2x = 2$ ➡ $x = 1$

이것을 ㉠에 대입하면, $4 + y = 6$ ➡ $y = 2$이므로,

$x = 1$, $y = 2$이다.

정답 ❶ $x = 2$, $y = 4$ ❷ $x = 1$, $y = 2$

3. 미지수가 3개인 연립방정식 출제포인트 ★★★

한 문자를 소거하여 미지수가 2개인 연립방정식의 형태로 바꾸어 푼다.

✏️ 확인 05

다음 연립방정식의 해를 구하시오.

❶ $\begin{cases} x + y = 1 \\ y + z = 3 \\ z + x = 2 \end{cases}$

❷ $\begin{cases} x + y = -1 \\ y + z = 2 \\ z + x = 5 \end{cases}$

풀이 -

❶ $\begin{cases} x + y = 1 & \cdots\cdots ㉠ \\ y + z = 3 & \cdots\cdots ㉡ \\ z + x = 2 & \cdots\cdots ㉢ \end{cases}$

㉠ $-$ ㉡ 하면 $x - z = -2$이고 이 식을 가감법을 이용하여 ㉢과 연립하면
$2x = 0$ ➡ $x = 0$, $z = 2$이다. 이 값을 ㉠에 대입하면 $y = 1$이다.
따라서, $x = 0$, $y = 1$, $z = 2$

❷ $\begin{cases} x + y = -1 & \cdots\cdots ㉠ \\ y + z = 2 & \cdots\cdots ㉡ \\ z + x = 5 & \cdots\cdots ㉢ \end{cases}$

㉠ $-$ ㉡ 하면 $x - z = -3$이고 이 식을 가감법을 이용하여 ㉢과 연립하면
$2x = 2$ ➡ $x = 1$, $z = 4$이다. 이 값을 ㉠에 대입하면 $y = -2$이다.
따라서, $x = 1$, $y = -2$, $z = 4$

정답 ❶ $x = 0$, $y = 1$, $z = 2$ ❷ $x = 1$, $y = -2$, $z = 4$

---

4. 미지수가 2개인 연립이차방정식

(1) 일차방정식과 이차방정식

일차방정식을 한 문자로 정리하여 이차방정식에 대입하여 푼다.

(2) 이차방정식과 이차방정식

하나의 이차방정식을 두 일차식의 곱으로 인수분해한 후 [(1) 일차
방정식과 이차방정식]과 동일한 방법으로 푼다.

● 연립방정식의 해
두 개 이상의 식을 동시에 만족시키는 x, y의 값 또는 그 순서쌍 (x, y)

5. 연립방정식의 해 출제포인트

연립되어 있는 <mark>모든 방정식을 동시에 만족시키는</mark> 미지수의 값

✏️ 확인 06

다음 물음에 알맞은 답을 구하시오.

❶ $\begin{cases} x+y=8 \\ xy=a \end{cases}$ 의 해가 $x=6$, $y=b$일 때, ab의 값을 구하시오.

❷ $\begin{cases} x+y=1 \\ y+z=3 \\ z+x=2 \end{cases}$ 의 해가 $x=a$, $y=1$, $z=b$일 때, $a+b$의 값을 구하시오.

❸ $\begin{cases} x+y=1 \\ x^2+y^2=a \end{cases}$ 의 해가 $x=2$, $y=b$일 때, ab의 값을 구하시오.

풀이 --------

연립방정식의 해는 식을 동시에 만족시키는 값이므로 각각의 식에 대입하여 참이 되는 해를 찾으면 된다.

정답 ❶ $24(a=12,\ b=2)$, ❷ $2(a=0,\ b=2)$, ❸ $-5(a=5,\ b=-1)$

---

3 연립일차부등식

1. 부등식

부등호 $<$, $>$, $\leq$, $\geq$를 사용하여 수 또는 식의 대소 관계를 나타낸 것을 <mark>부등식</mark>이라고 한다.

예 $7 > 6$, $x < 2$, $4x-3 \leq 5$는 모두 부등식이다.

2. 부등식의 성질

(1) 양변에 같은 수를 더하거나 빼어도 부등호의 방향은 바뀌지 않는다.

$$a < b \ \rightarrow\ a+c < b+c,\ a-c < b-c$$

(2) 양변에 같은 양수를 곱하거나 나누어도 부등호의 방향은 바뀌지 않는다.

$$a < b\ (c > 0) \ \rightarrow\ ac < bc,\ \frac{a}{c} < \frac{b}{c}$$

(3) 양변에 같은 <mark>음수를</mark> <mark>곱하거나 나누면</mark> 부등호의 방향이 바뀐다.

$$a < b \ (c < 0) \ \rightarrow \ ac > bc, \ \frac{a}{c} > \frac{b}{c}$$

> ❯ 주의!!
> 양변에 음수를 곱하거나, 나눌 때, 부등호 방향을 꼭 바꿔야 해요!

✏️ 확인 07

$a < b$일 때, 다음 ☐ 안에 알맞은 부등호를 써넣으시오.

❶ $a + 3$ ☐ $b + 3$

❷ $a - 4$ ☐ $b - 4$

❸ $a + (-5)$ ☐ $b + (-5)$

❹ $a \times (-2)$ ☐ $b \times (-2)$

정답 ❶ $<$ ❷ $<$ ❸ $<$ ❹ $>$

---

3. 일차부등식의 풀이

(1) 일차부등식

부등식의 모든 항을 좌변으로 이항하여 정리한 식이 (일차식)> 0, (일차식)< 0, (일차식)≥ 0, (일차식)≤ 0 중의 한 가지 꼴로 나타나는 부등식을 일차부등식이라고 한다.

(2) 일차부등식의 해와 수직선

부등식의 헤를 수직선 위에 나타낼 수 있다.

> ❯ 수직선에 나타내기
> • ○ : 포함 ✕
> • ● : 포함 ○

📚Click 🔖 일차부등식의 해와 수직선

$x < 5$, $x > 5$, $x \leq 5$, $x \geq 5$를 수직선 위에 나타내면 각각 다음 그림과 같다.

① $x < 5$

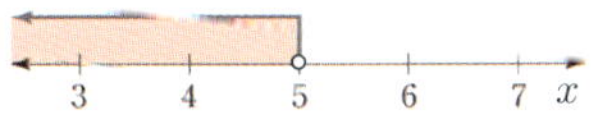

② $x > 5$

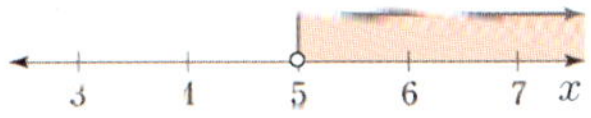

③ $x \leq 5$

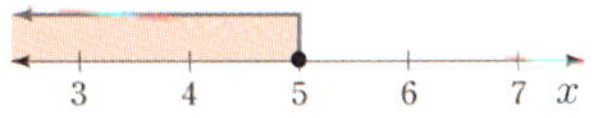

④ $x \geq 5$

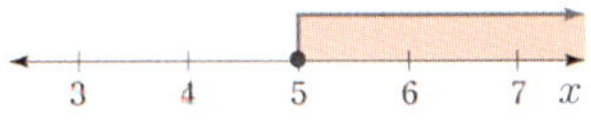

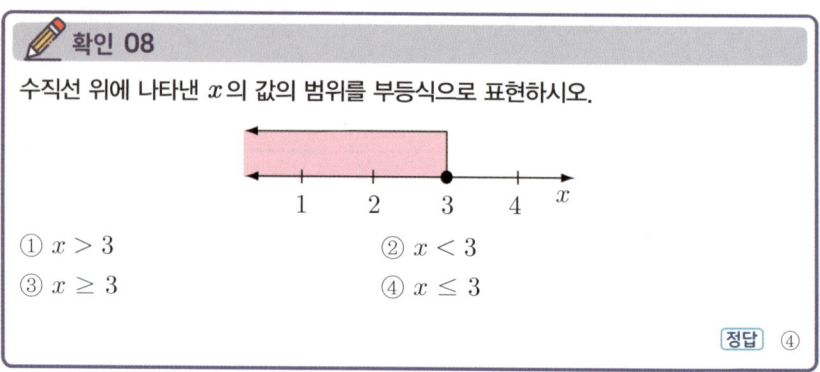

확인 08

수직선 위에 나타낸 x의 값의 범위를 부등식으로 표현하시오.

① $x > 3$ ② $x < 3$

③ $x \geq 3$ ④ $x \leq 3$

정답 ④

연계개념 이해 ⬆!

일차방정식의 풀이를 정확히 공부하고, 일차부등식의 풀이를 공부하는 것이 좋아요!
두 풀이과정의 공통점과 차이점을 비교하며 공부하는 게 Tip!

(3) 일차부등식의 풀이

　① x를 포함한 항은 좌변으로, 상수항은 우변으로 이항한다.

　② 양변을 간단히 하여 $ax > b$, $ax < b$, $ax \geq b$, $ax \leq b$ $(a \neq 0)$
　　의 꼴로 만든다.

　③ x의 계수 a로 양변을 나눈다. (단, $a < 0$이면 부등호의 방향을
　　바꾼다.)

확인 09

다음 일차부등식을 풀고, 해를 수직선 위에 나타내시오.

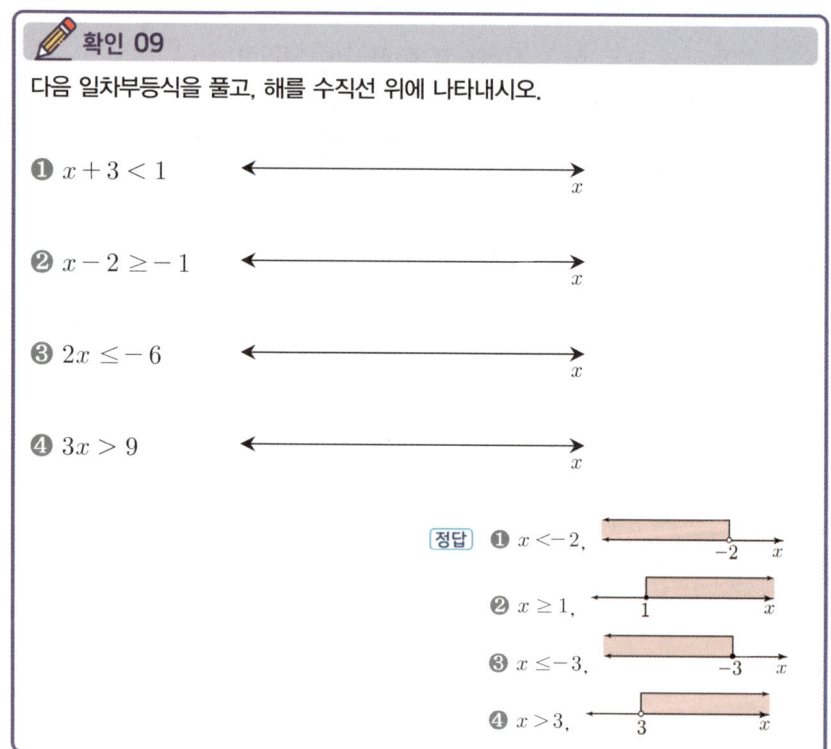

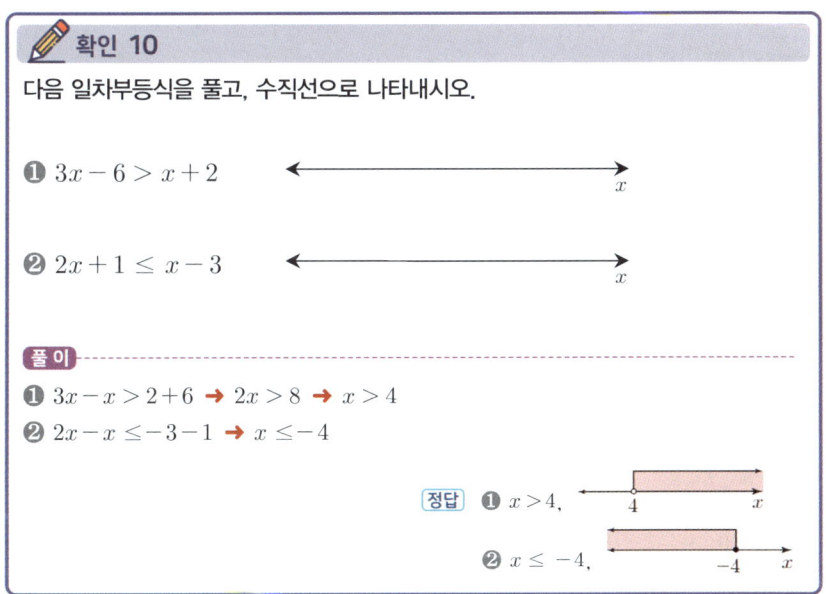

✏️ **확인 10**

다음 일차부등식을 풀고, 수직선으로 나타내시오.

❶ $3x - 6 > x + 2$

❷ $2x + 1 \leq x - 3$

풀이

❶ $3x - x > 2 + 6 \rightarrow 2x > 8 \rightarrow x > 4$

❷ $2x - x \leq -3 - 1 \rightarrow x \leq -4$

정답 ❶ $x > 4$,

❷ $x \leq -4$,

4. 연립부등식

(1) 연립부등식

두 개 이상의 부등식을 한 쌍으로 묶어 놓은 것을 **연립부등식**이라고 한다.

(2) 연립부등식의 풀이 출제포인트 ★★★

두 개의 부등식의 해를 각각 구하여 **공통인 부분**을 찾는다.

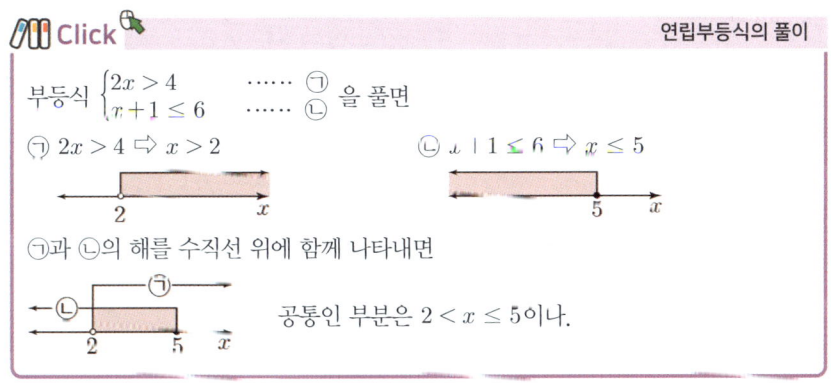

📕 Click

연립부등식의 풀이

부등식 $\begin{cases} 2x > 4 & \cdots\cdots ㉠ \\ x + 1 \leq 6 & \cdots\cdots ㉡ \end{cases}$ 을 풀면

㉠ $2x > 4 \Rightarrow x > 2$

㉡ $x + 1 \leq 6 \Rightarrow x \leq 5$

㉠과 ㉡의 해를 수직선 위에 함께 나타내면

공통인 부분은 $2 < x \leq 5$이나.

> ❯ 연립부등식의 풀이는 꼭!
> 수직선을 이용하여 겹치는
> 부분을 찾는 게 중요해요!

✏️ 확인 11

다음 과정에 따라 아래 연립일차부등식을 구하시오.

$$\begin{cases} x-1 > -3 \\ x-3 < 1 \end{cases}$$

❶ $x-1 > -3$을 풀어라.

❷ $x-3 < 1$을 풀어라.

❸ ❶, ❷의 두 해를 수직선 위에 나타내어라.

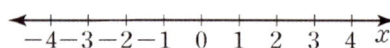

❹ 연립일차부등식의 해를 구하시오.

정답 ❶ $x > -2$, ❷ $x < 4$

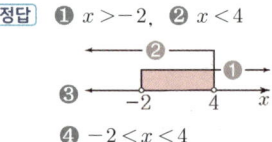

❹ $-2 < x < 4$

✏️ 확인 12

다음 각 부등식의 해를 수직선 위에 나타내고, 그것을 이용하여 연립일차부등식을 구하시오.

❶ $\begin{cases} x \leq 3 \\ x > 2 \end{cases}$

❷ $\begin{cases} 2x-1 < 3 \\ 3x \geq 3 \end{cases}$

정답 ❶ $2 < x \leq 3$

❷ $1 \leq x < 2$

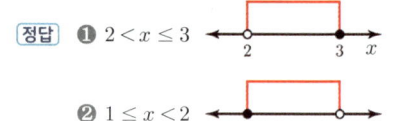

4 절댓값을 포함한 일차부등식

1. 절댓값

(1) 수직선 위에서 원점과 어떤 수(x)에 대응하는 점 사이의 거리를 그 수(x)의 <mark>절댓값</mark>이라 하고, 기호로 $|x|$로 나타낸다.

(예) $+3$과 -3의 절댓값은 둘 다 $|+3|=3$, $|-3|=3$이다.

(2) 절댓값을 포함한 일차부등식 I 출제포인트 ★★★

① $|x|<a$ ➡ $-a<x<a$ (단, $a>0$)

② $|x|>a$ ➡ $x<-a$ 또는 $x>a$ (단, $a>0$)

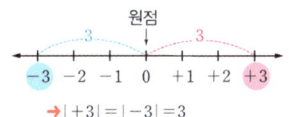

◢◣◢◣Click 🔍 절댓값이 있는 부등식

$|x|<3$과 $|x|>3$의 해를 각각 구해보자.

① $|x|<3$ ➡ $-3<x<3$

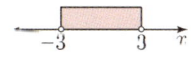

즉, $|x|<3$ ➡ 절댓값이 3보다 작다. ➡ 원점으로부터 3보다 가깝다.

➡ $-3<x<3$

② $|x|>3$ ➡ $x<-3$ 또는 $x>3$

즉, $|x|>3$ ➡ 절댓값이 3보다 크다. ➡ 원점으로부터 3보다 멀다. ➡ $x<-3$ 또는 $x>3$

---

(3) 절댓값을 포함한 일차부등식 II 출세포인트 ★★★

③ $|\square|<\bigcirc$ ➡ [그림] ➡ $-\bigcirc<\square<\bigcirc$

④ $|\square|>\bigcirc$ ➡ [그림] ➡ $\square<-\bigcirc$ 또는 $\square>\bigcirc$

(예) 부등식 $|x-1|<2$를 ③을 이용하여 풀어보자.

➡ $-2<\boxed{x-1}<2$ ➡ $-2+1<x<2+1$ ➡ $-1<x<3$

그림으로 핵심만 쏙쏙!

원점

-3 -2 -1 0 $+1$ $+2$ $+3$

➡ $|+3|=|-3|=3$

$|\oplus 3|=3$ $|\ominus 3|=3$

부호를 없애면 **절댓값**

그림으로 핵심만 쏙쏙!

$|x|<\bigcirc$

➡ $-\bigcirc<x<\bigcirc$

➡ [그림]

그림으로 핵심만 쏙쏙!

$|x|>\bigcirc$

➡ [그림]

➡ $x<-\bigcirc$ 또는 $x>\bigcirc$

PART 02

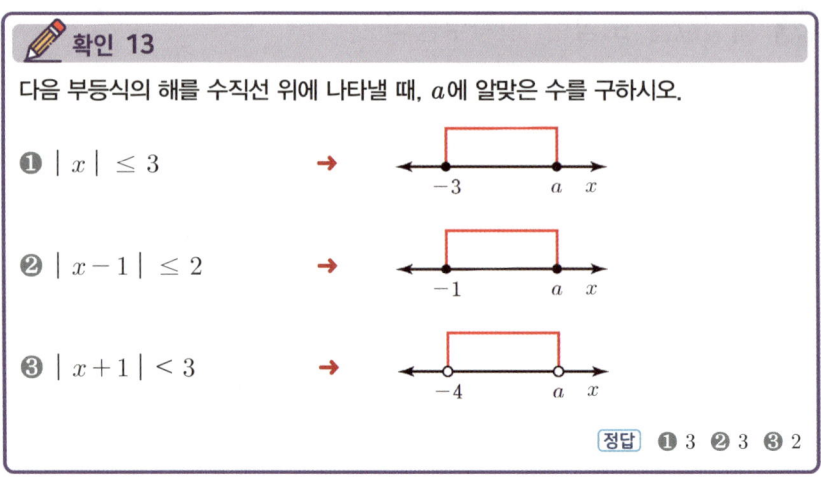

✏️ **확인 13**

다음 부등식의 해를 수직선 위에 나타낼 때, a에 알맞은 수를 구하시오.

❶ $|x| \leq 3$ ➡

❷ $|x-1| \leq 2$ ➡

❸ $|x+1| < 3$ ➡

정답 ❶ 3 ❷ 3 ❸ 2

5 이차부등식

1. 이차부등식

부등식의 모든 항을 좌변으로 이항하여 정리한 식이 (이차식)> 0, (이차식)< 0, (이차식)≥ 0, (이차식)≤ 0 중의 한 가지 꼴로 나타나는 부등식을 이차부등식이라고 한다.

2. 이차부등식과 이차함수의 관계

이차함수의 그래프를 이용하여 이차부등식의 해를 구할 수 있다.

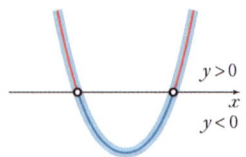

🖍️ **Click** 이차부등식의 풀이 Ⅰ

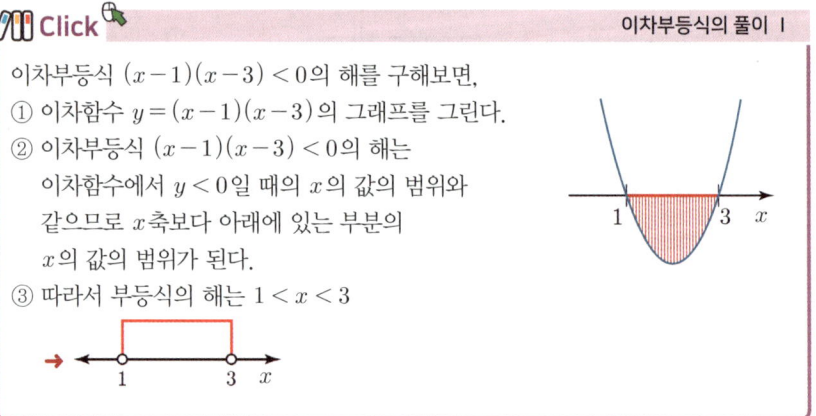

이차부등식 $(x-1)(x-3) < 0$의 해를 구해보면,
① 이차함수 $y=(x-1)(x-3)$의 그래프를 그린다.
② 이차부등식 $(x-1)(x-3) < 0$의 해는
이차함수에서 $y < 0$일 때의 x의 값의 범위와
같으므로 x축보다 아래에 있는 부분의
x의 값의 범위가 된다.
③ 따라서 부등식의 해는 $1 < x < 3$

➡

<연계개념 이해>
연계개념 이해 🔲!

이차함수 $y=ax^2+bx+c$와
x축과의 교점은
이차방정식 $ax^2+bx+c=0$의
해와 같아요!
</연계개념>

그림으로 핵심만 🔲!

PART 02

🔖**Click** 🔍   이차부등식의 풀이 Ⅱ

이차부등식 $(x-1)(x-3)>0$의 해를 구해보면,

① 이차함수 $y=(x-1)(x-3)$의 그래프를 그린다.

② 이차부등식 $(x-1)(x-3)>0$의 해는
   이차함수에서 $y>0$일 때의 x의 값의 범위와
   같으므로 x축보다 위에 있는 부분의 x의 값의
   범위가 된다.

③ 따라서 부등식의 해는 $x<1$ 또는 $x>3$

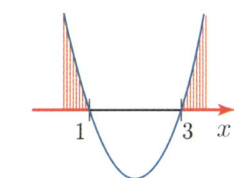

➡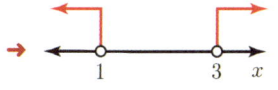

---

3. 이차부등식의 풀이 출제포인트 ★★★

위와 같은 방법으로 이차부등식의 해를 정리하면 다음 표와 같다.

$a<b$일 때,	그림	해
$(x-a)(x-b)<0$		$a<x<b$
$(x-a)(x-b)\le0$		$a\le x\le b$
$(x-a)(x-b)>0$		$x<a$ 또는 $x>b$
$(x-a)(x-b)\ge0$		$x\le a$ 또는 $x\ge b$

그림으로 핵심만 쏙 쏙!

☐ <0의 해는
표시된 두 값의 사이의 값들!

➡

☐ >0의 해는
표시된 두 값의 벌어진 값들!

➡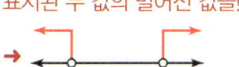

✏️ 확인 14

다음 중 이차부등식 $(x+1)(x-3)\ge0$의 해를 수직선 위에 나타낸 것은?

① [-3 , 1 x]

② [-3 , 1 x]

③ [-1 , 3 x]

④ [1 , 3 x]

성답 ③

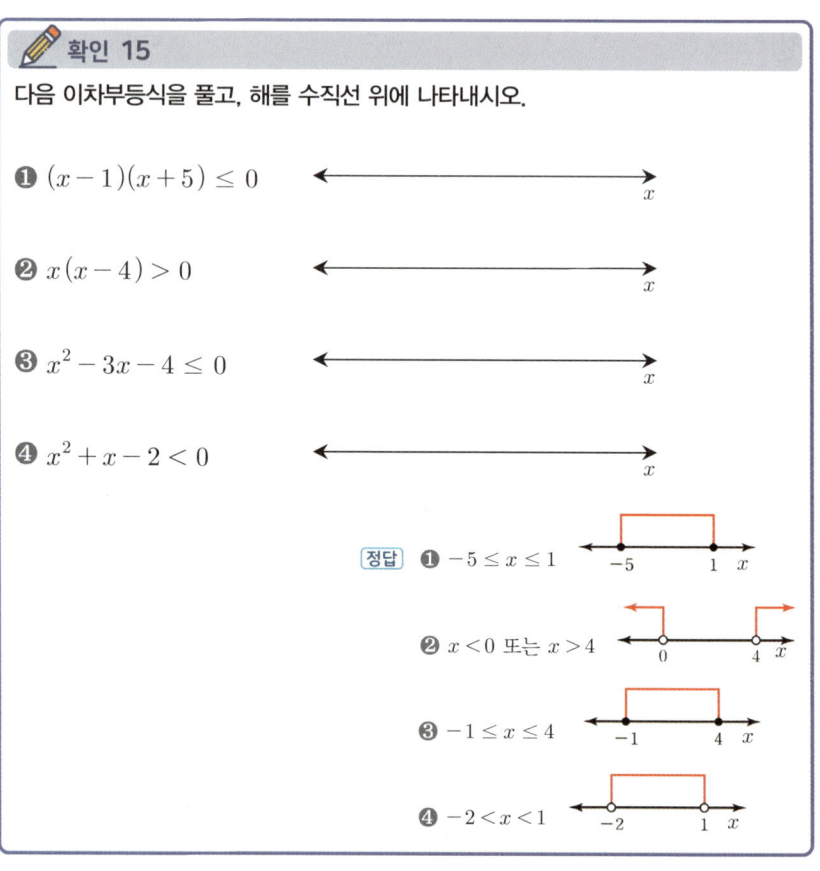

✏️ 확인 15

다음 이차부등식을 풀고, 해를 수직선 위에 나타내시오.

❶ $(x-1)(x+5) \leq 0$

❷ $x(x-4) > 0$

❸ $x^2 - 3x - 4 \leq 0$

❹ $x^2 + x - 2 < 0$

정답

❶ $-5 \leq x \leq 1$

❷ $x < 0$ 또는 $x > 4$

❸ $-1 \leq x \leq 4$

❹ $-2 < x < 1$

6 연립이차부등식

1. 연립이차부등식

(1) 연립이차부등식

두 개 이상의 이차부등식을 한 쌍으로 묶어 놓은 것을 <mark>연립이차부등식</mark>이라 한다.

(2) 연립부등식의 풀이 _{출제}★★★_{포인트}

부등식의 해를 각각 구하여 <mark>수직선</mark>을 이용하여 <mark>공통인 부분</mark>을 찾는다.

🔸 수직선을 이용하여 겹쳐진 부분을 찾으면 공통부분이에요!

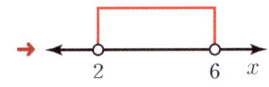

Click 🖱️   연립이차부등식의 풀이

부등식 $\begin{cases} (x-2)(x-6) < 0 & \cdots\cdots \ \text{㉠} \\ (x-8)(x-5) \geq 0 & \cdots\cdots \ \text{㉡} \end{cases}$ 을 풀면

㉠ $(x-2)(x-6) < 0$ ➡ $2 < x < 6$

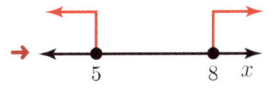

㉡ $(x-8)(x-5) \geq 0$ ➡ $x \leq 5$ 또는 $x \geq 8$

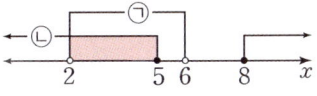

㉠과 ㉡의 해를 수직선 위에 함께 나타내면

공통인 부분은 $2 < x \leq 5$이다.

✏️ 확인 16

다음 연립부등식을 구하시오.

❶ $\begin{cases} (x-1)(x-3) \geq 0 \\ (x+1)(x-2) < 0 \end{cases}$

❷ $\begin{cases} (x+2)(x-3) > 0 \\ (x-1)(x-5) < 0 \end{cases}$

❸ $\begin{cases} (x+1)(x-2) \geq 0 \\ x(x-3) < 0 \end{cases}$

❹ $\begin{cases} x^2 - 2x - 3 \leq 0 \\ x(x-5) < 0 \end{cases}$

정답 ❶ $-1 < x \leq 1$ ❷ $3 < x < 5$ ❸ $2 \leq x < 3$ ❹ $0 < x \leq 3$

01 삼차방정식 $x^3 + x + a = 0$의 한 근이 1일 때, 상수 a의 값은?

① -3 ② -2

③ -1 ④ 1

03 연립방정식 $\begin{cases} x + y = a \\ xy = 6 \end{cases}$ 의 해가 $x = 1$, $y = b$ 라고 할 때, $a + b$의 값은?

① 15 ② 13

③ 10 ④ 9

02 삼차방정식 $x^3 - x^2 + 2x + a = 0$의 한 근이 1일 때, 상수 a의 값은?

① -3 ② -2

③ -1 ④ 1

04 연립방정식 $\begin{cases} x + y = 4 \\ y + z = a \\ z + x = 5 \end{cases}$ 의 해가 $x = b$, $y = 1$, $z = 2$일 때, $a + b$의 값은? (단, a, b는 상수)

① 4 ② 5

③ 6 ④ 7

05 연립방정식 $\begin{cases} x - y = 1 \\ x^2 - y^2 = a \end{cases}$ 의 해가 $x = 2,\ y = b$ 일 때, $a + b$의 값은?

① 4   ② 5

③ 6   ④ 7

06 연립방정식 $\begin{cases} x + y = 4 \\ x^2 + y^2 = a \end{cases}$ 의 해가 $x = b,\ y = 2$ 일 때, $a - b$의 값은?

① 3   ② 5

③ 6   ④ 9

07 부등식 $|x - 2| < 3$의 해를 구하면?

①
②
③
④

08 부등식 $|x - 4| \leq 1$의 해를 수직선 위에 나타 낼 때, 상수 a의 값은?

① 4   ② 5

③ 6   ④ 7

09 부등식 $|x+2| > 2$의 해를 수직선 위에 나타낼 때, 상수 a의 값은?

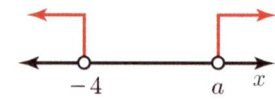

① -3 ② -2

③ -1 ④ 0

10 다음 연립부등식의 해를 구하면?

$$\begin{cases} 4x - 5 < 3 \\ 2 - x \le 5x - 4 \end{cases}$$

① $x \le 1$ 또는 $x > 2$

② $1 < x \le 2$

③ $1 < x < 2$

④ $1 \le x < 2$

11 그림은 이차부등식 $(x-a)(x-b) \le 0$의 해를 수직선 위에 나타낸 것이다. $a+b$의 값은?

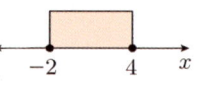

① 0 ② 2

③ 4 ④ 6

12 그림은 이차부등식 $(x-a)(x-b) \ge 0$의 해를 수직선 위에 나타낸 것이다. ab의 값은?

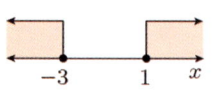

① -3 ② -2

③ 2 ④ 3

13 다음은 이차부등식 $(x+1)(x-k) \geq 0$의 해를 구하고, 수직선 위에 나타낸 것이다. k의 값은?

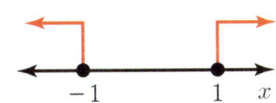

① -3 ② -2

③ -1 ④ 1

14 연립부등식 $\begin{cases} 3x-6 > 0 \\ (x-1)(x-4) < 0 \end{cases}$ 의 해가 $a < x < \beta$일 때, $\alpha\beta$의 값은?

① 5 ② 6

③ 7 ④ 8

15 연립부등식 $\begin{cases} x > 1 \\ x^2 - x - 6 > 0 \end{cases}$ 을 풀면?

① $x > 4$ ② $x > 3$

③ $x > 1$ ④ $x > 2$

16 연립부등식 $\begin{cases} x^2 - 6x - 7 < 0 \\ (x-2)(x-9) < 0 \end{cases}$ 을 만족하는 x의 범위가 $2 < x < a$일 때, a의 값은?

① 4 ② 5

③ 6 ④ 7

PART 02

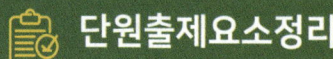
01 복소수와 이차방정식

1 서로 같은 복소수
① $a + bi = 0$이면, $a = 0$, $b = 0$이다.
② $a + bi = c + di$이면, $a = c$, $b = d$이다.

2 켤레복소수
① $\overline{a + bi} = a - bi$ (a, b는 실수)
② $\overline{a} = a$ (a는 실수)
③ $\overline{bi} = -bi$ (b는 실수)

3 복소수의 사칙연산
복소수의 덧셈과 뺄셈은 실수부분은 실수부분끼리, 허수부분은 허수부분끼리 계산한다.
① $(a + bi) + (c + di) = (a + c) + (b + d)i$
② $(a + bi) - (c + di) = (a - c) + (b - d)i$
③ $(a + bi)(c + di)$
　$= (ac - bd) + (ad + bc)i$

4 이차방정식의 풀이
① $AB = 0$이면 $A = 0$ 또는 $B = 0$의 성질을 이용하여 이차방정식을 풀 수 있다.
② 근의 공식을 이용한 풀이
　$ax^2 + bx + c = 0$ $(a \neq 0)$의 근은
　$x = \dfrac{-b \pm \sqrt{b^2 - 4ac}}{2a}$

5 판별식
① $b^2 - 4ac > 0$ 서로 다른 두 실근
② $b^2 - 4ac = 0$ 서로 같은 두 실근(중근)
③ $b^2 - 4ac < 0$ 서로 다른 두 허근
④ $b^2 - 4ac \geq 0$ 실근

6 근과 계수와의 관계
이차방정식 $ax^2 + bx + c = 0$ 의 두 근을 α, β라 하면, 두 근의 합($\alpha + \beta$)과 곱($\alpha\beta$)은 다음과 같다.
① $\alpha + \beta = -\dfrac{b}{a}$
② $\alpha\beta = \dfrac{c}{a}$

02 이차방정식과 이차함수

1 제한된 범위가 수 전체인 경우의 최대, 최소
아래로 볼록인 함수는 $x = p$일 때, 최솟값 q를 가지며, 최댓값은 없다.
위로 볼록인 함수는 $x = p$일 때, 최댓값 q를 가지며, 최솟값은 없다.

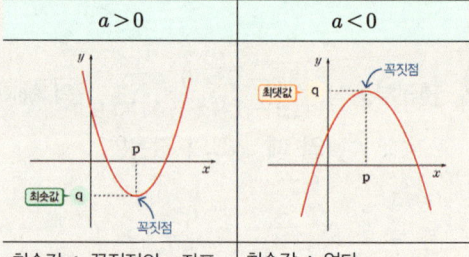

$a > 0$	$a < 0$
최솟값 : 꼭짓점의 y좌표 $x = p$일 때, 최솟값 q를 갖는다. 최댓값 : 없다.	최솟값 : 없다. 최댓값 : 꼭짓점의 y좌표 $x = p$일 때, 최댓값 q를 갖는다.

2 제한된 범위가 주어진 경우의 최대, 최소
(1) x의 범위에 꼭짓점이 포함된 경우
　꼭짓점의 y좌표의 값과 구간의 양 끝 함숫값 중 가장 큰 값을 최댓값, 가장 작은 값을 최솟값이라고 한다.

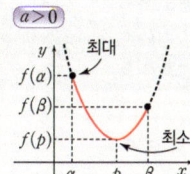

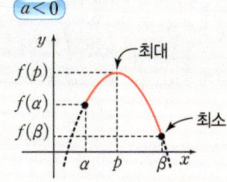

(2) x의 범위에 꼭짓점이 포함되지 않은 경우
구간의 양 끝 함숫값 중 가장 큰 값을 최댓
값, 가장 작은 값을 최솟값이라고 한다.

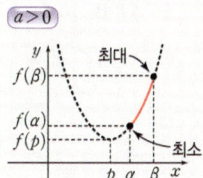

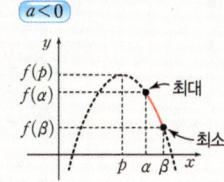

03 여러 가지 방정식과 부등식

1 방정식의 해(근)
방정식을 **참이 되게 하는** x의 값을 말한다.

2 연립부등식의 풀이
두 개의 부등식의 해를 각각 구하여 **공통인
부분**을 찾는다.

3 절댓값을 포함한 일차부등식
① $|x| < a$ ➜ $-a < x < a$ (단, $a > 0$)
② $|x| > a$ ➜ $x < -a$ 또는 $x > a$
   (단, $a > 0$)

4 이차부등식의 풀이 ($a < b$일 때)
① $(x-a)(x-b) < 0$ ➜ $a < x < b$

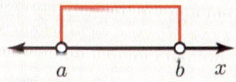

② $(x-a)(x-b) \le 0$ ➜ $a \le x \le b$

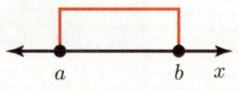

③ $(x-a)(x-b) > 0$
➜ $x < a$ 또는 $x > b$

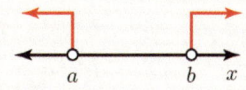

④ $(x-a)(x-b) \ge 0$
➜ $x \le a$ 또는 $x \ge b$

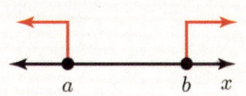

01 $i(1+2i)=a+i$일 때, 실수 a의 값은?
(단, $i=\sqrt{-1}$)

① -2 ② -1

③ 1 ④ 2

03 $(5-2i)-(1-4i)=4+ai$일 때, 실수 a의 값은? (단, $i=\sqrt{-1}$)

① -6 ② -2

③ 2 ④ 6

02 다음 등식을 만족하는 실수 x, y의 값은?
(단, $i=\sqrt{-1}$)

$$(x-1)+(y+2)i=2+3i$$

① $x=2,\ y=1$ ② $x=2,\ y=5$

③ $x=3,\ y=1$ ④ $x=3,\ y=5$

04 $1+2i-(3-i)=-2+ai$일 때, 실수 a의 값은? (단, $i=\sqrt{-1}$)

① -3 ② -2

③ 2 ④ 3

05 $(1+2i)(3-i) = a+5i$일 때, 실수 a의 값은?
(단, $i = \sqrt{-1}$)

① 1 ② 3

③ 5 ④ 7

06 다음 이차방정식 중에서 서로 다른 두 실근을 갖는 것은?

① $x^2 + 3 = 0$

② $x^2 + x - 2 = 0$

③ $x^2 + 2x + 1 = 0$

④ $x^2 + 3x + 5 = 0$

07 이차방정식 $x^2 + 2x + m - 3 = 0$이 중근을 가질 때, 실수 m의 값은?

① 0 ② 2

③ 4 ④ 6

08 이차방정식 $x^2 - 3x + 2 = 0$의 두 근을 α, β라고 할 때, $\alpha\beta$의 값은?

① -2 ② -1

③ 1 ④ 2

09 이차방정식 $x^2 - 5x + 4 = 0$의 두 근을 α, β라고 할 때, $\alpha + \beta$의 값은?

① -5 ② -1

③ 1 ④ 5

11 $1 \leq x \leq 4$일 때, 이차함수 $y = (x-2)^2 - 3$의 최댓값은?

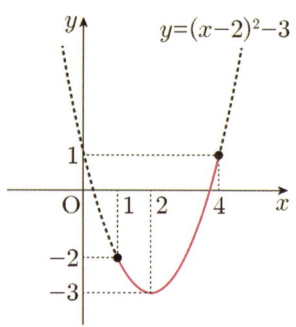

① -3 ② -1

③ 1 ④ 3

10 $-1 \leq x \leq 2$일 때, 이차함수 $y = x^2 - 3$의 최솟값은?

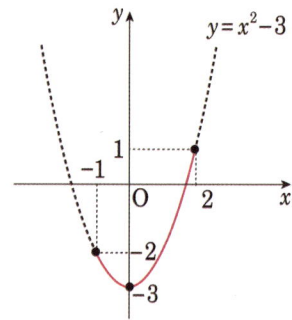

① -3 ② -2

③ -1 ④ 0

12 $-3 \leq x \leq 0$일 때, 이차함수 $y = -(x+1)^2 + 4$의 최댓값은?

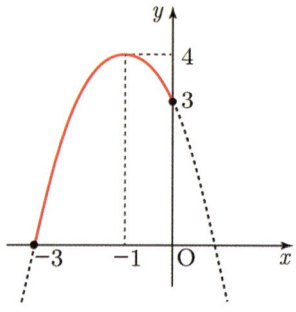

① 2 ② 3

③ 4 ④ 5

13 $2 \le x \le 4$일 때, 이차함수 $y = (x-1)^2 - 2$의 최댓값과 최솟값의 합은?

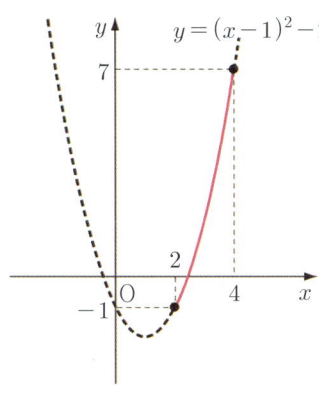

① 2   ② 4

③ 6   ④ 8

15 삼차방정식 $x^3 - x^2 + 3x + a = 0$의 한 근이 1일 때, 상수 a의 값은?

① -5 ② -3

③ -1 ④ 1

14 삼차방정식 $x^3 - 2x^2 + ax + 4 = 0$의 한 근이 2일 때, 상수 a의 값은?

① -2 ② 0

③ 2 ④ 4

16 연립방정식 $\begin{cases} x - y = 1 \\ x^2 - y^2 = a \end{cases}$ 의 해가 $x = 3$, $y = b$일 때, $a + b$의 값은?

① 5   ② 7

③ 9   ④ 11

17 연립방정식 $\begin{cases} x+y=1 \\ y-z=2 \\ z-x=3 \end{cases}$ 의 해가 $x=-2$,

$y=a$, $z=b$일 때, $a+b$의 값은?

① 1   ② 2

③ 3   ④ 4

19 그림은 부등식 $|x-2|\le 2$의 해를 수직선 위에 나타낸 것이다. 상수 a의 값은?

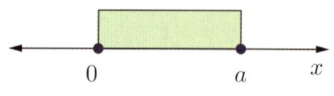

① 4   ② 5

③ 6   ④ 7

18 연립부등식 $\begin{cases} 3x<2x+5 \\ 4x>3x-1 \end{cases}$ 의 해가

$-1<x<a$일 때, 상수 a의 값은?

① 5   ② 6

③ 7   ④ 8

20 부등식 $|x-1|\le 3$의 해를 수직선 위에 나타낸 것은?

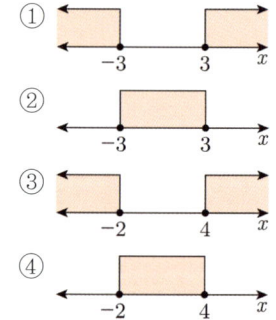

21 그림은 이차부등식 $(x+a)(x+b) \geq 0$의 해를
수직선 위에 나타낸 것이다. 두 상수 a, b에 대하
여 $a+b$의 값은?

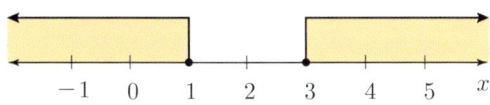

① -4 ② -2

③ 0 ④ 2

22 그림은 이차부등식 $(x-a)(x-b) \leq 0$의 해를
수직선을 이용하여 나타낸 것이다. 이때 두 실수
a, b의 합은?

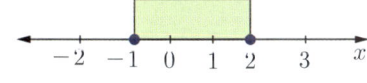

① -2 ② -1

③ 1 ④ 2

EBS 교육방송교재

고졸 검정고시  수학

PART 03

도형의 방정식

✪ 이 단원에서는 평면좌표 위의 두 점 사이의 거리와 내분점과 외분점 등 점과 좌표에 대해 배우고, 이어 직선의 방정식과 직선의 위치 관계를 익히도록 합니다. 아울러 원의 방정식의 표준형과 여러 가지 조건이 주어질 때 원의 방정식을 구하는 방법 및 축에 접하는 원의 방정식 등 다양한 원의 방정식을 학습하도록 합니다. 마지막으로 점과 도형의 평행이동과 대칭이동을 배우고, 문제를 해결하도록 합니다.

01 평면좌표

• 평면좌표 위의 두 점 사이의 거리, 선분의 내분점과 외분점, 그리고 중점을 구할 수 있다.

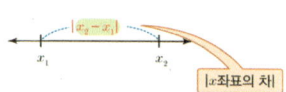

[거리는 항상 양수 또는 0이므로 절댓값을 이용하여 나타내요!]

1 두 점 사이의 거리

1. 두 점 사이의 거리

(1) 수직선에서 두 점 사이의 거리

수직선 위의 두 점 $A(x_1)$, $B(x_2)$ 사이의 거리는 $\overline{AB} = |x_2 - x_1|$이다.

예 $|4-1| = 3$

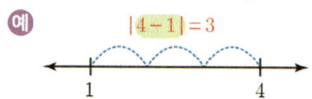

(2) 좌표평면 위에서 두 점 사이의 거리 출제포인트★★★

좌표평면에서의 두 점 $A(x_1, y_1)$, $B(x_2, y_2)$에 대하여,

① 두 점 A, B 사이의 거리는 $\overline{AB} = \sqrt{(x_2 - x_1)^2 + (y_2 - y_1)^2}$ 이다.

② 원점 O와 점 $A(x_1, y_1)$ 사이의 거리는 $\overline{OA} = \sqrt{x_1^2 + y_1^2}$ 이다.

Click 두 점 사이의 거리

좌표평면에서의 두 점 $A(x_1, y_1)$, $B(x_2, y_2)$ 사이의 거리는 피타고라스의 정리에 의하여 다음과 같이 구한다.

① 좌표평면상에서 각각의 점을 표시한 후 점 A를 지나고 x축에 평행한 직선과 점 B를 지나고 y축에 평행한 직선의 교점을 C라 하면 $\overline{AC} = |x_2 - x_1|$, $\overline{BC} = |y_2 - y_1|$이다. 이때 삼각형 ABC는 직각삼각형이므로 피타고라스의 정리에 의하여 다음이 성립한다.

$$\overline{AB}^2 = \overline{AC}^2 + \overline{BC}^2 = (x_2 - x_1)^2 + (y_2 - y_1)^2$$

따라서 두 점 A, B 사이의 거리는 다음과 같다.

$$\overline{AB} = \sqrt{(x_2 - x_1)^2 + (y_2 - y_1)^2}$$

② 원점 O와 점 $A(x_1, y_1)$ 사이의 거리는 위와 같은 방법으로 구하면,

$$\overline{OA} = \sqrt{x_1^2 + y_1^2}$$

피타고라스의 정리
(피타고라스의 정리 = 직각삼각형에서 두 변의 제곱의 합이 빗변의 제곱)

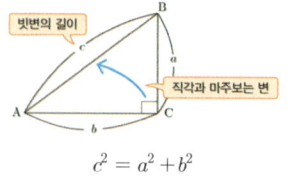

$$c^2 = a^2 + b^2$$

🖊 확인 01

다음 두 점 사이의 거리를 구하시오.

❶ $A(0,\ 2)$, $B(3,\ 4)$ **❷** $A(0,\ 0)$, $B(3,\ -1)$

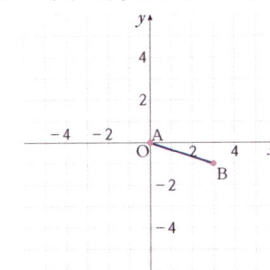

풀 이

❶ $\sqrt{(3-0)^2+(4-2)^2}=\sqrt{13}$

❷ $\sqrt{(3-0)^2+(-1+0)^2}=\sqrt{10}$

정답 **❶** $\sqrt{13}$ **❷** $\sqrt{10}$

---

2 내분점과 외분점

1. 중점

(1) 수직선에서의 선분의 중점

두 점 $A(x_1)$, $B(x_2)$를 양 끝으로 하는 선분 AB의 중점의 좌표는

$\dfrac{x_1+x_2}{2}$ 이다.

그림으로 핵심만 쏙쏙!

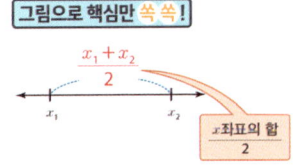

예

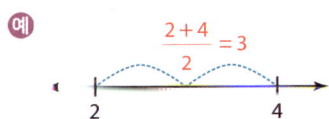

🖊 확인 02

두 점 $A(-3)$, $B(5)$에 대하여 선분 AB의 중점의 좌표를 구하시오.

풀 이

$\dfrac{-3+5}{2}=1$

정답   1

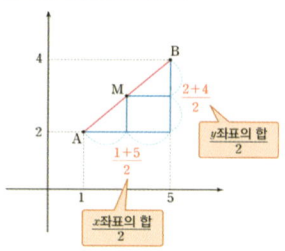

좌표평면에서의 선분 AB의 중점은 수직선과 같은 방법으로 구한다.

▶ 선분 AB의 중점 M의 좌표는
$$\left(\frac{x\,\text{좌표의 합}}{2},\ \frac{y\,\text{좌표의 합}}{2}\right)$$

(2) 좌표평면에서의 선분의 중점

두 점 $A(x_1, y_1)$, $B(x_2, y_2)$를 양 끝으로 하는 선분 AB의 중점의 좌표는 $\left(\dfrac{x_1 + x_2}{2},\ \dfrac{y_1 + y_2}{2}\right)$이다.

> ✏️ **확인 03**
>
> 다음 두 점 A, B에 대하여 선분 AB의 중점의 좌표를 구하시오.
>
> ❶ $A(1, 2)$, $B(3, 6)$
>
> ❷ $A(-1, 5)$, $B(3, -3)$
>
> **풀이** -
>
> ❶ $\left(\dfrac{1+3}{2},\ \dfrac{2+6}{2}\right) = (2, 4)$
>
> ❷ $\left(\dfrac{-1+3}{2},\ \dfrac{5-3}{2}\right) = (1, 1)$
>
> 정답   ❶ $(2, 4)$ ❷ $(1, 1)$

이렇게 생각해 봐요!

• 내분 : 안에서 나눈다.
• 외분 : 밖에서 나눈다.

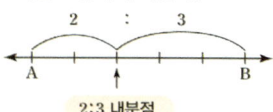

2:3 내분점

2. 내분점과 외분점

(1) 수직선 위에서의 내분점과 외분점

수직선 위의 두 점 $A(x_1)$, $B(x_2)$에 대하여 선분 AB를 $m:n\,(m>0,\ n>0)$으로 내분하는 점 $x = \dfrac{mx_2 + nx_1}{m+n}$,

외분하는 점 $x = \dfrac{mx_2 - nx_1}{m-n}\,(m \neq n)$

(2) 좌표평면 위에서의 선분의 내분점과 외분점

좌표평면 위의 두 점 $A(x_1, y_1)$, $B(x_2, y_2)$에 대하여 선분 AB를 $m:n\,(m>0,\ n>0)$으로 내분하는 점을 P, 외분하는 점을 Q라 하면,

$P\left(\dfrac{mx_2 + nx_1}{m+n},\ \dfrac{my_2 + ny_1}{m+n}\right)$,

$Q\left(\dfrac{mx_2 - nx_1}{m-n},\ \dfrac{my_2 - ny_1}{m-n}\right)\ (m \neq n)$

확인 04

수직선 위의 두 점 A (1), B (9)에 대하여 선분 AB를 $1:3$으로 내분하는 점의 좌표를 구하시오.

풀이

$$\frac{1\times9+3\times1}{1+3}=\frac{9+3}{1+3}=\frac{12}{4}=3$$

정답 3

 확인 05

좌표평면 위의 두 점 A $(1, 2)$, B $(7, 5)$에 대하여 선분 AB를 $1:2$으로 내분하는 점의 좌표를 구하시오.

풀이

$$\left(\frac{1\times7+2\times1}{1+2},\ \frac{1\times5+2\times2}{1+2}\right)=(3, 3)$$

정답 $(3, 3)$

01 좌표평면 위의 두 점 A$(1, -2)$, B$(-3, -3)$ 사이의 거리를 구하면?

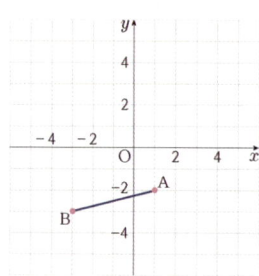

① 4
② 5
③ $\sqrt{15}$
④ $\sqrt{17}$

02 좌표평면 위의 두 점 A$(0, 2)$, B$(4, 4)$ 사이의 거리를 구하면?

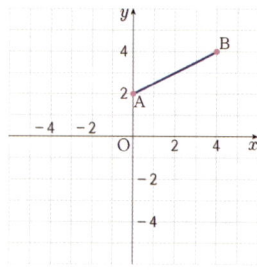

① 4
② $\sqrt{19}$
③ $2\sqrt{5}$
④ 5

03 좌표평면 위의 두 점 A$(1, 2)$, B$(-3, 4)$에 대하여 선분 AB의 중점의 좌표는?

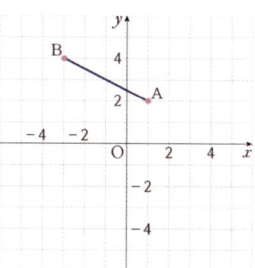

① $(-1, 3)$
② $(-2, 6)$
③ $(-1, 4)$
④ $(-2, 3)$

04 좌표평면 위의 두 점 A$(-2, 4)$, B$(2, -2)$에 대하여 선분 AB의 중점의 좌표는?

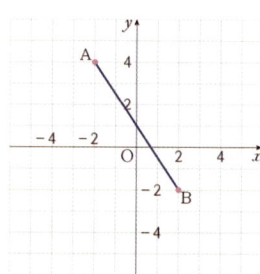

① $(0, 1)$
② $(0, 2)$
③ $(1, 0)$
④ $(-2, 3)$

05 좌표평면 위의 두 점 $A(1, 4)$와 $B(3, 2)$의 중점을 M이라 할 때, 원점으로부터 중점까지 거리 $\overline{OM}$의 길이는?

① $\sqrt{13}$ ② $\sqrt{15}$

③ $\sqrt{19}$ ④ $\sqrt{21}$

07 그림과 같이 수직선 위의 두 점 $A(2)$, $B(10)$에 대하여 선분 AB를 $3:1$로 내분하는 점 $P(x)$의 좌표는?

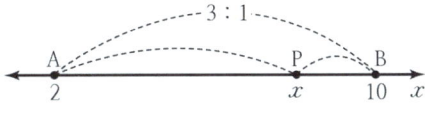

① $P(5)$ ② $P(6)$

③ $P(7)$ ④ $P(8)$

06 그림과 같이 두 점 $A(6, 2)$, $B(-1, 5)$에서 같은 거리에 있고, x축 위에 있는 점 P의 좌표는?

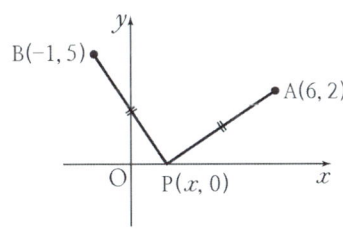

① $(1, 0)$ ② $(2, 0)$

③ $(3, 0)$ ④ $(4, 0)$

08 좌표평면 위의 두 점 $A(2, 2)$, $B(8, 5)$에 대하여 선분 AB를 $2:1$로 내분하는 점의 좌표는?

① $(6, 3)$ ② $(6, 4)$

③ $(7, 3)$ ④ $(7, 4)$

02 직선의 방정식

• 직선의 방정식의 기울기와 절편에 대해 학습한다.
• 직선의 위치관계에 대해 알고, 직선의 방정식을 구할 수 있다.

1 직선의 방정식

1. 일차함수

다음과 같이 차수가 1인 다항식을 일차식, $y=$(일차식)으로 나타낼 수 있는 함수를 일차함수라 한다.

> • 일차식 : $x+2$
> • 일차함수 : $y=x+2$

2. 일차함수의 그래프

(1) 일차함수 그래프의 모양
일차함수의 그래프는 직선 모양이다.

(2) x절편, y절편
① x절편 : 그래프가 x축과 만나는 점의 x좌표
② y절편 : 그래프가 y축과 만나는 점의 y좌표

(3) 식에서의 y절편

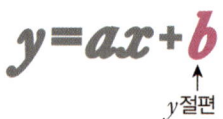

$$y=ax+b$$
　　　y절편

예 $y=2x+3$에서 y절편은 3이다.

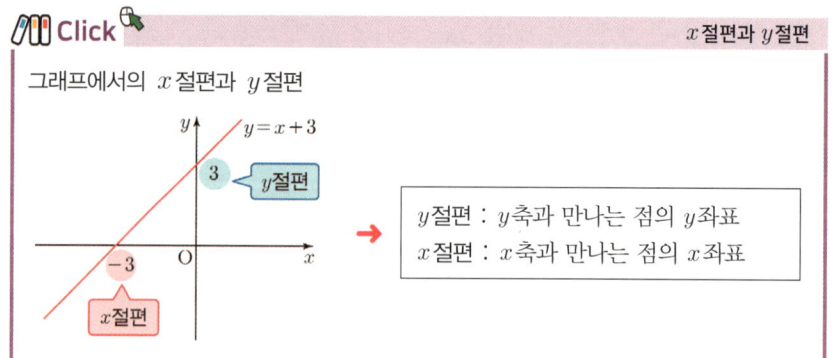

Click x절편과 y절편

그래프에서의 x절편과 y절편

→ y절편 : y축과 만나는 점의 y좌표
x절편 : x축과 만나는 점의 x좌표

연계개념 이해!

$y=ax$ 정비례그래프
① $a>0$일 때

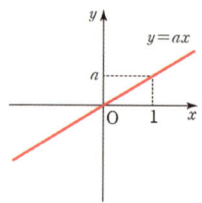

② $a<0$일 때

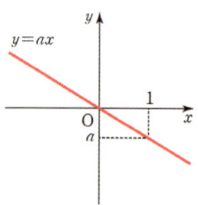

평행이동 : $y=ax$를 y축의 방향 (세로방향)으로 b만큼 평행이동하면 $y=ax+b$가 된다.

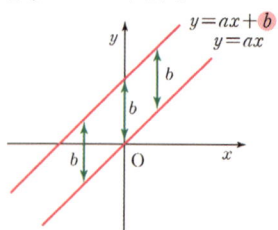

확인 01

다음 일차함수의 그래프에서 x절편과 y절편을 구하시오.

❶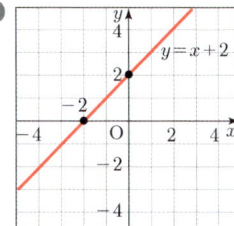

❷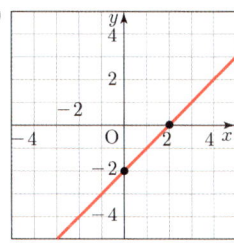

❸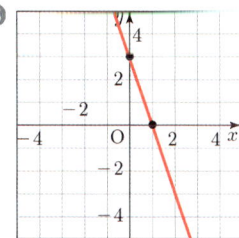

풀이 ----

x절편은 그래프가 x축과 만나는 점의 x좌표이고, y절편은 y축과 만나는 점의 y좌표이다.

정답 ❶ x절편 : -2, y절편 : 2
❷ x절편 : 2, y절편 : -2
❸ x절편 : 1, y절편 : 3

$$y = \textcolor{red}{a} \, x + \textcolor{red}{b}$$

기울기 y절편

3. 기울기

(1) 일차함수의 기울기

일차함수 $y = ax + b$ 에서 a 는 기울기를 뜻한다.

$$y = ax + b$$

기울기

예 $y = 2x + 3$ 에서 기울기는 2, y 절편은 3이다.

✎ **확인 02**

다음 일차함수의 기울기와 y 절편을 구하시오.

❶ $y = x + 2$

❷ $y = 2x - 1$

정답 ❶ 기울기 : 1, y 절편 : 2
❷ 기울기 : 2, y 절편 : −1

(2) 두 점이 주어졌을 때, 기울기 구하기

좌표평면 위의 두 점 $A(x_1, \ y_1)$, $B(x_2, \ y_2)$ 를 지나는 직선의 기울기는

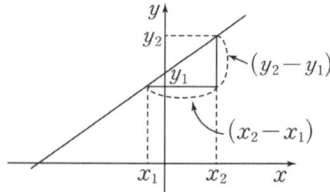

기울기 $a = \dfrac{(y\text{값의 증가량})}{(x\text{값의 증가량})} = \dfrac{y_2 - y_1}{x_2 - x_1}$

 **Click** 🖱️ 그래프에서 기울기 구하기

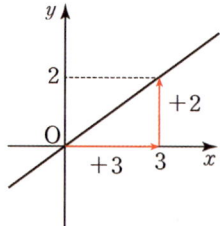

$(\text{기울기})a = \dfrac{(y\text{값의 증가량})}{(x\text{값의 증가량})}$ → 기울기 $= \dfrac{+2}{+3} = \dfrac{2}{3}$ 이다.

확인 03

다음 그래프의 x절편과 y절편을 이용하여 기울기를 구하시오.

❶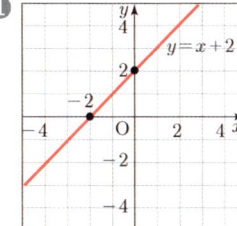

❷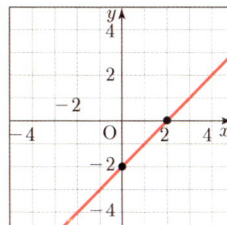

❸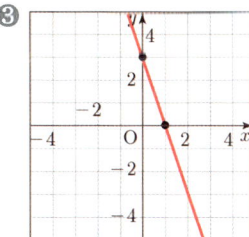

풀 이

❶ 그래프를 이용하여, $\dfrac{2}{2} = 1$

❷ $\dfrac{2}{2} = 1$

❸ $\dfrac{-3}{1} = -3$

정답 ❶ 1 ❷ 1 ❸ 3

다음 그래프의 A, B 두 점을 지나는 직선의 기울기를 구하시오.

❶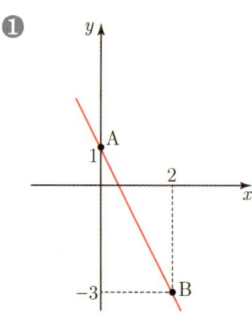

❷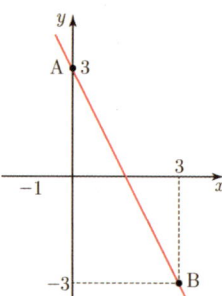

❸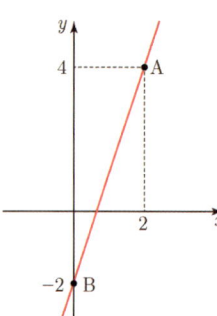

풀이 -

❶ $\dfrac{1-(-3)}{0-2}=\dfrac{4}{-2}=-2$

❷ $\dfrac{3-(-3)}{0-3}=\dfrac{6}{-3}=-2$

❸ $\dfrac{4-(-2)}{2-0}=\dfrac{6}{2}=3$

정답 ❶ -2 ❷ -2 ❸ 3

4. 축에 평행한 직선의 방정식 출제포인트 ★★★

(1) x축에 평행한 직선 $y=n$

예 x축에 평행하고 점 $(1, 3)$을 지나는 직선은
$y=3$

(2) y축에 평행한 직선 $x=m$

예 y축에 평행하고 점 $(1, 3)$을 지나는 직선은
$x=1$

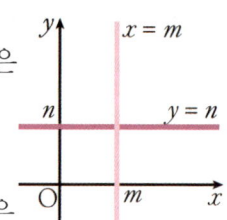

✏️ 확인 05

좌표평면 위의 두 점 A, B를 지나는 직선의 방정식을 구하시오.

❶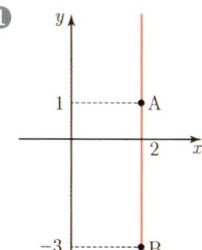

❷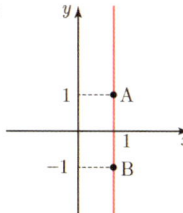

❸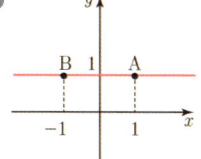

정답   **❶** $x = 2$ **❷** $x = 1$ **❸** $y = 1$

---

2 직선의 위치관계

1. 직선의 위치관계 출제★★★포인트

(1) 일치

두 직선 $y = mx + n$, $y = m'x + n'$이 **일치**하면, $m = m'$, $n = n'$
이다.

(2) 평행

두 직선 $y = mx + n$, $y = m'x + n'$이 **평행**하면, $m = m'$, $n \neq n'$
이다.

(3) 수직

두 직선 $y = mx + n$, $y = m'x + n'$이 **수직**일 때, $m \times m' = -1$
이다.

그림으로 핵심만 쏙 쏙!

x의 계수가 같으면 평행

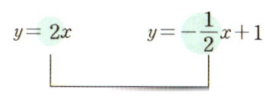

기울기의 곱이 -1이면 수직

Click 직선의 평행과 수직

다음의 예를 통해 직선의 위치관계에 대해 알아보자.

① 두 직선 $y = ax$와 $y = 4x - 1$이 서로 평행할 때, a의 값을 구해보자.

　서로 평행한 두 직선의 기울기는 같으므로, $a = 4$이다.

② 두 직선 $y = ax$와 $y = 2x + 1$이 서로 수직일 때, a의 값을 구해보자.

　수직인 두 직선의 기울기의 곱은 -1이므로 $a \times 2 = -1$ ➡ $a = -\dfrac{1}{2}$

 확인 06

$y = 2x$의 그래프와 $y = ax + 2$의 그래프가 서로 평행할 때, a의 값을 구하시오.

풀 이 -

평행한 그래프는 기울기가 같고, y절편이 다르다.

　　　　　　　　　　　　　　　　　　　　　　　　　　　　　　정답 　2

 확인 07

다음 직선에 수직인 직선의 기울기를 각각 구하시오.

❶ $y = 2x$

❷ $y = -x$

❸ $y = -\dfrac{1}{3}x$

풀 이 -

수직인 두 직선의 기울기의 곱은 -1임을 이용하여 계산한다.

　　　　　　　　　　　　　　　　　정답 　❶ $-\dfrac{1}{2}$　❷ 1　❸ 3

3 직선의 방정식 구하기

1. 조건에 맞는 직선의 방정식 구하기 출제포인트★★★

(1) 좌표평면 위의 두 점 $A(x_1, y_1)$, $B(x_2, y_2)$를 지나는 직선의 방정식은

$$y - y_1 = \frac{y_2 - y_1}{x_2 - x_1}(x - x_1)$$

(2) x절편이 a, y절편이 b인 직선의 방정식은

$$\frac{x}{a} + \frac{y}{b} = 1$$

(3) 기울기가 a이고 y절편이 b인 직선의 방정식은

$$y = ax + b$$

그림으로 핵심만 쏙 쏙!

(1) $y - y$점
  $= $ 기울기 $(x - x$점$)$

(3)
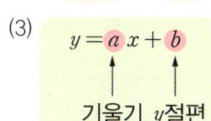
$y = a\,x + b$
기울기 y절편

Click 📌 **직선의 방정식 구하기**

좌표평면 위의 두 점 $A(1, 3)$, $B(2, 7)$을 지나는 직선의 방정식을 구해보자.

방법 1 (1)을 이용하여 직선의 방정식을 구하며,

$$y - 3 = \frac{7-3}{2-1}(x-1) \;\rightarrow\; y - 3 = 4(x-1) \;\rightarrow\; y = 4x - 1$$

방법 2 (3)을 이용하여 직선의 방정식을 구하면,

먼저 주어진 두 점을 이용하여 직선의 기울기를 구하면,

$$기울기 = \frac{7-3}{2-1} = 4 이다.$$

기울기가 4이고, y절편이 b인 직선의 방정식은 $y = 4x + b$ …… ㉠

이때, 이 직선이 $(1, 3)$을 지나므로 ㉠에 대입하면,

$$3 = 4 + b \;\rightarrow\; b = -1$$

구한 b의 값을 ㉠에 대입하면, $y = 4x - 1$

다음 직선의 방정식을 구하시오.

❶ 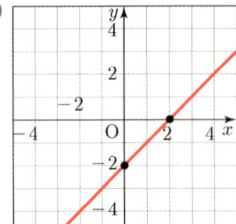　❷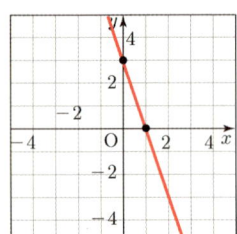

풀이

❶ 기울기가 $\dfrac{2}{2}=1$이고, y절편이 -2이므로 $y=x-2$

❷ 기울기가 $\dfrac{-3}{1}=-3$이고, y절편이 3이므로 $y=-3x+3$

정답 ❶ $y=x-2$　❷ $y=-3x+3$

다음 직선의 방정식을 구하시오.

❶ 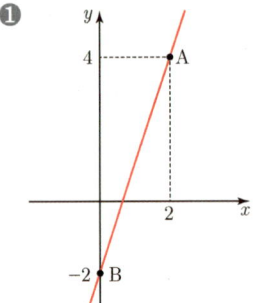　❷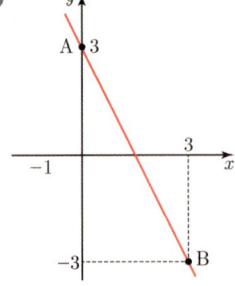

풀이

❶ 기울기가 $\dfrac{6}{2}=3$이고, y절편이 -2이므로 $y=3x-2$

❷ 기울기가 $\dfrac{-6}{3}=-2$이고, y절편이 3이므로 $y=-2x+3$

정답 ❶ $y=3x-2$　❷ $y=-2x+3$

✏️ 확인 10

다음 조건에 맞는 직선의 방정식을 구하시오.

❶ $y = 3x$와 평행하고, $(0, 2)$를 지나는 직선의 방정식

❷ $y = 2x$와 평행하고, $(0, 4)$를 지나는 직선의 방정식

❸ $y = -x$와 수직이고, $(0, 3)$을 지나는 직선의 방정식

❹ $y = \dfrac{1}{2}x$와 수직이고, $(0, 4)$를 지나는 직선의 방정식

🔖 풀이

❶ 평행하므로 기울기가 3으로 같고, $(0, 2)$를 지나므로 y절편이 2이다.
즉, $y = 3x + 2$

❷ 평행하므로 기울기가 2로 같고, $(0, 4)$를 지나므로 y절편이 4이다.
즉, $y = 2x + 4$

❸ $y = -x$와 수직이므로 기울기가 1이고, $(0, 3)$을 지나므로 y절편이 3이다.
즉, $y = x + 3$

❹ $y = \dfrac{1}{2}x$와 수직이므로 기울기가 -2이고, $(0, 4)$를 지나므로 y절편이 4이다.
즉, $y = -2x + 4$

정답 ❶ $y = 3x + 2$ ❷ $y = 2x + 4$ ❸ $y = x + 3$ ❹ $y = -2x + 4$

연계개념 이해 👍!

• $y = mx + n$, $y = m'x + n'$
• 평행 ➡ $m = m'$, $n \ne n'$
• 수직 ➡ $m \times m' = -1$

PART 03

---

4 점과 직선 사이의 거리

1. 점과 직선 사이의 거리

좌표평면 위의 점 P에서 점 P를 지나지 않는 직선 l에 내린 수선의 발을 H라 할 때, 직선 l과 점 P 사이의 거리는 선분 PH의 길이와 같다.

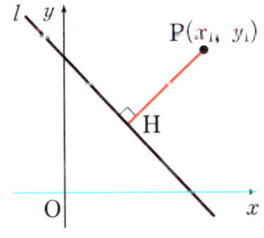

(1) 점과 직선 사이의 거리

점 $P(x_1, y_1)$와 직선
$l : ax + by + c = 0$ 사이의 거리는
$$d = \dfrac{|ax_1 + by_1 + c|}{\sqrt{a^2 + b^2}}$$ 이다.

그림으로 핵심만 쏙쏙!

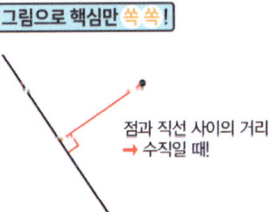

점과 직선 사이의 거리
➡ 수직일 때!

(2) 원점과 직선 사이의 거리

원점과 직선 $l : ax + by + c = 0$ 사이의 거리는

$d = \dfrac{|c|}{\sqrt{a^2 + b^2}}$ 이다.

Click 점과 직선 사이의 거리 구하기

점 $(1, 1)$과 직선 $3x + 4y - 2 = 0$ 사이의 거리를 구해보자.

점 $P(x_1, y_1)$와 직선 $l : ax + by + c = 0$ 사이의 거리는

$d = \dfrac{|ax_1 + by_1 + c|}{\sqrt{a^2 + b^2}}$ 임을 이용하여

$x_1 = 1,\ y_1 = 1,\ a = 3,\ b = 4,\ c = -2$를 공식에 대입하면,

$d = \dfrac{|3 \times 1 + 4 \times 1 - 2|}{\sqrt{3^2 + 4^2}} = \dfrac{5}{\sqrt{25}} = \dfrac{5}{5} = 1$

확인 11

다음 주어진 점과 직선 $3x + 4y + 5 = 0$ 사이의 거리를 구하시오.

❶ 점 $(0, 0)$

❷ 점 $(3, 4)$

❸ 점 $(1, 3)$

풀이 --

점과 직선 사이의 거리 공식에 넣어 계산하면,

❶ $\dfrac{|3 \times 0 + 4 \times 0 + 5|}{\sqrt{3^2 + 4^2}} = \dfrac{5}{5} = 1$

❷ $\dfrac{|3 \times 3 + 4 \times 4 + 5|}{\sqrt{3^2 + 4^2}} = \dfrac{30}{5} = 6$

❸ $\dfrac{|3 \times 1 + 4 \times 3 + 5|}{\sqrt{3^2 + 4^2}} = \dfrac{20}{5} = 4$

정답 ❶ 1 ❷ 6 ❸ 4

01 일차함수 $y=-x+3$의 기울기와 y절편을 차례로 구하면?

① $1, 3$

② $2, 3$

③ $-1, 1$

④ $-1, 3$

03 직선 $2x-y-1=0$과 평행이고, 점 $(0, 3)$을 지나는 직선의 방정식은?

① $y=-2x-3$

② $y=-\dfrac{1}{2}x+1$

③ $y=\dfrac{1}{2}x+1$

④ $y=2x+3$

02 다음 그래프를 보고 옳지 <u>않은</u> 것을 고르면?

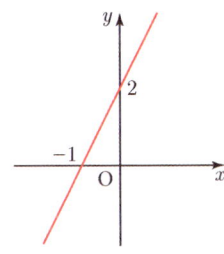

① 그래프의 기울기는 2이다.

② x절편은 -1이다.

③ y절편은 2이다.

④ 직선의 방정식은 $y=2x-1$이다.

04 직선 $y=2x+1$에 수직이고, 원점을 지나는 직선의 방정식은?

① $y=-2x$

② $y=-\dfrac{1}{2}x$

③ $y=\dfrac{1}{2}x$

④ $y=2x$

05 좌표평면 위의 점 $(0, 5)$를 지나고 $y = x + 3$에 평행인 직선의 방정식은?

① $y = -x + 5$ ② $y = -x - 5$

③ $y = x + 5$ ④ $y = x - 5$

07 두 직선 $x + y + 1 = 0$, $ax + y + 3 = 0$이 서로 평행할 때, 상수 a의 값은?

① -3 ② -1

③ 1 ④ 3

06 두 직선 $3x - y = 0$, $y = mx - 1$이 서로 수직으로 만날 때, 상수 m의 값은?

① $-\dfrac{1}{3}$ ② $\dfrac{1}{3}$

③ -3 ④ 3

08 직선 $2x - y + 1 = 0$과 수직인 직선의 방정식은?

① $y = -2x$ ② $y = -\dfrac{1}{2}x$

③ $y = \dfrac{1}{2}x$ ④ $y = x$

09 직선 $y = x + 4$에 수직이고, 점 $(1, 1)$을 지나는 직선의 방정식은?

① $y = -x + 4$ ② $y = x$

③ $y = -x + 2$ ④ $y = x - 1$

11 좌표평면 위의 두 점 $(0, 2)$와 $(1, 0)$을 지나는 직선의 방정식은?

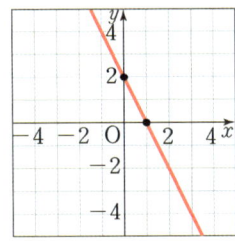

① $y = -2x + 2$ ② $y = 2x + 2$

③ $y = -x + 2$ ④ $y = -x + 1$

10 좌표평면 위의 두 점 $(0, 4)$와 $(2, 0)$을 지나는 직선의 방정식은?

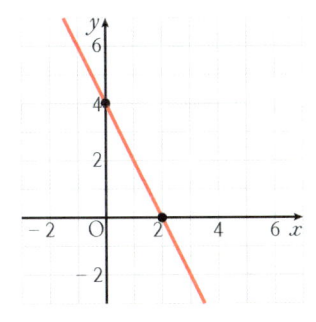

① $y = 2x + 1$ ② $y = -2x + 4$

③ $y = 2x + 2$ ④ $y = -x + 4$

12 좌표평면 위의 두 점 $A(0, 1)$, $B(2, -3)$을 지나는 직선의 방정식은?

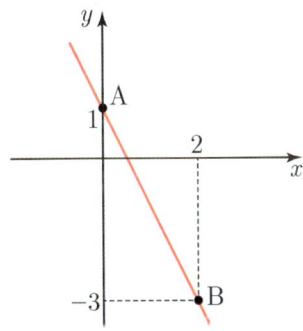

① $y = -3x + 1$ ② $y = 2x + 1$

③ $y = -x + 1$ ④ $y = -2x + 1$

13 기울기가 3이고 점 $(-1, 2)$를 지나는 직선의 방정식은?

① $y = 2x + 3$ ② $y = 2x + 5$

③ $y = 3x + 3$ ④ $y = 3x + 5$

15 좌표평면 위의 두 점 $(3, 0)$, $(0, 6)$을 지나는 직선의 방정식은?

① $y = -2x$ ② $y = -2x + 3$

③ $y = -2x + 6$ ④ $y = 2x + 6$

14 좌표평면 위의 두 점 $(1, 5)$, $(3, 1)$을 지나는 직선의 방정식은?

① $y = -2x + 7$ ② $y = -2x - 1$

③ $y = 2x + 1$ ④ $y = 2x + 3$

16 좌표평면 위의 두 점 $A(1, 1)$, $B(1, -2)$를 지나는 직선의 방정식은?

① $x = 1$ ② $y = 3$

③ $y = 5$ ④ $y = x + 2$

03 원의 방정식

• 원의 방정식의 표준형에 대해 이해하고, 여러 가지 조건이 주어진 원의 방정식을 구할 수 있다.

1 원의 방정식

1. 원의 방정식

(1) 원

평면에서 한 점(중심)으로부터 거리가 항상 일정한(반지름) 도형

(2) 원의 방정식 표준형 출제포인트★★★

① 중심의 좌표가 (a, b)이고 반지름의
    길이가 r인 원의 방정식은
    → $(x-a)^2 + (y-b)^2 = r^2$

② 중심이 원점이고 반지름의 길이가
    r인 원의 방정식은
    → $x^2 + y^2 = r^2$

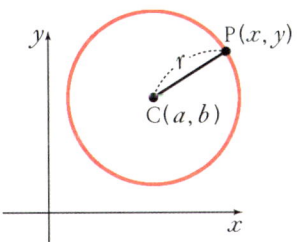

그림으로 핵심만 쏙 쏙!

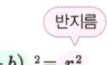

중심과 반지름을 알면 원의 방정식을 구할 수 있어요!

📖 Click 🖱️   원의 방정식의 표준형

중심이 점 $(1, 2)$이고 반지름의 길이가 3인 원의 방정식은

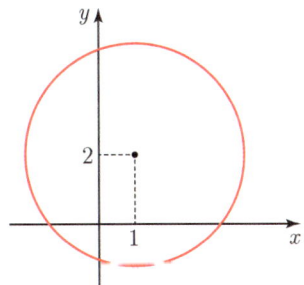

$(x-1)^2 + (y-2)^2 = 9$이다.

또한 중심이 원점이고, 반지름의 길이가 2인 원의 방정식은 $x^2 + y^2 = 4$이다.

✏️ 확인 01

중심이 원점이고, 반지름의 길이가 7인 원의 방정식을 구하시오.

 정답 $x^2 + y^2 = 49$

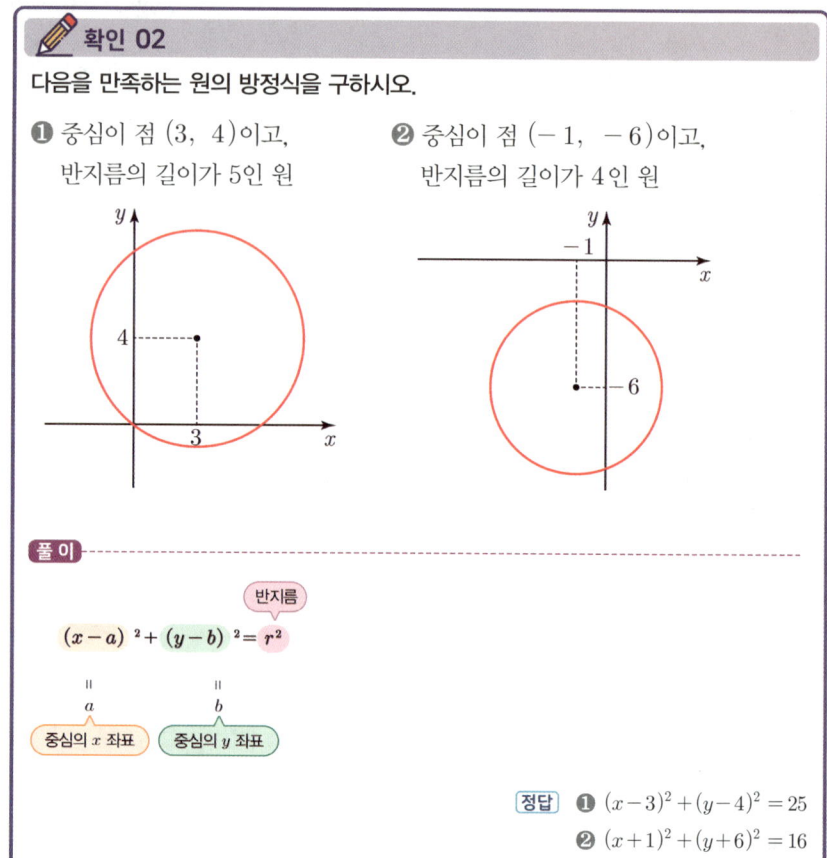

✏️ **확인 02**

다음을 만족하는 원의 방정식을 구하시오.

❶ 중심이 점 $(3, 4)$이고,
  반지름의 길이가 5인 원

❷ 중심이 점 $(-1, -6)$이고,
  반지름의 길이가 4인 원

풀이

반지름

$$(x-a)^2 + (y-b)^2 = r^2$$

$$\|$$
$$a$$
중심의 x 좌표

$$\|$$
$$b$$
중심의 y 좌표

정답 ❶ $(x-3)^2 + (y-4)^2 = 25$
❷ $(x+1)^2 + (y+6)^2 = 16$

2. 원의 방정식 구하기

(1) 중심의 좌표와 지나는 점이 주어질 때 출제★★★포인트

중심의 좌표를 이용하여 **표준형**을 만든 다음, 지나는 점을 **대입**하여 반지름을 구한다.

🖍 **Click** ✎

원의 방정식 구하기 I

중심의 좌표가 $(3, 4)$이고 원점을 지나는 원의 방정식을 구해보자.

① 중심의 좌표를 이용하여 표준형 만들기

$$(x-3)^2 + (y-4)^2 = r^2$$

② 지나는 점을 ①의 식에 대입하여 r^2 구하기

원점 $(0, 0)$을 ①의 식에 대입하면

$$(0-3)^2 + (0-4)^2 = r^2 \rightarrow r^2 = 25$$

③ r^2을 ①의 식에 대입하여 정리하기

$$(x-3)^2 + (y-4)^2 = 25$$

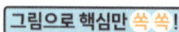

그림으로 핵심만 쏙 쏙!

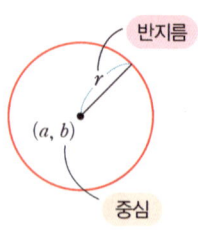

반지름

(a, b)

중심

$\Rightarrow (x-a)^2 + (y-b)^2 = r^2$

✏️ 확인 03

그림과 같이 중심이 $(3, 2)$이고 원점을 지나는 원의 방정식은?

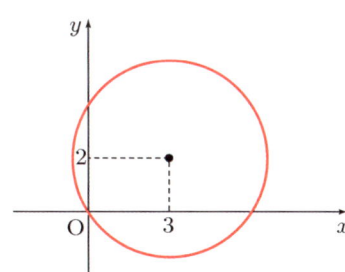

① $(x-3)^2 + (y-2)^2 = 4$ ② $(x-2)^2 + (y-3)^2 = 9$

③ $(x-3)^2 + (y-2)^2 = 13$ ④ $(x-2)^2 + (y-3)^2 = 25$

풀이

중심이 $(3, 2)$이고, 반지름이 r인 원의 방정식은

$(x-3)^2 + (y-2)^2 = r^2$

원점을 지나므로 $(0, 0)$을 식에 대입하면, $9 + 4 = 13 = r^2$

$(x-3)^2 + (y-2)^2 = 13$

정답 ③

(2) 지름의 양 끝이 주어질 때 출제포인트 ★★★

두 점의 중점이 원의 중심, 두 점 사이의 거리가 원의 지름임을 이용하여 식을 구한다.

지름의 양 끝 점 A, B가 주어질 때

① **원의 중심** $= \overline{AB}$의 중점

② **반지름의 길이** $= \dfrac{1}{2}\overline{AB}$

그림으로 핵심만 쏙 쏙!

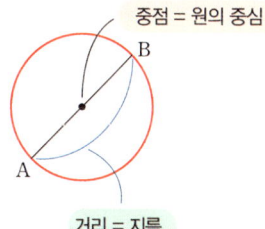

중점 = 원의 중심

거리 = 지름

✏️Click 원의 방정식 구하기 II

📝 예 그림과 같이 $(0, 0)$과 $(4, 0)$을 지름의 양 끝으로 하는 원의 방정식을 구해보자.

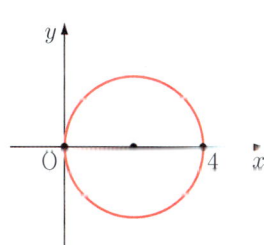

① $(0, 0)$과 $(4, 0)$의 중점이 원의 중심

   ➡ $(2, 0)$

② $(0, 0)$과 $(4, 0)$의 거리가 원의 지름 ➡ 4

③ 따라서, 원의 중심이 $(2, 0)$, 반지름이 2인 원의 방정식을 표준형을 이용하여 구하면

   ➡ $(x-2)^2 + y^2 = 4$

✏️ 확인 04

그림과 같이 A $(0, 2)$, B $(2, 0)$을 지름의 양 끝으로 하고, 원점을 지나는 원의
방정식은?

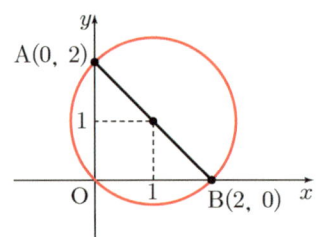

① $(x-1)^2 + (y-1)^2 = 2$ ② $(x+1)^2 + (y+1)^2 = 2$

③ $(x-1)^2 + (y-1)^2 = 4$ ④ $(x+1)^2 + (y+1)^2 = 4$

풀이

A, B가 지름의 양 끝점이므로 중심이 $\overline{AB}$의 중점이 된다.

따라서 중심 $= \left(\dfrac{2+0}{2}, \dfrac{0+2}{2} \right) = (1, 1)$이다.

또한 $\overline{AB}$의 길이가 지름이므로,

$\overline{AB} = \sqrt{2^2 + 2^2} = \sqrt{8} = 2\sqrt{2}$ 가 되어 원의 반지름은 $\sqrt{2}$ 이다.

중심이 $(1, 1)$이고, 반지름이 $\sqrt{2}$인 원의 방정식은

$(x-1)^2 + (y-1)^2 = 2$이다.

정답 ①

그림으로 핵심만 쏙쏙!

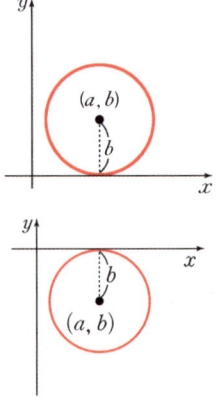

← 반지름 $=$ |중심의 y좌표|

그림으로 핵심만 쏙쏙!

← 반지름 $=$ |중심의 x좌표|

---

2 축에 접하는 원

1. 축에 접하는 원의 방정식 출제포인트 ★★★

(1) x축에 접하는 원의 방정식 : 반지름의 길이 $=$ |중심의 y좌표|

➡ $(x-a)^2 + (y-b)^2 = b^2$

(2) y축에 접하는 원의 방정식 : 반지름의 길이 $=$ |중심의 x좌표|

➡ $(x-a)^2 + (y-b)^2 = a^2$

(3) x, y축에 동시에 접하는 원의 방정식

반지름의 길이 $=$ |중심의 x좌표| $=$ |중심의 y좌표|

ⅰ) 제1사분면에 있을 때 : $(x-r)^2+(y-r)^2=r^2$

ⅱ) 제2사분면에 있을 때 : $(x+r)^2+(y-r)^2=r^2$

ⅲ) 제3사분면에 있을 때 : $(x+r)^2+(y+r)^2=r^2$

ⅳ) 제4사분면에 있을 때 : $(x-r)^2+(y+r)^2=r^2$

그림으로 핵심만 쏙쏙!

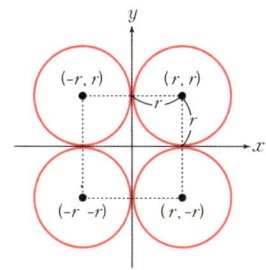

← 반지름 $=$ |중심의 x좌표|
　　　　 $=$ |중심의 y좌표|

직접 그림을 그려보면 이해가
훨씬 쉬워요!

Click　　　　　　　　　　　축에 접하는 원의 방정식

중심의 좌표와 그림을 이용하여, 원의 방정식을 구해보자.

중심이 $(2, 1)$이고, x축에 접하는 원의 방정식을 그림을 그려 조건을 확인하고, 식을 구하여 보자.

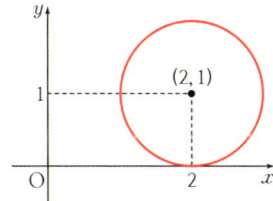

① 중심의 좌표는 $(2, 1)$

② 반지름의 길이는 중심으로부터 x축까지의 거리이므로 ➡ 1

　　따라서 원의 방정식은 ➡ $(x-2)^2+(y-1)^2=1$

확인 05

중심의 좌표가 $(-2, 1)$이고 y축에 접하는 원의 방정식은?

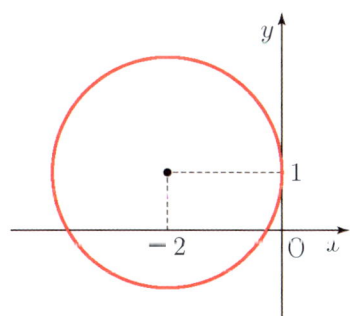

정답 $(x+2)^2+(y-1)^2=4$

반지름의 길이가 3이고, x, y축에 동시에 접하는 원의 방정식의 중심의 좌표가 제1사분면에 있을 때, 원의 방정식을 구하시오.

풀이

x, y축에 동시에 접하고, 제1사분면 위에 있는 원의 식은 $(x-r)^2+(y-r)^2=r^2$이다.
반지름의 길이가 3이므로 $(x-3)^2+(y-3)^2=9$

정답 $(x-3)^2+(y-3)^2=9$

3 원과 직선의 위치관계

1. 원과 직선의 위치관계

원과 직선은 "두 점에서 만나거나", "접하거나(한 점에서 만나는 경우)", "만나지 않는" 세 가지의 위치관계가 있다.

2. 원과 직선의 위치관계 알아보기

원과 직선의 위치관계를 파악하는 방법은 두 가지가 있다.
(1) 원의 중심에서 직선까지의 거리와 반지름의 길이 비교
(2) 판별식 이용

원의 중심과 직선 사이의 거리를 d, 원의 반지름을 r, 직선의 방정식과 원의 방정식을 연립하여 얻은 이차방정식의 판별식을 D라 할 때,

그림으로 핵심만 쏙쏙!

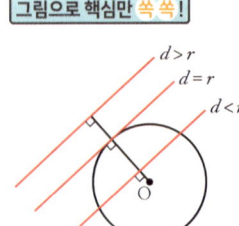

두 점에서 만난다.	접한다.	만나지 않는다.
$d < r$	$d = r$	$d > r$
서로 다른 두 실근	중근	서로 다른 두 허근
$D > 0$	$D = 0$	$D < 0$

✍️Click ✎ 　　　　　　　　　　　　　　원과 직선의 위치관계

앞의 방법을 이용하여 원 $x^2+y^2=1$과 직선 $y=x+1$의 위치 관계를 알아보자.

방법 1 원의 중심이 $(0,0)$과 직선 $y=x+1$의 거리를 d라 하고,

반지름 $r=1$이라 하면, $d=\dfrac{|\,0+0+1\,|}{\sqrt{1^2+1^2}}=\dfrac{1}{\sqrt{2}}$

따라서 $d<r$이므로 주어진 원과 직선은 서로 다른 두 점에서 만난다.

방법 2 $y=x+1$을 $x^2+y^2=1$에 대입하면

$x^2+(x+1)^2=1$, $2x^2+2x=0$ …… ㉠

이차방정식 ㉠의 판별식을 D라고 하면

$D=2^2-4\times2\times(0)=4>0$

따라서 주어진 원과 직선은 서로 다른 두 점에서 만난다.

❯ 판별식을 이용하는 방법은 기억하기 쉽지만, 계산이 복잡할 수 있어요!

PART 03

01 원 $(x-3)^2 + (y+2)^2 = 1$의 중심의 좌표는?

① $(3, 2)$ 　　　② $(3, -2)$

③ $(-3, 2)$ 　　④ $(-3, -2)$

03 중심이 $(-1, 2)$이고, 반지름의 길이가 5인 원의 방정식은?

① $(x+1)^2 + (y-2)^2 = 16$

② $(x+1)^2 + (y+2)^2 = 16$

③ $(x+1)^2 + (y-2)^2 = 25$

④ $(x+1)^2 + (y+2)^2 = 25$

02 원 $(x+2)^2 + (y+1)^2 = 4$의 반지름의 길이는?

① 1　　　　② 2

③ 3　　　　④ 4

04 중심이 $(2, -3)$이고, 반지름의 길이가 3인 원의 방정식은?

① $(x-2)^2 + (y+3)^2 = 5$

② $(x+2)^2 + (y-3)^2 = 5$

③ $(x-2)^2 + (y+3)^2 = 9$

④ $(x+2)^2 + (y+3)^2 = 9$

05 그림과 같이 지름의 양 끝점이 A $(0, 4)$, B $(4, 0)$인 원의 방정식은?

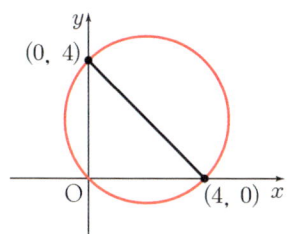

① $(x-2)^2 + (y-2)^2 = 8$

② $(x+2)^2 + (y+2)^2 = 8$

③ $(x-2)^2 + (y+2)^2 = 8$

④ $(x+2)^2 + (y-2)^2 = 8$

06 지름의 양 끝점이 A $(-3, 0)$, B $(1, 0)$인 원의 방정식은?

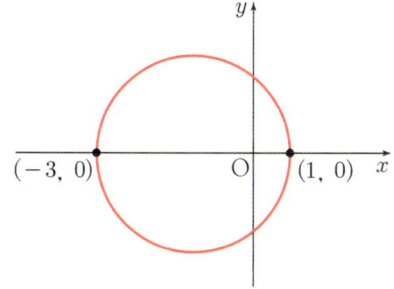

① $(x-1)^2 + y^2 = 2$

② $(x-1)^2 + y^2 = 4$

③ $(x+1)^2 + y^2 = 2$

④ $(x+1)^2 + y^2 = 4$

07 그림과 같이 중심이 C $(2, -1)$이고, 원점을 지나는 원의 방정식은?

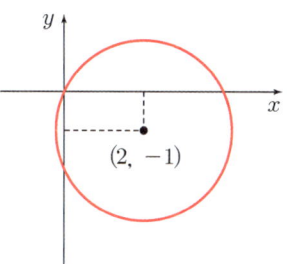

① $(x-2)^2 + (y-1)^2 = \sqrt{5}$

② $(x-2)^2 + (y-1)^2 = 5$

③ $(x-2)^2 + (y+1)^2 = \sqrt{5}$

④ $(x-2)^2 + (y+1)^2 = 5$

08 중심이 $(3, 2)$이고, 원점을 지나는 원의 방정식은?

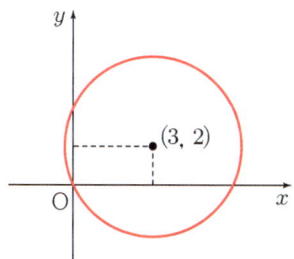

① $(x-3)^2 + (y-2)^2 = 4$

② $(x-2)^2 + (y-3)^2 = 9$

③ $(x-3)^2 + (y-2)^2 = 13$

④ $(x-2)^2 + (y-3)^2 = 13$

09 중심이 $(1, -3)$이고, y축에 접하는 원의 방정식은?

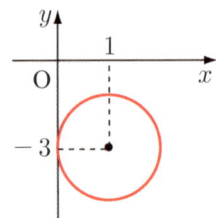

① $(x-1)^2 + (y-3)^2 = 1$

② $(x-1)^2 + (y+3)^2 = 1$

③ $(x+3)^2 + (y-1)^2 = 1$

④ $(x+1)^2 + (y+3)^2 = 1$

11 그림과 같이 중심이 $(2, 2)$이고, x축과 y축에 동시에 접하는 원의 방정식은?

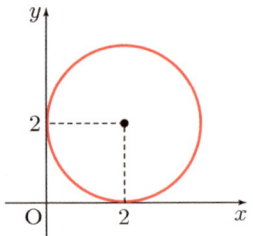

① $(x-2)^2 + (y-2)^2 = 2$

② $(x-2)^2 + (y+2)^2 = 2$

③ $(x-2)^2 + (y+2)^2 = 4$

④ $(x-2)^2 + (y-2)^2 = 4$

10 그림과 같이 중심이 $(2, 1)$이고, x축에 접하는 원의 방정식은?

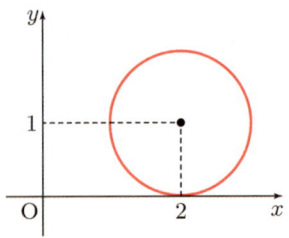

① $(x-2)^2 + (y-1)^2 = 1$

② $(x-2)^2 + (y-1)^2 = 4$

③ $(x-1)^2 + (y-2)^2 = 1$

④ $(x-1)^2 + (y-2)^2 = 4$

12 그림과 같이 중심이 $(6, 2)$이고 x축에 접하는 원의 방정식은?

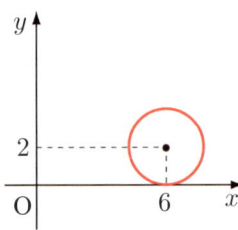

① $x^2 + y^2 + 12x + 4y + 36 = 0$

② $x^2 + y^2 - 12x + 4y + 36 = 0$

③ $x^2 + y^2 + 12x - 4y + 36 = 0$

④ $x^2 + y^2 - 12x - 4y + 36 = 0$

13 원 $x^2 + 2x + y^2 - 3 = 0$의 반지름의 길이는?

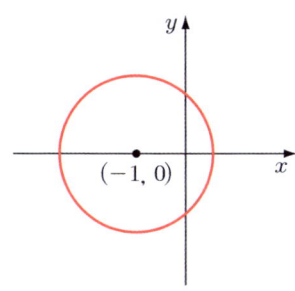

① 1 ② 2

③ 3 ④ 4

14 원 $x^2 + y^2 = 9$와 $y = x$의 위치관계는?

① 한 점에서 만난다.

② 서로 다른 두 점에서 만난다.

③ 만나지 않는다.

④ 서로 다른 세 점에서 만난다.

04 평행이동과 대칭이동

● 점과 도형의 평행이동과 대칭이동에 대해 학습한다.

1 평행이동

1. 평행이동

좌표평면 위의 임의의 점을 좌표축에 나란하게 이동시키는 것을 <mark>평행이동</mark>이라 한다.

2. 점의 평행이동 출제포인트 ★★★

점 $P(x, y)$를 평행이동한 점을
$P'(x', y')$이라고 하면
$x' = x + a,\ y' = y + b$이다.
따라서 점 P'의 좌표는 $(x+a,\ y+b)$
이다.

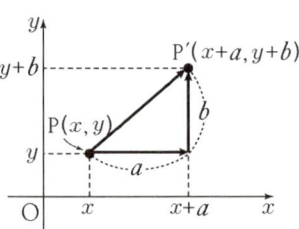

▶ x축의 방향 – 가로방향,
y축의 방향 – 세로방향을 말
한다.

(x, y)

$$\xrightarrow[\text{그대로 더한다}]{\text{그대로 더한다}}$$

$$(x+a, y+b)$$

$$(x, y) \xrightarrow[y\text{축의 방향으로 } b\text{만큼}]{x\text{축의 방향으로 } a\text{만큼}} (x+a, y+b)$$

 Click 　　　　　　　　　　　　　　　　　　점의 평행이동

점 $(1, 2)$를 $\xrightarrow[y\text{축의 방향으로 } 3\text{만큼}]{x\text{축의 방향으로 } 2\text{만큼}}$ 평행이동한 점의 좌표는

$$(1+2, 2+3) = (3, 5)$$

 확인 01

좌표평면 위의 점 $(2, 3)$을 x축의 방향으로 3만큼, y축의 방향으로 -1만큼 평행
이동한 점의 좌표를 구하시오.

정답 $(5, 2)$

확인 02

좌표평면 위의 점 $(-1, 4)$를 x축의 방향으로 3만큼, y축의 방향으로 -3만큼
평행이동한 점의 좌표를 구하시오.

정답 $(2, 1)$

3. 도형의 평행이동

좌표평면 위에서 방정식 $f(x, y) = 0$이 나타내는 도형을 x축의 양의 방향으로 a만큼, y축의 양의 방향으로 b만큼 평행이동한 도형의 방정식은 $f(x-a, y-b) = 0$이다.

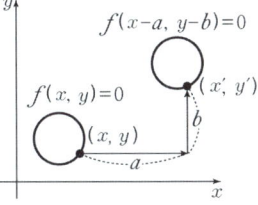

> 도형의 방정식은 $f(x, y) = 0$으로 나타내고, 도형을 평행이동하면 모양과 크기는 그대로이며, 위치만 이동해요.

$$f(x, y) = 0 \xrightarrow[\;y\text{축의 방향으로 }b\text{만큼}\;]{\;x\text{축의 방향으로 }a\text{만큼}\;} f(x-a, y-b) = 0$$

$$f(x, y) = 0 \xrightarrow[\;y \text{ 대신 } y-b \text{를 대입}\;]{\;x \text{ 대신 } x-a \text{를 대입}\;}$$
$$f(x-a, y-b) = 0$$

Click 🔍 　　　　　　　　　　　　　　　　　　**도형의 평행이동**

$y = x+1$을 $\xrightarrow[\;y\text{축의 방향으로 }3\text{만큼}\;]{\;x\text{축의 방향으로 }2\text{만큼}\;}$ 평행이동한 식은 처음의 식에서 x 대신에 $x-2$를 대입, y 대신에 $y-3$을 대입하여 구한다.
$y-3 = (x-2)+1$ ➡ $y = x+2$　　∴ $y = x+2$

---

2 대칭이동

1. 대칭이동

도형을 주어진 점 또는 직선에 대하여 대칭적으로 이동하는 것을 <mark>대칭이동</mark>이라 한다.

2. 점의 대칭이동 출제포인트 ★★★

점 $P(x, y)$를 x축, y축, 원점, $y = x$에 대하여 각각 대칭이동한 점을 P_1, P_2, P_3, P_4라 하면 각 점은 다음과 같다.

대칭	공식	특징
x축 대칭	$P(x, y) \to P_1(x, -y)$	y만 바뀜
y축 대칭	$P(x, y) \to P_2(-x, y)$	x만 바뀜
원점 대칭	$P(x, y) \to P_3(-x, -y)$	둘 다 바뀜
$y = x$ 대칭	$P(x, y) \to P_4(y, x)$	두 좌표를 서로 바꿈

> x축 대칭 : x축을 기준으로 접어서 포개어지는 위치로 이동

(1) x축 대칭 → $\mathrm{P}_1(x, -y)$

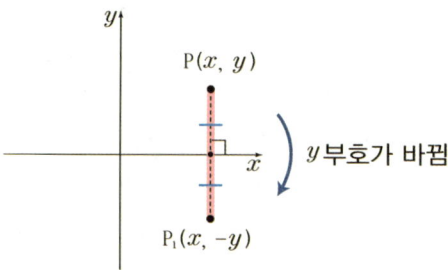

y부호가 바뀜

(2) y축 대칭 → $\mathrm{P}_2(-x, y)$

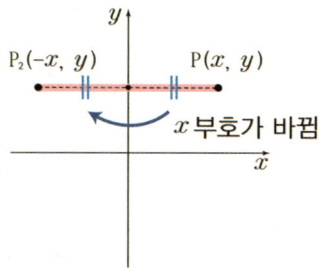

x부호가 바뀜

(3) 원점 대칭 → $\mathrm{P}_3(-x, -y)$

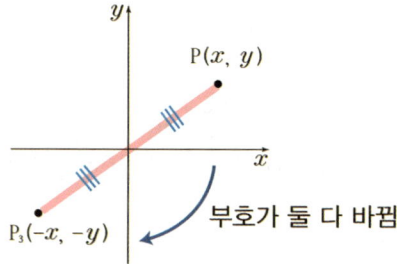

부호가 둘 다 바뀜

(4) $y = x$ 대칭 → $\mathrm{P}_4(y, x)$

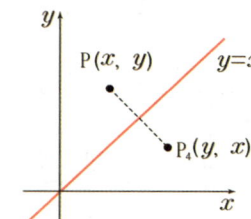

x, y의 좌표가 서로 바뀜

확인 03

다음은 좌표평면 위에 P$(2, 3)$과 x축, y축, 원점, $y = x$에 대하여 대칭인 점을 나타낸 것이다. 각 보기에 해당되는 대칭인 점을 찾아 기호를 쓰고, 좌표로 나타내시오.

❶ x축 대칭

❷ y축 대칭

❸ 원점 대칭

❹ $y = x$ 대칭

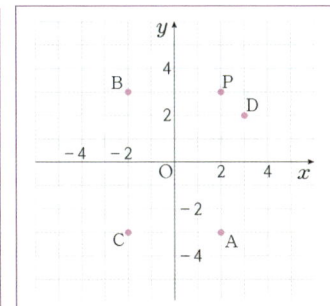

정답 ❶ A$(2, -3)$ ❷ B$(-2, 3)$ ❸ C$(-2, -3)$ ❹ D$(3, 2)$

3. 도형의 대칭이동 출제포인트 ★★★

좌표평면 위에서 방정식 $f(x, y) = 0$을 x축, y축, 원점, $y = x$에 대하여 각각 대칭이동한 도형의 방정식은 다음과 같다.

> ◐ 도형의 대칭이동은 점의 대칭 이동과 똑같아요!

대칭	공식	특징
x축 대칭	$f(x, y) = 0$ ➡ $f(x, -y) = 0$	y 대신 $-y$
y축 대칭	$f(x, y) = 0$ ➡ $f(-x, y) = 0$	x 대신 $-x$
원점 대칭	$f(x, y) = 0$ ➡ $f(-x, -y) = 0$	x 대신 $-x$, y 대신 $-y$
$y = x$ 대칭	$f(x, y) = 0$ ➡ $f(y, x) = 0$	x 대신 y, y 대신 x

Click 🖱   도형의 대칭이동

원의 방정식 $(x+1)^2 + (y-2)^2 = 4$를 y축에 대하여 대칭이동해 보자.
$(x+1)^2 + (y-2)^2 = 4$를 y축에 대하여 대칭이동한 식은 처음 식의 x 대신에 $-x$를 대입하면 되므로,
$(-x+1)^2 + (y-2)^2 = 4$ ➡ $(x-1)^2 + (y-2)^2 = 4$이다.

$y = x + 2$를 y축에 대하여 대칭이동하시오.

정답 $y = -x + 2$

$(x-1)^2 + (y-3)^2 = 1$을 x축에 대하여 대칭이동하시오.

정답 $(x-1)^2 + (y+3)^2 = 1$

04 실력 체크 문제

정답 및 해설 별책 30p

01 좌표평면 위의 점 A$(-2, 0)$을 x축의 방향으로 3만큼, y축의 방향으로 3만큼 평행이동한 점 B의 좌표는?

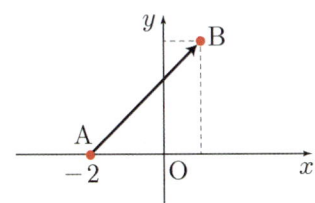

① $(1, 2)$ ② $(1, 3)$

③ $(2, 2)$ ④ $(2, 3)$

02 좌표평면 위의 점 A$(-1, 3)$을 x축의 방향으로 5만큼, y축의 방향으로 -2만큼 평행이동한 점 B의 좌표는?

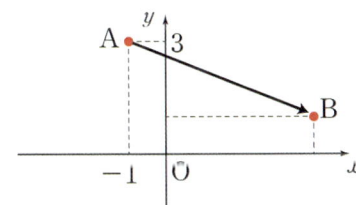

① $(1, 2)$ ② $(1, 5)$

③ $(4, 1)$ ④ $(4, 2)$

03 좌표평면 위의 점 A$(-1, 3)$을 x축의 방향으로 3만큼, y축의 방향으로 4만큼 평행이동한 점 B의 좌표는?

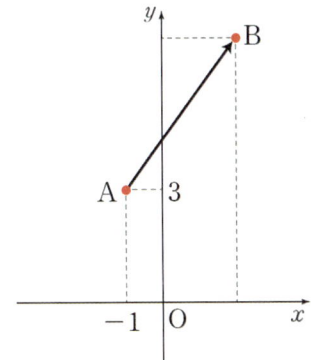

① $(1, 4)$ ② $(1, 5)$

③ $(2, 7)$ ④ $(2, 6)$

04 좌표평면 위의 점 $(2, 3)$을 원점에 대하여 대칭이동한 점의 좌표는?

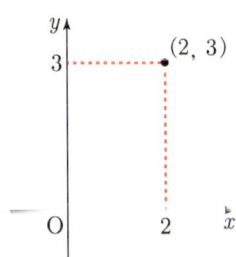

① $(-2, 3)$ ② $(-3, -2)$

③ $(-2, -3)$ ④ $(3, 2)$

05 좌표평면 위의 점 $(4, -2)$를 y축에 대하여 대칭이동한 점의 좌표는?

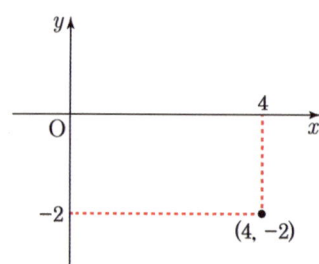

① $(-4, -2)$ ② $(-4, 2)$

③ $(2, 4)$ ④ $(4, 2)$

06 좌표평면 위의 점 $(-3, 5)$를 직선 $y = x$에 대하여 대칭이동한 점의 좌표는?

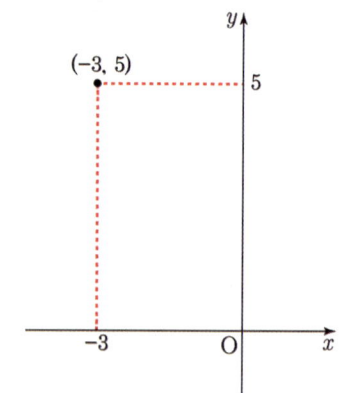

① $(-3, -5)$ ② $(-3, 5)$

③ $(3, -5)$ ④ $(5, -3)$

07 좌표평면 위의 점 $(-2, 5)$를 x축에 대하여 대칭이동한 점의 좌표는?

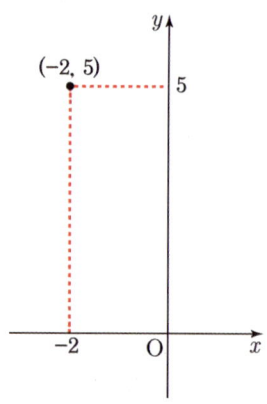

① $(-5, 2)$ ② $(-2, -5)$

③ $(2, -5)$ ④ $(5, -2)$

08 그림과 같이 좌표평면 위의 점 $A(1, 3)$에 대하여, 점 A를 x축에 대하여 대칭이동한 점을 B라 하고 y축에 대하여 대칭이동한 점을 C라 할 때, 삼각형 ABC의 넓이는?

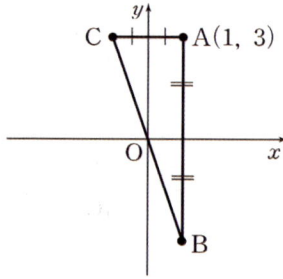

① 1 ② 2

③ 4 ④ 6

09 그림과 같이 좌표평면 위의 점 A(3, −4)에 대하여, 점 A를 x축에 대하여 대칭이동한 점을 B라 하고 y축에 대하여 대칭이동한 점을 C라 할 때, $\overline{BC}$의 길이는?

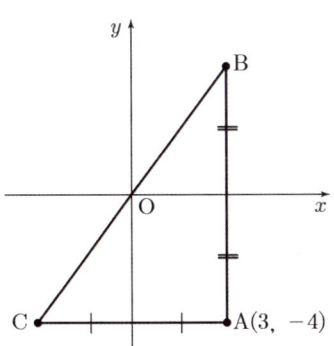

① 4　　　　　② 5

③ 8　　　　　④ 10

11 직선 $y = 3x - 3$을 y축에 대하여 대칭이동한 직선을 l이라 할 때, 직선 l의 방정식은?

① $y = -3x + 3$

② $y = -3x - 3$

③ $y = 3x + 3$

④ $y = \dfrac{1}{3}x - 3$

10 직선 $y = 2x - 2$를 x축에 대하여 대칭이동한 직선을 l이라 할 때, 직선 l의 방정식은?

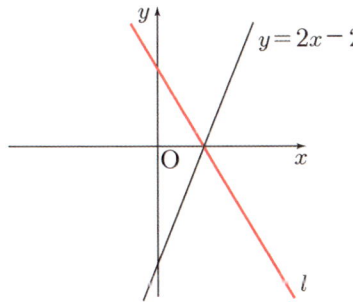

① $y = -2x + 4$　　② $y = -\dfrac{1}{2}x - 4$

③ $y = 2x - 2$　　④ $y = -2x + 2$

12 원 $(x+3)^2 + (y+2)^2 = 4$를 y축에 대하여 대칭이동한 원의 방정식은?

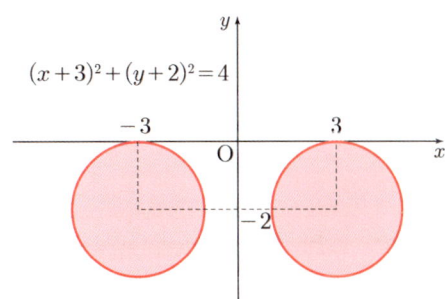

① $(x-3)^2 + (y-2)^2 = 4$

② $(x-3)^2 + (y+2)^2 = 4$

③ $(x+3)^2 + (y-2)^2 = 4$

④ $(x+3)^2 + (y+2)^2 = 4$

01 평면좌표

1 두 점 $A(x_1, y_1)$, $B(x_2, y_2)$ 사이의 거리

$$\overline{AB} = \sqrt{(x_2 - x_1)^2 + (y_2 - y_1)^2}$$

2 중점

점 $A(x_1)$, $B(x_2)$의 중점의 좌표는 $\dfrac{x_1 + x_2}{2}$

3 내분점과 외분점

수직선 위의 두 점 $A(x_1)$, $B(x_2)$에 대하여
선분 AB를 $m : n \, (m > 0, \ n > 0)$
$(m \neq n)$으로

내분하는 점 $x = \dfrac{mx_2 + nx_1}{m + n}$,

외분하는 점 $x = \dfrac{mx_2 - nx_1}{m - n}$

02 직선의 방정식

1 두 점이 주어졌을 때, 기울기 구하기

좌표평면 위의 두 점 $A(x_1, y_1)$,
$B(x_2, y_2)$를 지나는 직선의 기울기

$= \dfrac{(y값의 \ \ 증가량)}{(x값의 \ \ 증가량)} = \dfrac{y_2 - y_1}{x_2 - x_1}$

2 직선 구하기

① $A(x_1, y_1)$, $B(x_2, y_2)$를 지나는 직선 :

$$y - y_1 = \dfrac{y_2 - y_1}{x_2 - x_1}(x - x_1)$$

② x절편이 a, y절편이 b인 직선 :

$$\dfrac{x}{a} + \dfrac{y}{b} = 1$$

③ 기울기가 a이고 y절편이 b인 직선 :

$$y = ax + b$$

3 축에 평행한 직선의 방정식

① x축에 평행한 직선 : $y = n$

② y축에 평행한 직선 : $x = m$

4 직선의 위치관계

두 직선 $y = mx + n$, $y = m'x + n'$에
대하여

① 평행 : $m = m'$, $n \neq n'$

② 수직 : $m \times m' = -1$이다.

03 원의 방정식

1 원의 방정식

① 중심의 좌표가 (a, b)이고 반지름의 길이
가 r인 원의 방정식은

→ $(x - a)^2 + (y - b)^2 = r^2$

② 중심이 원점이고 반지름의 길이가 r인 원
의 방정식은 → $x^2 + y^2 = r^2$

2 지름의 양 끝이 주어진 원의 방정식 구하기

두 점의 중점이 원의 중심, 두 점 사이의 거
리가 원의 지름임을 이용하여 식을 구한다.
지름의 양 끝 점 A, B가 주어질 때

① 원의 중심 $= \overline{AB}$의 중점

② 반지름의 길이 $= \dfrac{1}{2}\overline{AB}$

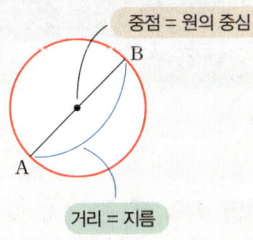

중점 = 원의 중심

B

A

거리 = 지름

3 축에 접하는 원의 방정식

① x축에 접하는 원의 방정식

➜ $(x-a)^2 + (y-b)^2 = b^2$

② y축에 접하는 원의 방정식

➜ $(x-a)^2 + (y-b)^2 = a^2$

04 평행이동과 대칭이동

1 평행이동

x축의 방향으로 a만큼, y축의 방향으로 b만큼 평행이동

① 점 : $P(x,\ y)$ ➜ $P'(x+a,\ y+b)$이다.

② 도형 : $f(x,y) = 0$

➜ $f(x-a,\ y-b) = 0$

2 점의 대칭이동

점 $P(x,\ y)$를 x축, y축, 원점, $y=x$에 대하여 대칭이동

① x축 대칭 ➜ $P(x,y) \rightarrow P_1(x,\ -y)$

② y축 대칭 ➜ $P(x,y) \rightarrow P_2(-x,\ y)$

③ 원점대칭 ➜ $P(x,\ y) \rightarrow P_3(-x,\ -y)$

④ $y=x$대칭 ➜ $P(x,y) \rightarrow P_4(y,\ x)$

3 도형의 대칭이동

도형 $f(x,y) = 0$을 x축, y축, 원점, $y=x$에 대하여 대칭이동

① x축 대칭

➜ $f(x,\ y) = 0 \ \rightarrow f(x,\ -y) = 0$

② y축 대칭

➜ $f(x,\ y) = 0 \ \rightarrow f(-x,\ y) = 0$

③ 원점 대칭

➜ $f(x,\ y) = 0 \ \rightarrow f(-x,\ -y) = 0$

④ $y=x$ 대칭

➜ $f(x,\ y) = 0 \ \rightarrow f(y,\ x) = 0$

기출문제 체크

정답 및 해설 별책 32p

01 좌표평면 위의 두 점 $A(-2, 1)$, $B(2, 4)$ 사이의 거리는?

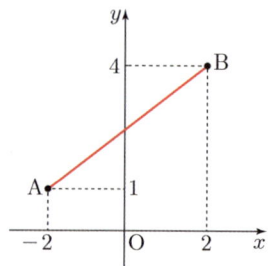

① 3
② 4
③ 5
④ 6

03 좌표평면 위의 두 점 $A(-5, 7)$, $B(1, 1)$에 대하여 선분 AB의 중점의 좌표는?

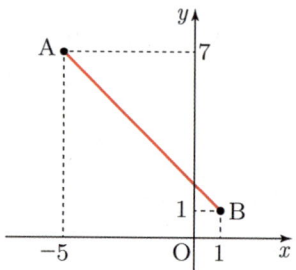

① $(-3, 5)$
② $(-2, 4)$
③ $(-1, 3)$
④ $(0, 2)$

02 좌표평면 위의 두 점 $A(-1, 1)$, $B(2, 3)$ 사이의 거리는?

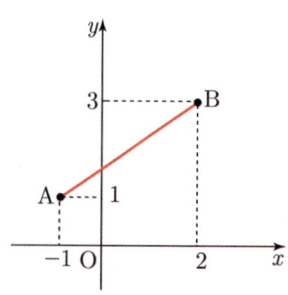

① $\sqrt{11}$
② $2\sqrt{3}$
③ $\sqrt{13}$
④ $\sqrt{14}$

04 직선 $y = 2x + 3$에 평행하고, 점 $(0, 6)$을 지나는 직선의 방정식은?

① $y = \dfrac{1}{2}x + 1$
② $y = \dfrac{1}{2}x + 6$
③ $y = 2x + 1$
④ $y = 2x + 6$

05 직선 $y = x + 1$에 수직이고, 점 $(0, \ 2)$를 지나는 직선의 방정식은?

① $y = -x + 1$

② $y = -x + 2$

③ $y = \dfrac{1}{2}x + 1$

④ $y = \dfrac{1}{2}x + 2$

07 좌표평면에서 두 점 $\mathrm{A}(-2, \ 0)$, $\mathrm{B}(0, \ 4)$를 지나는 직선의 방정식은?

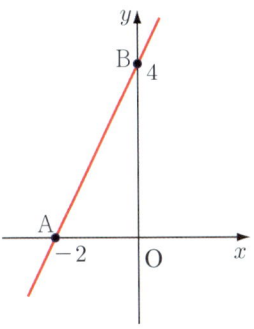

① $y = 2x + 4$

② $y = 2x - 4$

③ $y = -4x + 2$

④ $y = -4x - 2$

06 좌표평면 위의 두 점 $\mathrm{A}(2, 1)$, $\mathrm{B}(0, -3)$을 지나는 직선의 방정식은?

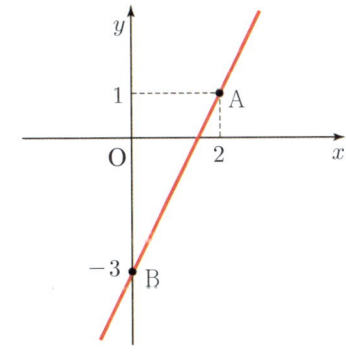

① $y = 2x - 3$

② $y = 2x + 1$

③ $y = 3x - 3$

④ $y = 3x + 1$

08 좌표평면에서 두 점 $\mathrm{A}(2, \ -1)$, $\mathrm{B}(2, 3)$을 지나는 직선의 방정식은?

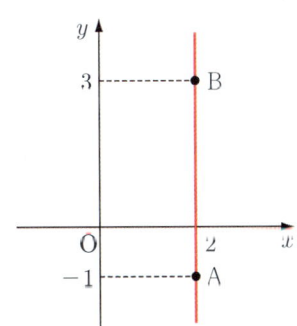

① $x = -1$

② $x = 0$

③ $x = 2$

④ $x = 3$

09 두 점 A$(-1, -1)$, B$(3, 3)$을 지름의 양 끝 점으로 하는 원의 방정식은?

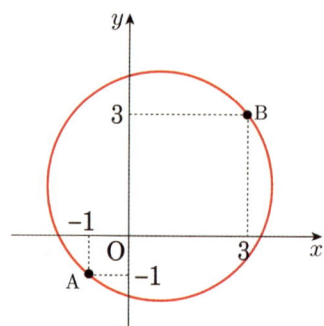

① $(x+1)^2 + (y+1)^2 = 8$
② $(x+1)^2 + (y-1)^2 = 8$
③ $(x-1)^2 + (y+1)^2 = 8$
④ $(x-1)^2 + (y-1)^2 = 8$

10 중심이 $(-2, 1)$이고 원점을 지나는 원의 방정식은?

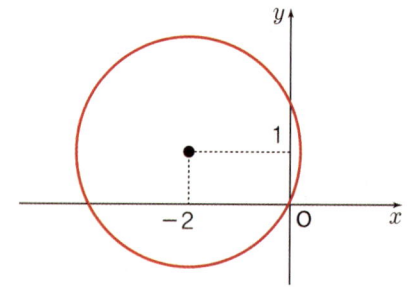

① $(x-1)^2 + (y-2)^2 = 5$
② $(x-1)^2 + (y+2)^2 = 5$
③ $(x+2)^2 + (y-1)^2 = 5$
④ $(x+2)^2 + (y+1)^2 = 5$

11 중심의 좌표가 $(3, 2)$이고, 반지름의 길이가 1인 원의 방정식은?

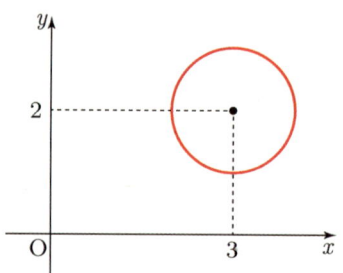

① $(x+3)^2 + (y+2)^2 = 1$
② $(x+3)^2 + (y-2)^2 = 1$
③ $(x-3)^2 + (y+2)^2 = 1$
④ $(x-3)^2 + (y-2)^2 = 1$

12 중심이 점 $(-1, 3)$이고 반지름의 길이가 2인 원의 방정식은?

① $(x-3)^2 + (y+1)^2 = 2$
② $(x+1)^2 + (y-3)^2 = 2$
③ $(x-3)^2 + (y+1)^2 = 4$
④ $(x+1)^2 + (y-3)^2 = 4$

13 중심의 좌표가 $(2,\ 1)$이고, x축에 접하는 원의 방정식은?

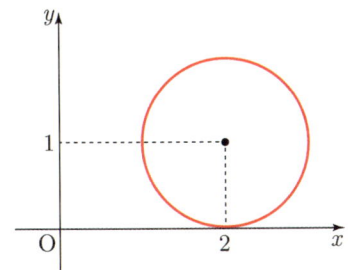

① $(x-1)^2+(y-2)^2=1$

② $(x-1)^2+(y-2)^2=4$

③ $(x-2)^2+(y-1)^2=1$

④ $(x-2)^2+(y-1)^2=4$

14 좌표평면 위의 점 $(2,\ 1)$을 x축의 방향으로 -2 만큼, y축의 방향으로 2만큼 평행이동한 점의 좌표는?

① $(0,\ 1)$ ② $(0,\ 3)$

③ $(2,\ 1)$ ④ $(2,\ 3)$

15 좌표평면 위의 점 $(2,\ 5)$를 x축에 대하여 대칭 이동한 점의 좌표는?

① $(-2,\ -5)$ ② $(-2,\ 5)$

③ $(2,\ -5)$ ④ $(5,\ 2)$

16 그림과 같이 좌표평면 위의 한 점 $A(1,\ -3)$을 x축에 대하여 대칭이동한 점을 B라 할 때, 원점 O와 점 B 사이의 거리는?

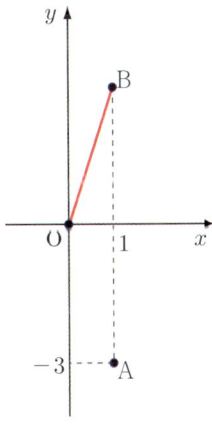

① $\sqrt{5}$ ② $\sqrt{7}$

③ $\sqrt{10}$ ④ $\sqrt{11}$

17 좌표평면 위의 점 $(3,\ 4)$를 원점에 대하여 대칭
이동한 점의 좌표는?

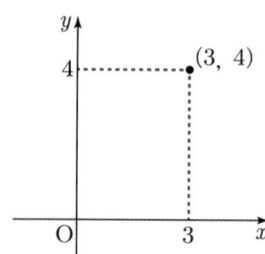

① $(-3,\ -4)$ ② $(-3,\ 4)$

③ $(3,\ -4)$ ④ $(4,\ 3)$

18 좌표평면 위의 점 $(4,5)$를 직선 $y=x$에 대하
여 대칭이동한 점의 좌표는?

① $(-4,\ -5)$ ② $(-4,\ 5)$

③ $(4,\ -5)$ ④ $(5,\ 4)$

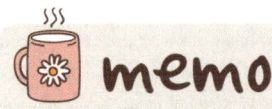

memo

EBS 교육방송교재

고졸 검정고시 수학

집합과 명제

⭐ 이 단원에서는 집합의 뜻을 알고, 구분할 수 있도록 합니다.
집합의 여러 가지 표현 방법을 알고, 나아가 여러 가지 집합의 연산
을 알 수 있도록 합니다. 또한, 명제를 구분할 수 있으며, 명제의 참,
거짓을 파악하고, 명제의 역과 대우를 구할 수 있도록 합니다.

01 집합

• 집합의 여러 가지 표현 방법을 알고, 집합의 연산을 할 수 있다.

1 집합과 원소

1. 집합 출제포인트★★★

큰 수의 모임은 그 대상이 불분명하다. 그러나 10보다 큰 수의 모임은 그 기준이 분명하다. 이와 같이 기준이 명확하여 주어진 조건에 따라 대상을 분명하게 결정할 수 있는 모임을 집합이라 한다.

2. 원소

집합을 이루는 대상 하나하나를 원소라 한다.

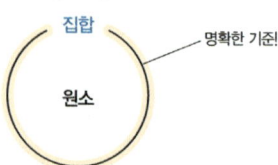

그림으로 핵심만 쏙쏙!

집합

명확한 기준!

원소

✏️ Click 📚   집합과 원소

① 3 이하의 자연수의 모임은 그 대상을 분명하게 결정할 수 있으므로 집합이며, 이 집합의 원소는 1, 2, 3이다.
② 예쁜 꽃들의 모임은 그 기준이 명확하지 않아 그 대상을 분명하게 결정할 수 없으므로 집합이 아니다.

✏️ 확인 01

다음 중 집합인 것을 고르시오.

① 키가 큰 학생의 모임
② 맛있는 음료수의 모임
③ 3의 배수의 모임
④ 재미있는 영화의 모임

풀 이 --

집합은 명확한 기준이 있어 그 대상을 분명하게 결정할 수 있는 모임이다.
①, ②, ④의 보기는 기준이 명확하지 않아 집합이라 할 수 없다.

정답 ③

3. 집합과 원소의 관계

(1) a가 집합 A의 원소일 때, a는 A에 속한다고 한다.

　→ 기호 : $a \in A$

(2) b가 집합 A의 원소가 아닐 때, b는 A에 속하지 않는다고 한다.

　→ 기호 : $b \notin A$

(3) 원소가 없는 집합(공집합)

　<mark>공집합($\varnothing$)</mark>은 원소가 하나도 없는 집합을 말한다.

　예 3 이하의 자연수의 집합을 A라 하면,

　　$1 \in A$, $2 \in A$, $3 \in A$, $4 \notin A$, $5 \notin A$ …와 같다.

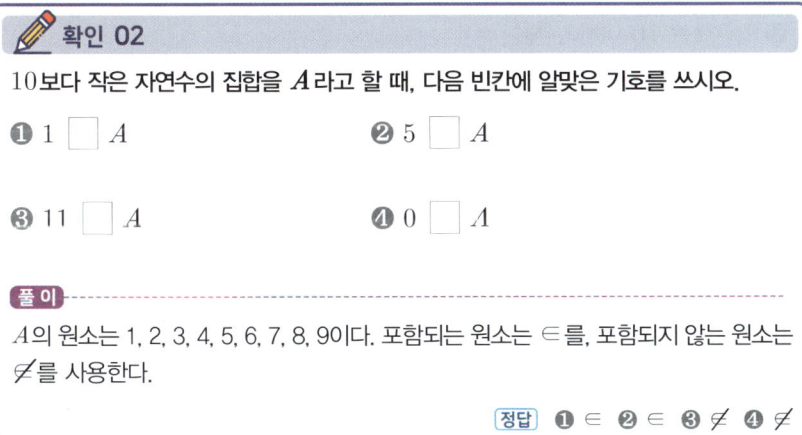

✐ 확인 02

10보다 작은 자연수의 집합을 A라고 할 때, 다음 빈칸에 알맞은 기호를 쓰시오.

❶ 1 ☐ A　　　　　❷ 5 ☐ A

❸ 11 ☐ A　　　　❹ 0 ☐ A

풀이

A의 원소는 1, 2, 3, 4, 5, 6, 7, 8, 9이다. 포함되는 원소는 $\in$를, 포함되지 않는 원소는 $\notin$를 사용한다.

[정답] ❶ $\in$ ❷ $\in$ ❸ $\neq$ ❹ $\neq$

---

2 집합의 표현

1. 집합의 표현

(1) 원소나열법

　집합 기호 { } 안에 모든 원소를 나열하는 방법

(2) 조건제시법

　$\{x \mid x$ 의 조건$\}$의 형태로 원소가 될 조건을 제시하는 방법

(3) 벤다이어그램

　그림 안에 모든 원소를 나열하는 방법

● 같은 원소는 중복하여 쓰지 않는
나. 나열하는 순서는 달라도 관계
없다
예 $\{1, 3, 3\}$ → ×
3이 중복되므로 $\{1, 3\}$으
로 쓴다.

3 이하의 자연수의 집합을 앞의 세 가지 방법을 이용하여 표현해 보자.

원소나열법	조건제시법	벤다이어그램
$\{1, 2, 3\}$	$\{x \mid x$는 3 이하의 자연수$\}$	A 안에 1 2 3

 확인 03

다음 집합들을 원소나열법으로 나타내시오.

❶ $\{x \mid x$는 10 이하의 짝수$\}$ = $\{$ $\}$

❷ $\{x \mid x$는 4의 약수$\}$ = $\{$ $\}$

정답 ❶ $\{2, 4, 6, 8, 10\}$ ❷ $\{1, 2, 4\}$

 확인 04

다음 집합들을 벤다이어그램을 이용하여 나타내시오.

❶ $A = \{1, 2, 3, 4\}$ ❷ $A = \{x \mid x$는 5의 약수$\}$

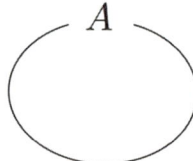
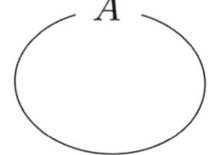

정답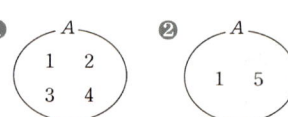

2. 원소의 개수에 따른 집합의 분류

(1) 유한집합

원소가 유한개인 집합

예 $A = \{1, 2, 3, 4\}$

(2) 무한집합

원소가 무수히 많은 집합

예 $A = \{1, 2, 3, \cdots\cdots\}$, $A = \{x \mid x$는 2의 배수$\}$

(3) 공집합

원소가 하나도 없는 집합 → **기호 : ∅**

예 $A = \{x \mid x$는 1보다 작은 자연수$\}$

---

3 집합의 포함관계

1. 부분집합

집합 A의 모든 원소가 집합 B에 속할 때, A는 B에 포함된다고 하며, $A \subset B$로 나타낸다. 이때, 집합 A를 집합 B의 부분집합이라 한다.

예 $A = \{1, 2\}$, $B = \{1, 2, 3\}$일 때, A의 모든 원소가 B에 포함되므로, A는 B의 부분집합이며, 기호로 $A \subset B$로 나타낸다.

2. 진부분집합

집합 A가 집합 B의 부분집합이고, $A \neq B$일 때, A를 B의 진부분집합이라 한다.

3. 집합의 포함관계

(1) A가 B의 부분집합이면, A는 B에 포함된다고 한다.

→ 기호 : $A \subset B$

(2) A가 B의 부분집합이 아니면, A는 B에 포함되지 않는다고 한다.

→ 기호 : $A \not\subset B$

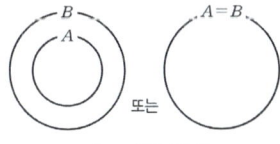

$A \subset B$의 의미

- 집합과 원소 사이의 기호 : $\in$
- 집합과 집합 사이의 기호 : $\subset$

확인 05

두 집합 A, B에 대하여 다음 빈칸에 ⊂, ⊃, ⊄ 중 알맞은 것을 쓰시오.

❶ $A = \{1, 2\}$, $B = \{1, 2, 3\}$　　　　　　　A ☐ B

❷ $A = \{a, b, c, d\}$, $B = \{a, b\}$　　　　A ☐ B

❸ $A = \{1, 3, 5\}$, $B = \{x \mid x$는 7 이하의 홀수$\}$　　A ☐ B

❹ $A = \{x \mid x$는 6의 약수$\}$, $B = \{1, 2, 3, 4, 5\}$　A ☐ B

풀이

❶ 집합 A의 원소가 집합 B에 모두 포함되므로 ⊂
❷ 집합 B의 원소가 집합 A에 모두 포함되므로 ⊃
❸ 집합 $B = \{1, 3, 5, 7\}$이므로 집합 A의 원소가 집합 B에 모두 포함되므로 ⊂
❹ 집합 $A = \{1, 2, 3, 6\}$이므로 집합 A와 집합 B는 서로 포함관계가 없어서 ⊄

정답　**❶** ⊂　**❷** ⊃　**❸** ⊂　**❹** ⊄

4. 서로 같은 집합 출제포인트***

두 집합의 모든 원소가 같을 때, 두 집합은 **서로 같은 집합**이라 한다.

→ 기호 : $A = B$

예 $A = \{1, 2\}$, $B = \{x \mid x$는 3보다 작은 자연수$\}$이면
$B = \{1, 2\}$이므로 두 집합의 모든 원소가 같다. 그러므로 $A = B$

 확인 06

다음 두 집합 A, B가 서로 같은 집합일 때, a의 값을 구하시오.

$A = \{1, 2, 3\}$, $B = \{1, 2, a\}$

풀이

모든 원소가 같은 두 집합을 서로 같은 집합이라고 한다. 그러므로 $a = 3$

정답　$a = 3$

4 집합의 연산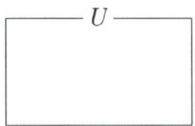

1. 전체집합

주어진 어떤 집합에서 그 부분집합을 생각할 때, 처음의 집합
→ 기호 : U

합집합
$$A \cup B$$

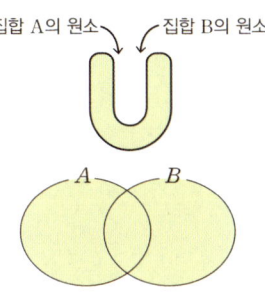

집합 A의 원소   집합 B의 원소

2. 합집합

집합 A에 속하거나 집합 B에 속하는 모든 원소로 이루어진 집합
→ 기호 : $A \cup B$
→ $A \cup B = \{x \,|\, x \in A \text{ 또는 } x \in B\}$

3. 교집합

집합 A에 속하고 집합 B에도 속하는 모든 원소로 이루어진 집합
→ 기호 : $A \cap B$
→ $A \cap B = \{x \,|\, x \in A \text{ 그리고 } x \in B\}$

교집합
$$A \cap B$$

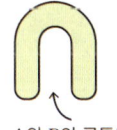
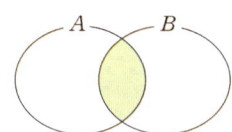

A와 B의 공통원소

Click   벤다이어그램의 합집합과 교집합

집합 A, B가 $A = \{1, 2, 4\}$, $B = \{1, 2, 3, 6\}$일 때 합집합과 교집합을 구해보자.

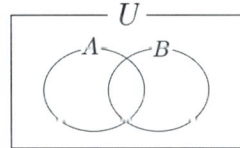

→ $A \cup B = \{1, 2, 3, 4, 6\}$, $A \cap B = \{1, 2\}$

✏️ **확인 07**

전체집합 $U = \{1, 2, 3, 4, 5, 6\}$의 두 부분집합 $A = \{1, 2, 3, 4\}$,
$B = \{3, 4, 5, 6\}$이다. 다음 벤다이어그램을 이용하여 $A \cup B$, $A \cap B$를 각각
원소나열법으로 나타내시오.

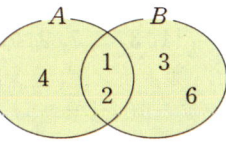

정답 $A \cup B = \{1, 2, 3, 4, 5, 6\}$, $A \cap B = \{3, 4\}$

확인 08

전체집합 $U = \{1, 2, 3, 4, 5, 6, 7, 8\}$의 두 부분집합
$A = \{x \mid x$는 4의 약수$\}$, $B = \{3, 4, 5, 6\}$이다. 다음 벤다이어그램을
이용하여 $A \cup B$, $A \cap B$를 각각 원소나열법으로 나타내시오.

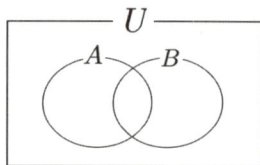

정답 $A \cup B = \{1, 2, 3, 4, 5, 6\}$, $A \cap B = \{4\}$

4. 여집합

U(전체집합)의 원소 중에서 A에 속하지 않는 모든 원소로 이루어진
집합

→ 기호 : A^C

→ $A^C = \{x \mid x \in U$ 그리고 $x \notin A\}$이다.

예 전체집합 $U = \{1, 2, 3, 4, 5\}$의 부분집합 $A = \{1, 3, 5\}$의
여집합은 $A^C = \{2, 4\}$

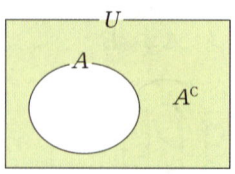

A^C ─A만 빼고 나머지

 확인 09

전체집합 $U = \{x \mid x$는 10 이하의 자연수$\}$의 부분집합 $A = \{1, 3, 5, 7, 9\}$에
대하여 다음 벤다이어그램을 이용하여, A^C을 구하시오.

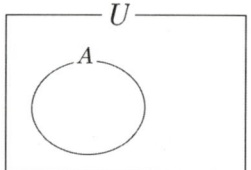

정답 $A^C = \{2, 4, 6, 8, 10\}$

5. 차집합

집합 A에는 속하지만 집합 B에는 속하지 않는 모든 원소로 이루어진 집합($A - B$ = 집합 A의 원소 중 A에만 속하는 원소들로 이루어진 집합)

→ 기호 : $A - B$

→ $A - B = \{x \mid x \in A$ 그리고 $x \notin B\}$이다.

→ $A - B = A \cap B^C$

그림으로 핵심만 쏙쏙!

차집합

$$A - B = A \cap B^C$$

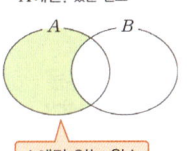

$A \circleddash B$

A에만 있는 원소

A에 있는 원소

PART 04

📕 Click 🔖   벤다이어그램과 차집합

집합 A, B가 $A = \{1,\ 2,\ 3,\ 4,\ 5\}$, $B = \{2,\ 3,\ 5,\ 7\}$일 때, $A - B$와 $B - A$를 각각 구해보자.

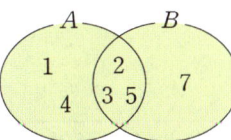

→ $A - B = \{1,\ 4\}$, $B - A = \{7\}$

🖊 확인 10

전체집합 $U = \{x \mid x$는 10 이하의 자연수$\}$의 두 부분집합 $A = \{1, 3, 5, 7\}$, $B = \{x \mid x$는 9의 약수$\}$이다. 다음 벤다이어그램을 이용하여, $A - B$를 구하시오.

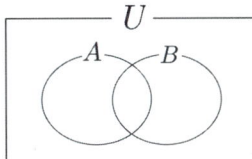

풀이

$A - B$의 원소는 A의 원소 중 A만 가지고 있는 원소이다.

정답 $A - B = \{5, 7\}$

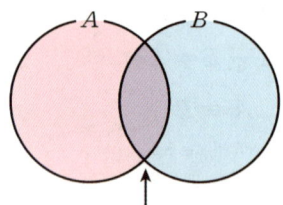

두 번 세어진 부분을
한 번 빼주어야 해요!

▶ 주의!!
$n(A \cup B) \neq n(A) + n(B)$
$n(A - B) \neq n(A) - n(B)$

5 집합의 원소의 개수

1. 집합의 원소의 개수

(1) 집합 A의 원소의 개수 → 기호 : $n(A)$와 같이 나타낸다.

① 합집합의 원소의 개수 : $n(A \cup B)$

② 교집합의 원소의 개수 : $n(A \cap B)$

③ 차집합의 원소의 개수 : $n(A - B)$

④ 여집합의 원소의 개수 : $n(A^C)$

(2) 합집합의 원소의 개수

$n(A \cup B) = n(A) + n(B) - n(A \cap B)$ [겹치는 원소를 빼야 한다.]

(3) 차집합의 원소의 개수

$n(A - B) = n(A) - n(A \cap B)$

✏️ 확인 11

전체집합 $U = \{x \mid 1 \leq x \leq 10, \ x$는 자연수$\}$의 두 부분집합
$A = \{x \mid x$는 2의 배수$\}$, $B = \{x \mid x$는 10의 약수$\}$에 대하여 벤다이어그램을 이용
하여 다음을 구하시오.

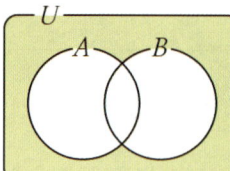

❶ $n(A)$

❷ $n(B)$

❸ $n(A \cup B)$

❹ $n(A \cap B)$

❺ $n(A - B)$

풀이 -

$A = \{2, 4, 6, 8, 10\}$, $B = \{1, 2, 5, 10\}$

$A \cup B = \{1, 2, 4, 5, 6, 8, 10\}$

$A \cap B = \{2, 10\}$

$n(A - B) = n(A) - n(A \cap B) = 5 - 2 = 3$

정답 ❶ 5 ❷ 4 ❸ 7 ❹ 2 ❺ 3

01 실력 체크 문제

정답 및 해설 별책 35p

01 다음 중 집합인 것은?

① 축구를 좋아하는 사람의 모임

② 착한 학생의 모임

③ 달리기를 잘하는 사람의 모임

④ 남학생의 모임

03 다음 두 집합 A, B가 서로 같은 집합일 때, a의 값은?

$$A = \{1,\, 2,\, a\}, \quad B = \{1,\, a-2,\, 4\}$$

① 1 　　　　② 2

③ 3 　　　　④ 4

02 10 이하의 짝수의 집합을 A라고 할 때, 원소와 집합 A의 기호로 잘못 연결된 것은?

① $1 \notin A$ 　　　② $2 \in A$

③ $5 \in A$ 　　　④ $10 \in A$

04 두 집합 $A = \{2,\, 3,\, a+2\}$, $B = \{2,\, a-1,\, 6\}$ 에 대하여 $A = B$일 때, 상수 a의 값은?

① 3 　　　　② 4

③ 5 　　　　④ 6

05 두 집합 A, B에 대하여 $A \cap B = \varnothing$인 것은?

① $A = \{1\}$
   $B = \{1, 2\}$
② $A = \{a, b, c\}$
   $B = \{c, d, e\}$
③ $A = \{4, 5\}$
   $B = \{x | x$는 6의 약수$\}$
④ $A = \{x | x$는 5 이하의 짝수$\}$
   $B = \{1, 2, 3\}$

06 두 집합 $A = \{x | x$는 5 이하의 짝수$\}$, $B = \{2, 4, 6\}$에 대하여 $A \cup B$는?

① $\{2, 4\}$
② $\{2, 4, 6\}$
③ $\{1, 2, 3, 4, 5\}$
④ $\{1, 2, 3, 4, 5, 6\}$

07 전체집합 $U = \{x | x$는 $1 \leq x \leq 10$인 자연수$\}$의 두 부분집합 $A = \{2, 5, 7\}$, $B = \{x | x$는 4의 약수$\}$에 대하여 그림과 같이 벤다이어그램의 색칠한 부분에 속하는 원소는?

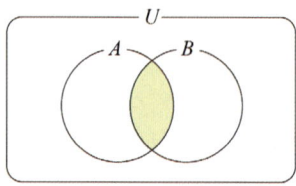

① 1
② 2
③ 5
④ 10

08 전체집합 $U = \{1, 2, 3, 4, 5, 6\}$의 부분집합 $A = \{1, 3, 4\}$의 여집합 A^C은?

① $\{1, 4, 6\}$
② $\{1, 2, 5\}$
③ $\{2, 6\}$
④ $\{2, 5, 6\}$

09 전체집합 $U = \{x \mid x$는 8 이하의 자연수$\}$의 두 부분집합 $A = \{2, 4, 6, 8\}$, $B = \{x \mid x$는 8의 약수$\}$에 대하여 그림과 같이 벤다이어그램의 색칠한 부분에 속하는 원소가 <u>아닌</u> 것은?

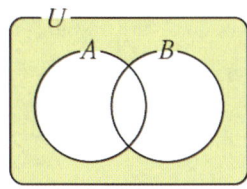

① 1   ② 3

③ 5   ④ 7

11 두 집합 $A = \{a, b, c, d\}$, $B = \{c, d, e\}$에 대하여 $A - B$는?

① $\{a, b, e\}$ ② $\{a, b\}$

③ $\{c, d\}$ ④ $\{e\}$

10 다음 벤다이어그램에 대하여 $A \cap B^C$을 나타내는 부분을 색칠한 것을 고르면?

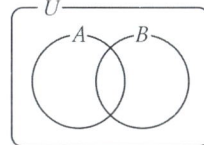

① 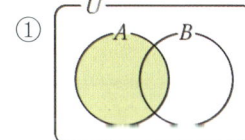   ②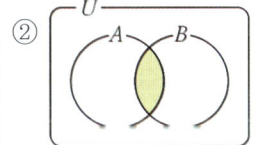

③ 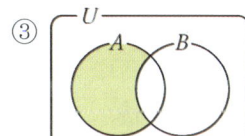   ④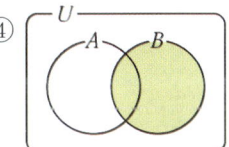

12 전체집합 $U = \{1, 2, 3, 4, 5, 6, 7, 8\}$의 두 부분집합 $A = \{1, 2, 3, 4, 5\}$, $B = \{4, 5, 6\}$에 대하여 $A \cap B^C$은?

① $\{1, 2\}$ ② $\{2, 3\}$

③ $\{3, 4\}$ ④ $\{1, 2, 3\}$

13 전체집합
$U = \{x \mid 1 \le x \le 10, \ x$는 자연수$\}$의
두 부분집합 $A = \{x \mid x$는 3의 배수$\}$,
$B = \{1, 3, 5, 7, 9\}$에 대하여 $n(A \cup B)$의
값은?

① 1　　　　　② 2

③ 4　　　　　④ 6

14 두 집합 $A = \{1, 2, 3, 4, 5, 6\}$,
$B = \{2, 4, 6\}$에 대하여 $n(A \cap B^C)$의 값은?

① 1　　　　　② 2

③ 3　　　　　④ 4

15 전체집합
$U = \{x \mid 1 \le x \le 10, \ x$는 자연수$\}$의
두 부분집합 $A = \{x \mid x$는 4의 배수$\}$,
$B = \{1, 3, 5, 7, 9\}$에서 $n(A \cap B)$의 값은?

① 0　　　　　② 2

③ 4　　　　　④ 6

16 전체집합
$U = \{x \mid 1 \le x \le 12, \ x$는 자연수$\}$의
두 부분집합 $A = \{x \mid x$는 4의 배수$\}$,
$B = \{3, 7, 12\}$에 대하여 $n(A \cup B)$의 값은?

① 1　　　　　② 2

③ 4　　　　　④ 5

02 명제

• 명제의 참과 거짓, 명제의 부정에 대해 이해하고, 역과 대우를 구할 수 있다.

1 명제와 조건 출제포인트★★★

1. 명제

참, 거짓이 명확한 문장 또는 식

📖 Click 🔖   명제 찾기

2는 짝수이다. ➡ 항상 참인 문장이므로 명제이다. (참인 명제)
3은 짝수이다. ➡ 항상 거짓인 문장이므로 명제이다. (거짓인 명제)
$x = 2$이다. ➡ x의 값에 따라 참, 거짓이 바뀌므로 명제가 아니다.

2. 조건

문자를 포함하는 식(또는 문장)
※ 조건식은 문자의 값에 따라 참, 거짓이 바뀐다.
예 x는 짝수이다. ➡ x가 정해지지 않아서 참, 거짓을 판별할 수 없는 조건식이다.

✏️ 확인 01

다음 중 명제인 것은 ○, 아닌 것은 ×표시 하시오.

❶ 3은 홀수이다.   [   ]
❷ 2는 홀수이다.   [   ]
❸ $1 + 5 < 8$이다.   [   ]
❹ $x + 1 = 2$이다.   [   ]

정답 ❶ ○   ❷ ○   ❸ ○   ❹ ×

그림으로 핵심만 쏙쏙!

명제 구분하기

참 ✓

참인 명제

거짓 ✕

거짓인 명제

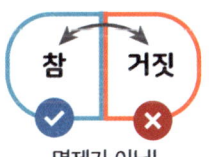

참 ✓   거짓 ✕

명제가 아님!

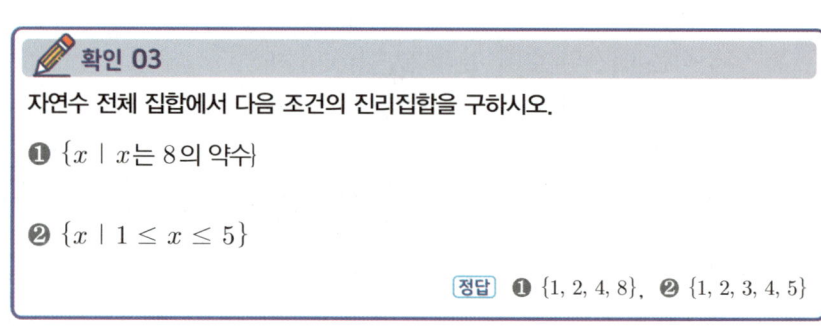

확인 02

다음 중 명제인 것은 ○, 아닌 것은 ×표시 하시오.

❶ $2+4 < 9$이다.   [   ]

❷ $x \geq 5$이다.   [   ]

❸ $x = 1$이면 $x+1 = 2$이다.   [   ]

❹ 3의 약수는 6의 약수이다.   [   ]

정답 ❶ ○ ❷ × ❸ ○ ❹ ○

2 진리집합

전체집합 U의 원소 중에서 어떤 조건이 참이 되게 하는 모든 원소의 집합

예 $U = \{1, 2, 3, 4, 5, 6\}$에 대하여

조건 : 'x는 짝수이다.'의 진리집합은 $\{2, 4, 6\}$이다.

확인 03

자연수 전체 집합에서 다음 조건의 진리집합을 구하시오.

❶ $\{x \mid x$는 8의 약수$\}$

❷ $\{x \mid 1 \leq x \leq 5\}$

정답 ❶ $\{1, 2, 4, 8\}$, ❷ $\{1, 2, 3, 4, 5\}$

3 명제와 조건의 부정

조건 또는 명제 p에 대하여 'p가 아니다.'를 <mark>p의 부정</mark>이라 한다.

→ 기호 : $\sim p$

예 조건 : 'x는 짝수이다.'의 부정 → x는 짝수가 아니다.

명제 : '2는 자연수이다.'의 부정 → 2는 자연수가 아니다.

그림으로 핵심만 쏙쏙!

$\sim P$

아니다

확인 04

다음 명제 또는 조건의 부정을 쓰시오.

❶ x는 2의 배수이다.

❷ x는 삼각형이다.

❸ $x = 4$이다.

❹ $x > 1$

정답　❶ x는 2의 배수가 아니다.
　　　❷ x는 삼각형이 아니다.
　　　❸ $x \neq 4$이다.
　　　❹ $x \leq 1$

 확인 05

다음 명제 또는 조건의 부정을 쓰시오.

❶ x는 4의 약수이다.

❷ x는 직사각형이다.

❸ $x \neq 1$이다.

❹ $x \geq 2$

정답　❶ x는 4의 약수가 아니다.
　　　❷ x는 직사각형이 아니다.
　　　❸ $x = 1$이다.
　　　❹ $x < 2$

4 명제 $p \rightarrow q$

1. 명제 $p \rightarrow q$의 가정과 결론

두 조건 p, q에 대하여 명제 'p이면 q이다.'를
기호로 $p \rightarrow q$와 같이 나타낸다.
이때, p를 가정, q를 결론이라 한다.

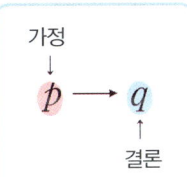

> ❯ 부정
>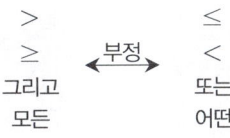

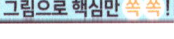

PART 04

2. 명제 $p \to q$의 참, 거짓 출제포인트★★★

두 조건 p, q의 진리집합을 각각 P, Q라고 할 때

① $P \subset Q$이면 명제 $p \to q$는 참이다.

② $P \not\subset Q$이면 명제 $p \to q$는 거짓이다.

③ 반례 : 명제 $p \to q$에서 가정 p는 만족시키지만 결론 q는 만족시키지 않는 예가 있을 때, 이러한 예를 반례라 한다. 반례는 $P - Q$의 원소이다.

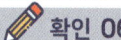 **Click**

진리집합과 명제의 참, 거짓

명제 "$x = 2$이면 $x^2 = 4$이다."의 진리집합을 구하고, 참, 거짓을 알아보자.

조건 p : $x = 2$의 진리집합은 $P = \{2\}$이고,

조건 q : $x^2 = 4$의 진리집합은 $Q = \{-2, 2\}$이다.

이때, $P \subset Q$이므로 명제 $p \to q$는 참이다.

명제 "$x^2 = 1$이면 $x = 1$이다."의 진리집합을 구하고, 참, 거짓을 알아보자.

조건 p : $x^2 = 1$의 진리집합은 $P = \{-1, 1\}$이고,

조건 q : $x = 1$의 진리집합은 $Q = \{1\}$이다.

이때, $P \not\subset Q$이므로 명제 $p \to q$는 거짓이며, 반례는 $x = -1$이다.

✏ 확인 06

다음 중 참인 명제를 고르시오.

① $4 + 2 < 5$이다.

② $x + 2 = 5$이다.

③ $x = 2$이면 $x + 3 = 5$이다.

④ 2의 배수는 4의 배수이다.

풀이 --

① $4 + 2 < 5$이다. ➡ 거짓인 명제

② $x + 2 = 5$이다. ➡ 명제가 아니다.

③ $x = 2$이면 $x + 3 = 5$이다. ➡ 참인 명제

④ 2의 배수는 4의 배수이다. ➡ 거짓인 명제

정답 ③

확인 07

다음 중 참인 명제를 고르시오.

① 이등변삼각형은 정삼각형이다.

② $x^2 = 1$이면 $x = 1$이다.

③ $x = 3$이다.

④ 삼각형의 세 내각의 합은 $180°$이다.

풀이

① 이등변삼각형은 정삼각형이다. ➡ 거짓인 명제

② $x^2 = 1$이면 $x = 1$이다. ➡ 거짓인 명제

③ $x = 3$이다. ➡ 명제가 아니다.

④ 삼각형의 세 내각의 합은 $180°$이다. ➡ 참인 명제

정답 ④

PART 04

5 명제의 역과 대우

1. 명제의 역과 대우 출제포인트 ★★★

명제 $p \to q$에서

(1) 가정과 결론을 서로 바꾸어 놓은 명제 $q \to p$를 명제 $p \to q$의 **역**이라고 한다.

(2) 가정과 결론을 둘 다 부정하여 서로 바꾸어 놓은 명제 $\sim q \to \sim p$를 명제 $p \to q$의 **대우**라고 한다.

그림으로 핵심만 쏙쏙!

명제 $p \to q$

역 $q \to p$

대우 $\sim q \to \sim p$

❷ 명제와 대우는 참, 거짓이 항상 같아요!
- 명제가 참이면 대우도 참
- 명제가 거짓이면 대우도 거짓

Click 명제의 역과 대우

명제 '$x = 1$이면 $x^2 = 1$이다.'의 역과 대우를 구해보자.

p . $x = 1$, $\sim p$. $x \neq 1$, $q : x^2 = 1$, $\sim q : x^2 \neq 1$이므로

역 : $q \to p$ ➡ $x^2 = 1$이면 $x = 1$이다.

대우 : $\sim q \to \sim p$ ➡ $x^2 \neq 1$이면 $x \neq 1$이다.

확인 08

명제 '$x = 2$이면 $x^2 = 4$이다.'의 역을 고르시오.

① $x = 2$이면 $x^2 \neq 4$이다.
② $x \neq 2$이면 $x^2 = 4$이다.
③ $x^2 \neq 4$이면 $x \neq 2$이다.
④ $x^2 = 4$이면 $x = 2$이다.

풀 이 --

명제 '$x = 2$이면 $x^2 = 4$이다.'의 역은 가정과 결론의 순서를 바꾸면 된다. 그러므로 명제의 역은 '$x^2 = 4$이면 $x = 2$이다.'이다.

정답 ④

확인 09

명제 '$x = 2$이면 $x^3 = 8$이다.'의 대우를 고르시오.

① $x = 2$이면 $x^3 \neq 8$이다.
② $x \neq 2$이면 $x^3 = 8$이다.
③ $x^3 \neq 8$이면 $x \neq 2$이다.
④ $x^3 = 8$이면 $x = 2$이다.

풀 이 --

명제 '$x = 2$이면 $x^3 = 8$이다.'의 대우는 가정과 결론을 각각 부정하여 순서를 바꾸면 된다. 가정을 부정하면 '$x \neq 2$'이고, 결론을 부정하면 '$x^3 \neq 8$'이다.
그러므로 명제의 대우는 '$x^3 \neq 8$이면 $x \neq 2$이다.'이다.

정답 ③

6 필요조건과 충분조건

1. 명제의 참

명제 $p \to q$가 참일 때, 기호로 $p \Rightarrow q$라 나타낸다.

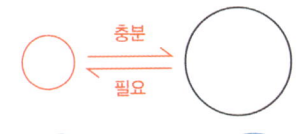

2. 필요조건과 충분조건

명제 $p \to q$가 참일 때, p는 q이기 위한 **충분조건**, q는 p이기 위한 **필요조건**이라 한다.

3. 필요충분조건

$p \Rightarrow q$이고, $q \Rightarrow p$이면 p는 q이기 위한 **필요충분조건**이라 하고, q는 p이기 위한 **필요충분조건**이라 한다.

작은 집합은 큰 집합에 포함되기에 충분하므로 충분조건이다.
작은 집합은 충분! 큰집합은 필요!
서로 같으면 필요충분!

4. 필요조건과 충분조건의 진리집합

두 조건 p, q의 진리집합을 각각 P, Q라 하면,

(1) $P \subset Q$일 때, p는 q이기 위한 충분조건, q는 p이기 위한 필요조건이다.

(2) $Q \subset P$일 때, q는 p이기 위한 충분조건, p는 q이기 위한 필요조건이다.

(3) $P = Q$일 때, p는 q이기 위한 필요충분조건, q는 p이기 위한 필요충분조건이다.

✏️ 확인 10

다음 빈칸에 알맞은 말을 쓰시오.

❶ 명제 $p \to q$가 참일 때, p는 q이기 위한 _____조건이다.

❷ 명제 $p \to q$가 참일 때, q는 p이기 위한 _____조건이다.

❸ 명제 $q \to p$가 참일 때, p는 q이기 위한 _____조건이다.

❹ 명제 $q \to p$가 참일 때, q는 p이기 위한 _____조건이다.

정답 ❶ 충분 ❷ 필요 ❸ 필요 ❹ 충분

다음 빈칸에 알맞은 말을 쓰시오.

❶ $x = 2$는 $x^2 = 4$이기 위한 _____조건이다.

❷ $(x-1)(x-2) = 0$은 $x = 1$이기 위한 _____조건이다.

❸ $a + bi = 0$은 $a = 0$, $b = 0$이기 위한 _____조건이다. (a, b는 실수)

풀이

❶ '$x = 2$이면 $x^2 = 4$이다.'가 참이고, 역은 거짓이므로 $x = 2$는 $x^2 = 4$이기 위한 충분조건이다.

❷ '$(x-1)(x-2) = 0$이면 $x = 1$이다.'가 거짓이고, 역은 참이다.
따라서 $(x-1)(x-2) = 0$은 $x = 1$이기 위한 필요조건이다.

❸ '$a + bi = 0$이면 $a = 0$, $b = 0$이다. (a, b는 실수)'가 참이고, 역 또한 참이므로,
$a + bi = 0$은 $a + bi = 0$이기 위한 필요충분조건이다.

정답 ❶ 충분 ❷ 필요 ❸ 필요충분

02 실력 체크 문제

정답 및 해설 별책 37p

01 다음 중 명제가 <u>아닌</u> 것은?

① $x + 1 = x + 1$

② 2는 홀수이다.

③ $x + 2 > 4$

④ 3은 9의 약수이다.

02 다음 중 명제가 <u>아닌</u> 것은?

① 4의 배수는 8의 배수이다.

② 정사각형은 마름모이다.

③ $x = 4$이면 $x + 2 > 4$이다.

④ $x + 1 = x^2 + x + 1$

03 다음 중 명제인 보기는 모두 몇 개인가?

┤ 보기 ├

ㄱ. $x^2 = 1$

ㄴ. $x < 1$

ㄷ. 꽃은 아름답다.

ㄹ. $2 + 3 = 6$

ㅁ. 4는 짝수이다.

① 1　　　　　② 2

③ 3　　　　　④ 4

04 다음 중 명제인 것은?

① $x - 2 < 6$

② $x = 3$

③ 9는 4의 배수이다.

④ 가을은 아름답다.

05 다음 중 참인 명제는?

① $2 + 2 > 5$이다.

② $x + 3 = 6$이다.

③ $x = 2$이면 $x + 2 = 4$이다.

④ 2의 배수는 4의 배수이다.

06 다음 중 참인 명제는?

① $4 + 3 < 5$이다.

② 2는 소수이다.

③ 마름모는 정사각형이다.

④ $x^2 = 1$이면 $x = 1$이다.

07 다음 중 참인 명제는?

① 직사각형은 정사각형이다.

② 12의 약수는 6의 약수이다.

③ 4의 배수는 2의 배수이다.

④ 이등변삼각형의 세 내각의 크기는 같다.

08 두 조건 p, q에 대하여 명제 $p \rightarrow \, \sim q$가 참일 때, 다음 중 반드시 참인 명제는?

① $p \rightarrow q$

② $\sim q \rightarrow \, \sim p$

③ $q \rightarrow \, \sim p$

④ $\sim q \rightarrow p$

09 명제 $\sim p \rightarrow q$의 대우는?

① $p \rightarrow q$　　　　② $\sim p \rightarrow \sim q$

③ $q \rightarrow \sim p$　　　　④ $\sim q \rightarrow p$

11 명제 '$x \geq 1$이면 $x^2 \geq 1$이다.'의 역은?

① $x < 1$이면 $x^2 < 1$이다.

② $x \leq 1$이면 $x^2 \leq 1$이다.

③ $x^2 < 1$이면 $x < 1$이다.

④ $x^2 \geq 1$이면 $x \geq 1$이다.

10 명제 'a가 짝수이면 a는 4의 배수이다.'의 대우는?

① a가 4의 배수이면 a는 짝수이다.

② a가 4의 배수가 아니면 a는 짝수가 아니다.

③ a가 짝수이면 a는 4의 배수가 아니다.

④ a가 짝수가 아니면 a는 4의 배수가 아니다.

12 명제 '$x^2 + y^2 = 0$이면 $x = 0$이고 $y = 0$이다.'의 대우는?

① $x = 0$이고 $y = 0$이면 $x^2 + y^2 = 0$이다.

② $x^2 + y^2 \neq 0$이면 $x \neq 0$이고 $y \neq 0$이다.

③ $x \neq 0$이고 $y \neq 0$이면 $x^2 + y^2 \neq 0$이다.

④ $x \neq 0$이거나 $y \neq 0$이면 $x^2 + y^2 \neq 0$이다.

13 명제 'a가 3의 배수이면 a는 6의 배수이다.'의 대우는?

① a가 6의 배수이면 a는 3의 배수이다.

② a가 6의 배수가 아니면 a는 3의 배수가 아니다.

③ a가 3의 배수이면 a는 6의 배수가 아니다.

④ a가 3의 배수가 아니면 a는 6의 배수가 아니다.

14 전체집합 U에서 정의된 두 조건 p, q의 진리집합을 각각 P, Q라 할 때 $Q \subset P$의 관계가 성립한다. 이때 다음 중 반드시 참인 명제는?

① $p \rightarrow q$ ② $p \rightarrow \sim q$

③ $\sim p \rightarrow q$ ④ $q \rightarrow p$

15 명제 '$x = 2$이면 $x^2 = 4$이다.'가 참일 때, 다음 중 참인 명제는?

① $x = 2$이면 $x^2 \neq 4$이다.

② $x \neq 2$이면 $x^2 \neq 4$이다.

③ $x^2 \neq 4$이면 $x \neq 2$이다.

④ $x^2 = 4$이면 $x \neq 2$이다.

16 명제 '정삼각형이면 이등변삼각형이다.'의 대우는?

① 이등변삼각형이면 정삼각형이다.

② 정삼각형이면 이등변삼각형이 아니다.

③ 이등변삼각형이면 정삼각형이 아니다.

④ 이등변삼각형이 아니면 정삼각형이 아니다.

17 명제 '$x > 2$이면 $x^2 > 4$이다.'의 대우는?

① $x < 2$이면 $x^2 < 4$이다.

② $x \leq 2$이면 $x^2 \leq 4$이다.

③ $x^2 > 4$이면 $x > 2$이다.

④ $x^2 \leq 4$이면 $x \leq 2$이다.

18 명제 '$x = 3$이면 $x^2 = 9$이다.'의 대우는?

① $x^2 = 9$이면 $x = 3$이다.

② $x^2 \neq 9$이면 $x \neq 3$이다.

③ $x = 3$이면 $x^2 \neq 9$이다.

④ $x \neq 3$이면 $x^2 \neq 9$이다.

19 다음 (   ) 안에 알맞은 것은?

$x = 1$은 $x^2 = 1$이기 위한 (   )이다.

① 부정   ② 충분조건

③ 필요조건   ④ 필요충분조건

20 다음 (   ) 안에 알맞은 것은?

$(x-2)(x-3) = 0$은 $x = 2$이기 위한
(   )이다.

① 부정   ② 충분조건

③ 필요조건   ④ 필요충분조건

01 집합

1 **집합**

기준이 명확하여 주어진 조건에 따라 대상을 분명하게 결정할 수 있는 모임

2 **원소**

집합을 이루는 대상 하나하나를 원소라 한다.

3 **집합과 원소의 관계**

(1) a가 집합 A의 원소일 때 → $a \in A$

(2) b가 집합 A의 원소가 아닐 때 → $b \notin A$

(3) 원소가 없는 집합(공집합) : $\varnothing$

4 **집합의 표현**

(1) 원소나열법

집합기호 { } 안에 모든 원소를 나열하는 방법

(2) 조건제시법

$\{x \mid x$의 조건$\}$

(3) 벤다이어그램

그림 안에 모든 원소를 나열하는 방법

5 **집합의 포함관계**

(1) A가 B의 부분집합이면 → $A \subset B$

(2) A가 B의 부분집합이 아니면 → $A \not\subset B$

6 **서로 같은 집합**

두 집합의 모든 원소가 같을 때, 두 집합은 서로 같은 집합이라 한다. → $A = B$

7 **집합의 연산**

(1) 전체집합

주어진 어떤 집합에서 그 부분집합을 생각할 때, 처음의 집합 → 기호 : U

(2) 합집합

집합 A에 속하거나 집합 B에 속하는 모든 원소로 이루어진 집합

→ 기호 : $A \cup B$

→ $A \cup B = \{x \mid x \in A$ 또는 $x \in B\}$

(3) 교집합

집합 A에 속하고 집합 B에도 속하는 모든 원소로 이루어진 집합

→ 기호 : $A \cap B$

→ $A \cap B = \{x \mid x \in A$ 그리고 $x \in B\}$

(4) 여집합

U(전체집합)의 원소 중에서 A에 속하지 않는 모든 원소로 이루어진 집합

→ 기호 : A^C

→ $A^C = \{x \mid x \in U$ 그리고 $x \notin A\}$이다.

(5) 차집합

집합 A에는 속하지만 집합 B에는 속하지 않는 모든 원소로 이루어진 집합

→ 기호 : $A - B$

→ $A - B = \{x \mid x \in A$ 그리고 $x \notin B\}$이다.

→ $A - B = A \cap B^C$

02 명제

1 **명제**
참, 거짓이 명확한 문장 또는 식

2 **진리집합**
전체집합 U의 원소 중에서 어떤 조건이 참이 되게 하는 모든 원소의 집합

3 **명제 $p \to q$의 참, 거짓**
두 조건 p, q의 진리집합을 각각 P, Q라고 할 때
① $P \subset Q$이면 명제 $p \to q$는 참이다.
② $P \not\subset Q$이면 명제 $p \to q$는 거짓이다.

4 **명제의 역과 대우**
명제 $p \to q$에서
① 가정과 결론을 서로 바꾸어 놓은 명제 $q \to p$를 명제 $p \to q$의 역이라고 한다.
② 가정과 결론을 둘 다 부정하여 서로 바꾸어 놓은 명제 $\sim q \to \sim p$를 명제 $p \to q$의 대우라고 한다.

5 **필요조건과 충분조건**
명제 $p \to q$가 참일 때, p는 q이기 위한 충분조건, q는 p이기 위한 필요조건이라 한다.

6 **필요충분조건**
$p \Rightarrow q$이고, $q \Rightarrow p$이면 p는 q이기 위한 필요충분조건이라 하고, q는 p이기 위한 필요충분조건이라 한다.

기출문제 체크

정답 및 해설 별책 40p

01 다음 중 집합인 것은?

① 아름다운 꽃의 모임

② 정수 중 큰 수의 모임

③ 10보다 작은 자연수의 모임

④ 기부를 많이 하는 사람들의 모임

03 두 집합 A, B에 대하여 $A \cap B = \phi$인 것은?

① $A = \{1, \ 3\}$, $B = \{2, \ 4, \ 6\}$

② $A = \{a, \ b, \ c\}$, $B = \{c, \ d, \ e\}$

③ $A = \{1, \ 2, \ 4\}$, $B = \{x \mid x$는 6의 약수$\}$

④ $A = \{x \mid x$는 5 이하의 짝수$\}$,

$B = \{1, \ 2, \ 3\}$

02 전체집합 $U = \{x \mid x$는 $1 \leq x \leq 10$인 자연수$\}$의 두 부분집합 $A = \{2, 3, 5, 7\}$, $B = \{x \mid x$는 4의 약수$\}$에 대하여 그림과 같이 벤다이어그램의 색칠한 부분에 속하는 원소는?

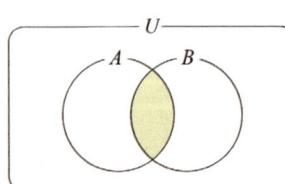

① 1

② 2

③ 5

④ 10

04 전체집합 $U = \{1, 2, 3, 4, 5, 6\}$의 두 부분집합 $A = \{x \mid x$는 6의 약수$\}$, $B = \{2, 3\}$에 대하여 $A - B$는?

① $\{1, 2\}$　　② $\{2, 3\}$

③ $\{3, 6\}$　　④ $\{1, 6\}$

05 전체집합 $U = \{1, 2, 3, 4, 5, 6, 7\}$의 두 부분 집합 $A = \{1, 2, 3, 4\}$, $B = \{3, 4, 5, 6\}$에 대하여 $A \cap B^C$은?

① $\{1, 2\}$ ② $\{2, 3\}$

③ $\{3, 4\}$ ④ $\{1, 2, 3\}$

06 두 집합 $A = \{\ 2,\ 5,\ a+1\}$,

$B = \{2,\ a-1,\ 7\}$에 대하여 $A = B$일 때, 상수 a의 값은?

① 3 ② 4

③ 5 ④ 6

07 두 집합 $A = \{1, 2, 3, 6\}$, $B = \{1, 2, 4, 8\}$에 대하여 $n(A \cap B)$의 값은?

① 2 ② 4

③ 6 ④ 8

08 두 집합 $A = \{1, 3, 4\}$, $B = \{2, 4, 5\}$에 대하여 $n(A \cup B)$의 값은?

① 3 ② 4

③ 5 ④ 6

09 다음 중 명제가 <u>아닌</u> 것은?

① $x - 2 < 6$

② 8은 짝수이다.

③ 9는 3의 배수이다.

④ $x = 1$이면 $x + 3 > 2$이다.

10 참인 명제가 <u>아닌</u> 것은?

① 정사각형은 직사각형이다.

② 12의 약수는 6의 약수이다.

③ 두 유리수의 합은 유리수이다.

④ 정삼각형의 세 내각의 크기는 같다.

11 명제 '$x = 1$이면 $x^3 = 1$이다.'의 역은?

① $x = 1$이면 $x^3 \neq 1$이다.

② $x \neq 1$이면 $x^3 = 1$이다.

③ $x^3 = 1$이면 $x = 1$이다.

④ $x^3 \neq 1$이면 $x \neq 1$이다.

12 명제 'a가 짝수이면 a는 4의 배수이다.'의 역은?

① a가 4의 배수이면 a는 짝수이다.

② a가 4의 배수가 아니면 a는 짝수가 아니다.

③ a가 짝수이면 a는 4의 배수가 아니다.

④ a가 짝수가 아니면 a는 4의 배수가 아니다.

13 명제 '$x = 2$이면 $x^2 = 4$이다.'의 대우는?

① $x = 2$이면 $x^2 \neq 4$이다.

② $x \neq 2$이면 $x^2 = 4$이다.

③ $x^2 \neq 4$이면 $x = 2$이다.

④ $x^2 \neq 4$이면 $x \neq 2$이다.

14 명제 '$x^2 \neq 1$이면 $x \neq 1$이다.'의 대우는?

① $x = 1$이면 $x^2 = 1$이다.

② $x = 1$이면 $x^2 \neq 1$이다.

③ $x^2 = 1$이면 $x \neq 1$이다.

④ $x^2 \neq 1$이면 $x = 1$이다.

15 명제 '$x > 1$이면 $x^2 > 1$이다.'의 대우는?

① $x < 1$이면 $x^2 < 1$이다.

② $x \leq 1$이면 $x^2 \leq 1$이다.

③ $x^2 > 1$이면 $x > 1$이다.

④ $x^2 \leq 1$이면 $x \leq 1$이다.

16 명제 '정사각형이면 직사각형이다.'의 대우는?

① 직사각형이면 정사각형이다.

② 정사각형이면 직사각형이 아니다.

③ 직사각형이면 정사각형이 아니다.

④ 직사각형이 아니면 정사각형이 아니다.

PART 04

EBS 교육방송교재

고졸 검정고시 수학

함수

✪ 이 단원에서는 함수의 의미와 함수의 여러 가지 용어에 대해 학습하도록 합니다. 대응관계와 식이 주어질 때, 함숫값을 구할 수 있으며, 합성함수와 역함수를 이해하고, 각 함수에서의 함숫값을 구할 수 있도록 합니다. 나아가 유리, 무리함수의 식과 그래프를 익히고, 각 함수의 특징과 함수의 평행이동에 대해서도 배우도록 합니다.

01 여러 가지 함수

• 여러 가지 함수에 관련된 용어를 이해하고, 함숫값을 구할 수 있다.

1 함수

1. 대응과 함수

(1) 대응

두 집합 X, Y에 대하여 X의 각 원소에 Y의 원소를 짝지어 주는 것을 집합 X에서 집합 Y로의 **대응**이라고 한다.

(2) 함수 **★★★출제포인트**

두 집합 X, Y에 대하여 X의 각 원소에 Y의 원소가 **반드시**, 그리고 **오직 하나만** 대응될 때, 이 대응을 집합 X에서 집합 Y로의 함수라 하고, 이 함수 f를 기호로 $f : X \to Y$와 같이 나타낸다.

(3) 정의역, 공역, 치역

① 정의역 : 집합 X

② 공역 : 집합 Y

③ 함숫값 : x에 대응하는 y의 값 $(x \in X, y \in Y)$

함수 $y = f(x)$의 $x = a$에서의 함숫값은 기호로 $f(a)$로 나타낸다.

④ 치역 : 함숫값 전체의 집합 $\{f(x) \mid x \in X\}$로 Y의 부분집합이다.

(집합 Y의 원소 중 함수 f에 의해 대응된 원소들로 이루어진 집합)

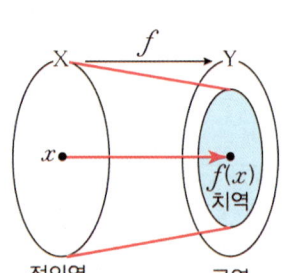

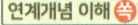
연계개념 이해 쏙!

함수 $y = f(x)$에서 x의 값에 따라 하나씩 정해지는 y의 값 $f(x)$를 x에 대한 함숫값이라고 한다.
$f(1) = 2$
➡ $x = 1$일 때, y의 값은 2

Click 🔍 정의역, 공역, 치역, 함숫값

다음의 대응을 보고 정의역, 공역, 치역을 원소나열법으로 나타내어보자.

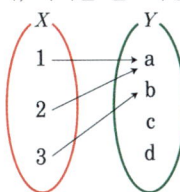

$f(1) = a$, $f(2) = a$, $f(3) = b$이므로
정의역 $= \{1, 2, 3\}$, 공역 $= \{a, b, c, d\}$, 치역 $= \{a, b\}$

✏️ 확인 01

다음의 집합 X에서 집합 Y로의 함수의 정의역과 공역, 치역을 각각 구하시오.

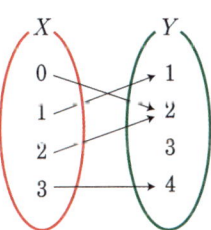

- 정의역 :
- 공역 :
- 치역 :

정답 정의역 : $\{0, 1, 2, 3\}$, 공역 : $\{1, 2, 3, 4\}$, 치역 : $\{1, 2, 4\}$

2. 함수 구분하기

(1) 대응관계에서 함수 구분하기

X에서 Y로의 함수가 되려면 X의 모든 원소에 대해 대응되는 Y의 원소가 <mark>오직 하나만</mark> 있어야 한다.

> X의 모든 원소에 짝이 오직 하나씩 있으면 함수이다. 함수는 X 기준!

Click 대응관계에서 함수 구분하기

다음의 예를 보고, 함수인 것과 아닌 것을 구분해 보자.

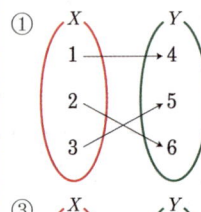
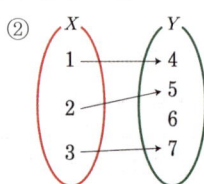
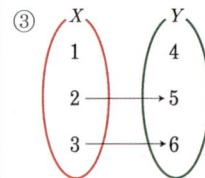
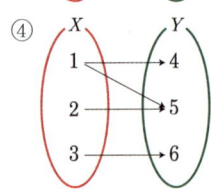

① X의 모든 원소의 짝이 오직 하나씩 있으므로 함수이다.
② X의 모든 원소의 짝이 오직 하나씩 있으므로 함수이다. Y에 남는 원소가 있는 것은 상관없다.
③ X의 원소 중 1에 짝이 없으므로 함수가 아니다.
④ X의 원소 중 1에 짝이 두 개이므로 함수가 아니다.

확인 02

다음 대응 중 함수인 것을 모두 고르시오.

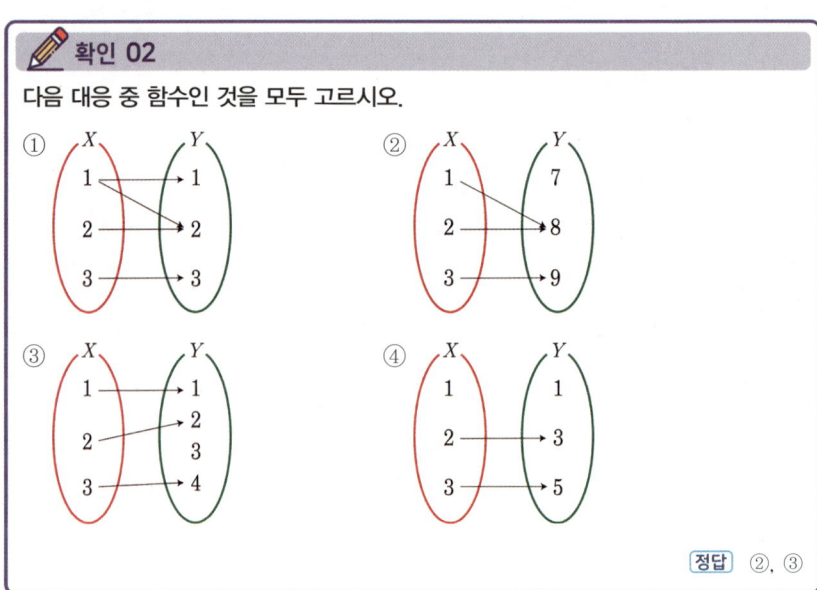

정답 ②, ③

3. 함수의 그래프

(1) 순서쌍

집합 X의 원소 x와 Y의 원소 y를 <mark>순서대로 짝지어 만든 쌍</mark> (x, y)를 순서쌍이라 한다.

(2) 함수 $f : X \to Y$에서 정의역의 x값과 대응하는 함숫값 $f(x)$의 순서쌍 $(x, f(x))$ 전체의 집합 $\{(x, f(x)) | x \in X\}$를 함수 f의 <mark>그래프</mark>라 한다.

(3) 정의역과 공역의 원소가 모두 실수일 때, 이 순서쌍들을 좌표평면 위에 나타내어 그림을 그릴 수 있다.

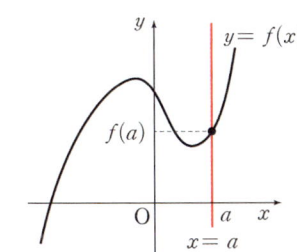

(4) 함수의 그래프의 특징

함수의 그래프는 정의역의 각 원소 a에 대하여 y축에 평행한 직선 $x = a$와 <mark>오직 한 점</mark>에서 만난다.

/ⅢⅠ Click   함수의 그래프

$y = 2x$의 그래프를 그려보자.

1단계 다음 표를 완성하고 점 (x, y)를 좌표평면 위에 나타내어보면,

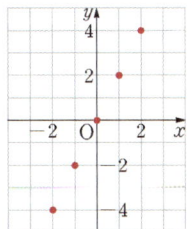

x	-2	-1	0	1	2
y	-4	-2	0	2	4

2단계 [그림 1]은 위의 표를 그린 그래프이고, x의 값의 간격을 점점 작게 하면 [그림 2]와 같이 점들이 촘촘하게 되고, x의 값이 모든 수일 때에는 [그림 3]과 같이 원점을 지나는 직선이 된다.

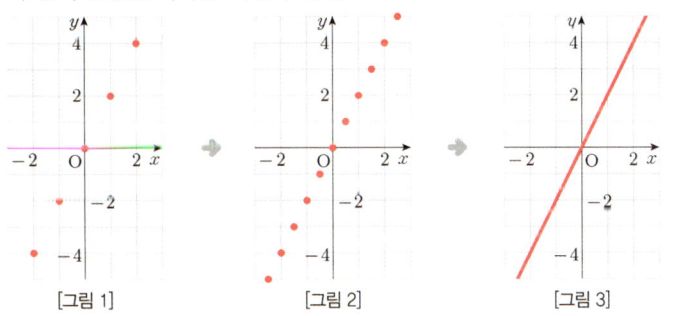

[그림 1] [그림 2] [그림 3]

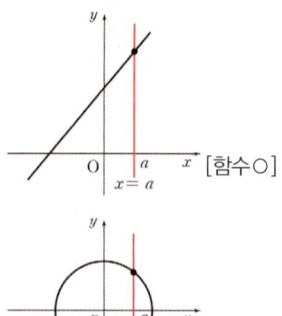

> 세로로 줄을 그어 그래프와 두 개 이상의 교점이 생기는지 확인하면 됩니다.

[함수○]

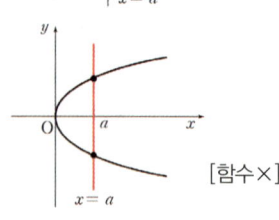

[함수×]

[함수×]

⁄⁄⁄ Click

X에서 Y로의 함수가 되려면 X의 모든 원소의 짝이 Y에 오직 하나만 있어야 한다. 그러므로 정의역의 각 원소 a에 대하여, y축에 평행한 직선인 $x = a$와 오직 한 점에서 만나면 되고, 어떤 그래프가 $x = a$와 두 점 이상에서 만난다면, 그 그래프는 함수의 그래프가 될 수 없다.

다음의 예를 보고, 함수인 것과 아닌 것을 구분해 보자.

① 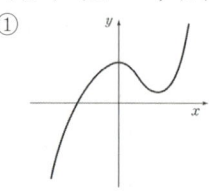 ② 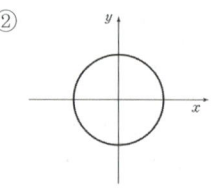 ③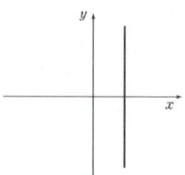

① 모든 x에 y값이 대응되므로 함수이다.
② x에 두 개의 y값이 대응되는 점이 있으므로 함수가 아니다.
③ 무수히 많은 y값이 대응되는 x가 있으므로 함수가 아니다.

✎ 확인 03

다음 중 함수의 그래프인 것을 모두 고르시오.

① 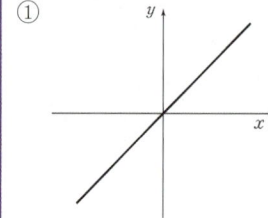 ②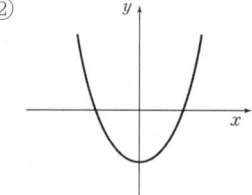

③ 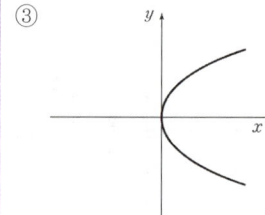 ④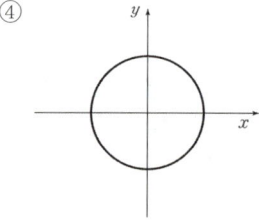

정답 ①, ②

2 여러 가지 함수

1. 일대일함수와 일대일대응 출제포인트 ★★★

(1) 일대일함수

X의 원소가 Y의 모두 다른 원소에 대응되는 함수를 말한다. 이때, Y에는 남는 원소가 있어도 관계없다.

(2) 일대일대응

X의 원소가 Y의 모두 다른 원소에 대응되는 함수를 말한다. 이때, Y에는 남는 원소가 없어야 한다.

❯ 일대일함수 : 하나당 하나씩!
일대일대응 : 하나당 하나씩!
+ 남김없이 모두!

Click 🔍   **일대일함수와 일대일대응**

다음 대응을 보고, 일대일함수와 일대일대응에 대해 알아보자.

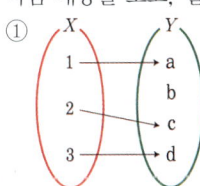 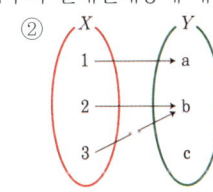 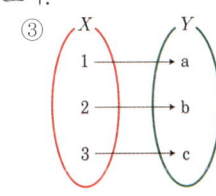

① Y에 남는 원소 b가 있지만, 모든 X의 원소가 Y의 모두 다른 원소에 짝이 있으므로 일대일함수이다.

② X의 원소 2와 3이 b와 짝지어 있으므로 일대일함수도 일대일대응도 아니다.

③ Y에 남는 원소가 없고, 모든 X의 원소가 Y의 모두 다른 원소에 짝이 있으므로 일대일대응이다. 또한 일대일함수이기도 하다.

✏️ **확인 04**

다음 대응 중 일대일함수인 것과 일대일대응인 것을 각각 모두 고르시오.

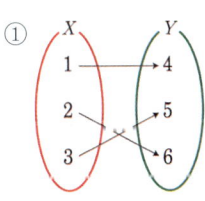 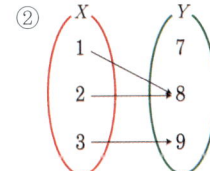

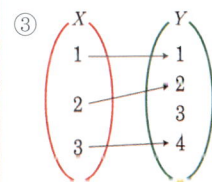 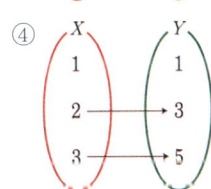

정답 • 일대일함수 : ①, ③
• 일대일대응 : ①

(3) 그래프에서 일대일함수 구분하기

　　X에서 Y로의 일대일함수가 되려면 X의 모든 원소가 모두 다른 Y의 원소에 대응되어야 한다. 다음의 예를 보고, 일대일함수인 것과 아닌 것을 구분해 보자.

❷ 함수의 그래프는 세로줄을 그어 찾고, 일대일함수의 그래프는 가로줄을 그어 찾으면 됩니다.

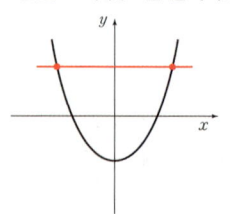

Click　　　　　　　　　　　　　　그래프에서 일대일함수 구분하기

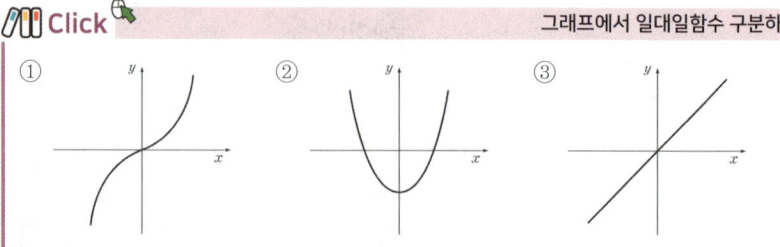

① 모든 x에 서로 다른 y값이 대응되므로 일대일함수이다.
② 서로 다른 x에 같은 y값이 대응되는 점이 있으므로 일대일함수가 아니다.
③ 모든 x에 서로 다른 y값이 대응되므로 일대일함수이다.

✏️ 확인 05

다음 중 일대일함수의 그래프인 것을 모두 고르시오.

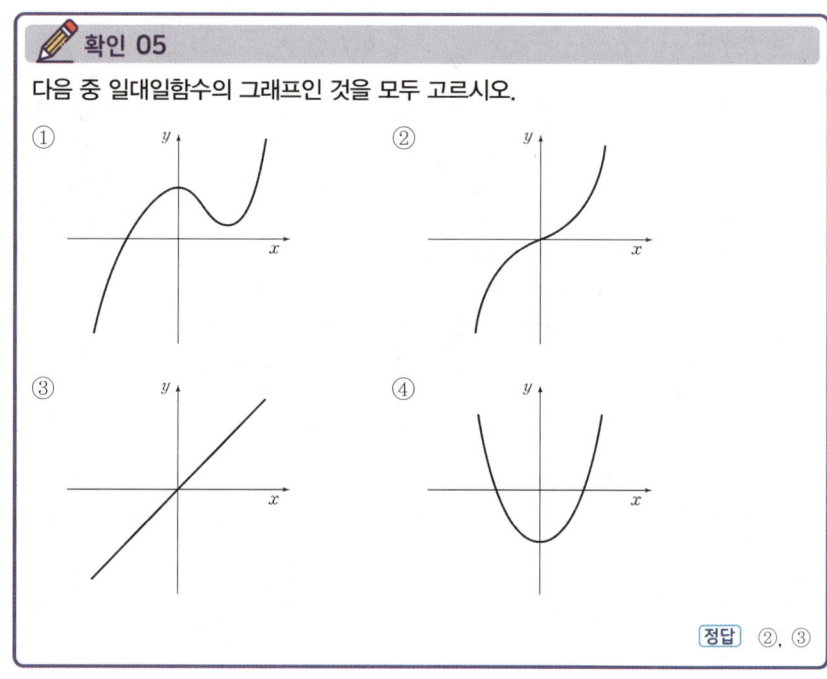

정답 ②, ③

2. 항등함수와 상수함수 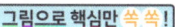 출제포인트

(1) 항등함수

정의역과 공역이 같고, 정의역 X의 각 원소에 **자기 자신**이 대응하는 함수

 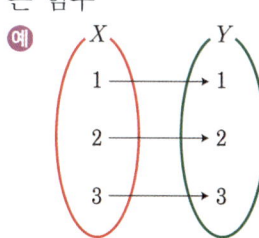

$f(1) = 1, \ f(2) = 2, \ f(3) = 3$
으로 항상 자기 자신이 대응된다.

항 **등**함수
항상 같은
x와 y가

(2) 상수함수

정의역 X의 모든 원소에 공역 Y의 **오직 한 원소**가 대응하는 함수를 말한다.

➡ $f(x) = c \, (c$는 상수$)$

 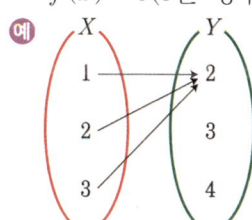

$f(1) = 2, \ f(2) = 2, \ f(3) = 2$
로 오직 한 원소가 대응된다.

 함수
항상 변하지 않는

 확인 06

두 집합 $X = \{1, 2, 3\}$, $Y = \{1, 2, 3, 4\}$에 대하여 함수 $f : X \to Y$가 상수함수이고, $f(1) = 2$일 때, $f(2)$의 값을 구하시오.

풀이

상수함수이므로 모든 x에 같은 y가 대응된다. 그러므로 $f(2) = 2$

정답 2

✏️ 확인 07

두 집합 $X = \{1, 2, 3, 4\}$, $Y = \{1, 2, 3, 4\}$에 대하여 다음 물음에 답하시오.

❶ 함수 $f : X \rightarrow Y$가 상수함수이고, $f(1) = 4$일 때, $f(3)$의 값을 구하시오.

❷ 함수 $f : X \rightarrow Y$가 항등함수일 때, $f(3)$의 값을 구하시오.

🔖 풀이 --

❶ 상수함수이므로 모든 x에 같은 y가 대응된다. 그러므로 $f(3) = 4$

❷ 항등함수이므로 x와 같은 y가 대응된다. 그러므로 $f(3) = 3$

정답 ❶ 4 ❷ 3

3 합성함수

1. 합성함수

(1) 합성함수

두 함수 $f : X \rightarrow Y$, $g : Y \rightarrow Z$가 주어질 때, 집합 X의 각 원소 x에 집합 Z의 원소 $g(f(x))$를 대응시키면 X를 정의역, Z를 공역으로 하는 새로운 함수를 정의할 수 있으며 이 함수를 합성함수라 한다.

➜ 기호 : $g \circ f$

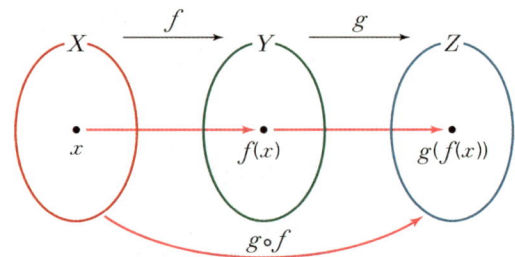

(2) 합성함수의 표현

① $g \circ f : X \rightarrow Z$에서 x의 함숫값을 기호로 $(g \circ f)(x)$

이때 $(g \circ f)(x) = g(f(x))$ ➜ $y = g(f(x))$

② $f \circ g : Y \rightarrow X$에서 x의 함숫값을 기호로 $(f \circ g)(x)$

이때 $(f \circ g)(x) = f(g(x))$ ➜ $y = f(g(x))$

그림으로 핵심만 쏙쏙!

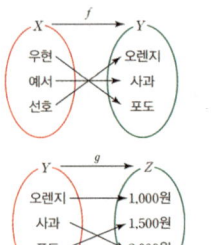

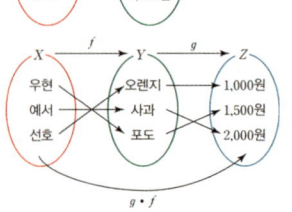

❷ 사람과 과일, 과일과 그 가격을 연결하는 각각의 함수를 연속적으로 대응시키면, 두 함수가 합성되어 새로운 함수가 만들어지게 됩니다.

(3) 합성함수의 함숫값 구하기 출제포인트★★★

f와 g의 합성함수에서 $x=a$일 때의 함숫값을 구하면,

① $(f \circ g)(x) = f(g(x))$이므로, $(f \circ g)(a) = f(g(a))$이다.

② $(g \circ f)(x) = g(f(x))$이므로, $(g \circ f)(a) = g(f(a))$이다.

Click   합성함수의 함숫값

식에서의 합성함수의 함숫값

$f(x) = x+1$, $g(x) = x^2$일 때, $(f \circ g)(1)$과 $(g \circ f)(1)$을 구해보자.

$(f \circ g)(1) = f(g(1))$이므로 $g(1) = 1$, $f(g(1)) = f(1) = 1+1 = 2$

$(g \circ f)(1) = g(f(1))$이므로 $f(1) = 2$, $g(f(1)) = g(2) = 2^2 = 4$

대응관계에서의 합성함수의 함숫값

예 함수 $f: X \to Y$, $g: Y \to Z$가 다음 그림과 같을 때, $(g \circ f)(2)$를 구해보자.

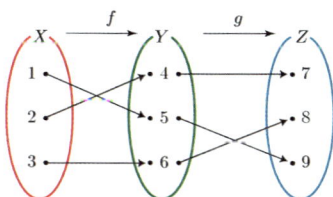

> $(g \circ f)(2) = g(f(2))$이므로,
> $f(2)$를 구하면, $f(2) = 4$
> $g(f(2)) = g(4) = 7$이다.

> ▶ 대응표에서의 합성함수는 화살표를 잘 따라가면 됩니다.

PART 05

✏️ **확인 08**

함수 $f: X \to Y$, $g: Y \to Z$가 다음 그림과 같을 때, 다음을 구하시오.

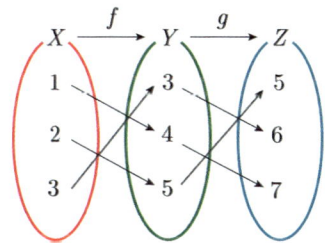

❶ $(g \circ f)(1)$

❷ $(g \circ f)(2)$

❸ $(g \circ f)(3)$

풀이 --------

❶ $(g \circ f)(1) = g(f(1)) = g(4) = 7$

❷ $(g \circ f)(2) = g(f(2)) = g(5) = 5$

❸ $(g \circ f)(3) = g(f(3)) = g(3) = 6$

정답 ❶ 7 ❷ 5 ❸ 6

📝 확인 09

함수 $f : X \rightarrow Y$가 다음 그림과 같을 때, 다음을 구하시오.

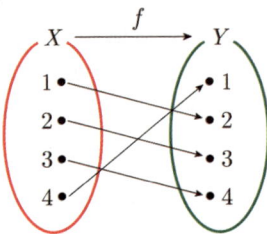

❶ $(f \circ f)(1)$ ❷ $(f \circ f)(2)$

❸ $(f \circ f)(3)$ ❹ $(f \circ f)(4)$

풀이
❶ $(f \circ f)(1) = f(f(1)) = f(2) = 3$
❷ $(f \circ f)(2) = f(f(2)) = f(3) = 4$
❸ $(f \circ f)(3) = f(f(3)) = f(4) = 1$
❹ $(f \circ f)(4) = f(f(4)) = f(1) = 2$

정답 ❶ 3 ❷ 4 ❸ 1 ❹ 2

📝 확인 10

$f(x) = 2x$, $g(x) = x - 1$일 때, $(f \circ g)(1)$과 $(g \circ f)(1)$을 구하시오.

풀이
❶ $(f \circ g)(1) = f(g(1)) = f(0) = 0$
❷ $(g \circ f)(1) = g(f(1)) = g(2) = 1$

정답 ❶ $(f \circ g)(1) = 0$ ❷ $(g \circ f)(1) = 1$

(4) 합성함수의 성질

세 함수 f, g, h에 대하여

① $f \circ g \neq g \circ f$ ← 교환법칙이 성립하지 않는다.
② $f \circ (g \circ h) = (f \circ g) \circ h$ ← 결합법칙이 성립한다.

4 역함수

1. 역함수

(1) 역함수

함수 $f : X \to Y$가 일대일대응일 때 Y를 정의역, X를 공역으로 정의하는 새로운 함수를 역함수라 한다.

→ 기호 : f^{-1}

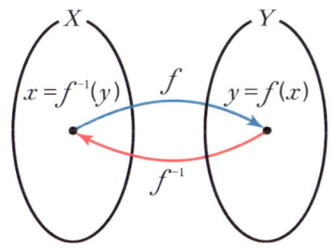

역함수

$x \longleftrightarrow y$

(2) 역함수의 표현

$f^{-1} : Y \to X$, $x = f^{-1}(y)$와 같이 나타낸다.

(3) 역함수의 성질 출제포인트 ★★★

① $(f^{-1})^{-1} = f$ ← 역함수의 역함수는 자기 자신이다.

② $f(a) = b$ → $f^{-1}(b) = a$ ← **역함수의 정의**

③ $f^{-1} \circ f = I$ (I는 항등함수) ← 역함수와 자신을 합성하면 항등함수

그림으로 핵심만 쏙 쏙!

$f(\ a\ ) = b$

$f^{-1}(\ b\ ) = a$

Click 역함수의 성질과 함숫값

함수 $f : X \to Y$가 다음 그림과 같을 때, 역함수 f^{-1}의 함숫값 $f^{-1}(1)$을 알아보자.

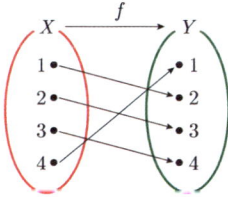

$f^{-1}(1)$은 함수 f의 함숫값이 1인 x를 거꾸로 찾으면 된다.
따라서, 화살표를 따라가 보면 4가 됨을 알 수 있다.

→ $f(4) = 1$ → $f^{-1}(1) = 4$

✏️ 확인 11

함수 $f : X \to Y$가 다음 그림과 같을 때, 다음을 구하시오.

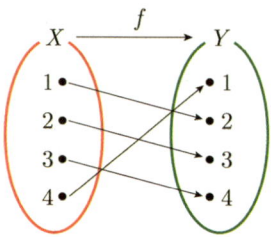

❶ $f^{-1}(2)$ ❷ $f^{-1}(3)$

❸ $f^{-1}(4)$ ❹ $f(1)$

❺ $f(2)$ ❻ $f(3)$

풀이 -

❶ $f^{-1}(2) = a$라 하면, $f(a) = 2$인 a를 찾으면 1이다.

❷ $f^{-1}(3) = a$라 하면, $f(a) = 3$인 a를 찾으면 2이다.

❸ $f^{-1}(4) = a$라 하면, $f(a) = 4$인 a를 찾으면 3이다.

❹ $f(1) = 2$

❺ $f(2) = 3$

❻ $f(3) = 4$

정답 ❶ 1 ❷ 2 ❸ 3 ❹ 2 ❺ 3 ❻ 4

📚 Click 🔑
자기 자신이 되는 함수

함수 $f : X \to Y$가 다음 그림과 같을 때, $f^{-1} \circ f$를 알아보자.

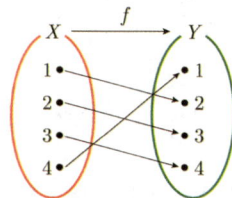

$(f^{-1} \circ f)(1) = f^{-1}(f(1)) = f^{-1}(2) = 1$

$(f^{-1} \circ f)(2) = f^{-1}(f(2)) = f^{-1}(3) = 2$

$(f^{-1} \circ f)(3) = f^{-1}(f(3)) = f^{-1}(4) = 3$

$(f^{-1} \circ f)(4) = f^{-1}(f(4)) = f^{-1}(1) = 4$

(4) 역함수 구하기

$y = f(x)$의 역함수가 존재할 때, 역함수를 구하는 방법은 다음과 같다.

① 주어진 함수에서 x를 y에 대한 식으로 나타낸다.

② x와 y를 서로 바꾸어 나타낸다.

③ 주어진 함수의 치역을 역함수의 정의역으로 바꾸어 준다.

> x와 y를 먼저 바꾼 후 y를 x에 대한 식으로 정리해도 역함수를 구할 수 있어요!

예 $y = x + 1$의 역함수를 구해보자.

① $x = y - 1$ ➡ ② $y = x - 1$

그러므로 역함수는 $y = x - 1$이다.

 확인 12

다음 함수의 역함수를 구하시오.

❶ $y = x + 6$

❷ $y = -x + 4$

풀 이

❶ $y = x + 6$ ➡ $x = y + 6$ ➡ $y = x - 6$

❷ $y = -x + 4$ ➡ $x = -y + 4$ ➡ $y = -x + 4$

정답 ❶ $y = x - 6$ ❷ $y = -x + 4$

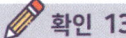 **확인 13**

다음 주어진 함수에서 $f^{-1}(2)$의 값을 구하시오.

❶ $f(x) = x + 3$

❷ $f(x) = 2x$

풀 이

❶ $f^{-1}(2) = a$라 하면, $f(a) = 2$이다.

$f(a) = a + 3 = 2$

➡ $a = -1$

❷ $f^{-1}(2) = a$라 하면, $f(a) = 2$이다.

$f(a) = 2a = 2$

➡ $a = 1$

정답 ❶ -1 ❷ 1

01 실력 체크 문제

정답 및 해설 별책 43p

01 다음의 집합 X에서 집합 Y로의 함수에 대한 설명으로 옳지 <u>않은</u> 것은?

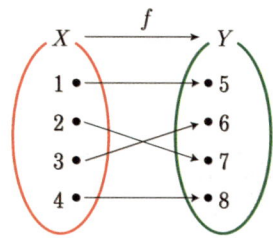

① 정의역은 $\{1, 2, 3, 4\}$이다.
② 공역은 $\{5, 6, 7, 8\}$이다.
③ 치역은 $\{5, 6, 7, 8\}$이다.
④ $f(2) = 6$이다.

02 다음의 집합 X에서 집합 Y로의 함수에 대한 설명으로 옳지 <u>않은</u> 것은?

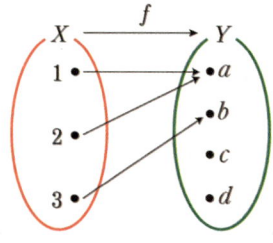

① 정의역은 $\{1, 2, 3\}$이다.
② 공역은 $\{a, b, c, d\}$이다.
③ 치역은 $\{a, b, c, d\}$이다.
④ $f(2) = a$이다.

03 다음 중 함수의 그래프가 <u>아닌</u> 것은?

① 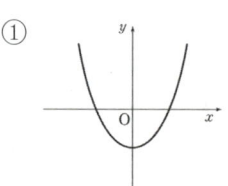   ②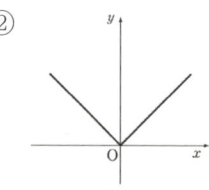

③ 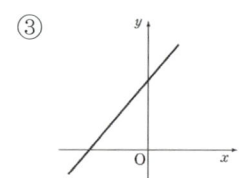   ④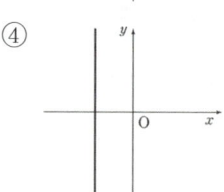

04 다음 중 일대일함수의 그래프가 <u>아닌</u> 것은?

① 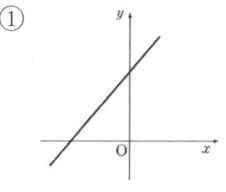   ②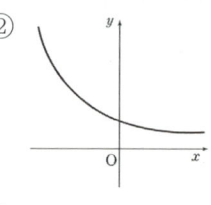

③ 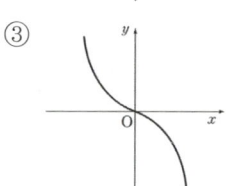   ④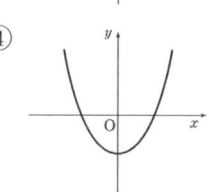

05 두 집합 $X = \{1, 2, 3, 4\}$, $Y = \{5, 6, 7, 8\}$에 대하여 함수 $f : X \rightarrow Y$가 상수함수이고, $f(1) = 5$일 때, $f(2)$의 값은?

① 5   ② 6

③ 7   ④ 8

07 함수 $f : X \rightarrow Y$, $g : Y \rightarrow Z$가 다음 그림과 같을 때, $(g \circ f)(4)$의 값은?

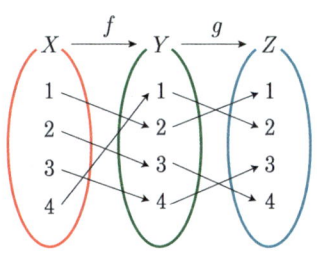

① 1   ② 2

③ 3   ④ 4

06 함수 $f : X \rightarrow Y$, $g : Y \rightarrow Z$가 다음 그림과 같을 때, $(g \circ f)(0)$의 값은?

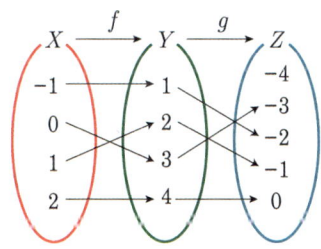

① -2 ② -3

③ -1 ④ 0

08 함수 $f : X \rightarrow Y$가 다음 그림과 같을 때, $(f \circ f)(2)$의 값은?

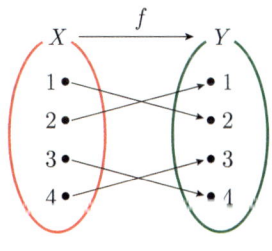

① 1   ② 2

③ 3   ④ 4

09 함수 $f : X \to Y$가 다음 그림과 같을 때, $f^{-1}(6)+f(1)$의 값은?

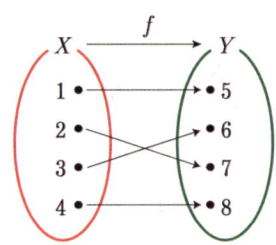

① 8

② 9

③ 10

④ 11

10 함수 $f : X \to Y$가 다음 그림과 같을 때, $f^{-1}(a)=5$, $f^{-1}(b)=4$를 만족하는 a와 b에 대하여 $a+b$의 값은?

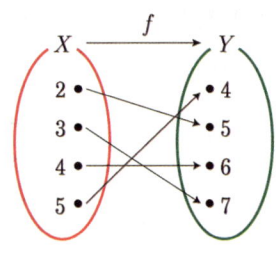

① 6

② 8

③ 10

④ 12

11 함수 $f : X \to Y$가 다음 그림과 같을 때, $f^{-1}(a)=1$, $f^{-1}(c)=3$을 만족하는 a, c에 대하여 ac의 값은?

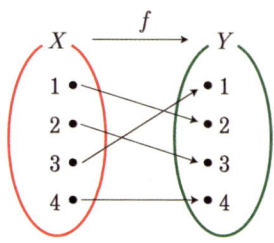

① 1

② 2

③ 3

④ 4

12 함수 $f(x)=x-2$에 대하여 역함수 $f^{-1}(2)$의 값은?

① 1

② 2

③ 3

④ 4

13 함수 $f(x) = x + 2$의 역함수를 f^{-1}라고 할 때, $f^{-1}(1)$의 값은?

① -2 ② 0

③ 2 ④ -1

15 두 함수 $f(x) = 3x - 1$, $g(x) = 2x^2$에 대하여 합성함수 $(f \circ g)(1)$의 값은?

① 5 ② 6

③ 7 ④ 8

14 두 함수 $f(x) = 2x + 5$, $g(x) = x^2 - 1$의 합성함수 $(f \circ g)(x)$에 대하여, $(f \circ g)(1)$의 값은?

① 1 ② 2

③ 3 ④ 5

16 그림의 함수 $f : X \to Y$와 그 역함수 $f^{-1} : Y \to X$에 대하여 $(f^{-1} \circ f)(4)$의 값은?

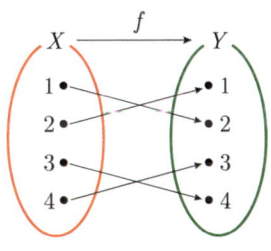

① 1 ② 2

③ 3 ④ 4

02 유리함수와 무리함수

• 유리함수와 무리함수의 그래프와 식을 학습하고, 각 그래프의 성질과 함수의 평행이동에 대해 이해한다.

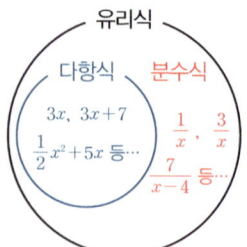

유리식

다항식 : x, $\dfrac{1}{2}x$, $\dfrac{x+3}{4}$

분수식 : $\dfrac{1}{x}$, $\dfrac{2}{x+1}$

둘 다 유리식이에요!

▶ 분수의 계산과 같이 분모와 분자에 (0이 아닌) 같은 식을 곱하거나, 나눌 수 있어요!
분수식을 더하거나 뺄 때도, 통분하여 계산하여야 해요!

1 유리식

1. 유리식

다항식 A, B에 대하여 $\dfrac{A}{B}$ $(B \neq 0)$ 꼴로 나타내어지는 식을 **유리식**이라 한다. 이때, 분모에 미지수가 없는 식을 **다항식**, 미지수가 있는 식을 **분수식**이라 한다.

2. 유리식의 성질 ^{★★★}출제포인트

다항식 A, B, C $(B \neq 0,\ C \neq 0)$에 대하여

① $\dfrac{A}{B} = \dfrac{A \times C}{B \times C}$

② $\dfrac{A}{B} = \dfrac{A \div C}{B \div C}$

예 $\dfrac{1}{x} + \dfrac{1}{x+1} = \dfrac{x+1}{x(x+1)} + \dfrac{x}{x(x+1)} = \dfrac{2x+1}{x(x+1)}$

✏️ **확인 01**

다음 식을 계산하시오.

❶ $\dfrac{1}{x+1} + \dfrac{1}{x-1}$

❷ $\dfrac{x}{x^2-1} - \dfrac{1}{x^2-1}$

정답 ❶ $\dfrac{2x}{x^2-1}$ 또는 $\dfrac{2x}{(x+1)(x-1)}$

❷ $\dfrac{1}{x+1}$

---

2 유리함수

1. 유리함수

함수 $y = f(x)$에서 $f(x)$가 x에 대한 유리식일 때, 이 함수를 <mark>유리함수</mark>라고 한다. 특히, $f(x)$가 x에 대한 다항식일 때, 이 함수를 <mark>다항함수</mark>라 한다.

2. 유리함수 $y = \dfrac{1}{x}$의 그래프

① 정의역 : $\{x \mid x \neq 0\}$
　치역 : $\{y \mid y \neq 0\}$
② 모양 : 원점에 대하여 대칭인 직각쌍곡선
③ 점근선 : $x = 0,\ y = 0$

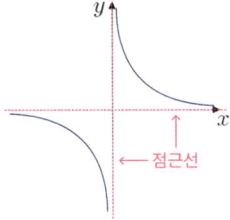

> **❂ 점근선**
> 그래프가 한없이 가까이 다가가는 선

3. $y = \dfrac{a}{x}$의 그래프

$a > 0$일 때	$a < 0$일 때
정의역 : $\{x \mid x \neq 0\}$, 치역 : $\{y \mid y \neq 0\}$	
<mark>점근선</mark> : $x = 0,\ y = 0$	
원점에 대칭인 쌍곡선이다.	
제1사분면과 제3사분면을 지난다.	제2사분면과 제4사분면을 지난다.

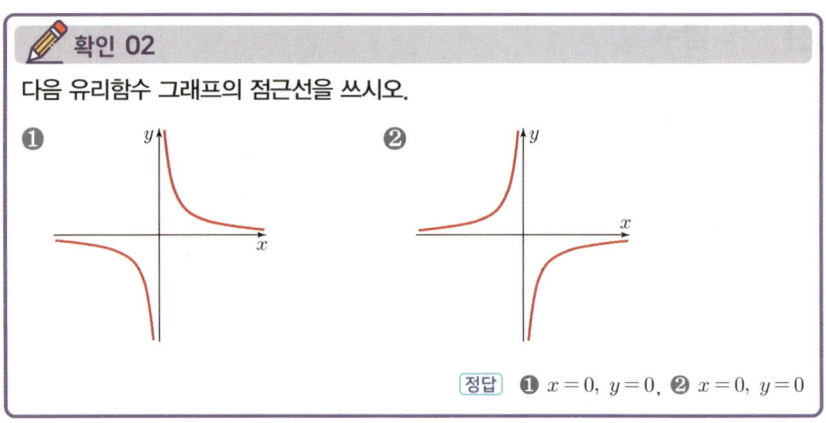

확인 02

다음 유리함수 그래프의 점근선을 쓰시오.

❶ ❷

정답 ❶ $x = 0$, $y = 0$, ❷ $x = 0$, $y = 0$

4. $y = \dfrac{1}{x-m} + n$의 그래프 출제**포인트** ★★★

$y = \dfrac{1}{x}$ 을 x축의 방향으로 m만큼, y축의 방향으로 n만큼 평행이동한 그래프이다.

① 정의역 : $\{x \mid x \neq m\}$

　치역 : $\{y \mid y \neq n\}$

② 모양 : 점 (m, n)에 대칭인 직각쌍곡선

③ 점근선 : $x = m$, $y = n$

5. $y = \dfrac{1}{x}$ 과 $y = \dfrac{1}{x-m} + n$

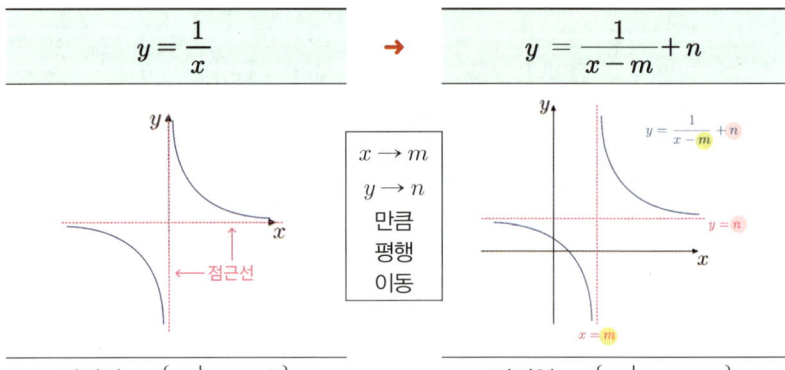

$y = \dfrac{1}{x}$	→	$y = \dfrac{1}{x-m} + n$
정의역 : $\{x \mid x \neq 0\}$		정의역 : $\{x \mid x \neq m\}$
치역 : $\{y \mid y \neq 0\}$		치역 : $\{y \mid y \neq n\}$
점근선 : $x = 0$, $y = 0$		점근선 : $x = m$, $y = n$

좌측 여백 내용:

▶ $y = \dfrac{1}{x}$ 과 $y = \dfrac{1}{x-m} + n$

x축의 방향으로 m만큼, y축의 방향으로 n만큼 평행이동한 그래프

연계개념 이해 쏙!

도형을 x축의 방향으로 m만큼, y축의 방향으로 n만큼 평행이동하면,

$f(x, y) = 0$

$\xrightarrow[\text{$y$ 대신 $y-n$ 를 대입}]{\text{x 대신 $x-m$ 를 대입}}$

$f(x-m, y-n) = 0$

▶ 점근선을 보면, 그래프의 평행이동을 알 수 있습니다.

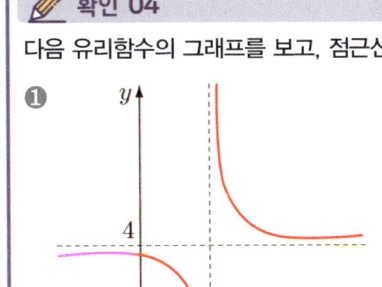

확인 03

다음 유리함수의 점근선을 쓰시오.

❶ $y = \dfrac{1}{x-1} + 1$

❷ $y = \dfrac{1}{x-2} + 1$

❸ $y = \dfrac{1}{x+1} + 1$

❹ $y = \dfrac{1}{x+1} - 2$

정답 ❶ $x=1,\ y=1$, ❷ $x=2,\ y=1$, ❸ $x=-1,\ y=1$, ❹ $x=-1,\ y=-2$

확인 04

다음 유리함수의 그래프를 보고, 점근선을 구하시오.

❶

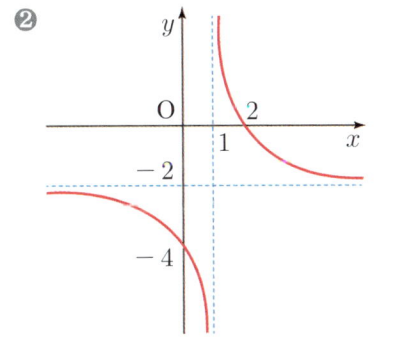

❷

정답 ❶ $x=3,\ y=4$, ❷ $x=1,\ y=-2$

6. $y = \dfrac{a}{x-m} + n$의 그래프

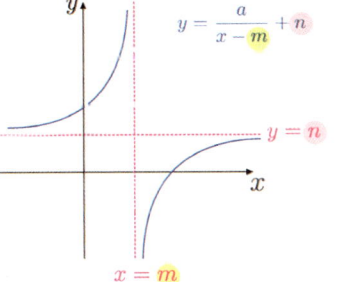

$y = \dfrac{a}{x-m} + n \quad (a>0)$	$y = \dfrac{a}{x-m} + n \quad (a<0)$
정의역 : $\{x \mid x \neq m\}$ 치역 : $\{y \mid y \neq n\}$ 점근선 : $x=m,\ y=n$	정의역 : $\{x \mid x \neq m\}$ 치역 : $\{y \mid y \neq n\}$ 점근선 : $x=m,\ y=n$

확인 05

유리함수 $y = -\dfrac{1}{x+1} + a$의 그래프가 그림과 같을 때, a의 값을 구하시오.

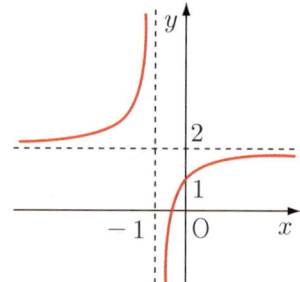

풀 이

그래프의 점근선은 $x = -1$, $y = 2$이고, 식에서 점근선을 구하면, $x = -1$, $y = a$ 이므로 $a = 2$이다.

정답 $a = 2$

3 무리식

1. 무리식

근호 안에 문자가 포함되어 있는 식 중에서 유리식으로 나타낼 수 없는 식을 <mark>무리식</mark>이라 한다.

예 $\sqrt{2x}$, $\sqrt{x+1}$ 은 무리식이다.

2. 무리식이 실수가 되기 위한 조건

근호 안의 식의 값이 0보다 크거나 같으면 무리식의 값은 실수가 된다.

예 $\sqrt{2x}$ 의 값이 실수가 되려면 $2x \geq 0$, 즉 $x \geq 0$이어야 한다.
$\sqrt{x+1}$ 의 값이 실수가 되려면 $x + 1 \geq 0$, 즉 $x \geq -1$이어야 한다.

4 무리함수

1. 무리함수의 뜻

(1) 무리함수

함수 $y = f(x)$에서 $f(x)$가 x에 대한 무리식일 때, 이 함수를 무리함수라 한다.

예 $y = \sqrt{2x}$, $y = \sqrt{x+1}$ 은 무리함수이다.

(2) 무리함수의 정의역

무리함수에서 정의역이 특별히 정해지지 않은 경우에는 근호 안의 식의 값이 0 이상이 되도록 하는 실수 전체의 집합이 정의역이 된다.

예 $y = \sqrt{2x}$ 의 정의역은 $\{x \mid x \geq 0\}$

$y = \sqrt{x+1}$ 의 정의역은 $\{x \mid x \geq -1\}$

2. 무리함수의 그래프

(1) $y = \sqrt{x}$ 의 그래프

① 정의역 : $\{x \mid x \geq 0\}$

치역 : $\{y \mid y \geq 0\}$

② 시작점 : $(0, 0)$

③ 모양 : 시작점으로부터 오른쪽 위로 뻗어나가는 곡선

※ **시작점** : 그래프가 시작되는 점

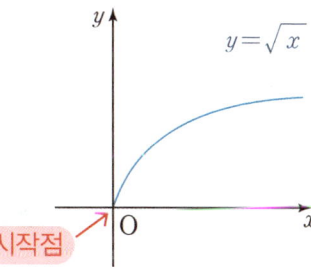

○ 무리함수 그래프를 쉽게 익히기 위해 시작점이라는 용어를 기억하세요!

시작점은 그래프가 시작되는 점이라는 뜻으로, 실제 무리함수의 용어는 아니므로, 우리 교재에서만 사용하도록 해요!

3. 여러 가지 무리함수의 그래프

(1) $y = \sqrt{ax}$ 의 그래프

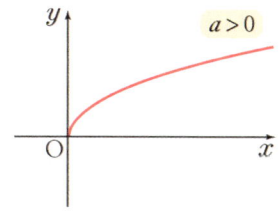

(2) $y = -\sqrt{ax}$ 의 그래프

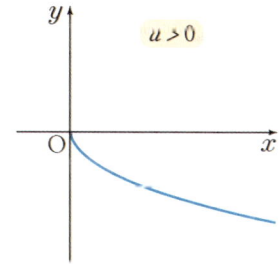
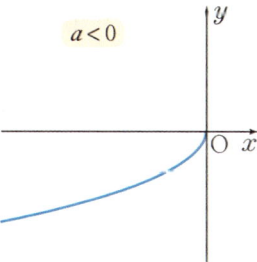

그림으로 핵심만 쏙 쏙!

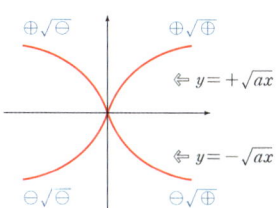

$\Leftarrow y = +\sqrt{ax}$

$\Leftarrow y = -\sqrt{ax}$

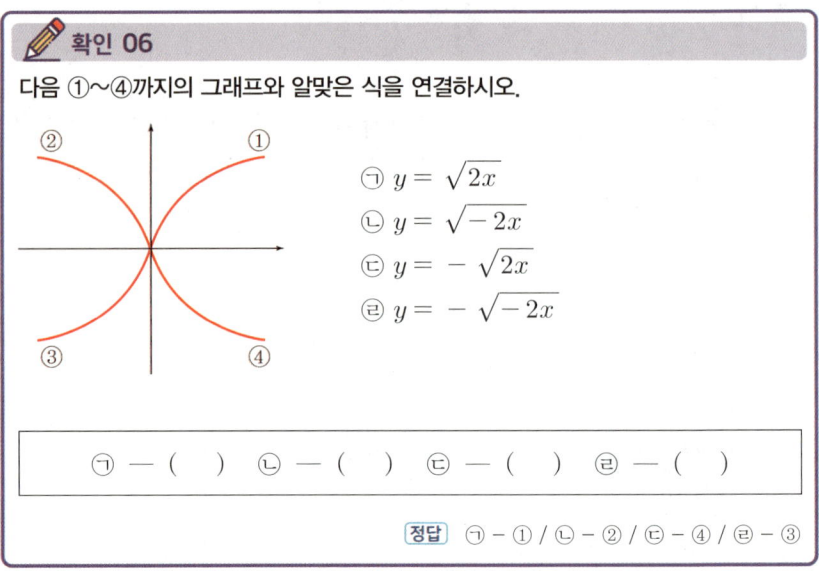

확인 06

다음 ①~④까지의 그래프와 알맞은 식을 연결하시오.

ㄱ $y = \sqrt{2x}$

ㄴ $y = \sqrt{-2x}$

ㄷ $y = -\sqrt{2x}$

ㄹ $y = -\sqrt{-2x}$

ㄱ — (　)　　ㄴ — (　)　　ㄷ — (　)　　ㄹ — (　)

정답 ㄱ－①／ㄴ－②／ㄷ－④／ㄹ－③

4. $y = \sqrt{x-m} + n$의 그래프 출제포인트 ★★★

① 정의역 : $\{x \mid x \geq m\}$

　치역 : $\{y \mid y \geq n\}$

② 시작점 : (m, n)

③ 모양 : 시작점으로부터 오른쪽 위로 뻗어나가는 곡선

※ 시작점 : 그래프가 시작되는 점

5. $y = \sqrt{x}$ 와 $y = \sqrt{x-m} + n$

연계개념 이해 쏙!

도형을 x축의 방향으로 m만큼, y축의 방향으로 n만큼 평행이동 하면,

$f(x, y) = 0$

$\dfrac{x \text{ 대신 } x-m \text{ 을 대입}}{y \text{ 대신 } y-n \text{ 을 대입}}$

$f(x-m, y-n) = 0$

▶ 시작점을 보면, 그래프의 평행 이동을 알 수 있습니다.

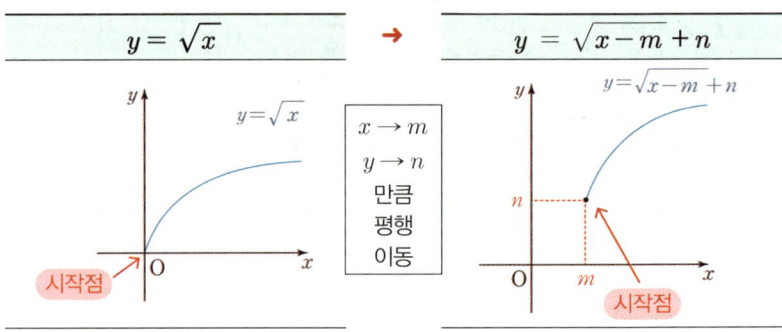

$y = \sqrt{x}$	→	$y = \sqrt{x-m} + n$
정의역 : $\{x \mid x \geq 0\}$		정의역 : $\{x \mid x \geq m\}$
치역 : $\{y \mid y \geq 0\}$		치역 : $\{y \mid y \geq n\}$
시작점 : $(0, 0)$		시작점 : (m, n)

✏️ **확인 07**

다음 그래프는 $y = \sqrt{x-a}$ 의 그래프이다. a의 값을 구하시오.

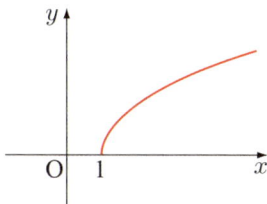

풀이

$y = \sqrt{x-a}$ 는 $y = \sqrt{x}$ 를 x축의 방향으로 a만큼 평행이동한 그래프이다. 그러므로 그래프를 참고하면 $a = 1$이다.

정답 $a = 1$

✏️ **확인 08**

그림은 무리함수 $y = \sqrt{x}$ 의 그래프와 $y = \sqrt{x}$ 를 x축의 방향으로 a만큼 평행이동한 $y = \sqrt{x-a}$ 의 그래프이다. 상수 a의 값을 구하시오.

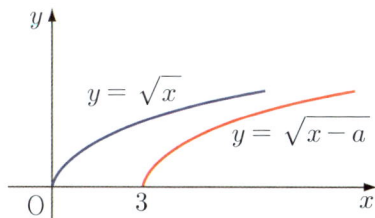

풀이

$y = \sqrt{x-a}$ 는 $y = \sqrt{x}$ 를 x축의 방향으로 a만큼 평행이동한 그래프이다. 그러므로 그래프를 참고하면 $a = 3$이다.

정답 $a = 3$

PART 05

01 분수식 $\dfrac{1}{x} - \dfrac{1}{x+1}$을 계산하면?

(단, $x \neq 0$, $x \neq -1$)

① $\dfrac{-2}{x(x+1)}$　　② $\dfrac{-1}{x(x+1)}$

③ $\dfrac{1}{x(x+1)}$　　④ $\dfrac{2x+1}{x(x+1)}$

02 분수식 $\dfrac{x}{x^2-1} + \dfrac{1}{x^2-1}$을 간단히 하면?

(단, $x \neq \pm 1$)

① 1　　② $\dfrac{1}{x-1}$

③ $\dfrac{1}{x+1}$　　④ $\dfrac{1}{x^2-1}$

03 유리함수 $y = \dfrac{1}{x-a} - 2$의 그래프가 그림과 같을 때, a의 값은?

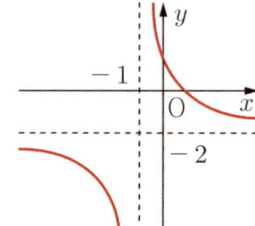

① 1　　② -1

③ -2　　④ 2

04 유리함수 $y = \dfrac{1}{x-1} + a$의 그래프가 그림과 같을 때, a의 값은?

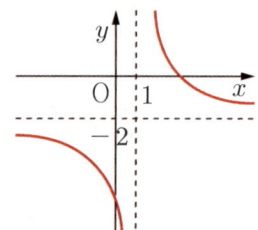

① 1　　② -1

③ -2　　④ 2

05 유리함수 $y = \dfrac{1}{x-1} + a$의 그래프가 그림과 같을 때, a의 값은?

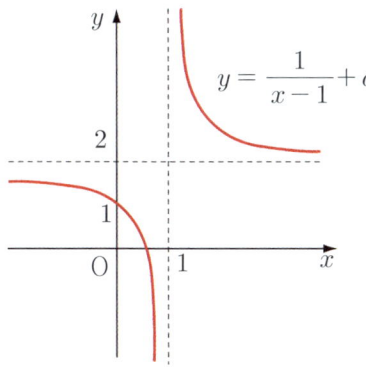

① 1   ② 2

③ -1 ④ -2

07 $y = \dfrac{2}{x}$의 그래프를 x축의 방향으로 2만큼, y축의 방향으로 3만큼 평행이동하면

$y = \dfrac{2}{x-a} + b$의 그래프가 된다. $a+b$의 값은?

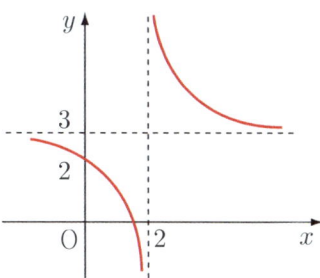

① 2   ② 3

③ 4   ④ 5

06 유리함수 $y = -\dfrac{1}{x-a} - 1$의 그래프가 그림과 같을 때, a의 값은?

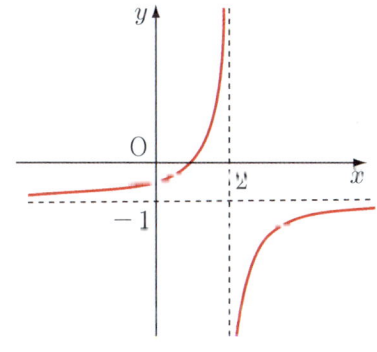

① 1   ② -1

③ 2   ④ -2

08 함수 $y = \dfrac{1}{x}$의 그래프를 x축의 방향으로 2만큼, y축의 방향으로 -5만큼 평행이동하면

$y = \dfrac{1}{x-a} + b$의 그래프가 된다. 이때, $a+b$의 값은?

① -3 ② -1

③ 1   ④ 3

09 분수함수 $y = \dfrac{2}{x-1} + 3$의 그래프가 점 $(2, k)$ 를 지날 때, 실수 k의 값은?

① 2　　　　② 3

③ 4　　　　④ 5

10 분수함수 $y = \dfrac{4x-1}{x+2}$ 이 점 $(1, a)$를 지날 때, 실수 a의 값은?

① -1　　　　② 0

③ 1　　　　④ 2

11 다음 그래프는 $y = \sqrt{x-a}$의 그래프이다. a의 값은?

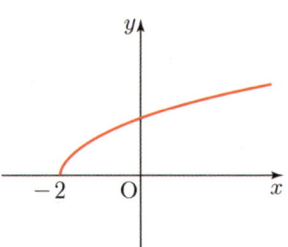

① -1　　　　② 1

③ -2　　　　④ 2

12 다음 그래프는 $y = \sqrt{x-2} + a$의 그래프이다. a의 값은?

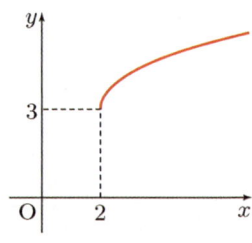

① 2　　　　② 3

③ 4　　　　④ 5

13 무리함수 $y = \sqrt{x-2} + 4$의 그래프는 함수 $y = \sqrt{x}$의 그래프를 x축의 방향으로 a만큼, y축의 방향으로 b만큼 평행이동한 것이다. $a+b$의 값은?

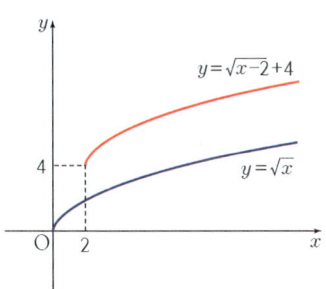

① 2   ② 4
③ 6   ④ 8

15 다음 그래프는 $y = \sqrt{x-a} + b$의 그래프이다. $a+b$의 값은?

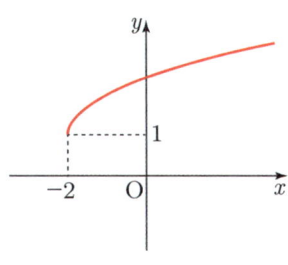

① -1 ② 0
③ 1   ④ 2

14 그림의 무리함수 $y = \sqrt{x-2} + 2$의 그래프는 함수 $y = \sqrt{x}$의 그래프를 x축의 방향으로 a만큼, y축의 방향으로 b만큼 평행이동한 것이다. $a+b$의 값은?

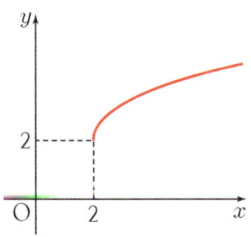

① 2   ② 3
③ 4   ④ 5

16 그림의 무리함수 $y = -\sqrt{-x+a} + b$의 그래프에서 $a-b$의 값은?

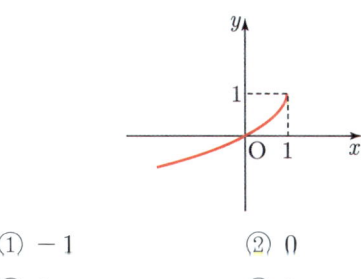

① -1 ② 0
③ 1   ④ 2

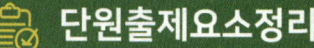
01 여러 가지 함수

1 함수

두 집합 X, Y에 대하여 X의 각 원소에 Y의 원소가 반드시, 그리고 오직 하나만 대응될 때, 이 대응을 집합 X에서 집합 Y로의 함수라 하고, 이 함수 f를 기호로 $f : X \rightarrow Y$와 같이 나타낸다.

2 정의역, 공역, 치역

① 정의역 : 집합 X
② 공역 : 집합 Y
③ 함숫값 : x에 대응하는 y의 값
   $(x \in X, y \in Y)$
   $f(a) : y = f(x)$의 $x = a$일 때의 함숫값
④ 치역 : $\{f(x) | x \in X\}$

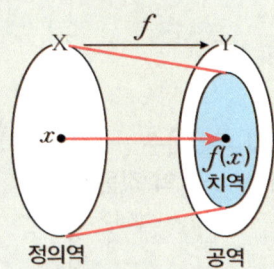

3 여러 가지 함수

(1) 일대일함수
   X의 원소가 Y의 모두 다른 원소에 대응되는 함수
(2) 일대일대응
   X의 원소가 Y의 모두 다른 원소에 대응되며 공역과 치역이 일치

(3) 항등함수
   정의역과 공역이 같고, 정의역 X의 각 원소에 자기 자신이 대응하는 함수
   ➔ $f(x) = x$
(4) 상수함수
   정의역 X의 모든 원소에 공역 Y의 오직 한 원소가 대응하는 함수를 말한다.
   ➔ $f(x) = c$ (c는 상수)

4 합성함수의 함숫값

① $(f \circ g)(x) = f(g(x))$이므로,
   $(f \circ g)(a) = f(g(a))$이다.
② $(g \circ f)(x) = g(f(x))$이므로,
   $(g \circ f)(a) = g(f(a))$이다.

5 역함수의 성질

① $(f^{-1})^{-1} = f$ ← 역함수의 역함수는 자기 자신이다.
② $f(a) = b$ ➔ $f^{-1}(b) = a$
   ← 역함수의 정의
③ $f^{-1} \circ f = I$ (I는 항등함수) ← 역함수와 자신을 합성하면 항등함수

02 유리함수와 무리함수

1 $y = \dfrac{1}{x}$ 과 $y = \dfrac{1}{x-m} + n$

$$y = \dfrac{1}{x}$$

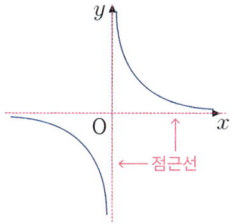

정의역 : $\{x \mid x \neq 0\}$
치역 : $\{y \mid y \neq 0\}$
점근선 : $x = 0,\ y = 0$

↓ $x \to m,\ y \to n$ 만큼 평행이동

$$y = \dfrac{1}{x-m} + n$$

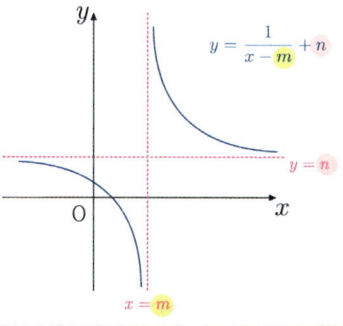

정의역 : $\{x \mid x \neq m\}$
치역 : $\{y \mid y \neq n\}$
섬근선 : $x = m,\ y = n$

2 $y = \sqrt{x}$ 와 $y = \sqrt{x-m} + n$

$$y = \sqrt{x}$$

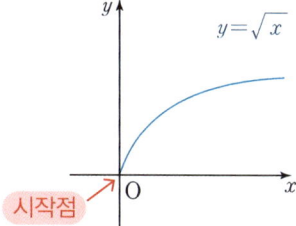

정의역 : $\{x \mid x \geq 0\}$
치역 : $\{y \mid y \geq 0\}$
시작점 : $(0,\ 0)$

↓ $x \to m,\ y \to n$ 만큼 평행이동

$$y = \sqrt{x-m} + n$$

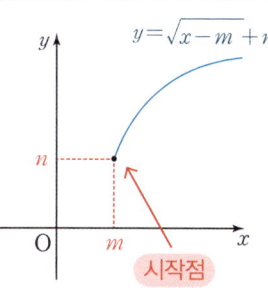

정의역 : $\{x \mid x \geq m\}$
치역 : $\{y \mid y \geq n\}$
시작점 : $(m,\ n)$

01 그림과 같은 함수 $f : X \to Y$에 대한 설명으로 옳지 <u>않은</u> 것은?

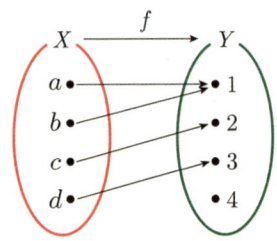

① 정의역은 $\{a,\ b,\ c,\ d\}$이다.

② 공역은 $\{1,\ 2,\ 3,\ 4\}$이다.

③ 치역은 $\{1,\ 2,\ 3\}$이다.

④ $f(a) = 2$이다.

02 두 집합 $X = \{1, 2, 3\}$, $Y = \{4, 5, 6, 7\}$에 대하여 함수 $f : X \to Y$가 상수함수이고, $f(3) = 4$일 때, $f(1)$의 값은?

① 4 　　　　　② 5

③ 6 　　　　　④ 7

03 함수 $f : X \to Y$가 그림과 같을 때, $(f \circ f)(2)$의 값은?

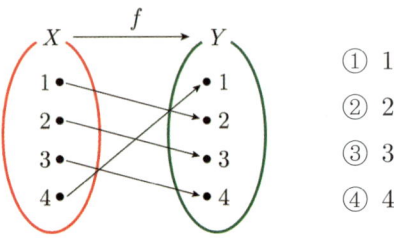

① 1

② 2

③ 3

④ 4

04 두 함수 $f : X \to Y$, $g : Y \to Z$가 그림과 같을 때, $(g \circ f)(2)$의 값은?

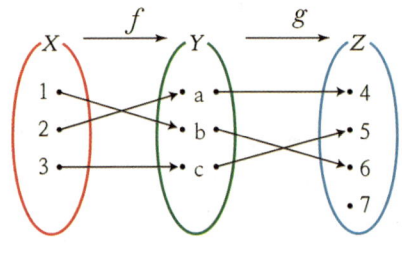

① 4 　　　　　② 5

③ 6 　　　　　④ 7

05 함수 $f : X \to Y$가 그림과 같을 때, $f^{-1}(a) = 4$를 만족하는 상수 a의 값은? (단, f^{-1}는 f의 역함수이다.)

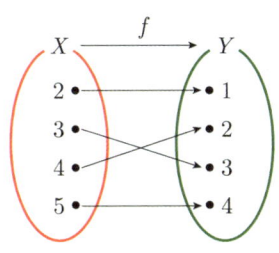

① 2   ② 3
③ 4   ④ 5

06 함수 $f : X \to Y$가 그림과 같을 때, $f(4) + f^{-1}(4)$의 값은? (단, f^{-1}는 f의 역함수이다.)

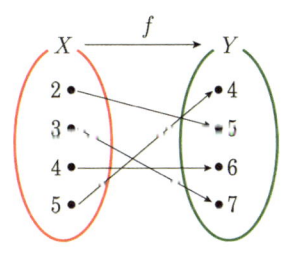

① 5   ② 7
③ 9   ④ 11

07 유리함수 $y = \dfrac{1}{x-a} + 4$의 그래프의 점근선은 두 직선 $x = 3$, $y = 4$이다. 상수 a의 값은?

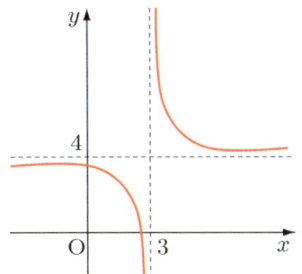

① 1
② 3
③ 5
④ 7

08 유리함수 $y = \dfrac{1}{x-1} + a$의 그래프가 그림과 같을 때, 상수 a의 값은?

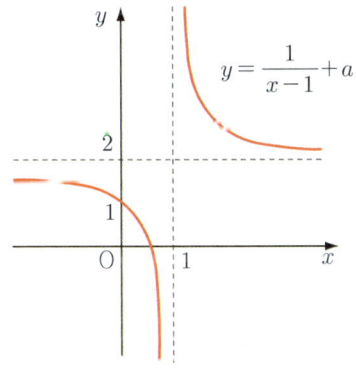

① 1   ② 2
③ 3   ④ 4

09 유리함수 $y = \dfrac{1}{x-2} + 3$의 그래프로 알맞은 것은?

①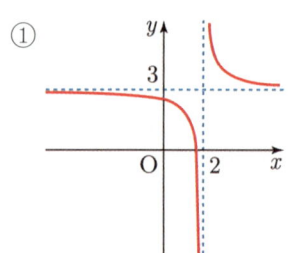

②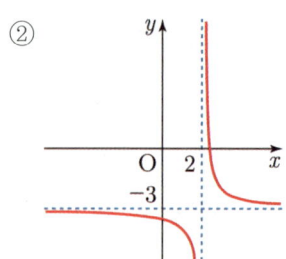

③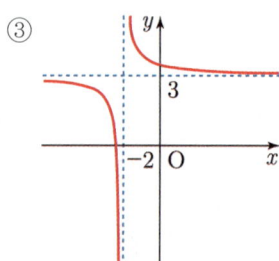

④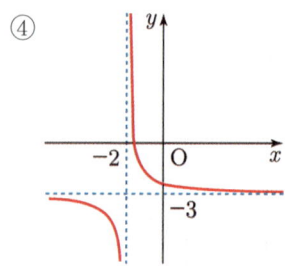

10 그림은 유리함수 $y = \dfrac{2}{x}$의 그래프를 x축의 방향으로 1만큼, y축의 방향으로 -2만큼 평행이동한 $y = \dfrac{2}{x+a} + b$의 그래프이다. 두 상수 a, b에 대하여 $a+b$의 값은?

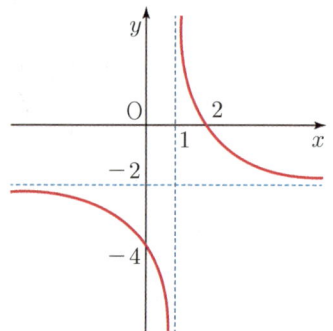

① -3　　　　　② -1

③ 1　　　　　④ 3

11 무리함수 $y = \sqrt{x-1} + a$의 그래프가 그림과 같을 때, 상수 a의 값은?

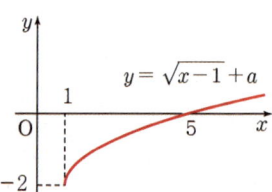

① -2　　　　　② 0

③ 2　　　　　④ 4

12 무리함수 $y = \sqrt{x-2}$ 의 그래프로 알맞은 것은?

①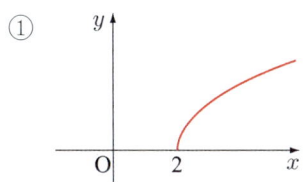

②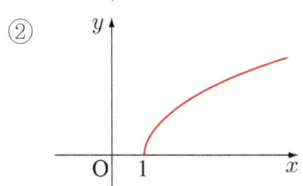

③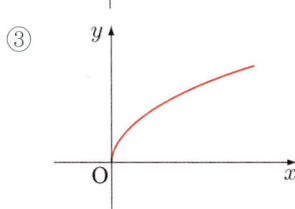

④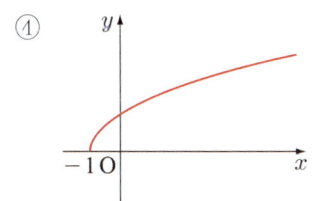

13 무리함수 $y = \sqrt{x-1}+2$의 그래프는 함수 $y = \sqrt{x}$ 의 그래프를 x축 방향으로 a만큼, y축 방향으로 b만큼 평행이동한 것이다. $a+b$의 값은?

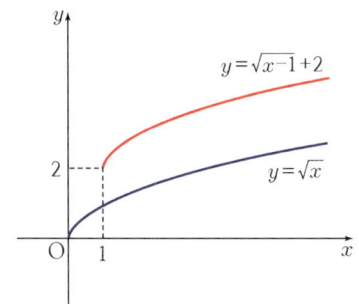

① -3 ② -1

③ 1 ④ 3

14 그림은 무리함수 $y = \sqrt{x}$ 의 그래프와 $y = \sqrt{x}$ 를 x축의 방향으로 a만큼 평행이동한 $y = \sqrt{x-a}$ 의 그래프이다. 상수 a의 값은?

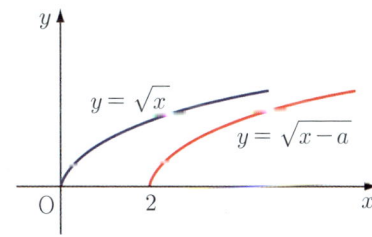

① -1 ② 0

③ 1 ④ 2

EBS 교육방송교재

고졸 검정고시 　수학

경우의 수

✪ 이 단원에서는 합의 법칙과 곱의 법칙을 이용하여 경우의 수를 구할 수 있도록 합니다. 순열과 조합의 차이를 구분하고, 각각의 경우의 수를 구할 수 있도록 합니다.

01 경우의 수

• 합의 법칙과 곱의 법칙을 이용하여 경우의 수를 구할 수 있다.

연계개념 이해 쏙!

주사위를 던질 때, 다음 사건의 경우의 수는

사건	홀수의 눈이 나온다.
경우	
경우의 수	3가지

사건	3의 배수의 눈이 나온다.
경우	
경우의 수	2가지

1~5까지의 숫자카드 중 하나를 택할 때, 다음 사건의 경우의 수는

사건	짝수가 나온다.
경우	2, 4
경우의 수	2가지

1 경우의 수

1. 경우의 수

① 시행 : 어떤 실험 또는 관찰을 하는 행위를 말한다.

② 사건 : 같은 조건에서 반복할 수 있는 실험이나 관찰에 의하여 나타나는 결과를 말한다.

③ 경우 : 사건이 일어날 수 있는 구체적인 결과를 말한다.

④ 경우의 수 : 사건이 일어날 수 있는 경우의 가짓수를 경우의 수라고 한다.

Click — 경우의 수 용어정리

주사위를 던져 짝수가 나오는 경우의 수에 대해 알아보자.

① 시행 : 주사위를 던진다.

② 사건 : 짝수의 눈이 나온다.

③ 경우 : 2, 4, 6

④ 경우의 수 : 3가지

이와 같이 경우의 수는 그 사건이 일어나는 모든 가짓수를 말한다.

✏️ 확인 01

1~10까지의 자연수가 적힌 10장의 카드가 있는 상자에서 한 장의 카드를 꺼낼 때, 다음 사건이 일어나는 경우의 수를 구하시오.

❶ 짝수가 나온다.

❷ 홀수가 나온다.

> 풀이
> ❶ 2, 4, 6, 8, 10의 5가지이다.
> ❷ 1, 3, 5, 7, 9의 5가지이다.

정답 ❶ 5 ❷ 5

확인 02

1~8까지의 자연수가 각각 적힌 8개의 공이 들어있는 상자에서 한 개의 공을 꺼낼 때, 다음 사건이 일어나는 경우의 수를 구하시오.

❶ 짝수가 나온다.

❷ 홀수가 나온다.

풀이

❶ 2, 4, 6, 8의 4가지이다.
❷ 1, 3, 5, 7의 4가지이다.

정답 ❶ 4 ❷ 4

2 합의 법칙과 곱의 법칙

사건 A, B가 일어나는 경우의 수가 각각 m, n이라 하면

1. 사건 A 또는 B가 일어나는 경우의 수 [합의 법칙] 출제포인트 ★★★

사건 A와 사건 B가 동시에 일어나지 않을 때 ➡ 경우의 수 : $m+n$

 **Click** 합의 법칙

티셔츠 3종류와 스웨터 2종류가 있을 때, 이 중 하나를 고르는 경우의 수는

티셔츠   또는   스웨터

  3   +   2 = 5가지이다.

사건 A 또는 사건 B

  ↓   ↓

 m + n

동시에 일어나지 않는 사건에 대해서는 합의 법칙을 사용한다.

 확인 03

색연필 4종류와 볼펜 3종류가 있을 때, 색연필 또는 볼펜 한 자루를 선택하는 경우의 수를 구하시오.

풀이

동시에 일어나지 않는 사건이므로 합의 법칙을 이용한다. ($4+3=7$)

정답 7가지

그림으로 핵심만 쏙쏙!

사건 A **또는** 사건 B

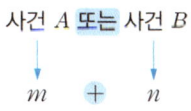

 m + n

PART 06

확인 04

만화책 4권과 소설책 5권이 책꽂이에 꽂혀있을 때, 만화책 또는 소설책 한 권을 꺼내는 경우의 수를 구하시오.

풀이

동시에 일어나지 않는 사건이므로 합의 법칙을 이용한다. $(4+5=9)$

정답 9가지

2. 사건 A, B가 동시에 일어나는 경우의 수 [곱의 법칙] 출제포인트 ★★★

사건 A와 사건 B가 **동시에** 일어날 때 ➡ 경우의 수 : $m \times n$

/II Click 곱의 법칙

어떤 아이스크림 가게에서 컵이나 콘에,
딸기, 바닐라, 초코 중 한 종류의 아이스크림을 담아 판매한다고 한다.

용기를 고르고(2가지)	동시에	아이스크림 맛을 고른다.(3가지)	
2	×	3	= 6가지

경우의 수는 하나하나 경우를 생각하여 세는 방법으로도 문제를 풀 수 있다.

 확인 05

A에서 B를 거쳐 C로 가려고 한다. 가는 길의 종류가 다음 그림과 같을 때, A에서 C까지 가는 길의 경우의 수를 구하시오.

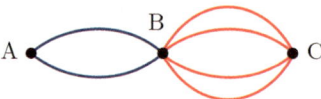

풀이

A에서 B까지 가는 길의 종류가 2가지, B에서 C까지 가는 길의 종류가 4가지이고, A에서 B를 거쳐 C까지 가는 경로이므로 곱의 법칙을 이용하면, $2 \times 4 = 8$

정답 8가지

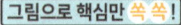

사건 A 동시에 사건 B

m × n

총 6가지이다.

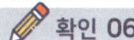 **확인 06**

A에서 B를 거쳐 C로 가려고 한다. 가는 길의 종류가 다음 그림과 같을 때, A에서 C까지 가는 길의 경우의 수를 구하시오.

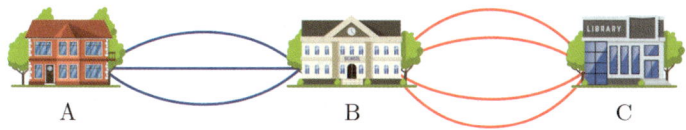

A   B   C

풀이

A에서 B까지 가는 길의 종류가 3가지, B에서 C까지 가는 길의 종류가 4가지이고, A에서 B를 거쳐 C까지 가는 경로이므로 곱의 법칙을 이용하면, $3 \times 4 = 12$

정답 12가지

01 휴게실에 5종류의 소설책과 3종류의 신문이 있다. 소설책 또는 신문 중에서 한 가지를 고르는 경우의 수는?

① 2　　　　　　② 4

③ 6　　　　　　④ 8

02 어느 화원에 붉은색 꽃이 5종류, 흰색 꽃이 3종류, 노란색 꽃이 2종류 진열되어 있다. 각각의 색의 꽃을 한 송이씩 뽑아 꽃다발을 만드는 방법의 수는? (단, 꽃의 종류는 모두 다르다.)

① 30　　　　　　② 35

③ 40　　　　　　④ 45

03 두 지점 A, B 사이에는 3개의 버스 노선과 2개의 지하철 노선이 있다. A 지점에서 B 지점으로 갈 때에는 버스를 타고, B 지점에서 A 지점으로 돌아올 때에는 지하철을 타는 방법의 수는?

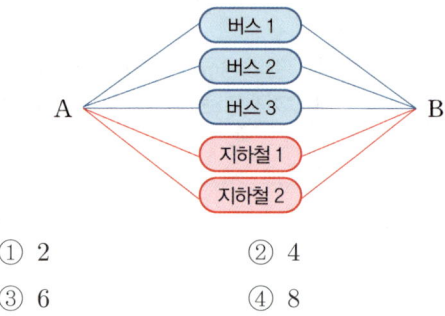

① 2　　　　　　② 4

③ 6　　　　　　④ 8

04 7명의 남자 선수와 5명의 여자 선수로 구성된 탁구팀에서 한 사람씩 뽑아 혼합복식조를 만드는 경우의 수는?

① 30　　　　　　② 35

③ 40　　　　　　④ 45

05 2개의 자음 ㄱ, ㄴ과 4개의 모음 ㅏ, ㅑ, ㅓ, ㅕ가 있다. 이 중에서 자음 한 개와 모음 한 개를 짝지어 만들 수 있는 글자의 개수는?

① 2 　　　　　② 4

③ 6 　　　　　④ 8

06 A, B 두 개의 주사위를 동시에 던질 때, 주사위 A는 3의 배수의 눈이 나오고, B는 6의 약수의 눈이 나오는 경우의 수는?

① 4 　　　　　② 6

③ 8 　　　　　④ 10

02 순열과 조합

• 순열과 조합의 의미를 이해하고, 조건에 맞게 경우의 수를 구할 수 있다.

1 순열

1. 선택하여 나열하는 경우의 수 [순열] 출제포인트★★★

서로 다른 n개에서 중복됨 없이 $r(n \geq r)$개를 택하여 일렬로 배열하는 것을 n개에서 r개를 택하는 **순열**이라 하고, 이 순열의 수를 기호로 $_n\mathrm{P}_r$과 같이 나타낸다.

$$_n\overset{\curvearrowleft}{\mathrm{P}}_r$$

서로 다른 것의 개수   택하는 것의 개수

① $_n\mathrm{P}_r = n(n-1)(n-2)\cdots(n-r+1)$ (단, $0 \leq r \leq n$)

   예 $_4\mathrm{P}_3 = 4 \times 3 \times 2 = 24$, $_5\mathrm{P}_2 = 5 \times 4 = 20$

② $_n\mathrm{P}_n = n!$

③ $_n\mathrm{P}_0 = 1$, $0! = 1$

/Ⅲ Click

정수와 순열

숫자카드 1, 2, 3, 4가 있을 때, 이 중 두 장을 선택하여 만들 수 있는 두 자리 정수를 알아보자.

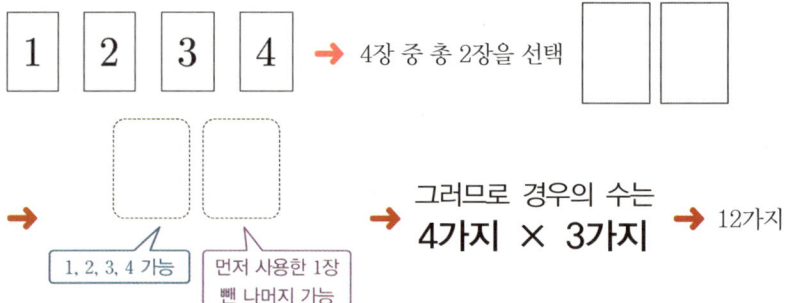

방법 1

| 1 | 2 | 3 | 4 | → 4장 중 총 2장을 선택

→ (1, 2, 3, 4 가능) (먼저 사용한 1장 뺀 나머지 가능)

그러므로 경우의 수는
4가지 × 3가지 → 12가지

방법 2 숫자카드 4개 중 2개를 선택하여 일렬로 배열하는 경우의 수이므로 $_4\mathrm{P}_2$
$$_4\mathrm{P}_2 = 4 \times 3 = 12$$

그림으로 핵심만 쏙쏙!

$_n\mathrm{P}_r$
$= \underbrace{n \times (n-1) \times \cdots \times (n-r+1)}_{r\text{개}}$

❯ $n!$
$n! = n \times (n-1) \times \cdots \times 1$
→ n부터 시작하여 1까지 곱하는 것
   예 $3! = 3 \times 2 \times 1$

2. 한 줄로 서는 경우의 수

① n명을 한 줄로 세우는 경우의 수

→ $_nP_n = n \times (n-1) \times (n-2) \times \cdots \times 2 \times 1$

② n명 중에서 2명을 뽑아 한 줄로 세우는 경우의 수

→ $_nP_2 = n \times (n-1)$

③ n명 중에서 3명을 뽑아 한 줄로 세우는 경우의 수

→ $_nP_3 = n \times (n-1) \times (n-2)$

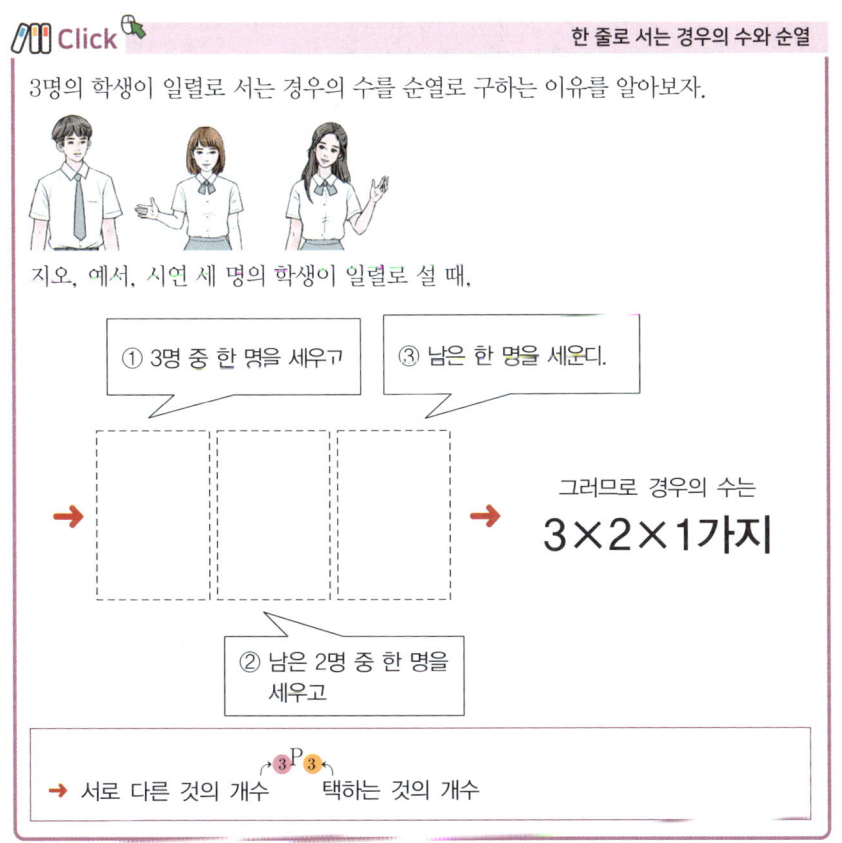

Click 한 줄로 서는 경우의 수와 순열

3명의 학생이 일렬로 서는 경우의 수를 순열로 구하는 이유를 알아보자.

지오, 예서, 시연 세 명의 학생이 일렬로 설 때,

① 3명 중 한 명을 세우고   ③ 남은 한 명을 세운다.

그러므로 경우의 수는
3×2×1가지

② 남은 2명 중 한 명을 세우고

→ 서로 다른 것의 개수 $_3P_3$ 택하는 것의 개수

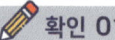

다음의 경우의 수를 구하시오.

❶ 3명의 학생이 일렬로 서는 경우의 수를 구하시오.

❷ 4명의 학생 중 2명을 골라 일렬로 세우는 경우의 수를 구하시오.

❸ 4명의 학생 중 3명을 골라 일렬로 세우는 경우의 수를 구하시오.

풀이

❶ $3 \times 2 \times 1 = 6$ 또는 $_3P_3$

❷ 4×3 또는 $_4P_2$

❸ $4 \times 3 \times 2$ 또는 $_4P_3$

정답 ❶ 6가지 ❷ 12가지 ❸ 24가지

3. 대표 뽑기(구분이 되는)

① n명 중에서 2명의 대표를 뽑는 경우의 수(회장, 부회장과 같이 구분이 되는 대표)

→ $_nP_2 = n \times (n-1)$

예 3명 중에서 회장 1명과 부회장 1명을 뽑는 경우의 수는 $_3P_2$ $= 6$가지

② n명 중에서 3명의 대표를 뽑는 경우의 수(회장, 부회장, 총무와 같이 구분이 되는 대표)

→ $_nP_3 = n \times (n-1) \times (n-2)$

예 4명 중에서 회장 1명과 부회장 1명, 총무 1명을 뽑는 경우의 수는 $_4P_3 = 24$가지

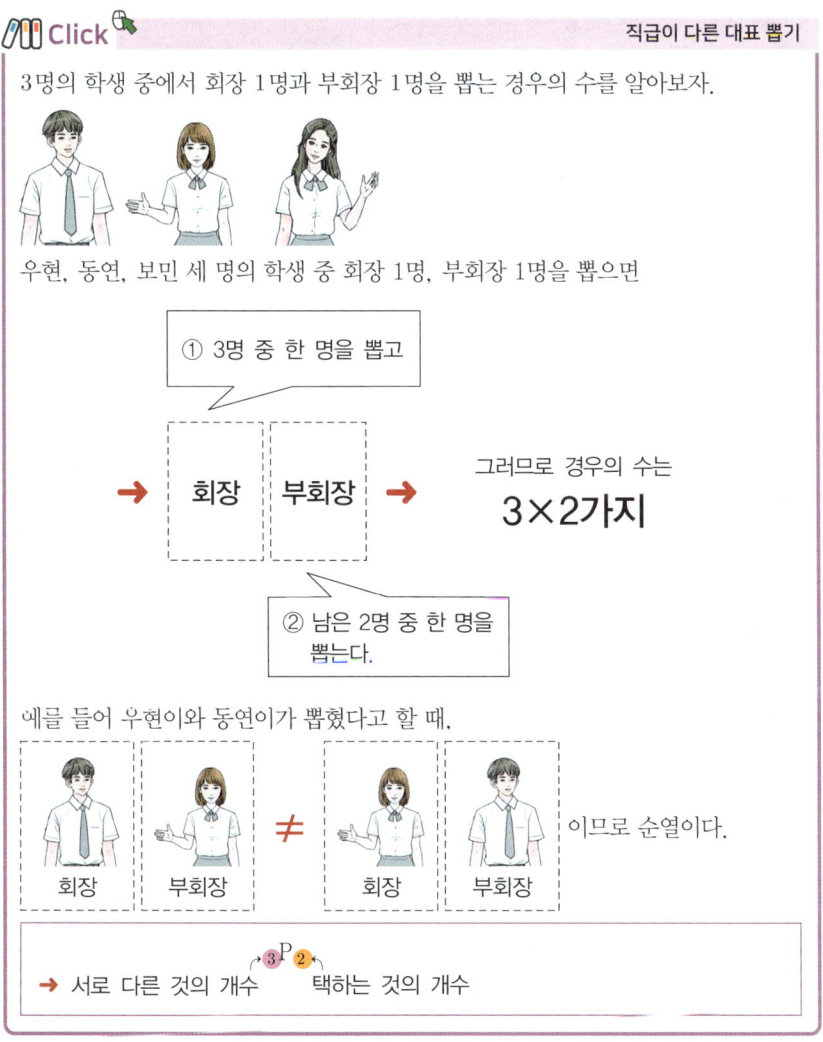

직급이 다른 대표 뽑기

3명의 학생 중에서 회장 1명과 부회장 1명을 뽑는 경우의 수를 알아보자.

우현, 동연, 보민 세 명의 학생 중 회장 1명, 부회장 1명을 뽑으면

① 3명 중 한 명을 뽑고

회장 · 부회장

그러므로 경우의 수는

3×2가지

② 남은 2명 중 한 명을 뽑는다.

예를 들어 우현이와 동연이가 뽑혔다고 할 때,

회장 부회장 ≠ 회장 부회장 이므로 순열이다.

→ 서로 다른 것의 개수 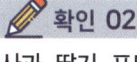 택하는 것의 개수

확인 02

사과, 딸기, 포도 세 종류의 과일 중 서로 다른 두 개의 과일을 골라 일렬로 나열하는 경우의 수를 고르시오.

① 4가지   ② 5가지
③ 6가지   ④ 7가지

풀이

세 개 중 두 개를 골라 일렬로 나열하므로
$3 \times 2 = 6$가지 또는 $_3P_2$

정답 ③

확인 03

a, b, c, d 네 종류의 알파벳 중 서로 다른 두 개의 알파벳을 골라 일렬로 나열하는 경우의 수를 고르시오.

① 6가지   ② 8가지

③ 10가지   ④ 12가지

풀이 --

네 개 중 두 개를 골라 일렬로 나열하므로

$4 \times 3 = 12$가지 또는 $_4\mathrm{P}_2$

정답 ④

 확인 04

4명 중에서 회장 1명과 부회장 1명을 뽑는 경우의 수를 구하시오.

풀이 --

4명 중 직급이 다른 2명의 대표를 뽑는 경우의 수는

$4 \times 3 = 12$가지 또는 $_4\mathrm{P}_2$

정답 12가지

---

2 조합

1. 선택하는 경우의 수 [조합]

서로 다른 n개에서 순서를 고려하지 않고 r개를 택하는 것을 n개에서 r개를 택하는 <mark>조합</mark>이라 하고, 이 조합의 수를 기호로 $_n\mathrm{C}_r$과 같이 나타낸다.

$$\overset{\curvearrowleft}{_n}\mathrm{C}\overset{\curvearrowright}{_r}$$

서로 다른 것의 개수   택하는 것의 개수

① $_n\mathrm{C}_r = \dfrac{n(n-1)(n-2)\cdots(n-r+1)}{r!}$ (단, $0 \le r \le n$)

② $_n\mathrm{C}_n = 1$, $_n\mathrm{C}_0 = 1$

그림으로 핵심만 쏙 쏙!

$_n\mathrm{C}_r$

$= \dfrac{\overbrace{n \times (n-1) \times \cdots \times (n-r+1)}^{r개}}{\underbrace{r!}}$

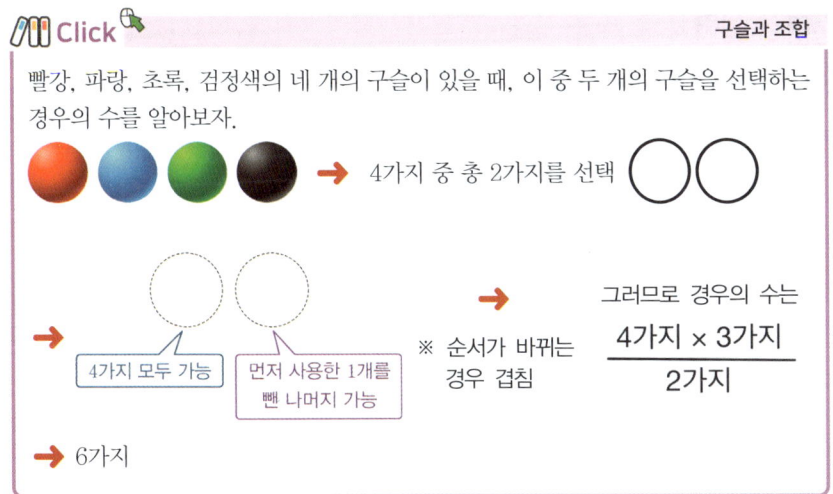

Click 구슬과 조합

빨강, 파랑, 초록, 검정색의 네 개의 구슬이 있을 때, 이 중 두 개의 구슬을 선택하는 경우의 수를 알아보자.

4가지 중 총 2가지를 선택 ◯◯

→ 4가지 모두 가능 먼저 사용한 1개를 뺀 나머지 가능

※ 순서가 바뀌는 경우 겹침

그러므로 경우의 수는

$$\frac{4가지 \times 3가지}{2가지}$$

→ 6가지

그림으로 핵심만 쏙 쏙!

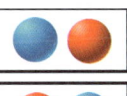
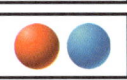

그림과 같이 두 가지 경우는 같은 경우이다. 따라서 겹치는 만큼 2로 나누어 구한다.

2. 대표 뽑기(구분이 되지 않는)

① n명 중에서 2명의 대표를 뽑는 경우의 수(회장 2명과 같이 구분이 되지 않는 대표)

→ $_nC_2 = \dfrac{n \times (n-1)}{2 \times 1}$

(예) 3명 중에서 회장 2명을 뽑는 경우의 수는

$_3C_2 = \dfrac{3 \times 2}{2 \times 1} = 3$가지

② n명 중에서 3명의 대표를 뽑는 경우의 수(회장 3명과 같이 구분이 되지 않는 대표)

→ $_nC_3 = \dfrac{n \times (n-1) \times (n-2)}{3 \times 2 \times 1}$

(예) 4명 중에서 회장 3명을 뽑는 경우의 수는

$_4C_3 = \dfrac{4 \times 3 \times 2}{3 \times 2 \times 1} = 4$가지

PART 06

5명의 학생 중에서 회장 2명을 뽑는 경우의 수를 알아보자.

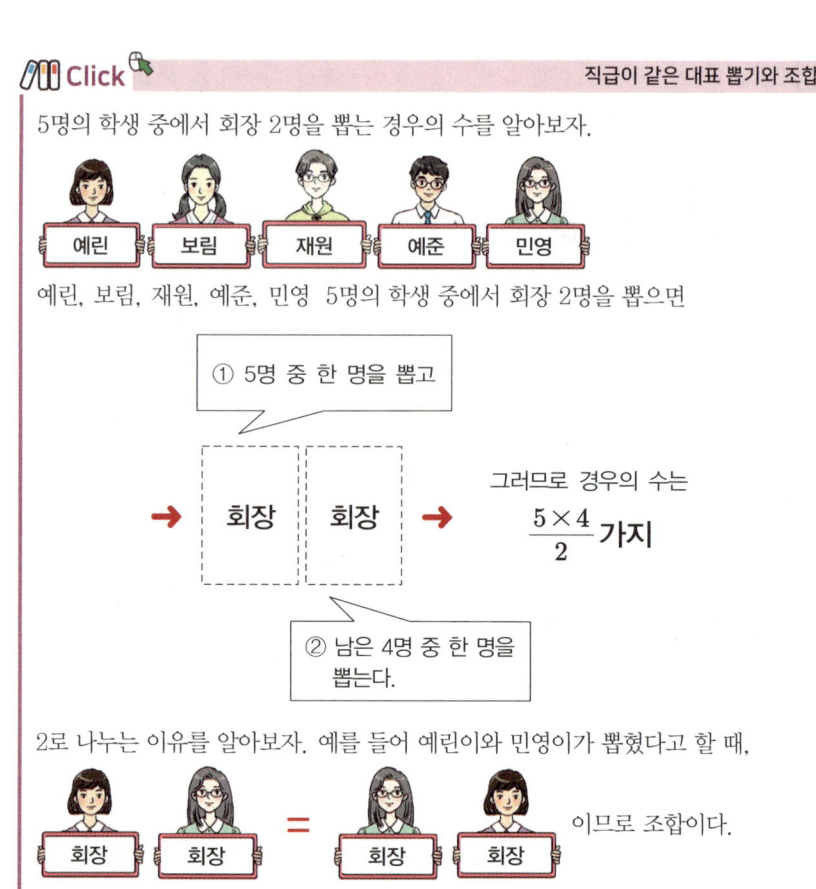

예린, 보림, 재원, 예준, 민영 5명의 학생 중에서 회장 2명을 뽑으면

① 5명 중 한 명을 뽑고

회장   회장

그러므로 경우의 수는
$\dfrac{5 \times 4}{2}$ 가지

② 남은 4명 중 한 명을 뽑는다.

2로 나누는 이유를 알아보자. 예를 들어 예린이와 민영이가 뽑혔다고 할 때,

회장   회장   **=**   회장   회장   이므로 조합이다.

→ 서로 다른 것의 개수 ${}_5C_2$ 택하는 것의 개수

✏️ 확인 05

사과, 딸기, 포도 세 종류의 과일 중 서로 다른 두 개의 과일을 고르는 경우의 수를 고르시오.

① 5가지   ② 4가지

③ 3가지   ④ 2가지

풀이

세 개 중 두 개를 고르는 경우의 수이므로, 과일의 종류가 같다면, 순서가 바뀌는 것은 다른 경우로 인정하지 않는다.

따라서, $\dfrac{3 \times 2}{2} = 3$ 가지이거나 ${}_3C_2$

정답 ③

확인 06

a, b, c, d 네 종류의 알파벳 중 서로 다른 두 개의 알파벳을 고르는 경우의 수를 고르시오.

① 6가지　　　　　　　　　② 5가지

③ 4가지　　　　　　　　　④ 3가지

풀 이 --

네 개 중 두 개를 고르는 경우의 수이므로, 알파벳의 종류가 같다면, 순서가 바뀌는 것은 다른 경우로 인정하지 않는다.

따라서, $\dfrac{4 \times 3}{2} = 6$가지이거나　${}_4C_2$

정답 ①

 **확인 07**

4명의 학생 중 회장 2명을 뽑는 경우의 수를 구하시오.

풀 이 --

4넝 중 직급이 같은 2명의 대표를 뽑는 경우의 수에서, 순서가 바뀌는 것은 다른 경우로 인정하지 않으므로

$\dfrac{4 \times 3}{2} = \dfrac{12}{2} = 6$가지 또는　${}_4C_2$이다.

정답 6가지

PART 06

EBS 교육방송교재

02 실력 체크 문제

정답 및 해설 별책 51p

01 1, 2, 3, 4, 5 의 숫자가 하나씩 적힌 5 장의 카드를 이용하여 만들 수 있는 세 자리의 정수의 개수는?

① 40　　② 45
③ 50　　④ 60

02 A, B, C, D 4 명을 일렬로 세우는 모든 경우의 수는?

① 12　　② 24
③ 26　　④ 30

03 예서, 지홍, 휘령, 승헌, 예진, 준영 6명의 학생 중에서 회장 1명, 부회장 1명을 뽑는 경우의 수는?

① 30　　② 35
③ 40　　④ 45

04 서로 다른 5가지 음식 중에서 3가지를 선택하여 접시에 담는 경우의 수는? (단, 담는 자리나 순서는 구별하지 않는다.)

① 4　　② 6
③ 8　　④ 10

05 10 종류의 서로 다른 아이스크림 중에서 2가지를 고르는 방법의 수는? (단, 아이스크림을 고르는 순서는 구별하지 않는다.)

① 10   ② 15

③ 30   ④ 45

06 8 개의 축구팀 중 두 팀을 선택하여 경기하는 경우의 수는?

① 12   ② 24

③ 28   ④ 30

01 경우의 수

1 합의 법칙과 곱의 법칙

사건 A, B가 일어나는 경우의 수가 각각 m, n이라 하면

① 사건 A 또는 B가 일어나는 경우의 수 [합의 법칙]

사건 A와 사건 B가 동시에 일어나지 않을 때 ➡ 경우의 수 : $m+n$

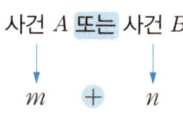

사건 A 또는 사건 B

$$m \quad + \quad n$$

② 사건 A, B가 동시에 일어나는 경우의 수 [곱의 법칙]

사건 A와 사건 B가 동시에 일어날 때 ➡ 경우의 수 : $m \times n$

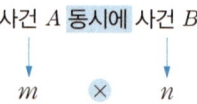

사건 A 동시에 사건 B

$$m \quad \times \quad n$$

02 순열과 조합

1 선택하여 나열하는 경우의 수 [순열]

서로 다른 n개에서 중복됨 없이 $r(n \geq r)$개를 택하여 일렬로 배열하는 것을 n개에서 r개를 택하는 순열이라 하고, 이 순열의 수를 기호로 $_nP_r$과 같이 나타낸다.

$${}_n\mathrm{P}_r$$

서로 다른 것의 개수   택하는 것의 개수

➡ $_n\mathrm{P}_r = n(n-1)(n-2)\cdots(n-r+1)$

(단, $0 \leq r \leq n$)

2 대표 뽑기 (구분이 되는)

① n명 중에서 2명의 대표를 뽑는 경우의 수 (회장, 부회장과 같이 구분이 되는 대표)

➡ $_n\mathrm{P}_2 = n \times (n-1)$

② n명 중에서 3명의 대표를 뽑는 경우의 수 (회장, 부회장, 총무와 같이 구분이 되는 대표)

➡ $_n\mathrm{P}_3 = n \times (n-1) \times (n-2)$

3 선택하는 경우의 수 [조합]

서로 다른 n개에서 순서를 고려하지 않고 r개를 택하는 것을 n개에서 r개를 택하는 조합이라 하고, 이 조합의 수를 기호로 $_nC_r$과 같이 나타낸다.

$${}_n\mathrm{C}_r$$

서로 다른 것의 개수   택하는 것의 개수

➡ $_n\mathrm{C}_r = \dfrac{n(n-1)(n-2)\cdots(n-r+1)}{r!}$

(단, $0 \leq r \leq n$)

4 대표 뽑기 (구분이 되지 않는)

① n명 중에서 2명의 대표를 뽑는 경우의 수 (회장 2명과 같이 구분이 되지 않는 대표)

➡ $_n\mathrm{C}_2 = \dfrac{n \times (n-1)}{2 \times 1}$

② n명 중에서 3명의 대표를 뽑는 경우의 수 (회장 3명과 같이 구분이 되지 않는 대표)

➡ $_n\mathrm{C}_3 = \dfrac{n \times (n-1) \times (n-2)}{3 \times 2 \times 1}$

01 A, B 두 개의 주사위를 동시에 던질 때, 주사위 A의 눈의 수는 짝수, 주사위 B의 눈의 수는 3의 배수가 나오는 경우의 수는?

① 3　　　　　② 4

③ 5　　　　　④ 6

02 그림과 같이 P도시에서 Q도시로 가는 길은 3가지이고, Q도시에서 R도시로 가는 길은 2가지이다. P도시를 출발하여 Q도시를 거쳐 R도시로 가는 경우의 수를 구하면?

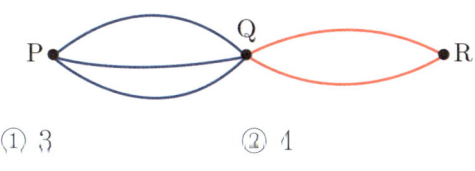

① 3　　　　　② 4

③ 5　　　　　④ 6

03 그림과 같이 세 종류의 과일과 두 종류의 채소가 있다. 정민이가 한 종류의 과일과 한 종류의 채소를 섞어 주스를 만들려고 한다. 과일과 채소에서 각각 한 종류씩 선택할 수 있는 경우의 수는?

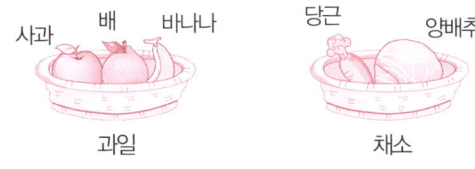

사과　배　바나나　당근　양배추

과일　　　　　채소

① 4　　　　　② 6

③ 8　　　　　④ 10

04 그림은 어느 하계 올림픽 경기 종목 중 4개의 종목을 나타낸 것이다. 이 4개의 종목에서 서로 다른 2개의 종목을 택하여 일렬로 나열하는 경우의 수는?

농구　　배구　　축구　　탁구

① 12　　　　　② 15

③ 18　　　　　④ 21

05 그림과 같이 3장의 글자 카드가 있다. 이 중에서 서로 다른 2장의 카드를 택하여 일렬로 나열하는 경우의 수는?

① 4　　　　② 6

③ 8　　　　④ 10

06 그림과 같은 석 장의 숫자 카드가 있다. 이 중에서 서로 다른 두 장의 카드를 택하여 만들 수 있는 두 자리 정수의 개수는?

① 6개　　　　② 8개

③ 10개　　　　④ 12개

07 그림과 같이 5개의 정다면체가 있다. 이 5개의 정다면체에서 서로 다른 2개의 정다면체를 선택하는 경우의 수는?

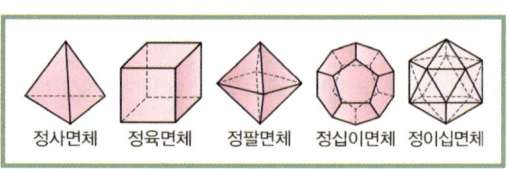

① 8　　　　② 10

③ 12　　　　④ 14

08 그림과 같이 4개의 민속놀이가 있다. 이 중에서 서로 다른 2개의 민속놀이를 선택하는 경우의 수는?

연날리기　　제기차기　　그네타기　　팽이치기

① 2　　　　② 4

③ 6　　　　④ 8

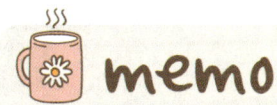

EBS 교육방송교재

고졸 검정고시 수학

PART

07

실전모의고사

EBS 교육방송교재

제 1 회

실전모의고사

정답 및 해설 별책 53p

01 두 다항식 $A=x^2+5x+7$, $B=3x-1$에 대하여 $A+2B$는?

① x^2+8x+6

② $3x^2+4x+4$

③ $x^2+11x+5$

④ x^2+5x+4

02 등식 $x^2+ax+1=x^2+3x+1$이 x에 대한 항등식일 때, 상수 a의 값은?

① 1 ② 2

③ 3 ④ 4

03 다항식 x^3-x^2+ax+3이 $x+1$로 나누어떨어질 때, 상수 a의 값은?

① 0 ② 1

③ 2 ④ 3

04 다항식 x^3-a^3을 인수분해한 식이 $(x-2)(x^2+2x+4)$일 때, 상수 a의 값은?

① 2 ② 3

③ 4 ④ 5

05 다음 등식을 만족하는 실수 a, b의 값은?
(단, $i = \sqrt{-1}$)

$$(a-1) + 3i = 2 + bi$$

① $a = 3,\ b = 1$

② $a = 1,\ b = 3$

③ $a = 3,\ b = 2$

④ $a = 3,\ b = 3$

06 이차방정식 $x^2 + 4x + k = 0$ 이 중근을 갖도록 하는 k의 값은?

① 2   ② 3

③ 4   ④ 5

07 $0 \leq x \leq 4$일 때, 함수 $y = (x-1)^2 - 1$의 최댓값은?

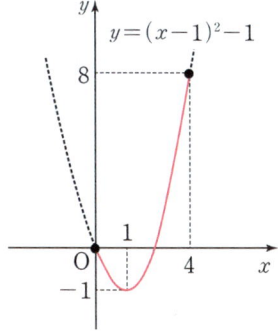

① 8   ② 0

③ 1   ④ 3

08 x, y에 대한 연립방정식 $\begin{cases} x^2 + y^2 = a \\ xy = -4 \end{cases}$ 의 해가 $x = b$, $y = -1$일 때, $a - b$의 값은?

① 12   ② 13

③ 14   ④ 15

09 부등식 $| x - 5 | \leq 3$의 해를 수직선 위에 나타낼 때, a에 알맞은 수는?

① 6   ② 7
③ 8   ④ 9

10 이차부등식 $(x-2)(x+4) > 0$의 해는?

① $-2 < x < 4$
② $x < -2$ 또는 $x > 4$
③ $-4 < x < 2$
④ $x < -4$ 또는 $x > 2$

11 좌표평면 위의 두 점 $A(-1, 4)$, $B(3, -4)$의 중점은?

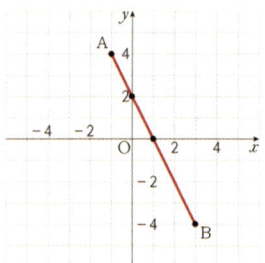

① $(1, 1)$ ② $(2, 0)$
③ $(2, 1)$ ④ $(1, 0)$

12 직선 $y = 2x - 1$에 수직이고 점 $(0, 2)$를 지나는 직선의 방정식은?

① $y = -\dfrac{1}{2}x + 2$ ② $y = -2x + 2$

③ $y = \dfrac{1}{2}x + 2$ ④ $y = 2x + 2$

13 중심이 점 $(3,\ 4)$이고 점 $(6,\ 0)$을 지나는 원의 방정식은?

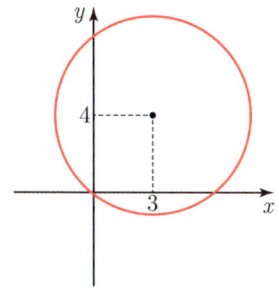

① $(x-3)^2+(y-4)^2=5$

② $(x+3)^2+(y+4)^2=25$

③ $(x+3)^2+(y+4)^2=5$

④ $(x-3)^2+(y-4)^2=25$

14 좌표평면 위의 점 $(1,\ 4)$를 x축의 방향으로 1만큼, y축의 방향으로 -4만큼 평행이동한 점의 좌표는?

① $(2,\ 1)$ ② $(2,\ 0)$

③ $(1,\ 2)$ ④ $(0,\ 2)$

15 전체집합 $U=\{1,\ 2,\ 3,\ 4,\ 5,\ 6,\ 7\}$의 두 부분집합 $A=\{1,\ 4,\ 5,\ 7\}$, $B=\{3,\ 4,\ 5,\ 6\}$에 대하여 $n(A\cap B^{C})$는?

① 0 ② 1

③ 2 ④ 3

16 다음 중 참인 명제는?

① 한라산은 높다.

② $x^2=1$이면 $x=1$이다.

③ $x>2$이다.

④ $x=3$이면 $x+1=4$이다.

17 두 함수 $f(x) = 2x - 1$, $g(x) = x^2 - 1$의 합성
함수 $(f \circ g)(x)$에 대하여, $(f \circ g)(1)$의
값은?

① 1　　　　　　② 2

③ 0　　　　　　④ -1

19 숫자 1, 3, 5, 7이 적혀있는 네 장의 카드가 있
다. 서로 다른 두 장의 카드로 만들 수 있는 두
자리 정수의 개수는?

① 16가지　　　② 12가지

③ 10가지　　　④ 9가지

18 유리함수 $y = \dfrac{1}{x+a} + b$의 그래프의 점근선은
$x = -2$, $y = -3$이다. $a + b$의 값을 구하면?

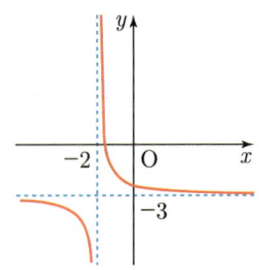

① -1　　　　② 0

③ 1　　　　　④ 2

20 서로 다른 5가지의 화분이 있다. 이 중 2가지를
선택하는 경우의 수는?

① 4가지　　　② 6가지

③ 8가지　　　④ 10가지

01 두 다항식 $A = x^2 - 2x + 4$, $B = 2x^2 + x$에 대하여 $2A - B$는?

① $x^2 + x + 8$

② $3x^2 - x + 4$

③ $-5x + 8$

④ $2x + 8$

02 등식 $3x^2 + 4x + b = ax^2 + 4x + 1$이 x에 대한 항등식일 때, $a + b$의 값은?

① 1   ② 2

③ 3   ④ 4

03 조립제법을 이용하여 다항식 $x^3 - 5x^2 + 3x - 1$을 $x - 2$로 나누는 과정이다. 몫과 나머지는?

$$
\begin{array}{c|cccc}
2 & 1 & -5 & 3 & -1 \\
  &   & 2 & -6 & -6 \\
\hline
  & 1 & -3 & -3 & \boxed{}
\end{array}
$$

① 몫 : $x^2 - 3x$, 나머지 : 5

② 몫 : $x^2 - 3x$, 나머지 : -7

③ 몫 : $x^2 - 3x - 3$, 나머지 : -7

④ 몫 : $x^2 - 3x - 3$, 나머지 : 5

04 다항식 $x + \dfrac{1}{x} = 3$일 때, $x^2 + \dfrac{1}{x^2}$의 값은?

① 7   ② 9

③ 11   ④ 13

05 $i(3+2i) = -2+ai$일 때, 실수 a의 값은?
(단, $i = \sqrt{-1}$)

① -3　　　　　② -2

③ 2　　　　　④ 3

07 $3 \leq x \leq 5$일 때, 이차함수 $y = (x-2)^2 - 2$의 최솟값은?

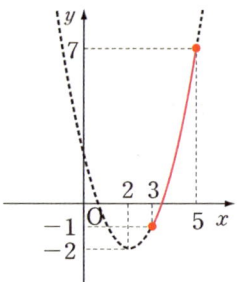

① 7　　　　　② 5

③ -1　　　　　④ -2

06 $x^2 + 3x - 4 = 0$의 두 근을 α, β라 할 때, $\alpha + \beta + \alpha\beta$의 값은?

① -7　　　　　② -5

③ -1　　　　　④ 7

08 삼차방정식 $x^3 + 3x^2 - x + a = 0$의 한 근이 -1일 때, 상수 a의 값은?

① 1　　　　　② -1

③ -2　　　　　④ -3

09 다음 연립부등식의 해는?

$$\begin{cases} 3x - 2 > 4 \\ -2 + 3x \leq x + 4 \end{cases}$$

① $x \leq 2$ 또는 $x > 3$

② $2 < x \leq 3$

③ $2 < x < 3$

④ $2 \leq x < 3$

11 좌표평면 위의 두 점 A $(0, -1)$, B $(3, 3)$ 사이의 거리는?

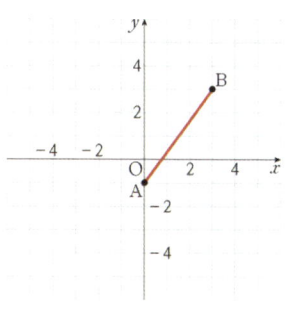

① 3

② $\sqrt{13}$

③ 4

④ 5

10 다음 그림과 같은 해를 갖는 이차부등식을 보기에서 고르면?

① $(x-1)(x+4) > 0$

② $(x-1)(x+4) < 0$

③ $(x+1)(x-4) < 0$

④ $(x+1)(x-4) > 0$

12 직선 $y = -3x + 2$에 평행하고, 점 $(0, -1)$을 지나는 직선의 방정식은?

① $y = 3x + 1$

② $y = 3x - 1$

③ $y = -3x + 1$

④ $y = -3x - 1$

13 그림과 같이 중심이 $(-2, 3)$이고, y축에 접하는 원의 방정식은?

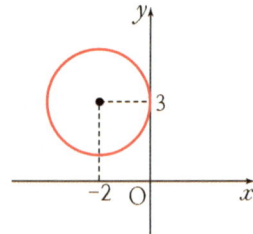

① $(x+2)^2 + (y-3)^2 = 2$

② $(x-2)^2 + (y+3)^2 = 2$

③ $(x+2)^2 + (y-3)^2 = 2^2$

④ $(x-2)^2 + (y+3)^2 = 2^2$

14 좌표평면 위의 점 $A(1, 3)$을 원점에 대하여 대칭이동한 점을 B라 할 때, 원점 O와 점 B 사이의 거리는?

① $\sqrt{6}$　　　　② $2\sqrt{2}$

③ $\sqrt{10}$　　　　④ $3\sqrt{2}$

15 두 집합 A, B에 대하여 $A \cap B = \phi$인 것은?

① $A = \{1, 2\}$, $B = \{2, 3, 5\}$

② $A = \{a, b\}$, $B = \{a, c, d\}$

③ $A = \{1, 2, 4\}$,
　 $B = \{x \mid x$는 10 이하의 소수$\}$

④ $A = \{x \mid x$는 10 이하의 짝수$\}$,
　 $B = \{x \mid x$는 9의 약수$\}$

16 명제 '$x = 2$이면 $x^3 = 8$이다.'의 역은?

① $x^3 = 8$이면 $x = 2$이다.

② $x \neq 2$이면 $x^3 \neq 8$이다.

③ $x = 2$이면 $x^3 \neq 8$이다.

④ $x^3 \neq 8$이면 $x \neq 2$이다.

17 함수 $f : X \to Y$ 가 그림과 같을 때, $f(1) + f^{-1}(3)$ 의 값은? (단, f^{-1} 는 f 의 역함수이다.)

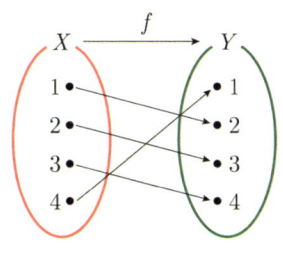

① 3   ② 4
③ 5   ④ 6

18 무리함수 $y = \sqrt{x-1} + 4$ 의 그래프는 함수 $y = \sqrt{x}$ 의 그래프를 x 축의 방향으로 a 만큼, y 축의 방향으로 b 만큼 평행이동한 것이다. $a + b$ 의 값은?

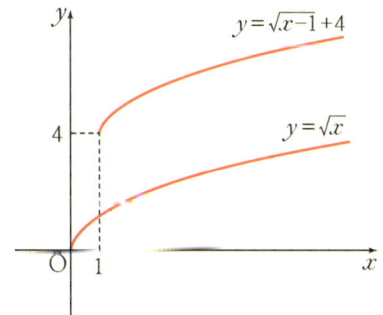

① 2   ② 3
③ 4   ④ 5

19 그림은 동계올림픽의 종목 중 5가지 종목을 나타낸 것이다. 이 중 서로 다른 두 가지 종목을 선택하여 일렬로 나열하는 경우의 수는?

아이스 하키   컬링   피겨 스케이팅   쇼트트랙   스키점프

① 10가지   ② 12가지
③ 15가지   ④ 20 가지

20 예서는 점심을 먹기 위해 혼자 분식집에 갔다. '김밥, 떡볶이, 라볶이, 야채튀김, 라면' 총 5가지의 음식 중 서로 다른 2개의 음식을 선택하는 경우의 수는?

① 4가지   ② 6가지
③ 8가지   ④ 10가지

PART 07

EBS 교육방송교재

고졸 검정고시 수학

EBS 교육방송교재

수학 2025년 제1회 기출문제

정답 및 해설 별책 66p

01 두 다항식 $A=2x^2+3x$, $B=ax^2+x$에 대하여 $A+B=bx$일 때, 두 상수 a와 b의 합은?

① -2　② 0　③ 2　④ 4

02 다항식 x^3+ax^2-4가 $x-1$로 나누어떨어질 때, 상수 a의 값은?

① 3　② 4　③ 5　④ 6

03 다항식 x^3+8을 인수분해한 식이 $(x+2)(x^2+ax+4)$일 때, 상수 a의 값은?

① -2　② -1　③ 1　④ 2

04 복소수 $z=a+2i$에 대하여 $z+\overline{z}=6$일 때, 실수 a의 값은? (단, $i=\sqrt{-1}$이고, $\overline{z}$는 z의 켤레복소수이다.)

① 1　② 2　③ 3　④ 4

05 이차방정식 $x^2+ax+4=0$이 서로 다른 두 실근을 가질 때, 자연수 a의 최솟값은?

① 4　② 5　③ 6　④ 7

06 이차방정식 $x^2-4x+a=0$의 두 근이 $2+\sqrt{2}$, $2-\sqrt{2}$일 때, 상수 a의 값은?

① 2　② 4　③ 6　④ 8

07 $-1 \le x \le 2$일 때, 이차함수 $y = (x-1)^2 + 2$의 최솟값은?

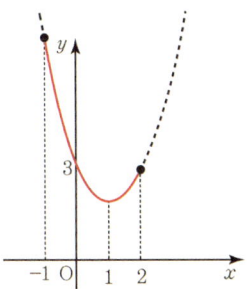

① -1 ② 0

③ 1 ④ 2

08 연립방정식 $\begin{cases} x - 2y = 0 \\ x^2 + 2y^2 = a \end{cases}$ 의 해는 $\begin{cases} x = 2 \\ y = b \end{cases}$

또는 $\begin{cases} x = -2 \\ y = -1 \end{cases}$ 이다. 두 상수 a, b에 대하여 $a + b$의 값은?

① 4 ② 5

③ 6 ④ 7

09 이차부등식 $(x-1)(x-3) > 0$의 모든 해를 구한 것은?

① $x < 1$ ② $x > 3$

③ $1 < x < 3$ ④ $x < 1$ 또는 $x > 3$

10 좌표평면 위의 두 점 $A(-3, 5)$, $B(6, -1)$에 대하여 선분 AB를 $1 : 2$로 내분하는 점의 좌표는?

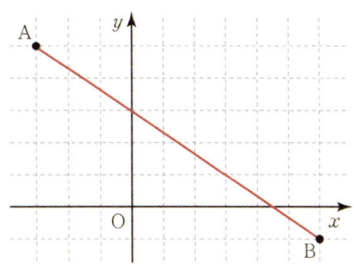

① $(0, 3)$ ② $(1, 2)$

③ $(3, 1)$ ④ $(4, 0)$

11 원점과 직선 $3x + 4y - 12 = 0$ 사이의 거리는?

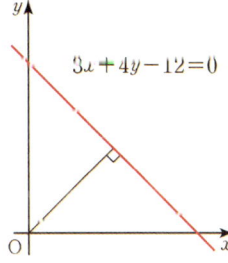

① $\dfrac{11}{5}$ ② $\dfrac{12}{5}$

③ $\dfrac{13}{5}$ ④ $\dfrac{14}{5}$

12 직선 $x = a$와 원 $x^2 + y^2 = 9$가 만나지 않을 때, $a < 5$인 자연수 a의 값은?

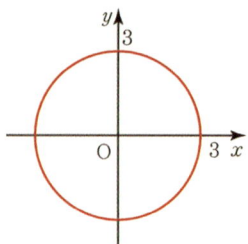

① 1   ② 2
③ 3   ④ 4

13 원 $(x-2)^2 + (y-1)^2 = 1$을 x축에 대하여 대칭이동한 도형의 방정식은?

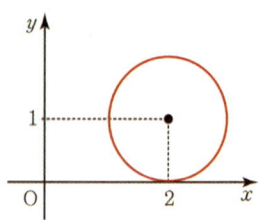

① $(x-1)^2 + (y-2)^2 = 1$
② $(x+1)^2 + (y+2)^2 = 1$
③ $(x-2)^2 + (y+1)^2 = 1$
④ $(x+2)^2 + (y-1)^2 = 1$

14 두 집합 $A = \{1,\ 3,\ 5,\ 7,\ 9\}$, $B = \{3,\ 4,\ 5,\ 6\}$에 대하여 $n(A \cup B) + n(A \cap B)$의 값은?

① 6   ② 7
③ 8   ④ 9

15 두 조건 '$p : x - 3 = 0$', '$q : x^2 - ax - 3 = 0$'에 대하여 q가 p이기 위한 필요조건이 되도록 하는 상수 a의 값은?

① 0   ② 2
③ 4   ④ 6

16 두 함수 $f(x) = 3x - 1$, $g(x) = -2x + 5$에 대하여 $(g \circ f)(1)$의 값은?

① -3 ② -1
③ 1   ④ 3

17 함수 $f : X \to Y$가 그림과 같을 때, $f^{-1}(4)$의 값은? (단, f^{-1}는 f의 역함수이다.)

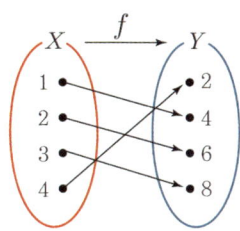

① 1   ② 2

③ 3   ④ 4

18 유리함수 $y = \dfrac{1}{x+a} + 2$의 그래프는 유리함수 $y = \dfrac{1}{x}$의 그래프를 x축의 방향으로 1만큼, y축의 방향으로 b만큼 평행이동한 것이다. 두 상수 a, b에 대하여 $a - b$의 값은?

① -3 ② -1

③ 1   ④ 3

19 그림과 같이 숫자 1, 2, 3, 4, 5가 각각 적힌 카드 5장이 있다. 이 중에서 2장을 동시에 뽑을 때, 카드에 적힌 수의 합이 3의 배수인 경우의 수는?

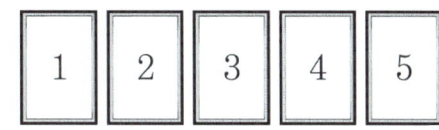

① 3   ② 4

③ 5   ④ 6

20 그림과 같이 아이스크림 위에 뿌릴 토핑 5종류가 있다. 이 중에서 서로 다른 토핑 4개를 선택하는 경우의 수는?

 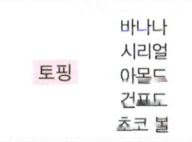

① 1   ② 5

③ 10   ④ 15

PART 08

수학

2025년 제2회 기출문제

정답 및 해설 별책 66p

01 두 다항식 $A = 2x^2 + 5$, $B = x^2 - 4x$에 대하여 $A + B$는?

① $3x^2 - 4x + 5$ ② $3x^2 - x + 5$

③ $3x^2 + 4x - 5$ ④ $3x^2 + x - 5$

02 등식 $ax^2 + x = 4x^2 + bx$가 x에 대한 항등식일 때, 두 상수 a, b에 대하여 $a - b$의 값은?

① -3 ② -1

③ 1 ④ 3

03 다항식 $x^3 - 2x^2 + 5$를 $x - 1$로 나누었을 때, 나머지는?

① 2 ② 4

③ 6 ④ 8

04 다항식 $x^3 - 3x^2 + 3x - 1$을 인수분해한 식이 $(x - a)^3$일 때, 상수 a의 값은?

① 1 ② 2

③ 3 ④ 4

05 복소수 $3 - 4i$의 켤레복소수가 $a + bi$일 때, 두 실수 a, b에 대하여 $a + b$의 값은? (단, $i = \sqrt{-1}$)

① 1 ② 4

③ 7 ④ 10

06 이차방정식 $x^2 + 2x + 3 = 0$의 근에 대한 설명으로 옳은 것은?

① 한 근은 $x = -4$이다.

② 두 근의 합은 1이다.

③ 두 근의 곱은 3이다.

④ 중근을 갖는다.

07 $1 \leq x \leq 3$일 때, 이차함수 $y = -x^2 + 6x - 3$의 최솟값은?

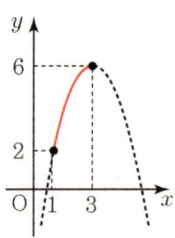

① 1 ② 2

③ 3 ④ 6

08 연립방정식 $\begin{cases} x+y=5 \\ xy=a \end{cases}$의 해가 $x=3,\ y=b$일 때, 두 상수 $a,\ b$에 대하여 $a+b$의 값은?

① -8 ② -4
③ 4 ④ 8

09 그림은 부등식 $|x-1| \le 4$의 해를 수직선 위에 나타낸 것이다. 상수 a의 값은?

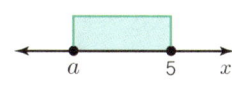

① -4 ② -3
③ -2 ④ -1

10 그림은 곧게 뻗은 어느 밭의 일부를 수직선 위에 나타낸 것이다. 수직선 위의 두 점 $A(1)$, $B(8)$에 대하여 선분 AB를 $4:3$으로 내분하는 점 P에 허수아비를 세우려고 할 때, 점 P의 좌표는?

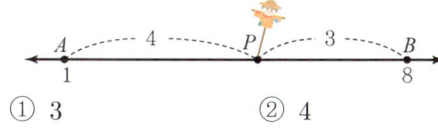

① 3 ② 4
③ 5 ④ 6

11 직선 $y=-x+2$에 수직이고 점$(0,\ 5)$를 지나는 직선의 방정식은?

① $y=x+5$ ② $y=-x+5$
③ $y=x+7$ ④ $y=-x+7$

12 중심의 좌표가 $(3,\ 3)$이고 x축과 y축에 동시에 접하는 원의 방정식은?

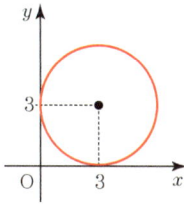

① $(x+3)^2+(y+3)^2=3$
② $(x+3)^2+(y-3)^2=3$
③ $(x-3)^2+(y+3)^2=9$
④ $(x-3)^2+(y-3)^2=9$

13 좌표평면 위의 점 $(-1,\ -4)$를 y축에 대하여 대칭이동한 점의 좌표는?

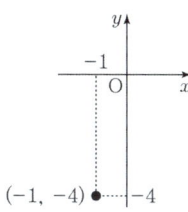

① $(1,\ 4)$ ② $(1,\ -4)$
③ $(-1,\ 4)$ ④ $(-4,\ -1)$

14 집합인 것을 〈보기〉에서 고른 것은?

보기
ㄱ. 큰 수의 모임
ㄴ. 자연수의 모임
ㄷ. 넓이가 작은 정삼각형의 모임
ㄹ. 10 이상 20 이하인 홀수의 모임

① ㄱ, ㄷ   ② ㄱ, ㄹ
③ ㄴ, ㄷ   ④ ㄴ, ㄹ

15 두 집합 $A = \{2, 4, a+1\}$, $B = \{a-3, 4, 6\}$ 에 대하여 $A = B$일 때, 상수 a의 값은?

① 1　　　　　② 3

③ 5　　　　　④ 7

16 명제 '$x = 1$이면 $x^4 = 1$이다.'의 역은?

① $x^4 = 1$이면 $x = 1$이다.

② $x^4 = 1$이면 $x \neq 1$이다.

③ $x = 1$이면 $x^4 \neq 1$이다.

④ $x \neq 1$이면 $x^4 \neq 1$이다.

17 함수 $f : X \to Y$가 그림과 같을 때, $f^{-1}(a)$의 값은? (단, f^{-1}는 f의 역함수이다.)

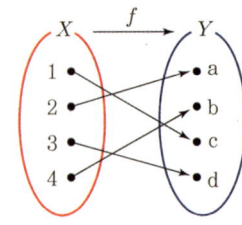

① 1　　　　　② 2

③ 3　　　　　④ 4

18 무리함수 $y = \sqrt{x-3} + b$의 그래프는 무리함수 $y = \sqrt{x}$의 그래프를 x축의 방향으로 a만큼, y축의 방향으로 5만큼 평행이동한 것이다. 두 상수 a, b에 대하여 $a+b$의 값은?

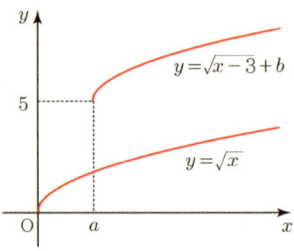

① 5　　　　　② 8

③ 11　　　　④ 14

19 그림과 같이 5개의 직업 체험 프로그램이 있다. 이 중에서 서로 다른 2개의 프로그램을 택하여 순서대로 체험하는 경우의 수는?

① 12　　　　② 16

③ 20　　　　④ 24

20 그림과 같이 4종류의 잡곡이 있다. 이 중에서 서로 다른 2종류의 잡곡을 선택하는 경우의 수는?

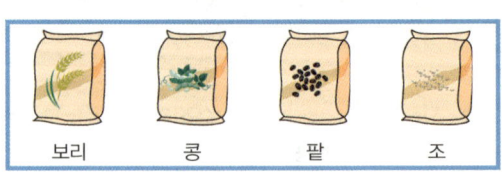

① 6　　　　　② 7

③ 8　　　　　④ 9

검스타트
검정고시
고졸 사회

정답 및 해설

인터넷강의 **검스타트** www.**gumstart**.co.kr

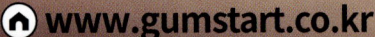 

EBS
교육방송교재

검스타트
검정고시 2026
고졸 수학 최신판

정답 및 해설

신지원

검스타트
검정고시
고졸 사회

2026 최신판

정답 및 해설

정답 및 해설

제1편 삶의 이해와 환경

PART 01 인간, 사회, 환경과 행복

01 ④	02 ②	03 ④	04 ①	05 ②
06 ③	07 ①	08 ③	09 ③	10 ②
11 ②	12 ④	13 ③	14 ①	15 ④
16 ①	17 ②	18 ④	19 ③	20 ②
21 ③	22 ②	23 ①	24 ④	25 ③
26 ④	27 ③	28 ②	29 ③	30 ①
31 ②	32 ②	33 ④		

01 정답 ④

인간, 사회, 환경을 바라보는 관점으로는 시간적 관점, 공간적 관점, 사회적 관점, 윤리적 관점, 통합적 관점이 있다. 커피 생산자가 정당한 임금을 받을 수 있도록 공정 커피를 소비해야 한다는 것은 인간의 도덕적 행위 기준이 나타나기 때문에 윤리적 관점에 해당한다.

오답 피하기
① 시간적 관점은 시대의 변화 속에서 나타나는 현상을 살펴보는 관점이다.
② 사회적 관점은 사회 구조와 제도가 사회 현상에 미치는 영향을 파악하는 관점이다.
③ 공간적 관점은 공간 속에서 서로 영향을 주고받는 관계를 파악하는 관점이다.

02 정답 ②

사회적 관점은 사회 제도와 구조가 개인이나 집단에 영향을 준다는 관점으로, 사회 현상에 미치는 영향을 파악하는 관점이다.

03 정답 ④

통합적 관점은 사회 현상을 탐구할 때 시간적 관점, 공간적 관점, 사회적 관점, 윤리적 관점을 모두 고려하여 통합적으로 살펴보는 것이다. 통합적 관점은 복잡한 사회 현상을 정확하고 깊이 있게 이해하고, 이를 바탕으로 사회 문제를 해결하는 것에 도움을 준다.

04 정답 ①

군맹무상(群盲撫象)은 '맹인 여럿이 코끼리를 만진다.'는 것으로 사물을 좁은 소견과 주관으로 잘못 판단하는 것을 비유할 때 사용하는 말이다. 즉, 다양한 사회 현상을 파악하기 위해서는 통합적 관점이 필요하다는 내용이다.

오답 피하기
② 학문의 전문화, 세분화가 아닌 종합적 관점, 통합적 관점이 필요하다.
③ 한 부분만으로는 사회 현상을 파악하기 어렵다.
④ 자연 과학적 지식이 필요하다는 내용이 아니다.

05 정답 ②

시간적 관점은 시대의 변화 속에서 나타나는 현상을 살펴보는 관점이다. 기후 변화에 대한 국가별 대응 방안은 공간적 관점에 해당한다.

06 정답 ③

(가)의 내용은 시대별 인구 변화와 그 배경을 살펴보기 때문에 시간적 관점에 해당한다.
(나)는 공간의 영향으로 나타나는 다문화의 분포, 지역별 특징을 살펴보기 때문에 공간적 관점에 해당한다.

07 정답 ①

문제에 제시된 관점은 사회 구조나 제도가 개인이나 집단의 생활에 영향을 준다는 점에서 사회적 관점에 해당한다. 법은 대표적인 사회 제도에 해당하므로 쓰레기 매립지 건설을 위한 법적 절차 조사는 사회적 관점에 해당한다.

오답피하기

② 공간적 관점, ③ 윤리적 관점, ④ 시간적 관점

08 정답 ③

ㄴ. 반려동물이 유기되는 지역에 대한 질문으로 공간적 관점에 해당한다.
ㄷ. 반려동물의 유기를 예방하는 제도는 사회적 관점에 해당한다.

오답피하기

ㄱ. 반려동물을 대하는 태도는 윤리적 관점에 해당한다.
ㄹ. 반려동물의 유기 증가 시기에 대한 질문은 시간적 관점에 해당한다.

09 정답 ③

제시된 관점은 다양한 사회 현상을 위치, 장소 등의 맥락 속에서 살펴보는 공간적 관점에 해당한다.

오답피하기

① 역사적 전개 과정 – 시간적 관점
② 헌법과 법률에서의 인권 보장 – 사회적 관점
④ 인권 침해에 대한 바람직한 자세 – 윤리적 관점

10 정답 ②

바람직한 가치나 규범을 고려하는 관점은 윤리적 관점이다. 사회적 관점이란 사회의 구조, 제도가 개인 또는 집단에게 많은 영향을 준다는 관점이다.

11 정답 ②

갑은 18세기부터 커피가 대량 생산되었고 오늘날 활발한 세계무역으로 인해 커피가 확산되었다고 바라보는 시간적 관점에 해당한다. 을은 커피를 많이 마시는 이유가 사회에 커피 전문점이 많기 때문이라고 생각한다는 입장에서 개인에게 사회가 많은 영향을 준다는 사회적 관점에 해당한다.

12 정답 ④

행복의 기준은 시대나 지역에 따라 차이를 보이는 상대성과, 인간의 기본적인 욕구 충족이나 신체적·정신적 건강, 원만한 인간관계 등 시대나 지역을 초월하여 누구나 원하는 공통된 기준인 보편성을 가진다. 하지만 자신의 행복을 위해 타인의 행복에 피해를 주는 행위는 정당화 될 수 없다.

13 정답 ③

중세 시대는 유한한 인간이 참된 행복에 도달하려면 신앙을 통해 신의 은총을 받고 영원하고 완전한 신과 하나가 될 때 행복할 수 있다고 본다.

14 정답 ①

제시문은 건조 기후 지역에 거주하는 사람들의 어려움을 나타내고 있다. 건조 기후는 연 강수량 500mm 미만인 지역으로 강수량이 적어 식수 공급에 어려움을 겪고 있다. 이들은 생존에 필요한 식수를 확보하는 것을 중요한 행복의 기준으로 본다.

15 정답 ④

행복의 기준은 시대나 지역에 따라 차이를 보이는 상대성을 가지고 있다. 주어진 내용을 바탕으로 각자가 처한 상황이 다르기 때문에 행복의 다양한 기준이 중요하다는 것을 알 수 있다.

16 정답 ①

작은 나라에 적은 백성, 즉 소국과민(小國寡民)은 도가에서 주장하는 이상적 사회이다. 도교는 무위의 삶, 즉 무위자연적 삶이 행복이라고 본다.

오답피하기

② 유교의 행복은 하늘로부터 부여받은 도덕적 본성을 보존하고 함양하면서 다른 사람과 더불어 살아가며 인(仁)을 실현하는 삶이 행복이라고 본다.
③ 불교는 청정한 불성(佛性)을 바탕으로 '나'라는 의식을 벗어 버리기 위한 수행과 고통받는 중생을 구제하는 실천을 통해 해탈의 경지에 이르는 삶을 행복이라고 본다.
④ 무속 신앙은 주술사인 무(巫), 즉 무당을 통해 복을 빌고, 병을 물리치며, 현실에서 오는 불안과 공포를 이겨낸다는 믿음을 가지고 있다.

17 정답 ②

불교는 청정한 불성(佛性)을 바탕으로 '나'라는 의식을 벗어 버리기 위한 수행과 고통받는 중생을 구제하는 실천을 통해 해탈의 경지에 이르는 삶을 행복이라고 본다.

18 정답 ④

유교는 하늘로부터 부여받은 도덕적 본성을 보존하고 함양하면서 다른 사람과 더불어 살아가며 인(仁)을 실현하는 삶을 행복이라고 본다.

오답피하기

① 불교의 관점이다.
② 도교의 관점이다.
③ 헬레니즘 시대의 스토아 학파 사상의 관점이다.

19 정답 ③

갑은 에피쿠로스 학파, 을은 스토아 학파에 해당한다. 갑과 을은 고대 헬레니즘 시대의 대표적인 사상가이다. 이들은 고대 그리스의 뒤를 이어 제국이 출현하는 과정에서 많은 전쟁을 경험하여 전쟁과 사회적 혼란에서 벗어나는 것을 행복이라고 보았다.

오답피하기

① 근대 공리주의의 입장이다.
② 중세의 행복관이다.
④ 근대 칸트의 의무론에 해당한다.

20 정답 ②

벤담은 공리주의자이다. 공리주의는 쾌락, 유용성, 행복을 강조하며, 최대 다수의 최대 행복의 원리를 주장한다.

오답피하기

① 칸트는 의무론을 주장하며 도덕 법칙을 실천하는 것이 도덕적이라고 주장한다.
③ 공자는 인(仁)을 실현하는 삶이 행복이라고 한다.
④ 아리스토텔레스는 이성의 기능이 탁월하게 발휘되며 덕이 있을 때 행복하다고 주장한다.

21 정답 ③

칸트는 의무론적 윤리를 주장한다. 결과와 관계없이 도덕 법칙을 따르는 삶이 도덕적인 삶이라고 주장한다.
④ 공리주의는 쾌락과 고통이 우리가 생각하고 말하며, 행동하는 모든 것을 지배한다는 입장이다.

22 정답 ④

진정한 행복은 객관적 행복 기준뿐만 아니라 자신만의 행복 기준인 주관적 기준의 고려도 필요하다.

②·③ 진정한 행복을 위해서는 물질적 가치도 필요하다. 하지만 물질적 가치뿐만 아니라 정신적 가치와의 조화가 중요하다.

23 정답 ①

ㄱ·ㄴ 삶의 목적은 행복이다. 행복을 위해서는 의미 있는 목표를 설정하고, 개인적 측면뿐만 아니라 사회적 측면도 고려해야 한다.

ㄷ. 물질적 가치가 우선이 아닌 물질적, 정신적 가치의 조화가 필요하다.
ㄹ. 물질적 풍요는 행복을 위해 필요한 요소이다. 하지만 물질적 풍요가 높아진다고 지속적으로 행복 역시 높아지는 것은 아니다.

24 정답 ④

성찰하는 삶을 통해 자아실현이 이루어지면 행복한 삶을 살 수 있다.

① 모든 사람의 삶의 목적은 다양하게 나타난다.
② 정신적 가치와 물질적 가치의 조화가 중요하다.
③ 행복을 위해 도덕적 가치를 배제하는 것은 타인과 사회의 행복에 피해를 줄 수 있어 경계해야 한다.

25 정답 ③

정주 환경이란 좁은 의미로는 주거 환경이며, 넓은 의미로는 문화, 여가, 자연환경 등 일상생활의 전 영역에 해당한다. 주거 환경은 한 사람이 생활하고 있는 주거 환경뿐만 아니라 사회 구성원들 모두가 활동하며 기억하는 모든 공간을 의미한다.

26 정답 ④

질 높은 정주 환경을 만들기 위해서는 쾌적한 자연환경이 무엇보다 중요하다. 현 세대와 미래 세대의 질 높은 정주 환경을 위해서는 자연과 인간의 공존이 필수적이다.

27 정답 ③

정주 환경은 그곳에서 살아가는 사람들의 기억과 역사를 담고 있는 장소로 인간의 정서적 행복과 큰 관련을 가지고 있다.

28 정답 ②

행복을 위해서는 최저 임금의 보장, 복지를 통한 일정 수준의 소득이 필요하다.

① 부유한 국가의 국민일수록 반드시 행복한 것은 아니지만 행복 수준이 낮아진다고 볼 수는 없다.
③ 부와 국민의 행복 수준은 일정 부분 비례하지만 지속적으로 비례하여 증가하는 것은 아니다.
④ 인간다운 삶을 위한 기본적인 경제, 정치, 문화가 갖추어져야지만 행복한 삶의 전제가 될 수 있다. 가난한 국가의 국민이 부유한 국가의 국민보다 행복하다고 단정할 수 없다.

29 정답 ③

경제 성장으로 삶의 질이 항상 비례적으로 향상되는 것은 아니지만, 기본적 삶의 조건을 충족시켜 주고 다양한 사회 복지 제도의 기초가 되므로 중요한 의미를 갖는다.

30 정답 ①

제시된 내용에서의 복수 정당 제도, 권력 분립 제도는 민주주의 실현을 위한 제도적 장치이다. 국민들의 행복을 위해서는 독재가 아닌 민주주의가 필요하다.

31 정답 ②

제시된 내용은 도덕적 실천과 행복에 관한 내용이다. 도덕적 실천을 통해 자신과 타인의 행복을 함께 추구하여 공동체의 행복을 실현할 수 있다.

32 정답 ②

국민의 정치 참여 방법 중 가장 기본이 되는 것이 선거이다. 하지만 선거를 통한 대표 선출만으로 국민의 자유와 권리를 보장받기는 힘들다. 선거 이후 지속적으로 국민들이 정치에 관심을 가져야 하며, 시민 단체, 정당 등을 통한 적극적인 정치 참여 자세가 필요하다.

33 정답 ④

증자가 강조한 일일삼성(一日三省)은 하루에 세 번 자신의 행동을 반성한다는 뜻이다. 성찰하는 삶을 통해 자신과 타인의 행복을 함께 추구하며 공동체의 행복을 실현해야 한다.

PART 02 자연환경과 인간

적중예상문제				본문 37~43p
01 ④	**02** ②	**03** ③	**04** ②	**05** ③
06 ④	**07** ④	**08** ①	**09** ④	**10** ③
11 ①	**12** ④	**13** ③	**14** ①	**15** ①
16 ②	**17** ④	**18** ①	**19** ③	**20** ④
21 ②	**22** ②	**23** ④	**24** ①	**25** ②
26 ③	**27** ④	**28** ③	**29** ④	**30** ④
31 ③	**32** ③	**33** ①	**34** ②	**35** ③
36 ①				

01 정답 ④

지구가 둥글기 때문에 지역에 따라 일사량의 차이가 발생한다. 적도 부근에서 극지방으로 갈수록 일사량이 줄어들어 연평균 기온이 낮아진다.

> **오답피하기**
> ① 경도에 따라 시간 차이가 발생한다.
> ② 위도에 따라 일사량 차이가 발생한다.
> ③ 저위도 지역이 햇볕이 수직으로 닿아 기온이 높다.

02 정답 ②

(가)의 기후대는 남·북위 20°~30°대의 연 강수량 500mm 미만 지역으로 강수량보다 증발량이 많은 건조 기후 지역이며, 사막 기후와 스텝 기후로 구분한다.

03 정답 ③

열대 기후는 적도 부근에 위치하여 가장 추운 달의 평균 기온이 18℃ 이상이며, 일 년 내내 강수량이 많은 것이 특징이다.

04 정답 ②

열대 우림 지역은 음식이 쉽게 상하는 것을 방지하기 위해 기름에 튀겨 먹거나 향신료를 많이 사용하며, 열대 과일을 먹거나 음식의 재료로 사용한다.

05 정답 ③

개방적인 가옥 구조로 강수량이 많아 지붕의 경사가 급하다. 고상 가옥으로 열기와 습기, 해충의 피해를 막으며. 수상 가옥도 발달한다.

06 정답 ④

열대 우림 지역의 전통 농업은 토양의 비옥도가 낮아 숲에 불을 질러 농사를 짓고 이동하는 이동식 화전 농업을 한다.

07 정답 ④

제시된 내용은 열대 우림 지역에서 일어나고 있는 플랜테이션에 대한 설명이다.

> **오답피하기**
> ② 수목 농업은 지중해성 기후에서 여름철 고온 건조한 기후 환경에 잘 견디는 포도, 올리브 등을 재배한다.

08 정답 ①

건조 지역에 대한 설명이다. 건조 지역은 연 강수량 500mm 미만 지역이며, 강수량보다 증발량이 큰 것이 특징이다.

09 정답 ④

건조 기후 지역은 연교차보다 일교차가 더 크다. 뜨거운 열이 집안으로 들어오는 것을 막기 위해 두꺼운 벽과 작은 창문을 만들어 사용한다.

10 정답 ③

지중해에서 행해지는 수목 농업에 대한 설명이다. 여름철 고온 건조한 기후에서 뿌리가 깊고 잎이 두꺼운 나무가 자랄 수 있기 때문에 수목 농업이 발달하였다.

11 정답 ①

침엽수를 이용한 통나무집은 냉대 기후 지역에서 나타난다.

12 정답 ④

극지 생물 관찰(펭귄), 오로라 관측, 빙하 체험 등은 한대 기후 지역의 관광 특징이다.

13 정답 ③

수상 가옥은 주로 열대 기후에서 나타난다. 한대 기후의 가옥 구조는 폐쇄적 구조의 고상 가옥, 또는 이글루가 대표적이다.

14 정답 ①

지진은 지각판과 판이 만나는 조산대 및 해저의 해령 부근에서 활발하게 일어나며, 지각판이 움직이면서 땅이 갈라지고 흔들리는 현상으로 각종 시설의 붕괴나 파손, 화재·지진 해일·산사태 등을 동반한다.

15 정답 ①

제시된 내용의 자연재해는 태풍에 대한 설명이다. 열대성 저기압인 태풍은 가뭄 해소, 여름철 더위 해소, 적조 현상 완화, 지구의 온도 균형 유지와 같은 긍정적인 영향을 주기도 한다.

16 정답 ②

황사에 대한 설명이다. 황사는 산성화된 토양을 알칼리성인 황사가 중화시켜주며, 적조 현상을 완화시켜주는 장점도 존재한다.

17 정답 ④

인간 중심주의는 인간을 자연과 구별되는 우월한 존재로 인식하며, 자연을 인간의 욕구 충족을 위한 도구로 본다.

> **오답피하기**
> ①·②·③ 생태 중심주의 관점이다. 생태 중심주의는 자연 그 자체의 내재적 가치를 인정하고 무생물을 포함한 자연 전체를 도덕적 고려 대상으로 여기는 관점이다.

18 정답 ①

베이컨은 근대의 대표적인 인간 중심주의 사상가이다. 과학자인 베이컨은 자연을 인간을 위해 이용해야 한다고 주장하였다.

19 정답 ③

제시된 내용에 해당하는 사상가는 칸트이다. 칸트는 인간 중심주의적 관점을 가지고 있다.
칸트는 자연의 가치가 인간에게 긍정적인 영향을 주기 때문에 가치가 있다고 보았다.

오답피하기
① 칸트는 이분법적 세계관을 반대하는 입장이 아닌 인간 중심주의 입장을 갖는다.
② 자연을 위한 직접적인 도덕적 의무는 없지만, 인간성 실현을 위한 간접적 도덕 의무는 있나고 보았다.
④ 인간과 자연이 본래적 가치가 있다는 것은 생태 중심주의에 해당한다.

20 정답 ④

인간 중심주의는 과학 기술의 발전과 경제 성장을 이루는 데 도움을 준다.

오답피하기
①·②·③ 생태 중심주의의 장점에 해당한다.

21 정답 ②

생태 중심주의는 인간은 자연으로부터 독립된 우월한 지배자가 아니라 자연의 한 구성원이라고 보는 전일론적 관점을 가진다.

오답피하기
① 인간과 자연을 상호 독립적인 존재가 아닌 상호 보완적 관계로 본다.
③ 생태 중심주의는 자연 그 자체의 가치를 인정하고 무생물을 포함한 자연 전체를 도덕적 고려 대상으로 여기는 관점이다.

22 정답 ②

레오폴드는 도덕 공동체의 범위를 토양, 물, 식물, 동물 등을 포함한 대지까지 확대하는 대지 윤리를 주장하였다.

23 정답 ④

갑은 인간 중심주의자 베이컨이다. 베이컨은 자연을 도구적 관점으로 인간을 위해 사용되어야 한다고 주장한다. 을은 생태 중심주의자 레오폴드이다. 레오폴드는 생태계 전체를 하나의 유기체로 보고 공동체의 범위를 동물, 식물, 토양, 물을 비롯한 대지까지 확대해야 한다고 주장한다.

오답피하기
①·② 생태 중심주의 입장이다.
③ 인간을 포함하여 자연 전체를 하나로 보는 것이 전일론적 관점이다.

24 정답 ①

유교는 만물이 본래적 가치를 지닌다고 보았고, 인간과 자연이 조화를 이루는 경지를 지향하였다.

25 정답 ②

불교의 대표적 핵심사상인 연기설(緣起說)에 대한 입장이다. 연기설은 모든 존재와 현상은 원인과 조건에 의해 생겨난다고 강조하며 자연, 즉 만물의 상호 의존성을 강조하였다.

26 정답 ③

도교는 자연 그대로의 질서에 따르는 무위자연(無爲自然)의 삶을 추구하며, 신의 섭리에 따라 인간이 자연을 이용하도록 운명 지어졌다고 보는 입장은 서양 사상가 아퀴나스의 자연관이다.

27 정답 ④

인간과 자연의 조화로운 공존을 위해서는 생태계를 위한 인간의 개입은 어느 정도 필요하다. 산에 화재가 발생하면 인간뿐만 아니라 생태계를 위해 인간의 화재 진압 활동은 필요하다.

28 정답 ③

갑은 서양의 대표적인 인간 중심주의 관점을 지닌 칸트이다. 을은 동양의 불교의 관점이다.
③ 칸트는 인간을 위해 자연 보호를 해야 하고, 불교는 연기적 관점에 따라 자연을 보호해야 한다고 본다.

오답피하기

① 칸트는 인간을 위해 자연을 보호해야 한다는 인간 중심주의이다.
② 칸트는 자연 보호는 인간을 위한 간접적인 의무라고 본다.
④ 칸트는 생태계에 위계질서가 있지만 불교는 모든 생명은 평등하다고 본다.

29 정답 ④

환경 문제는 오염 물질 발생 지역과 피해 지역이 일치하지 않는 경우가 많아 전 지구에 영향을 준다. 대표적으로 중국의 타클라마칸 사막, 고비 사막, 황토 고원에서 발원하는 황사는 우리나라뿐만 아니라 미국까지 영향을 준다.

30 정답 ④

염화 플루오린화 탄소(CFCs)의 사용량 증가로 오존층이 파괴되어 많은 자외선이 들어와 피부암 · 백내장의 발병률이 증가하며, 식물 성장을 방해하여 농작물 생산량이 감소한다.

31 정답 ③

지구 온난화는 화석 연료(석유, 석탄)의 사용 증가로 온실 기체(이산화 탄소, 메탄가스 등)의 증가가 일어나는 현상이다. 이로 인하여 해수면 상승, 이상 기후 현상 등이 발생한다.

32 정답 ③

몬트리올 의정서는 염화 플루오린화 탄소(CFCs)의 사용량 증가로 인해 나타나는 문제를 해결하기 위해 염화 플루오린화 탄소 배출 규제, 대체 냉매제 개발을 위한 국제 협약이다.

33 정답 ①

사헬 지대가 사막처럼 변하는 원인은 오랜 가뭄, 인구 증가로 인한 지나친 농경지 확대, 인간의 무분별한 개발과 과도한 목축 때문이다.
① 공업화로 인한 생태계 파괴와는 관련이 없다.

34 정답 ②

오염 물질을 배출하는 사업자나 소비자를 처벌하거나 부담금, 벌금을 부과해야 한다.
정부는 환경 문제를 해결하기 위해 적정한 환경 기준에 대한 법률 · 제도를 정비하며, 환경 영향 평가 제도를 실시한다.

35 정답 ③

정부의 환경 정책과 기업의 환경 오염 유발 활동을 견제하며 환경 문제의 심각성을 홍보하고, 환경 보호 활동에 시민의 참여를 유도하는 역할을 한다.

36 정답 ①

환경 영향 평가 제도는 환경 문제 해결을 위한 정부의 노력에 해당한다.
기업은 제품 생산 과정에서 환경 보호를 위해 노력해야 하며 오염 물질 정화 시설 설치, 친환경 기술 개발 및 제품 생산, 신 · 재생 에너지 개발의 역할을 담당한다.

01 정답 ④
도시화는 한 국가 내에서 도시 거주 인구 비율이 높아지고 농촌의 인구 비율이 낮아진다. 또한 도시적 생활 양식과 도시적 경관이 확대되는 현상이 나타난다.

02 정답 ③
산업화·도시화에 따라 교통이 발달하고 활발한 교류를 통해 대도시권이 형성된다.

> **오답피하기**
> ① 도시화에 따라 인공 포장 면적이 증가하면서 도시의 홍수 발생 위험도가 증가한다.
> ② 도심 지역은 인공열 방출로 주변 지역보다 온도가 높게 나타나는 열섬 현상이 나타난다.
> ④ 도심에는 중심 업무와 상업 기능이 입지하며, 주거와 공업 기능은 주변으로 분산한다.

03 정답 ①
산업화·도시화에 따라 구성원들은 개성이 강조되며, 개인주의적 가치관이 확산되고 개인 간 경쟁이 치열해진다.

04 정답 ②
제시된 내용은 도심에서 나타나는 열섬 현상이다.
열섬 현상은 건물이 밀집된 지역이나, 교통량이 많은 도심 지역에서 주로 나타난다. 호수와 공원이 많은 경우는 주변보다 온도가 낮게 나타난다. 도심은 열섬 현상을 완화하기 위해 옥상에 녹지 또는 바람길을 조성한다.

05 정답 ③
열섬 현상을 해결하기 위해서는 투수성이 높은 블록을 깔아 빗물의 지표 흡수를 증가시킨다. 이것은 호수 또는 녹지와 같은 효과를 가져온다.

06 정답 ②
제시된 그래프는 우리나라의 산업 구조의 변화를 나타낸다. 1963년에는 1차 산업인 농림어업의 비중이 컸지만, 2015년에는 2차 산업인 광공업과 3차 산업인 서비스업의 비중이 높아진 것을 통해 산업화·도시화가 진행되었다는 것을 알 수 있다.
산업화·도시화가 나타나는 사회는 공동체 의식이 약화되고 개인주의적 가치관, 개인 간 경쟁이 치열해지는 현상이 나타난다.

> **오답피하기**
> ① 2·3차 산업의 비중이 높은 사회는 1차 산업 중심 사회보다 직업의 종류가 다양하다.
> ③ 1차 농업 사회는 가구원 수가 많은 확대가족이었지만 산업화·도시화로 인해 2·3차 산업 비중이 높은 현대 사회는 가족의 수가 적은 핵가족 형태가 나타난다.
> ④ 평균적인 소득 수준은 1차 산업 사회보다 2·3차 산업 사회가 더 높다.

07 정답 ④
산업화·도시화로 인해 노동 과정에서 인간이 도구나 기계로 전락되어 소외되는 인간 소외 현상이 나타난다. 이것은 노사 갈등에 영향을 준다.

08 정답 ②
지역 불평등 완화를 위해서는 낙후된 지역의 생활 환경을 개선하여 불평등을 완화해야 한다.

09 정답 ③
ㄴ·ㄷ 환경 문제를 해결하기 위해 의식의 변화를 강조하는 개인적 측면의 해결 방안에 해당한다.

오답 피하기

ㄱ, ㄹ에서 법, 제도, 정책 추진을 통해 환경 문제를 해결하는 주체는 정부에 해당하며 개인적 해결 방안이 아닌 사회적 해결 방안에 해당한다.

10 정답 ②

ㄱ·ㄷ 교통·통신의 발달에 따라 시·공간적 제약은 완화되며 생활 공간의 범위는 확대된다.
ㄴ·ㄹ 공간 인식의 범위는 확대되며 지역 간 상호 의존성은 높아진다.

11 정답 ①

교통·통신의 발달에 따라 접근성이 좋은 대도시가 주변의 중소 도시, 농촌의 경제력을 흡수하여 지역 격차가 심화되는 빨대 효과로 인하여 지역 격차가 심화된다.

오답 피하기

④ 선박의 무게 중심을 유지하기 위해 선박 내에 채워 넣거나 빼는 바닷물을 평형수라고 한다. 이 과정에서 외래종이 유입되며 생태계가 교란될 수 있다.

12 정답 ③

통신의 발달에 따라 홈쇼핑, 인터넷 쇼핑이 증가하여 소비자의 평균 쇼핑 거리는 줄어든다.

오답 피하기

② 점포를 갖지 않고 상품을 판매하는 업체를 무점포 상점이라 한다. 인터넷의 발달로 손님을 받는 공간이 없는 무점포 상점이 증가하는 추세이다.

13 정답 ②

접근성이 좋은 대도시가 주변의 중소 도시, 농촌의 경제력을 흡수하여 지역 격차를 심화시키는 현상을 빨대 효과라고 한다. 정부는 이러한 빨대 효과를 약화시키기 위한 정책 수립이 필요하다.

14 정답 ④

제시된 내용은 위치 기반 서비스인 위치정보시스템(GPS)이다. 이것은 핸드폰의 위치 확인 서비스에도 사용이 된다.

오답 피하기

① 사물을 네트워크로 연결하여 시간·장소에 관계없이 이용할 수 있게 하는 기술이다.
② SNS는 온라인을 통해 인적 관계망을 연결하여 시간이나 장소에 제약받지 않고, 자유롭게 의사소통을 할 수 있다.
③ 지리 정보를 수치화하여 컴퓨터에 입력·저장하고, 이를 다양한 방법으로 분석·종합하여 제공하는 시스템이다.

15 정답 ③

지리정보시스템(GIS)은 입지 분석, 상권 분석 및 입지 선정, 자원 개발 및 재난 예방 등에 사용된다.

16 정답 ①

제시된 내용은 인터넷 중독에 대한 설명이다. 이를 해결하기 위한 방안으로 인터넷 중독 예방 및 치료 프로그램 운영 등이 있다.

17 정답 ①

정보화 시대는 인터넷을 통한 재택 근무가 가능해져 가정과 일터의 결합 정도가 높아진다.

18 정답 ③

사이버 범죄 관련 법령은 사생활 침해, 또는 사이버 범죄를 해결하기 위한 방안이며, 정보 격차 문제 해결을 위한 방안으로는 적절하지 않다.

19 정답 ③

지역 조사 과정은 '조사 주제 선정 → 실내 조사 → 야외 조사 → 자료 분석·도표 작성 → 토의 → 조사 보고서 작성'의 과정을 거친다.

20 정답 ④

야외 조사는 해당 지역을 직접 방문하여 면담, 설문, 촬영 등을 통해 지리 정보를 수집하는 과정이다.

21 정답 ④

(가)는 지리 정보의 수집 단계이다. 지리 정보의 수집은 실내 조사와 야외 조사가 진행된다.

> **오답피하기**
> ① 조사 주제 선정 과정에서 조사 지역을 선정한다.
> ② · ③ 조사 계획 수립 단계에서 조사 항목, 조사 방법을 결정한다.

22 정답 ④

주민들의 가치관을 알아보기 위해서는 질문지 또는 면접을 통한 자료 수집이 적절하다. 항공 사진 · 위성 사진은 인간이 접근하기 어려운 지역의 자료를 수집할 때 주로 사용하는 방법이다.

23 정답 ①

도시와 가까운 촌락은 도시화가 진행되면서 도시의 인구가 촌락으로 유입되며 공동체 의식과 전통문화가 약화되는 현상이 나타난다.

> **오답피하기**
> ③ 도시와 멀리 떨어진 촌락은 인구 감소로 인한 노동력 부족, 성비 불균형으로 인한 농촌 총각 결혼 문제 등이 발생된다.

24 정답 ②

지리적 표시 제품은 오랜 역사와 좋은 품질을 자랑하는 지역 대표 특산품이다.

> **오답피하기**
> ① 지역이나 지역의 상품을 특별한 브랜드로 인식시키고 홍보하는 것을 말한다.
> ③ 푸드 마일리지는 생산된 식품이 최종 소비자에게 도달하기까지 이동거리를 뜻한다. 식품이 장거리 운송이 될 경우 이산화 탄소 등이 늘어나 지구 환경의 오염을 심화시키기 때문에 인근 지역에서 생산된 식품을 우선적으로 소비하자는 로컬 푸드 운동과 관련이 있다.
> ④ 탄소 마일리지 제도는 가정, 기업에서 에너지를 절약하여 이산화 탄소 배출을 줄이면 줄인 양에 해당하는 포인트를 쌓아 보상하여 주는 제도이다.

제2편 인간과 공동체

PART 01 인권 보장과 헌법

적중예상문제
본문 80~84p

01 ②	02 ①	03 ①	04 ②	05 ①
06 ③	07 ①	08 ④	09 ③	10 ④
11 ④	12 ④	13 ②	14 ④	15 ①
16 ④	17 ④	18 ③	19 ③	20 ②
21 ④	22 ②	23 ④	24 ②	25 ②
26 ③	27 ②	28 ④		

01 정답 ②
인권의 특징으로 보편성, 천부성, 항구성, 불가침성이 있다.

02 정답 ①
② 천부성은 태어나면서 하늘로부터 부여된 자연적 권리이다.
③ 항구성은 일정 기간에만 보장받는 것이 아니라 영원히 보장되는 권리이다.
④ 불가침성은 타인이 함부로 빼앗거나 양도할 수 없는 권리이다.

03 정답 ①
인간의 존엄성은 인간은 인간이라는 이유만으로 존중받아야 하며 그 자체가 목적적 존재로 대우되어야 한다.

오답피하기
ㄷ. 인간이라면 누구든지 누릴 수 있는 권리이다.
ㄹ. 권력이 분산되어야 인간의 존엄성이 실현될 수 있다.

04 정답 ②
시민 혁명 결과 일부 부유한 계층은 참정권을 얻었지만 농민, 노동자, 여성은 제외되었다. 이후 지속적인 노력을 통해 보통선거가 확립되었다.

05 정답 ①
세계 3대 시민 혁명은 17~18세기에 일어난 사건으로 근대 시민 사회가 만들어지는 계기가 되었다. 하지만 참정권이 모든 국민에게 부여된 보통선거는 이루어지지 않고 자본가인 부르주아 계급에게만 부여가 됐다는 한계가 있다.

오답피하기
② 사회 계약설, 계몽사상, 천부 인권 사상 등은 시민 혁명의 결과가 아닌 사상적 배경이다.
③ 영국의 인클로저 운동과 관련된다.
④ 미국에 대한 설명이다.

06 정답 ③
제시된 설명과 관련된 문서는 독일 바이마르 헌법(1919년)이다.

오답피하기
① 권리 장전은 영국 명예 혁명과 관련 있다.
② 프랑스의 인권 선언이다.
④ 세계 인권 선언의 내용은 모든 인간의 천부적 존엄성은 세계의 자유·정의·평등의 기반임을 명시하고 있다.

07 정답 ①
가장 오래된 기본권은 자유권이다.

오답피하기
②·③·④ 사회권에 대한 설명이며, 사회권은 헌법에 열거되어 있는 것만을 보장한다.

08 정답 ④
인종이나 국적에 관계없이 인권 문제를 해결하기 위한 인류 공동의 노력을 강조하는 것을 연대권이라고 한다.

09 정답 ③

1세대 인권은 자유권과 평등권, 2세대 인권은 사회권,
3세대 인권은 연대권과 단결권을 강조한다.

10 정답 ④

2013년 유럽사법재판소에서 구글 검색 결과의 링크 식제
를 요청한 스페인 변호사의 요청은 잊힐 권리의 일부로
인정될 수 있다고 판시하면서 잊힐 권리에 대한 관심이
많아지고 있다.

11 정답 ④

제시된 조항으로는 확인할 수 없다.
①・②・③ 헌법 제10조에 명시된 설명이다.

12 정답 ④

제시된 내용은 청구권에 대한 설명이며 재판 청구권, 청원
권, 형사 보상 청구권, 국가 배상 청구권, 범죄 피해자의
국가 구조 청구권 등이 이에 해당한다.

13 정답 ②

평등권의 설명이며, 모든 국민은 성별, 종교, 사회적 신분
에 의하여 법 앞에서 차별받지 않는다는 권리이다. 법 앞의
평등, 차별 금지 등이 이에 해당한다.

14 정답 ②

설명하는 글은 헌법 재판소에 청구할 수 있는 헌법 소원에
관한 내용이다.

15 정답 ①

대통령제는 대통령을 중심으로 하는 정부 형태를 말한다.

③ 국가 권력을 입법부, 사법부, 행정부로 나누어
서로 견제하고, 균형을 이루게 하여 힘의 집중을
방지한다.
④ 주권이 국민에게 있다는 원리이다.

16 정답 ④
국민 주권의 원리란 주권이 국민에게 있다는 원리로, 국민
투표를 통한 헌법 개정, 국민 선거에 의한 대통령 및 국회의
원을 선출할 권리를 말한다.

17 정답 ④
국민의 기본권은 필요한 경우 법률로써 제한할 수 있다.
하지만 기본권의 본질적인 내용은 침해할 수 없다.

18 정답 ③
기본권의 본질적인 내용은 침해할 수 없고, 인간의 존엄성
이나 행복 추구권 등은 제한이 불가능하다.

19 정답 ③
시민 불복종의 정당화 조건으로는 공개적, 공익성, 비폭력
성, 처벌 감수, 최후의 수단 등이 있다. 시민 불복종은
위법행위이기 때문에 적법성은 불복종 정당화 조건으로
옳지 않다.

20 정답 ②
시민 불복종은 위법 행위이므로, 위법 행위에 대한 처벌
을 감수해야 한다.

21 정답 ④
사회적 소수자는 그가 처한 사회의 환경에 따라 상대성을
가진다. 즉, 현재 주류 집단에 처해 있는 사람도 다른 사회로
가면 소수자가 될 수 있다.

22 정답 ②
사회적 소수자는 단순히 구성원의 수가 적은 집단을 말하는

것이 아니라, 사회적으로 약자 위치에 있는 사람들을 의미
한다.

23 정답 ④
사회적 소수자의 편견을 버리는 것은 개인적 해결 방안에
해당한다. 사회적 차원의 노력으로는 사회적 소수자를 차
별하는 정책과 법률을 정비하는 것이다.

24 정답 ②
청소년은 위험한 일, 유해한 업종의 일은 할 수 없으며
노동 시간은 하루에 7시간, 일주일에 35시간을 넘겨서는
안 된다.

오답피하기
① 청소년도 성인과 같은 임금을 적용받는다.
③ 근로계약서상 근로 조건에 따르면 되고, 그 외의
사용자의 부당한 요구 등은 응할 필요가 없다.
④ 말로 하는 구두 계약이 아니라 문서로 계약해야
한다.

25 정답 ②
부모님의 동의서와 나이를 알 수 있는 증명서가 필요하다.

26 정답 ③
① 인권 문제는 약소국에서만 발생하는 문제가 아니다.
② 국가 경제 수준이 낮아 사회권을 보장받지 못하는 경우
도 있다.
④ 독재 또는 내전 등으로 인해 정치·경제 체제의 문제가
발생하며 자유권을 제한받는 경우도 여전히 존재한다.

27 정답 ②
유리벽 현상은 조직 내 개인적인 능력에 따른 차이가 아니라
직장 내의 차별적 구조·문화에 따른 현상이다.

28 정답 ④
국제 사회가 인권 문제 해결을 위해 노력하는 것은 주권
침해와 거리가 멀다.

적중예상문제
본문 100~107p

01 ②	02 ①	03 ④	04 ③	05 ③
06 ②	07 ④	08 ②	09 ④	10 ③
11 ②	12 ①	13 ②	14 ③	15 ③
16 ③	17 ④	18 ②	19 ④	20 ④
21 ④	22 ③	23 ①	24 ④	25 ④
26 ①	27 ④	28 ②	29 ②	30 ③
31 ③	32 ④	33 ③		

01 정답 ②
사유 재산 제도를 바탕으로 자유로운 경제 활동이 보장되는 시장 경제 체제를 자본주의라고 한다.
산업 자본주의는 산업 혁명으로 대량 생산이 가능해지고 시장의 작동원리 '보이지 않는 손'에 의해 운영되는 자본주의 형태를 말한다.

02 정답 ①
제시된 내용은 신자유주의 발생 배경이다. 신자유주의는 정부의 역할을 제한하고 시장의 자유로운 경제활동을 강조하는 자본주의이다.

03 정답 ④
자본주의는 '상업 자본주의 ➔ 산업 자본주의 ➔ 수정 자본주의 ➔ 신자유주의' 순서로 전개되었다.

04 정답 ③
1929년 세계 대공황으로 인해 기업이 도산하고 실업이 증가하자 정부의 개입이 필요하다는 케인스의 경제 이론이 확산된다. 이것을 수정 자본주의라 한다.

05 정답 ③
어떤 것을 선택함으로써 포기하는 기회 비용보다 선택함에 따라 얻을 수 있는 만족이 큰 편익을 선택한다.

오답 피하기
① 이미 지불하여 회수할 수 없는 비용으로 어떤 선택을 함에 있어 고려해서는 안 되는 비용이다.
④ 편익이 같다면 비용이 가장 적게 드는 것을 선택하는 것이 합리적이다.

06 정답 ②
기회 비용이란 어떤 것을 선택함으로써 포기한 것들 가운데 가장 가치가 큰 것으로 명시적 비용과 암묵적 비용을 합한 값을 말한다. 갑은 독서실 아르바이트를 선택하였고, 명시적 비용은 없다. 포기한 빵집에서의 한 시간 아르바이트 비용 9,000원은 암묵적 기회 비용에 해당하여 총 기회 비용은 9,000원이다.

07 정답 ④
(가)는 매몰 비용, (나)는 기회 비용이다.
기회 비용은 가격이 동일한 상품 중 하나를 소비할 때 포기한 대안들 중 가장 편익이 큰 것을 말한다. 예를 들어 사과와 배, 귤의 가격은 동일하고, 사과 하나의 편익은 1,000원, 배 하나의 편익은 1,500원, 귤 하나의 편익은 800원일 때 사과 하나를 선택할 경우 포기한 편익은 배 1,500원과 귤의 편익 800원이다. 이 중에서 배의 편익이 더 크기 때문에 사과 하나에 대한 기회 비용은 배 1,500원에 해당한다.

오답 피하기
①·② 합리적 선택 시 매몰 비용을 고려하는 것은 옳지 않다.

08 정답 ②
합리적 선택의 과정으로는 문제의 명확화 단계인 '문제 인식' ➔ 관련 자료 및 정보 수집 단계인 '대안 나열' ➔ 대안을 평가하는 기준을 마련하는 '평가 기준 설정' ➔ 기준에 따라 각 대안의 점수를 매겨 보는 '대안 평가' ➔ 최선의 대안을 선택하여 실행하는 '선택 및 실행 단계'를 거친다.

09 정답 ④

밴드왜건 효과는 타인을 의식하는 소비로 합리적 소비가 아닌 비합리적 소비에 해당한다.

10 정답 ③

스노브 효과를 백로 효과 또는 속물 효과라 한다. 이것은 타인과 다른 자신을 강조하는 소비로 합리적 소비가 아닌 비합리적 소비 형태 중 하나이다.

오답피하기

② 밴드왜건 효과, ④ 베블런 효과

11 정답 ②

정부의 개입으로 나타나는 비효율적 시장 문제는 정부 실패라고 한다.

12 정답 ①

경제 주체가 경제 활동을 하는 과정에서 의도치 않게 타인에게 이익을 주는 것을 외부 경제라고 하며, 의도치 않게 피해를 입히고도 대가를 치르지 않는 현상을 외부 불경제라 한다.

13 정답 ②

시장에 하나(독점) 또는 소수의(과점) 공급자만 존재하는 상태로 이들 기업이 생산량이나 가격을 임의로 조정(담합)하여 소비자에게 피해를 주는 것을 독과점 문제라고 한다.

14 정답 ③

미래의 위험과 불확실성을 감수하고, 혁신과 창의성을 바탕으로 새로운 상품 개발, 새로운 시장 개척을 통해 이윤을 추구하는 기업가 정신은 기업의 역할에 해당한다.

15 정답 ③

기업의 사회적 책임으로 노동자 및 소비자의 권리를 존중하고 생산 과정에서 법규를 준수해야 한다.

16 정답 ③

자연 조건 및 생산 요소의 양과 질의 차이로 각 나라마다 상품의 생산비가 다르게 나타난다. 따라서 각국이 비교 우위에 있는 상품을 특화하여 생산한 뒤 교환하면 모두에게 이익이 된다.

17 정답 ④

무역으로 인해 국제 경제는 국내 경제에 큰 영향을 준다. 이에 따라 정부가 독자적인 경제 정책을 실행하기는 어렵다.

18 정답 ②

국제 무역의 증가 원인으로는 교통 통신 발달과 자유 무역 협정(FTA), 세계 무역 기구(WTO) 출범이 있다. 현재까지 거래와 관련된 무역 장벽이 완전히 사라졌다고 볼 수는 없다.

19 정답 ④

특정 상품을 상대 국가보다 낮은 생산비로 생산할 수 있을 때 그 상품에 대해 절대 우위를 가진다고 한다. 만약 두 나라 중 모든 상품의 생산비가 한 나라에 절대 우위가 있다면 무역은 발생하지 않는다.

20 정답 ④

특정 상품 생산이 다른 국가에 비해 상대적으로 더 작은 기회 비용으로 상품을 생산할 수 있을 때 비교 우위를 가진다고 한다. 이에 따라 다른 나라에 비해 생산의 기회 비용이 작은 상품을 생산하고, 기회 비용이 큰 상품을 수입한다.

21 정답 ④

을국에서 X재와 Y재 상품에 낮은 생산비를 가지기 때문에 두 상품 모두 절대 우위를 가진다. 한 나라가 모든 상품의 생산비에 절대 우위를 가진 경우 국제 무역을 설명할 수 없다. 낮은 생산비로 상품을 생산할 때 절대 우위가 있다.

22 정답 ③

을국에서 X재와 Y재 상품에 낮은 생산비를 가지기 때문에 비교 우위를 통한 무역이 필요하다.

기회 비용을 통한 비교 우위를 〈표〉로 표현하면 다음과 같다.

구분	갑국	을국
X재	Y재 5/6	Y재 8/5
Y재	X재 6/5	X재 5/8

X재에 대한 기회 비용이 갑국이 작고, Y재에 대한 기회 비용이 을국이 작기 때문에 갑국은 X재에, 을국은 Y재에 비교 우위가 있다.

23 정답 ①

② 세계 무역 기구(WTO)는 자유 무역을 확대하기 위해 1995년에 설립된 국제 기구로 회원국 간의 무역 분쟁 조정, 관세 인하 요구 능의 법적 권한과 구속력을 행사한다.
③ 국제 연합(UN)은 2차 세계대전 후 세계 평화와 각국의 경제 및 사회적인 자립을 돕는 기구이다.
④ 비정부기구(NGO)는 지역, 국가, 국제적으로 조직된 자발적인 비영리 시민 단체이다.

24 정답 ④

세계 무역 기구(WTO)는 자유 무역을 확대하기 위해 1995년에 설립된 국제 기구로 회원국 간의 무역 분쟁 조정, 관세 인하 요구 등의 법적 권한과 구속력을 행사한다.

25 정답 ④

자유 무역이 확대되어 국가 간 무역 마찰로 인한 갈등이 발생한다. 이러한 현상을 해결하기 위해 국제 무역 기구(WTO)가 출범하였다.

26 정답 ①

제시된 내용의 금융 자산은 주식에 대한 설명이다.
주식은 기업이 사업 자금 조달을 위해 발행하는 것으로 자금을 투자한 사람에게 그 대가로 회사 소유권의 일부를 지급하는 증서를 말한다.

27 정답 ④

제시된 내용의 금융 자산은 펀드에 해당한다.
펀드는 투자전문가에게 돈을 맡겨 투자하도록 하는 상품이다. 이에 따라 발생하는 원금 손실은 보상받을 수 없다.

28 정답 ②

제시된 내용은 채권에 대한 설명으로 국가, 지방 자치 단체, 회사, 은행 등이 여러 사업에 필요한 자금을 빌리기 위해 발행하는 유가 증권을 말한다.

29 정답 ②

ㄱ. (가)는 수익성은 높고, 안전성은 낮으므로 '고수익-고위험' 상품이다.
ㄴ. 수익성과 안전성이 모두 낮은 (다)와 같은 금융 상품보다 (나)와 같이 수익성도 높고, 안전성도 높은 상품에 투자하는 것이 바람직하다.
ㄷ. 수익성이 높은 대신 원금 보장이 되지 않아 안전성이 낮은 주식은 (가)에 가깝다.
ㄹ. 예금은 원금이 보장되어 안전성은 높지만 수익성이 낮으므로 (다)보다는 (라)에 가깝다.

30 정답 ③

(가)는 안전성, (나)는 수익성, (다)는 유동성이다. 일반적으로 은행 예금은 부동산보다 유동성이 높고, 안전성과 수익성 간에는 상충 관계가 나타나는 경향이 있다.
ㄱ. 수익성은 (나)에 해당한다.
ㄹ. 저위험 자산을 선호하는 사람은 안전성을 중시한다.

31 정답 ③

① ㉠은 수입과 지출이 일치하여 저축이 '0'이다.
② B는 수입보다 지출이 많은 시기로 가계 부채가 늘어날 수 있다.
③ (가)는 수입보다 지출이 크므로 수입만으로 지출을 충당힐 수 없다.
④ (나)는 저축이 가능한 시기이다.

32 정답 ④

노년기의 일반적인 발달 과업은 노후 자금의 안정성을 고려하여 자산 관리를 하는 것이다. 노후 자금 준비는 노년기 이전에 준비해야 하는 것이 일반적이다.

33 정답 ③

생애 설계는 개인의 전 생애에 걸친 종합적이고 장기적인 계획을 세우는 것이다.

PART 03 사회 정의와 불평등

적중예상문제				본문 121~127p
01 ③	02 ②	03 ③	04 ①	05 ④
06 ①	07 ③	08 ②	09 ②	10 ③
11 ②	12 ①	13 ②	14 ④	15 ③
16 ③	17 ④	18 ②	19 ③	20 ④
21 ③	22 ②	23 ②	24 ④	25 ①
26 ③	27 ②			

01 정답 ③

정의는 사회를 구성하고 유지하는 공정하고 올바른 도리로서, 개인이나 사회가 추구해야 할 기본적이고 핵심적인 덕목이다.

02 정답 ②

아리스토텔레스는 정의를 일반적 정의와 특수적 정의로 구분한다. 일반적 정의는 준법정신을 의미하며, 특수적 정의는 분배적 정의, 교정적 정의, 교환적 정의로 구분된다.
ㄱ. 일반적 정의는 법을 준수하는 준법정신을 말한다.
ㄹ. 교환적 정의는 등가 원칙에 따라 두 물건을 교환하게 하는 것이다.

> **오답**피하기
> ㄴ. 분배적 정의는 각자의 가치에 따라 재화를 분해하는 기하학적 비례이다.
> ㄷ. 교정적 정의는 시정적 정의라고도 한다. 교정적 정의는 교섭에 있어 잘못된 것을 바로 잡는 것이다.

03 정답 ③

산술적 비례는 타인에게 해를 끼치면 그만큼 보상해주고, 타인에게 이익을 준 경우 그만큼 받아 이익과 손해의 균등을 회복시켜 주는 교정적 정의를 말한다.

04 정답 ①

① 당사자들이 성취하고 이바지한 정도에 따라 분배하면 성취욕과 창의성이 높아진다.

오답피하기

② 구성원들 간의 과열 경쟁은 필요에 다른 분배가 아닌 업적이나 능력에 따른 분배에서 나타날 수 있다.

③ 업적에 따른 분배는 사회 구성원 등의 잠재 능력이 개발되는 장점이 있다.

④ 욕구가 아니라 업적을 기준으로 하는 분배로 잠재 능력이 개발된다고 본다.

05 정답 ④

인간다운 삶을 보장하기 위해 사람들의 **필요**에 따라 분배한다.

오답피하기

① 개인이 지닌 잠재력과 재능에 따라 분배하는 것이다.

② 당사자들이 성취하고 이바지한 정도에 따라 분배하는 것이다.

③ 결과의 평등을 강조하는 분배이다.

06 정답 ①

공자는 사람이 행해야 할 바른길(정도)을 삶의 목표로 한다.

오답피하기

② 칸트는 도덕 법칙을 따르는 것을 정의라고 한다.

③ 마르크스는 사회주의 분배 방식인 능력에 따라 일하고 필요에 따른 분배를 주장한다.

④ 아리스토텔레스의 정의는 일반적 정의와 특수적 정의로 구분된다.

07 정답 ③

자본주의는 능력, 업적, 노력에 따른 분배를 인정한다. 사회주의 분배는 능력에 따라 일하고 필요에 따라 분배한다.

08 정답 ②

필요에 따른 분배는 사회적 구성원들의 인간다운 삶을 보장할 수 있으며, 사회적 불평등을 완화시킬 수 있다.

오답피하기

①·③·④ 능력, 업적에 따른 분배의 특징 또는 한계에 해당한다.

09 정답 ②

자본주의 분배 방식은 능력, 노력, 업적에 따른 결과의 불평등을 인정하며, 자연스러운 것으로 본다.

10 정답 ③

공동체주의는 공동선을 실현하는 것이 정의이며, 국가는 개인에게 공동체의 미덕을 제시하고 권장하는 역할을 강조한다.

11 정답 ②

존 롤스는 최소 수혜자에게 최대의 이익이 되도록 분배가 될 때 경제적 불평등을 인정한다. 복지를 인정하지만 경제적 평등을 주장하는 것은 아니다.

12 정답 ①

제시된 내용을 주장한 사상가는 J. 롤스이다.

롤스의 정의관은 공정으로서의 정의이다. 정당한 절차에 따라 제1, 2원칙이 도출되고 이러한 원칙들이 적용되는 사회가 정의롭다고 본다.

13 정답 ②

제시된 내용의 사상가는 R. 노직이다. 노직은 국가에 의한 복지를 반대하는 것이지 정부가 없어져야 한다는 무정부주의자는 아니다. 노직이 원하는 국가는 치안 유지와, 외적 방어 기능을 담당하는 최소 정부(야경국가)이다.

14 정답 ④

롤스와 노직의 공통점은 자유주의적 정의관을 주장한다는 것이다. 자유주의적 정의관은 개인의 자유과 권리를 강조한다.

15 정답 ③

공동체주의는 개인의 자유와 권리보다 공동체에 대한 의무를 중시한다.

16 정답 ③

연고적 자아, 관계적 자아는 공동체에 소속된 존재로서, 공동체가 추구하는 가치에 따라 바람직한 역할을 요구받으며 살아가는 인간을 말한다.

17 정답 ④

집단의 이익과 목적을 위해 개인의 희생을 강요하는 것은 집단주의라고 한다. 집단주의는 개인과 사회의 행복 증진을 추구하는 공동체주의와는 차이가 있다. 집단주의는 개인과 공동체의 바람직한 관계로 볼 수 없다.

18 정답 ②

갑의 입장은 사유 재산의 보장을 위해 개발 제한 구역 규제를 완화해야 한다는 개인의 권리를 강조하는 자유주의적 관점에 해당한다. 개발 제한 구역이 개인에게 이익이 아닌 해가 된다고 보는 입장이다.

19 정답 ③

을은 공동체를 개인의 정체성을 형성하고 삶의 방향을 설정하는 기반으로 여긴다. 그리고 갑은 자유와 권리를 강조하는 자유주의 관점이다.

20 정답 ④

불평등 현상은 경제적 측면에서만 나타나는 현상이 아니라 경제, 문화, 정치 등 여러 측면에서 사회적 가치의 불평등한 분배로 발생한다.

21 정답 ③

사회 계층의 양극화 현상은 개인적 측면과 사회적 측면의 다양한 원인에 대한 결과이다. 해결 방법 역시 개인적 측면의 노력과 사회적 측면인 법·제도의 제정·개정이 필요하다.

22 정답 ②

제시된 내용은 유리 천장 지수에 대한 설명이다. 유리 천장 지수를 통해 우리나라의 여성에 대한 차별 정도를 알 수 있다.

23 정답 ②

공간 불평등은 지방 정부가 아닌 중앙 정부 주도의 성장 위주 경제 개발 정책을 추진하여 발생한 현상이다. 우리나

라는 1960년 이후 산업화와 더불어 이촌 향도 현상으로 심화되었다.

24 정답 ④

도시와 농촌의 공간 불평등을 해결하기 위해서는 지역 특징에 맞는 개발 방식을 사용해야 한다. 농촌 인구의 도시 유출은 더 큰 지역 격차를 가져온다.

25 정답 ①

제시된 내용은 사회 보험에 대한 설명이다. 사회 보험은 국민 건강 보험, 고용 보험, 국민 연금, 산업 재해 보상 보험이 있다. 사회 보험은 우리나라 국민이면 누구나 가입해야 하는 의무가입을 원칙으로 하며, 소득과 재산에 따라 차등 납부를 하기 때문에 부의 재분배 효과가 나타난다.

26 정답 ③

사회 서비스는 도움이 필요한 모든 국민을 대상으로 다양한 서비스 혜택을 지원하는 제도이다.

오답피하기
① ㉠은 사회 보험에 해당하며 사회 보험은 모든 국민의 의무가입을 원칙으로 하기 때문에 보편적 복지에 해당한다.
② ㉡의 공공 부조는 보편적 복지가 아닌 선별적 복지에 해당한다.
④ ㉠, ㉡, ㉢은 국민의 삶의 질을 높이는 제도에 해당하지만, 공공 부조는 선별적 복지에 해당한다.

27 정답 ②

적극적 우대 조치로 인해 오히려 반대편이 차별을 받게 되는 경우 역차별의 문제가 생긴다.

제3편 사회 변화와 공존

PART 01 문화와 다양성

적중예상문제				본문 144~150p
01 ④	02 ①	03 ④	04 ①	05 ②
06 ②	07 ③	08 ③	09 ④	10 ②
11 ①	12 ④	13 ①	14 ②	15 ④
16 ①	17 ②	18 ④	19 ①	20 ④
21 ①	22 ②	23 ②	24 ④	25 ①
26 ③	27 ③	28 ③	29 ③	30 ①
31 ③	32 ③	33 ②	34 ④	35 ③

01 정답 ④

문화는 자연환경과 인문환경의 영향을 받는다. 자연환경은 주로 의복, 음식, 주거 문화에 영향을 주며, 인문환경은 대표적으로 종교가 그 사회에 큰 영향을 주어 문화 경관을 만들어낸다.

02 정답 ①

건조 기후 지역은 빵과 고기를 중심으로 하는 음식 문화가 발달한다. 연 강수량 500mm 미만인 지역을 건조 기후 지역이라고 한다. 벼(쌀) 농사는 연 강수량 800mm 이상인 지역에서 가능하다.

03 정답 ④

열대 기후 지역의 가옥 구조는 수상 가옥, 또는 고상 가옥이 니다난다. 이 지역은 강수량이 많은 지역이기 때문에 지붕의 경사가 급하다.

04 정답 ①

이슬람교는 모스크, 돼지고기와 술 금기, 할랄 식품, 여성들은 얼굴과 몸을 가리는 베일(히잡, 부르카)을 착용한다. 힌두교는 소를 신성시하며 갠지스강에서 종교의식으로 목욕을 한다.

05 정답 ②

유럽 문화권은 게르만족과 개신교 비율이 높다. 라틴족과 가톨릭의 비율이 높은 지역은 남부 유럽이다.

06 정답 ②

아프리카 문화권은 사하라 사막 이남 지역에서 나타난다. 유럽 식민 지배의 영향으로 부족과 국경이 불일치하여 지역 분쟁이 자주 발생한다.

07 정답 ③

남부 아시아는 대표적 국가인 인도와 그 주변국 네팔, 파키스탄, 방글라데시, 스리랑카 등이 있다. 이들 국가는 민족, 언어, 종교가 다양하게 분포하고 있으며 종교는 힌두교를 중심으로 이슬람교, 불교이다. 인도는 불교와 힌두교의 발생지이다.

08 정답 ③

라틴 아메리카는 남부 유럽의 영향으로 주로 에스파냐어와 포르투갈어를 사용하고 가톨릭이 우세하다. 원주민, 백인, 흑인의 다양한 문화가 나타나고, 혼혈 인종이 많다.

09 정답 ④

북극 문화권은 고위도에 분포하여 기온이 낮다. 나무가 자라지 못하는 무수목 기후로 농업에는 불리한 기후 조건이다. 북극 문화권은 주로 이끼를 먹이로 하는 순록의 유목을 행하며 수렵 생활을 한다.

10 정답 ②

제시된 내용은 남부 유럽에 관한 설명이다. 북서 유럽은 게르만족과 개신교의 비율이 높으며 동부 유럽은 슬라브족과 그리스정교의 비율이 높다.

11 정답 ①

발명은 기존에 존재하지 않았던 새로운 문화 요소를 만들어내는 것을 말한다. 활을 발명한 것은 1차 발명으로 볼수 있으며, 활 시위를 이용하여 현악기를 만든 것은 2차 발명이다.

12 정답 ④

자극 전파는 다른 사회의 문화 요소에서 아이디어를 얻어 새로운 문화 요소가 발명되는 것을 말한다.

13 정답 ③

간접 전파는 인터넷이나 TV를 통해 문화가 전달되는 현상을 말한다. 간접 전파의 대표적인 예로는 한류 열풍이 있다.

14 정답 ②

제시된 사례는 이슬람 제국과 중국 당의 전쟁인 탈라스 전투에 대한 내용이다. 탈라스 전투를 통해 종이 만드는 방법이 이슬람 세계로 전파된다. 이것은 사람에 의한 전파로 직접 전파에 해당한다.

15 정답 ④

외부의 압력에 의해 일어나는 문화 접변을 강제적 문화 접변이라고 한다. 창씨개명은 강제적 문화 접변에 해당하며, 이러한 강제적 문화 접변은 자발적 문화 접변과는 달리 문화 접변에 대한 저항이 나타난다.

16 정답 ①

제시된 내용은 문화 융합에 대한 설명이다. 문화 융합의 대표적인 예는 우리나라 전통 음식인 불고기와 외국에서 들어온 피자가 결합하여 만들어진 제3의 새로운 문화 요소인 불고기 피자이다.

17 정답 ②

다른 사회의 문화 요소와 기존의 문화 요소가 각각의 고유한 문화 특성을 유지하며 한 사회에서 함께 공존하는 현상을 문화 병존이라고 한다. 한 사회에 여러 종교가 공존하는 현상 역시 문화 병존에 해당한다.

18 정답 ④

㉠은 발견에 해당하며, ㉡은 외재적 요인에 해당한다. 발명은 기존에 존재하지 않았던 새로운 문화 요소를 만들어내는 것이며, 기존에 존재하고 있었지만 알려지지 않았던 것을 찾아내는 것은 발견에 해당한다.

19 정답 ①

전통문화는 과거의 것을 단순히 재현하고 유지하는 것이 아니라 끊임없이 변화하며 발전한다.

20 정답 ④

자신들의 문화가 다른 사회의 문화보다 우월하다고 보는 입장은 자문화 중심주의, 또는 국수주의라고 볼 수 있다. 이러한 관점은 '타 민족을 침략하여 자신들의 우수한 문화를 전해준다.'라는 문화 제국주의로 변질될 가능성이 높다.

21 정답 ①

문화의 특성으로는 보편성과 특수성이 있다. 보편성은 모든 문화에 내재된 공통적인 문화 요소가 있으며, 특수성은 자연환경, 역사적 배경, 사회적 환경 등의 차이에 따라 문화가 다양한 양상으로 나타난다.

22 정답 ②

문화 상대주의는 각각의 문화의 고유한 가치를 인정하는 입장이다. 다양한 문화가 평화롭게 공존할 수 있다.

오답피하기

④ 극단적 문화 상대주의는 인류의 보편적 가치도 무시하고 모든 문화를 인정하는 태도이다.

23 정답 ②

인류의 보편적 가치를 무시하고 모든 문화를 인정하는 태도는 극단적 문화 상대주의에 해당한다.

오답피하기

③ 자문화 중심주의의 장점으로 자문화의 정체성을 유지하며, 자문화를 중심으로 사회 통합이 강화된다.

24 정답 ④

인류의 보편적 가치인 인간의 존엄성을 위배하는 문화를 인정하는 태도를 극단적 문화 상대주의라고 한다. 극단적 문화 상대주의는 경계해야 할 태도로, 인간의 존엄성에 위배되는 문화는 인정해서는 안 된다.

25 정답 ①

자신의 문화는 저급하며 다른 나라 문화는 고급 문화라고 이해하는 태도를 문화 사대주의라고 한다. 이러한 태도는 전통문화를 상실할 수 있다는 문제점을 가지고 있다.

26 정답 ③

제시된 내용의 문화 이해 태도는 자문화 중심주의이다. 이는 자신의 문화만을 고급 문화라고 생각하고 상대방의 문화를 상대방 입장이 아닌 자신의 문화를 기준으로 이해하는 태도를 말한다.

27 정답 ④

인간의 존엄성에 위배되는 문화를 이해하는 것은 옳지 못한 문화 이해 태도이다. '명예살인'을 문화로 보고 이해한다는 것은 인간의 존엄성에 위배가 된다.

28 정답 ④

자문화의 우월성을 강조하며 국수주의, 문화 제국주의를 초래하는 것은 자문화 중심주의에 해당한다.

29 정답 ③

문화의 다양성에 기여를 하는 A 문화 이해 관점은 문화 상대주의에 해당한다. 국수주의를 초래할 위험이 있는 B 문화 이해 관점은 자문화 중심주의에 해당한다.

30 정답 ①

보편 윤리는 인간의 존엄성, 생명 존중의 가치를 중시하기 때문에 극단적 문화 상대주의를 경계할 수 있다.

31 정답 ③
국제결혼, 외국인 노동자 증가로 인해 문화의 다양성이 가속화되고 있다.

32 정답 ③
다문화 사회에 다양한 문화의 유입으로 문화적 충돌 발생 가능성이 높아진다.

33 정답 ②
다문화 사회의 갈등을 해결하기 위한 개인적 차원의 방안으로는 다른 문화를 깊이 이해하도록 노력해야 하며, 개방적인 자세로 다른 민족 문화를 인정하고 포용하는 세계 시민 의식을 함양해야 한다.

34 정답 ④
제시된 자료를 보면 초중고 다문화 학생 수가 지속적으로 증가하는 것을 알 수 있다. 다문화 사회에서는 다문화 교육 강화, 문화를 평가의 대상이 아닌 이해의 대상으로 바라보는 태도가 필요하다.
다양한 문화를 한국 문화로 동화시키는 것은 문화의 획일화를 초래하고 사회적 갈등을 유발할 수 있기 때문에 적절한 대응방안으로 볼 수 없다.

35 정답 ③
제시된 글은 여러 문화의 고유한 특성을 인정하면서 조화를 이루는 다문화주의 관점에 해당한다. 이러한 관점을 샐러드 그릇 이론이라고 한다.
문화를 통합하여 새로운 문화를 발명한다는 것은 문화의 다양성을 보장하는 것이 아니라 문화 획일화를 추구하는 입장이다.

PART 02 세계화와 평화

적중예상문제
본문 163~168p

01 ④	02 ③	03 ③	04 ②	05 ③
06 ②	07 ②	08 ①	09 ④	10 ①
11 ④	12 ①	13 ②	14 ②	15 ③
16 ④	17 ④	18 ①	19 ③	20 ③
21 ④	22 ③	23 ④	24 ②	25 ③
26 ①	27 ②	28 ④	29 ①	30 ③

01 정답 ④
무역 분쟁 해결을 위해 세계 무역 기구(WTO)가 출범되었다. 하지만 이로 인해 무역 갈등이 사라졌다고 보기는 힘들다.

오답피하기
② 세계화에 따른 장점으로 다양한 문화를 경험할 수 있지만, 특정 문화만 고집한다면 문화의 획일화라는 단점이 나타날 수 있다.

02 정답 ③
지역화는 지역의 독특한 사회·문화적 특성이 세계적 가치를 지니게 되는 현상을 말한다. 세계와의 단절을 통한 지역 문화를 발전시킨다는 것은 지역화 의미에 부합되지 않는다.

03 정답 ③
경제, 정치, 문화의 세계적인 중심 기능을 담당하는 도시를 세계 도시라 한다. 주요 세계 도시로는 뉴욕, 도쿄, 런던 등이 있다.

04 정답 ②

다국적 기업의 본사는 주로 본국의 대도시에 입지하며, 연구소는 대학 및 연구 시설이 밀집한 곳, 쾌적한 환경을 고려하여 입지한다. 생산 공장은 주로 저렴한 노동력이 풍부한 개발 도상국 또는 시장 개척을 위해 선진국에 입지한다.

05 정답 ③

다국적 기업에 대한 경제적 의존도가 심화되어 다국적 기업의 철수 또는 투자를 회수할 경우 경제적 타격을 입을 수 있다. 이는 부정적 측면에 해당한다.

06 정답 ②

자유 무역의 확대로 기술과 자본이 풍부한 선진국과 상대적으로 경쟁력이 약한 개발 도상국의 빈부 격차가 더 심화된다.

07 정답 ②

경쟁력이 강한 선진국과 상대적으로 경쟁력이 약한 개발 도상국 사이에 자유 무역이 나타나면 빈부 격차가 심화된다.

08 정답 ①

모든 인간과 사회에 타당한 객관적이고 일반적인 도덕 원칙을 보편 윤리라고 한다. '살인을 해서는 안 된다.'와 같은 원칙이 이에 해당한다.

09 정답 ④

특수 윤리는 특정 사회에서만 준수되는 특수한 윤리이다. 특정 종교에서 나타나는 교리 역시 특수 윤리에 해당한다. 이러한 특수 윤리는 보편 윤리를 바탕으로 보편적 가치를 훼손하는지에 대한 비판적 사고가 필요하다.

10 정답 ①

세계화로 인해 국가 간 분업은 확대된다.

> **오답 피하기**
> ② 경제적, 정치적 상호 의존성이 커진다.
> ③ 생활 공간의 범위는 넓어진다.
> ④ 교역 증가로 선진국과 개발 도상국의 빈부 차가 심화된다.

11 정답 ④

국제 갈등의 해결 방법으로는 국제 협약, 국제법을 통한 해결 방안뿐만 아니라 갈등 당사자 간의 대화와 양보를 통한 평화적 해결 노력 역시 필요하다.

12 정답 ①

인도와 파키스탄 간 분쟁이 카슈미르 분쟁이다. 이슬람교도가 대부분인 카슈미르를 힌두교를 믿는 인도가 통치권을 주장하면서 벌어진 분쟁이다. 카슈미르는 이슬람교와 힌두교인 간의 종교 갈등과 영유권을 둘러싼 인도·파키스탄 정부 간의 마찰이 복잡하게 뒤얽혀 있다.

13 정답 ②

제시된 그림의 분쟁지역은 팔레스타인으로 유대교를 믿는 이스라엘과 이슬람을 믿는 아랍 국가와의 분쟁이다. 따라서 이 지역의 분쟁 원인은 종교이다.

14 정답 ②

이스라엘은 유대교를 믿는 유대인 국가이고, 팔레스타인은 이슬람을 믿는 아랍 국가로 종교와 민족이 달라 분쟁이 지속되고 있다.

15 정답 ③

제시된 내용은 국제 기구에 대한 설명이다. 대표적인 국제 기구는 국제 연합(UN), 세계 보건 기구(WHO), 국제 통화 기금(IMF) 등이 있다.

16 정답 ④

제시된 내용은 비정부 기구(NGO)에 대한 설명이다. 비정부 기구는 개인이나 민간단체 주도로 만들어진 국제 사회 행위 주체로 국제 사회의 보편적 가치인 환경 보호, 인권 보장 등을 위해 노력한다. 비정부 기구의 예로 국경 없는 의사회(MSF), 그린피스(Greenpeace), 국제 사면 위원회 (AI) 등이 있다.

17 정답 ④

다국적 기업, 개별 국가 내의 지방 정부, 국제적 영향력이 강한 개인을 국제 사회 행위 주체로 볼 수 있다.

18 정답 ①

전쟁, 테러, 범죄, 폭행 등의 물리적 폭력이 발생하지 않아 직접적 폭력이 제거된 상태를 소극적 평화라고 한다. 소극적 평화는 국가 안보 차원의 평화를 말한다.

19 정답 ③

갈퉁이 제시한 적극적 평화는 직접적 폭력뿐만 아니라 구조적, 문화적 폭력이 제거된 상태로 예방적 차원의 성격을 가진다. 실질적인 국제 평화를 이루려면 소극적 평화에 머무르지 말고 적극적 평화를 실현하도록 노력해야 한다.

20 정답 ③

문화적 폭력은 직접적 폭력이나 구조적 폭력을 정당화하는 데 이용된다. 적극적 평화를 위해서는 직접적 폭력, 구조적 폭력, 문화적 폭력이 사라져야 가능하며 인간다운 삶을 보장받을 수 있다.

21 정답 ④

제시된 내용은 통일을 통해 얻을 수 있는 경제적 이익을 설명한 것이다. 통일을 통해 국제 경쟁력을 강화할 수 있다가 가장 적절하다.

22 정답 ③

통일은 개인적, 민족적 측면, 정치적 측면, 경제적 측면, 사회 문화적 측면 등 다양한 필요성이 있다.
남북한의 통일을 통해 세계에서 우리나라의 위상은 높아질 수 있지만 세계의 대표 국가가 되기 위해 통일이 필요한 것은 아니다.

23 정답 ④

분단 비용은 분단에 따른 대립과 갈등으로 발생하는 비용으로 외교, 국방 비용과 같은 유형적 비용과 이산가족의 고통, 전쟁의 공포와 같은 무형적 비용이 있으며 소모적 성격의 비용이다.

24 정답 ②

평화 비용은 통일 이전에 평화 정착 및 유지를 위해 지불하는 비용으로 북한의 사회 간접 자본 확충, 남북 경제 협력과 관련된 비용이 대표적인 예다. 통일 편익을 증진하기 위한 비용은 통일 비용에 해당한다.

25 정답 ③

센카쿠 열도는 청·일 전쟁 이후 일본이 차지하였으나 이 지역에 석유와 천연가스가 풍부하다는 사실이 밝혀지면서 중국, 타이완이 자국의 영토라고 주장하며 분쟁이 일어난 지역이다.
② 센카쿠 열도는 현재 일본의 실효적 지배 지역이다.

26 정답 ①

쿠릴 열도는 1905년 러·일 전쟁 이후 일본의 영토로 편입되었으나, 제2차 세계 대전 이후 소련이 점령함으로써 영토 분쟁이 발생한 지역이다.

27 정답 ②

센카쿠 열도는 중국, 타이완, 일본 간 분쟁이고, 시사 군도는 중국과 베트남 간 분쟁이며, 난사 군도는 중국, 필리핀, 베트남, 브루나이, 타이완 간 분쟁이다. 따라서 이 세 분쟁에 공통된 국가는 중국이다.

28 정답 ④

동북공정 사업 추진 문제는 일본의 역사 왜곡이 아닌 중국의 역사 왜곡에 해당한다. 동북공정은 고조선, 고구려, 발해 등 우리나라의 역사를 중국의 역사에 포함하고자 한다.

29 정답 ①

우리나라가 국제 사회에서 갖는 중요성으로 지정학적 측면, 정치적 측면, 경제적 측면, 문화적 측면이 있다. 지정학적 측면이란 지리와 정치적으로 중요한 지역이란 의미이며, 우리나라는 반도국으로 유라시아 대륙과 태평양을 연결하는 요충지이다.

30 정답 ③

지하자원 개발, 생산력 확대는 국제 사회의 평화에 기여하기보다는 환경 파괴, 무역 갈등을 조상할 우려가 있다.

PART 03 미래와 지속 가능한 삶

적중예상문제

본문 181~186p

01 정답 ③

최근에는 개발 도상국 주도로 인구성장이 이루어지고 있다. 산업 혁명 이전에는 기아, 질병, 전쟁 등으로 사망률이 높아 세계의 인구가 오랜 기간 동안 느린 속도로 증가하였다. 산업 혁명 이후에는 의학 기술이 발달하고 생활 수준이 향상되면서 사망률이 감소하고, 경제 발전으로 인구 부양력이 높아지면서 세계의 인구가 급속히 증가하기 시작하였다.

02 정답 ④

- 1단계 : 근대화 이전 단계인 전통적인 농업 사회에서 나타나는 다산 다사형의 고위 정체기로, 저개발 국가의 인구 성장을 나타낸다.
- 2단계 : 의학 기술의 발달과 경제 발달로 인구 부양력이 향상됨에 따라 다산 감사형의 인구 폭발기로, 개발 도상국의 인구 성장을 나타낸다.
- 3단계 : 여성들의 사회·경제적 지위의 향상과 가족 계획 등의 산아 세한 징책 등에 따른 감산 소사혀의 인구 증가 둔화기로, 중진구의 인구 성장을 나타낸다.
- 4단계 : 낮은 인구 성장률과 노인 문제가 대두되는 소산 소사형의 인구 안정기로 저위 정체기에 해당하며, 고도의 산업화를 이룬 선진국의 인구 성장을 나타낸다. 현재 우리나라는 3단계에서 4단계로 넘어가는 선진국형의 인구 안정기에 접어들고 있다.

03 정답 ①

세계의 인구 분포는 살기 좋은 지역에 집중하여 불균등하게 분포한다.

자연적 요인으로는 풍부한 천연 자원, 평야 지형, 생활에 적합한 기온이, 인문적 요인으로는 풍부한 일자리, 편리한 교통, 발달된 산업 지역에 인구가 집중하는 경향이 있다.

04 정답 ③

산업화 이전에는 자연환경(기후, 지형 등)이, 산업화 이후에는 사회 경제적 요인(교통, 일자리 등)이 큰 영향을 준다.

05 정답 ①

최근의 인구 이동은 교통·통신의 발달과 세계화 현상으로 인해 과거에 비해 활발하게 나타난다.

경제적, 정치적, 자연적 조건이 다르기 때문에 인구 이동이 일어나며, 자원의 국제 이동도 같은 요인에 의한 발생이라고 볼 수 있다.

06 정답 ③

그래프를 통해 유소년 인구와 생산 가능 인구의 비중은 계속 감소하고, 고령 인구의 비중은 지속적으로 증가하는 고령화 현상이 나타나고 있음을 알 수 있다.

07 정답 ②

고령화 현상은 전체 인구 중 65세 이상이 차지하는 비율이 높아지는 현상이다.

고령화 문제점으로 경제 활동 인구가 감소하며 노년층 인구 비율 증가로 노인 부양에 따른 사회 보장 비용이 증가한다. 이를 해결하기 위해서 출산율을 높이는 출산 장려 정책이 필요하며 노인 일자리 창출, 사회 보장 제도의 개선이 필요하다.

08 정답 ②

통계를 통해 점차적으로 유소년 인구의 비중은 줄어들고, 고령 인구의 비중이 늘어나고 있음을 통해 저출산이 고령화로 이어진다는 것을 알 수 있다.

• 유소년 부양비 = 유소년 인구/청장년 인구×100
• 노년 부양비 = 노년 인구/청장년 인구×100

09 정답 ①

〈가〉는 방추형으로 일부 선진국에서 나타나며, 인구 감소 현상과 초고령화 사회가 나타난다. **예** 영국, 프랑스
〈나〉는 피라미드형으로 개발 도상국에서 나타나며 인구의 급증, 유·소년층 비율이 높다.

> **오답 피하기**
> ③ 노년 부양비가 아닌 유소년 부양비가 늘어난다.
> 별형은 도시에서, 표주박형은 농촌에서 나타난다.

10 정답 ③

노년 부양비 증가로 세대 간 갈등이 나타나는 현상은 개발도상국이 아닌 선진국에서 발생하는 인구 문제이다. 선진국은 저출산, 의학 발달과 생활 수준 향상으로 평균 고령화에 따른 사회 문제가 나타난다.

11 정답 ③

제시된 자원의 특징은 가변성에 대한 설명이다. 석유는 고대 시대에는 설사약, 피부약으로 사용되었다. 19C 내연 기관이 발명되면서 중요한 동력 자원으로 가치가 변화하였다. 즉, 기술 발달에 따라 자원의 가치가 변화한다.

12 정답 ①

제시된 설명은 가채 연수이다. 가채 연수를 늘리는 방법은 대체 자원의 개발, 에너지 절약, 새로운 매장지 개척 등이 있다.

13 정답 ②

석유는 신생대 3기층의 배사 구조에 주로 매장되어 있다. 페르시아만을 중심으로 서남아시아 지역에 세계 석유의 약 60% 이상이 매장되어 있다.

14 정답 ④

천연가스에 대한 설명이다. 천연가스는 신생대 제3기 지층에 석유와 함께 매장되어 있는 경우가 많으며, 냉동 액화 기술의 발달과 파이프라인 건설 등으로 저장과 수송이 가능해지면서 이용이 증가하고 있다.

15 정답 ②

제시된 내용은 자원의 특징 중 편재성 때문에 나타나는 현상이다.
자원의 소비량이 증가하고, 자원이 고갈되는 문제는 자원의 유한성으로 나타나는 현상이다.

16 정답 ③

자원 민족주의의 대표적인 예는 석유 수출 기구(OPEC)이다. 석유 수출 기구의 가맹국들은 자국의 민족적 이익을 지키기 위해 석유 생산량을 조정하며 국제 유가를 통제한다.

17 정답 ④

지속 가능한 발전은 자연의 재생 능력의 범위 안에서 자연 조건을 만족시키는 개발을 말한다. 사회와 경제, 환경이 조화를 이룬 발전을 추구한다.

18 정답 ③

지속 가능한 발전을 위한 국제·국가적 노력은 국제 환경 협약 체결, 온실 가스 감축을 위한 제도 및 공적 개발 원조(ODA) 실시 등이 있으며, 개인적 노력으로는 윤리적 소비 실천, 공정 무역 제품 이용, 로컬 푸드 구매 등이 있다.

19 정답 ②

석탄은 과거에 가정용 연료로 많이 이용하였으나, 최근 소득 수준이 높아지고 석유와 천연가스가 이용되면서 가정용 소비가 감소하고 있다.

20 정답 ④

여러 국가들이 신재생 에너지를 개발을 하고 있지만 여전히 석유, 석탄, 천연가스의 사용량이 많으며, 자원의 편재성으로 에너지 자원의 국제적 이동이 활발하다.

21 정답 ①

미래 예측을 통해 어느 정도의 문제 대처가 가능하지만 완벽하게 미래를 예측하여 대처하는 것은 불가능하다.

22 정답 ①

전문가 합의법을 델파이 기법이라고 한다. 각 분야의 전문가에게 설문을 반복하여 특정한 주제에 대한 전문가 집단의 합의를 도출하는 방식이다.

> **오답 피하기**
> ②·③ 시나리오 기법에 대한 설명이다.

23 정답 ④

전 지구적으로 나다니는 문제는 한 국가의 노력만으로 해결하지 못한다. 국가 간 협력 강화를 통해 문제를 해결할 수 있다.

24 정답 ②

(가) 전자 민주주의 발달, 국제 기구 활동 증가, 영토와 종교 분쟁 축소 등은 정치적 측면에 해당된다.
(나) 저출생·고령화, 불평등, 삶의 질 중시, 다문화 확산, 사이버 범죄 등은 사회적 측면에 해당한다.

25 정답 ④

미래 사회에 힘을 바탕으로 미래 사회 문제점과 갈등을 해결한다는 것은 더 큰 문제를 일으킬 수 있다. 힘의 바탕이 아니 대화와 협력을 통해 문제를 해결하는 것이 바람직한 자세이다.

26 정답 ③

자동차, 냉장고와 같은 사물에 센서와 통신 기능을 내장하여 인터넷에 연결하는 기술을 사물 인터넷이라 한다.

제4편 실전모의고사 및 기출문제

PART 01 실전모의고사

제1회 정답
본문 192~195p

01 ②	02 ④	03 ③	04 ①	05 ①
06 ④	07 ④	08 ④	09 ③	10 ④
11 ③	12 ③	13 ④	14 ②	15 ④
16 ②	17 ③	18 ②	19 ③	20 ④
21 ②	22 ③	23 ①	24 ④	25 ②

01 정답 ②
사회 현상을 바라보는 관점으로 시간적 관점, 공간적 관점, 사회적 관점, 윤리적 관점이 있다.

오답 피하기
공간적 관점은 장소와 분포 유형 및 네트워크 형태를 고려해야 하며, 윤리적 관점은 규범적 방향성과 가치를 고려해야 한다.

02 정답 ④
사회 현상은 다양한 원인, 여러 가지 가치 문제와 사실 문제로 나타난다. 이러한 현상을 탐구하기 위해서는 종합적이고 통합적인 관점이 필요하다.

03 정답 ③
유교의 행복론은, 하늘로부터 부여받은 도덕적 본성을 보존하고 함양하면서 다른 사람과 더불어 살아가는 인(仁)을 실현하는 삶이 행복이다.

04 정답 ①
중세는 신앙 중심의 시대이다. 진정한 행복은 신과 하나가 되고, 신의 은총을 받아야지만 이루어진다고 보는 행복관이다.

05 정답 ①
행복을 위해 경제적 안정, 질 높은 정주 환경, 민주주의가 필요하다. 높은 학력은 행복을 위한 조건으로 보기 어렵다.

06 정답 ④
제시된 내용은 카르스트 지형에 대한 설명이다. 카르스트 지형은 석회암이 용식되어 형성된 지형을 말한다.

07 정답 ④
냉난방 시설이 함께 나타나는 것은 계절풍 기후 지역, 즉 온대 기후 지역의 특징이다.

08 정답 ④
아리스토텔레스는 인간 중심주의 관점으로 이성을 가진 인간이 자연을 이용할 수 있다는 관점이다. 모든 것은 목적이 있다는 목적론적 세계관으로 식물은 동물을 위해, 동물은 인간을 위해 존재한다고 주장한다.

09 정답 ③
레오폴드는 생태 중심주의의 대표적인 사상가이다. 레오폴드는 대지 윤리를 제시하여 생태계 전체를 하나의 유기체로 보고 공동체의 범위를 동물, 식물, 토양, 물을 포함한 대지까지 확대하려는 입장이다.

10 정답 ④
오존층 파괴는 염화 플루오린화 탄소(CFCs)의 사용량 증가로 나타나는 현상이다. 오존층 파괴를 막기 위해 대체 냉매제 개발이 필요하며 국제적 협력을 위해 몬트리올 의정서를 채택하였다.

11 정답 ③
우리나라의 도시화는 현재 종착 단계에 해당한다. 도시의 인구가 도시에서 벗어나 농촌이나 주변 도시 지역으로 이동하는 현상이 나타난다.

12 정답 ③

열섬 현상은 도심 지역의 인공열 방출로 인해 주변 지역보다 도심 지역의 기온이 상승하는 현상을 말한다.

13 정답 ④

유비쿼터스로 인해 시간과 장소에 관계없이 네트워크에 연결하여 이용할 수 있는 접근성이 향상된다.

14 정답 ②

지역 조사 과정은 '주제 선정 ➜ 지리 정보 수집(실내 조사, 야외 조사) ➜ 지리 정보의 분석(도표 작성) ➜ 보고서 작성' 순으로 이루어진다. 제시된 설명에 해당하는 과정은 실내 조사에 해당한다.

15 정답 ④

3세대 인권의 예로 자결권, 평화의 권리, 재난 구제를 받을 권리가 해당된다. 교육권, 근로 3권 등은 2세대 인권에 해당한다.

16 정답 ②

제시된 설명은 평등권에 대한 설명이다. 평등권은 성별, 종교, 사회적 신분 등에 의해 불합리한 차별은 받지 않을 권리이다.

17 정답 ③

시민 불복종은 공익성, 공개적, 비폭력, 처벌 감수, 최후의 수단으로 정당성을 확보할 수 있는 위법 행위이다.

18 정답 ②

제시된 설명은 자유방임주의를 주장하는 애덤 스미스의 산업 자본주의에 해당한다.

> **오답 피하기**
> ④ 신자유주의는 복지의 축소, 정부 개입의 축소를 강조한다.

19 정답 ③

제시된 설명은 비교 우위이다. 다른 나라에 비해 생산의 기회 비용이 작은 상품을 생산하고, 기회 비용이 큰 상품을 수입한다. 기회 비용은 작은 것이 경제적인 것이다.

20 정답 ④

펀드는 금융 기관에 돈을 맡겨서 대신 투자하도록 하는 금융 상품으로, 예금 상품보다 높은 수익을 기대할 수 있으나 자산 운용의 결과 원금 손실이 발생할 수 있다.

21 정답 ②

공공부조는 국가가 전액 지원하여 저소득 계층의 최저 생활을 보장하는 제도이다. 국민 기초 생활 보장 제도, 기초 연금, 의료 급여가 대표적인 예이다.

22 정답 ③

제시된 내용은 문화 융합에 대한 설명이다. 문화 융합은 다른 사회 문화 요소가 전통 문화 요소와 결합하여 제3의 새로운 문화 요소가 만들어지는 현상이다.

> **오답 피하기**
> ① · ④ 다른 사회의 문화 요소와 기존의 문화 요소가 각각의 고유한 특성을 유지하면서 함께 공존하는 것을 문화 병존이라 한다.
> ② 내재적 문화 변동은 발명, 발견에 해당한다.

23 정답 ①

제시된 설명은 소극적 평화이다. 갈등은 소극적 평화뿐만 아니라 구조적, 문화적 폭력이 제거된 상태를 적극적 평화, 완전한 평화라고 한다.

24 정답 ④

개발 도상국은 사망률의 빠른 감소, 높은 출생률에 따른 인구 급증 현상이 나타난다. 산업화와 도시화 역시 국가 주도로 이루어져 급격하게 일어나 도시 문제, 실업 문제 등 다양한 사회 문제가 나타난다. 높은 출생률로 인해 유소

년 부양비가 높으며 노년 부양비 증가로 세대 갈등이 나타나는 사회는 선진국에 해당한다.

25 정답 ②

A자원은 석탄에 해당한다. 세계 에너지 소비 구조에서 가장 많이 사용하는 화석 에너지 순서는 석유 > 석탄 > 천연가스 순이다. 석탄은 고기 조산대에 주로 매장되어 있으며 18세기 산업 혁명 이후 동력 자원으로 이용되면서 주요 자원이 되었다. 제철 공업 및 화력 발전의 연료로 이용되며 석유보다 수송·이용 면에서 불편하여 공업용, 화력 발전용으로 이용되고 있다.

제2회 정답				본문 196~199p
01 ②	02 ③	03 ②	04 ①	05 ③
06 ③	07 ①	08 ①	09 ④	10 ②
11 ④	12 ③	13 ②	14 ②	15 ①
16 ②	17 ①	18 ④	19 ④	20 ②
21 ④	22 ②	23 ②	24 ①	25 ④

01 정답 ②

ㄱ의 관점은 통합적 관점이다. 사회 현상은 다양한 원인과, 여러 가지 복잡한 현상으로 나타나기 때문에 이러한 현상을 탐구하기 위해서는 종합적인 통합적 관점이 필요하다.

02 정답 ③

제시된 내용은 자원의 불평등한 분배에 대한 내용이다. 고통받는 어린이를 위해 원조를 의무로 간주해야 한다는 주장은 윤리적 관점에서 사회를 탐구하는 것이다.

03 정답 ②

불교의 행복관은 청정한 불성을 바탕으로 '나'라는 의식을 버리기 위한 수행과 고통받는 중생을 구제하는 실천을 통해 해탈의 경지에 이르는 삶이 행복이라고 본다.

04 정답 ①

칸트는 참된 행복이란 인간으로서 마땅히 지켜야 할 도덕 법칙을 실천하는 삶이라고 주장한다.

05 정답 ③

제시된 그래프는 이스털린의 역설이다. 소득과 행복은 일정 부분 영향을 주고 비례 관계가 나타나지만 항상 비례하는 것은 아니다. 일정 수준 이상으로 소득이 증가해도 행복의 정도는 변화가 없다.

06 정답 ③

주어진 그림과 같은 가옥을 고상 가옥이라고 한다. 고상 가옥은 열대 기후 지역에서 잘 나타난다. 강수량이 많기

때문에 지붕의 경사는 급하며, 뜨거운 열기와 습기를 차단하기 위해 지면으로부터 띄워서 건물을 짓는다. 전통 농업으로는 이동식 화전 농업으로 얌, 카사바를 재배하며, 플랜테이션으로 상업적 농업이 행해진다.

07 정답 ①

제시된 내용은 열대성 저기압인 태풍에 대한 설명이다. 태풍은 지역마다 다른 명칭을 사용하며 막대한 인명 피해, 재산 피해를 입힌다. 태풍에 대한 대비를 통해 피해를 최소화할 수 있다.

08 정답 ①

제시된 내용은 유교의 자연관이다. 만물이 본래적 가치를 지닌다고 보며, 인간과 자연이 조화를 이루는 천인합일의 경지를 지향한다.

09 정답 ④

제시된 설명은 생태 중심주의 관점에 해당한다. 생태 중심주의는 대지를 경제적 가치로만 평가할 수 없으며, 인간 역시 생명 공동체의 한 구성원으로 자연과 균형을 유지해야 한다는 관점이다.

10 정답 ②

지구 온난화는 화석 연료의 사용 증가로 인해 지구의 온도가 올라가는 현상을 말한다. 이에 대한 영향으로 빙하가 축소되고 해수면이 상승한다. 이에 따라 육지의 면적은 감소하게 된다.

11 정답 ④

우리나라의 도시화율의 변화를 보면 점차 도시화율의 증가가 둔화되는 현상이 나타난다. 오히려 도시에서 농촌으로 이동하는 U턴 현상 또는 교외화 현상이 나타난다.

12 정답 ③

도시 내부 공간은 지대 지불 능력에 따라 분화된다. 도시 지역은 효율성을 높이기 위해 고층 건물, 아파트가 등장하며 인공 구조물이 많아져 불투수층의 면적이 넓어진다.

13 정답 ②

CCTV 설치, 휴대 전화 위치 추적, 드론의 상용화로 인해 사생활 침해가 나타난다.

14 정답 ②

도시와 가까운 촌락은 도시화가 진행되면서 도시 인구의 유입이 활발하게 나타난다. 이로 인해 도시와 가까운 촌락은 인구가 증가하고 있다.

15 정답 ①

사회권은 산업 혁명 이후 빈부 격차, 사회 불평등 심화로 사회적 약자의 인간다운 생활을 보장하고자 국가에 대하여 적극적으로 배려를 요구할 수 있는 권리이다.

16 정답 ②

제시된 내용은 헌법 재판소에 대한 설명이다. 헌법 재판소는 법률이 헌법에 위배되는지를 판단하는 위헌 법률 심판, 국민의 기본권이 침해되었을 때 마지막 수단으로 권리를 보호받기 위해 진행하는 헌법 소원 심판 등을 담당한다.

17 정답 ①

A는 법률에 해당한다. 기본권은 법률로써 제한 가능하지만 본질적인 자유와 권리는 침해 불가능하다.

18 정답 ④

시민 불복종은 정의롭지 못한 법이나, 정책을 변혁하기 위한 의도적인 위법 행위이다. 시민 불복종은 처벌을 감수해야 한다.

19 정답 ④

청소년은 위험한 일과 유해한 업종의 일은 할 수 없다.

20 정답 ②

스노브 효과는 타인이 소비하는 것은 무조건 거부하고 남과 다른 것만을 소비하는 현상이다.

오답 피하기
① 과시 소비 현상이다.
③ 물건의 생산 과정을 보고 환경 오염과 노동자의 근무 조건을 판단하여 소비하는 형태이다.
④ 유행 추구 현상이다.

21 정답 ④

신발과 옷에 대해 을국은 모두 절대 우위를 가진다. 갑국은 신발 5개를 생산할 때 옷 7개를 포기해야 하기 때문에 신발 5개 생산에 대한 기회 비용은 옷 7개이다.

즉, 신발 1개당 옷 $1\frac{2}{5}$를 포기한 것이다.

을국은 신발을 6개를 생산할 때 옷 11개를 포기해야 하기 때문에 신발 6개 생산에 대한 기회 비용은 옷 11개이다.

즉, 신발 1개당 옷 $1\frac{5}{6}$를 포기한 것이다.

22 정답 ②

취득, 양도, 교정의 원칙은 노직의 정의론이다.

오답 피하기
롤스는 모든 사람은 기본적 자유를 최대한 누려야 하며, 최소 수혜자에게 최대의 이익이 되도록 분배가 되어야 함을 강조한다. 롤스의 정의의 원칙으로 제1원칙은 평등한 자유의 원칙, 제2원칙은 기회균등 · 차등의 원칙이다.

23 정답 ②

문화 변동의 요인으로 내재적 요인과 외재적 요인이 있다. 내재적 요인은 발명과 발견이 있으며, 외재적 요인으로는 직접 전파, 간접 전파, 자극 전파가 있다.

오답 피하기
① 문화 접변이란 둘 이상의 다른 문화가 접촉을 통해 일어나는 현상이다.
③ 발명이 일어나도 많은 사람들이 사용해야 문화 변동이 일어났다고 볼 수 있다.
④ 외재적 문화 변동에 대한 설명이다.

24 정답 ①

쿠릴 열도는 일본과 러시아의 영토 분쟁 지역이다. 1905년 러 · 일 전쟁 이후 일본의 영토로 편입되었고 제2차 세계 대전 이후 소련이 점령함으로써 영토 분쟁이 발생한 지역이다.

25 정답 ④

투발루 섬은 지구 온난화로 인해 해수면 상승으로 섬이 바다에 잠겨 주민들이 삶의 터전을 뉴질랜드나, 오스트레일리아로 이동하고 있다.

01 정답 ③

인간, 사회, 환경을 바라보는 관점으로 시간적 관점, 공간적 관점, 윤리적 관점, 사회적 관점, 통합적 관점이 있다. 시대적 배경과 맥락을 바탕으로 과거, 현재, 미래의 상호 연관성을 살펴보는 것은 시간적 관점이다.

> **오답피하기**
> ① 공간적 관점 : 사회 현상이나 인간 활동을 장소, 영역, 네트워크 등 공간정보에 대한 이해를 바탕으로 살펴보는 것이다.
> ④ 윤리적 관점 : 어떤 인간의 행위가 도덕적 행위인지, 그 기준을 탐색하고 바람직한 삶의 모습을 살펴보는 것이다.

02 정답 ②

건조 기후는 연 강수량 500mm 미만인 지역이며 일교차가 크다. 건조 기후는 초원(스텝)과 사막으로 구분한다. 사막 지역에서는 평평한 지붕, 작은 창문을 가진 흙벽돌집을 만들며 전신을 감싸는 옷을 입는다.

> **오답피하기**
> ① 열대 기후는 일 년 내내 기온이 높고 강수량이 많다.
> ③ 온대 기후는 계절의 변화가 뚜렷하고, 기온이 온화하다.
> ④ 냉대 기후는 계절의 변화 큼, 겨울이 비교적 길고 춥다.

03 정답 ②

자연을 바라보는 대표적인 관점으로 인간 중심주의와 생태 중심주의가 있다. 인간을 위해서가 아니라 생태계를 위한 자연 보전을 주장하는 것은 생태주의 관점의 자연관에 해당한다.

> **오답피하기**
> ③ 인간 중심주의 : 인간을 다른 자연적 존재들보다 가치 있는 존재로 여기는 관점이다.
> ④ 자원 민족주의 : 자원을 많이 보유하고 있는 국가들이 자원을 국제 정치적 무기화하려는 현상을 말한다.

04 정답 ④

환경 문제 해결을 위한 기업의 노력으로 오염 물질 정화 시설 설치, 친환경 기술 개발 및 제품 생산, 신재생 에너지 개발 등이 있다.
화석에너지 사용 확대는 환경오염을 심화하므로 ④는 적절하지 않다.

05 정답 ②

산업화는 농업 중심의 사회에서 공업, 서비스업 중심으로 변화하는 현상이며, 도시화는 한 국가 내에서 도시 거주 인구 비율이 높아지고 도시적 생활 양식과 도시적 경관이 확대되는 현상이다. 산업화로 인해 녹지 면적이 감소하고 포장 면적이 증가하였다. 도시화로 인해 도시성이 확대되었고 직업 분화, 개인주의적 가치가 확산되었다.

06 정답 ①

국내 경제 주체로 기업, 정부, 가계가 있다. 기업은 최소의 비용으로 최대의 이윤을 추구한다. 노동, 토지, 자본 등의 생산 요소를 공급받고, 그에 대한 대가로 임금, 이자, 지대 등을 제공한다. 사회에 필요한 재화와 서비스를 생산하여 시장에 공급하는 주체이다.

② 정부는 공정한 경쟁 촉진, 공공재 생산, 외부 효과 개선, 빈부 격차 문제 개선 등의 역할을 한다.

③ 소비자는 한정된 자원 내에서 비용과 편익을 고려하여 소비하는 합리적 소비를 한다.

07 정답 ②

야외 조사는 해당 지역을 직접 방문하여 면담, 설문, 촬영 등을 통해 지리 정보를 수집하는 활동이다.

① 조사 주제와 지역을 선정하는 것은 조사 주제 선정 과정이다.

③ 지리 정보를 목적에 따라 그래프와 통계표로 표현하는 것은 실내 조사와 야외 조사에서 수집한 자료를 분석하는 단계에서 이루어진다.

08 정답 ①

자유권은 가장 오래된 기본권으로 국가로부터 개인의 자유로운 생활을 간섭받지 않을 권리이다.

② **참정권** : 국가의 의사 결정 과정에 참여할 수 있는 권리이다.

③ **청구권** : 침해당한 기본권의 구제를 청구할 수 있는 권리이다.

④ **사회권** : 국가에 인간다운 생활의 보장을 요구할 수 있는 권리이다.

09 정답 ②

청소년은 기본적으로 성인들이 보장받는 노동 조건에 대한 권리를 보장받으며, 근로기준법에 청소년을 위한 특별한 규정을 두어 보호를 받는다.

참고 **청소년 근로 십계명**

① 만 15세 이상이어야 근로가 가능함.

② 부모님 동의서와 나이를 알 수 있는 증명서가 필요

③ 근로계약서를 반드시 작성하도록 함.

④ 청소년도 성인과 동일한 최저 임금을 적용받음.

⑤ 근로 시간은 하루 7시간, 일주일에 35시간을 넘겨서는 안 됨.

⑥ 휴일 및 초과 근무 시 50%의 가산 임금을 받을 수 있음.

⑦ 일주일 개근하고 15시간 이상 일하면 하루의 유급 휴일을 받을 수 있음.

⑧ 위험한 일이나 유해한 업종의 일은 할 수 없음.

⑨ 일을 하다 다치면 산재 보험으로 치료와 보상을 받을 수 있음.

⑩ 청소년 근로권익센터의 1644-3119로 전화하면 상담을 받을 수 있음.

10 정답 ④

자원은 유한한데 인간의 욕구는 무한하기 때문에 희소성이 생기며, 이에 따라 선택의 문제가 발생한다.

11 정답 ③

정보화로 인해 정치적·경제적·사회적 영역에서 다양한 생활 양식의 변화가 나타난다. 정보화 사회에서는 가상 공간을 통한 정보 교류, 온라인 상점을 통한 물건 구매, 원격 교육과 전자 행정 서비스, 재택근무와 화상 회의를 통한 업무 등이 증가하고 있다.

12 정답 ④

1970년대 석유 파동으로 인한 스태그플레이션 발생, 20세기 후반 정부의 과도한 시장 개입으로 정부 실패 및 재정 악화 현상을 해결하기 위해 정부의 역할을 제한하고 시장의 자유로운 경제 활동을 강조하는 신자유주의가 등장하였다.

① 절대 왕정 시기 왕권을 강화하기 위한 방안으로 자국의 상인들을 보호해주는 중상주의 정책을 실시하였다.

② 개인의 경제활동의 자유를 최대한 보장하는 경제 정책이 자유방임주의이다.

③ 세계 대공황으로 시장 실패가 나타나자 정부의 시장 개입이 필요하다는 케인스의 수정 자본주의가 등장하였다.

13 정답 ②

특정 상품 생산을 다른 국가에 비해 상대적으로 더 작은 기회 비용으로 상품을 생산할 수 있을 때 비교 우위를 가진다고 한다. 무역 상대국에 비해 생산의 기회 비용이 작은 상품을 생산하고, 기회 비용이 큰 상품을 수입한다.

① **담합** : 유사한 제품을 생산하는 기업끼리 비밀리에 가격, 판매 지역 등에 관한 협정을 맺어 서로 경쟁을 제한하는 것을 말한다.

③ **외부 효과** : 경제 주체가 경제 활동을 하는 과정에서 의도치 않게 타인에게 이익을 주거나(외부 경제), 의도치 않게 피해를 입히고도 대가를 치르지 않는 현상(외부 불경제)이다.

④ **인플레이션** : 한 국가의 물가가 지속적으로 상승하는 상태를 말한다.

14 정답 ④

금융 자산으로 예금, 주식, 채권, 펀드, 보험 등이 있다. 주식은 기업이 사업 자금 조달을 위해 발행하는 것으로 자금을 투자한 사람에게 그 대가로 회사 소유권의 일부를 지급하는 증서이다. 주식은 배당금을 받을 수 있고 시세 차익을 누릴 수 있어 수익성은 높지만 안전성은 낮다.

① 채권은 정부나 공공 기관에서 발행한다.

② 예금은 원금 손실이 낮아 안전성이 높다.

③ 채권에 대한 설명이다.

15 정답 ④

사회 보장 제도의 유형에는 사회 보험, 공공 부조, 사회 서비스가 있다. 공공 부조는 국가가 전액 지원하여 저소득 계층의 최저 생활을 보장하는 제도이다. 국민 기초 생활 보장 제도, 기초 연금, 의료 급여 등이 있다.

①·②·③ 개인과 정부, 기업이 보험료를 분담하여 사회적 위험에 대비하는 제도로 사회 보험 제도에 해당한다.

16 정답 ④

오세아니아 문화권은 오스트레일리아, 뉴질랜드, 태평양의 여러 섬을 포함한 지역으로, 북서 유럽 문화의 전파로 영어를 사용하고, 개신교의 비중이 높다.

① 북극 문화권에서는 순록의 유목 및 수렵 생활을 한다.

② 아메리카 문화권은 유럽인의 진출로 영어, 크리스트교 등 유럽 문화가 전파되었다.

③ 아프리카 문화권은 사하라 사막 이남 지역으로 대부분 열대 기후가 나타난다.

17 정답 ③

힌두교는 소를 신성시하며, 성지인 갠지스강에서 종교의식으로 목욕을 한다.

18 정답 ③

문화 동화는 기존의 문화 요소가 다른 사회의 문화 요소로 흡수되어 정체성을 상실하는 현상이다. 문화 병존은 다른 사회의 문화 요소와 기존의 문화 요소가 각각의 고유한 문화 특성을 유지하며 한 사회에서 함께 공존하는 현상이다. 문화 융합은 다른 사회 문화 요소가 전통문화 요소와 결합하여 제3의 새로운 문화 요소가 만들어지는 현상이다.
㉠ 전통적인 한옥 구조물에 성당이 결합된 상태는 문화 융합의 사례에 해당한다.
㉡ 라틴 아메리카 지역 원주민들의 언어는 사라지고 그 지역을 식민 지배한 에스파냐어나 포루투갈의 언어를 사용하는 것은 문화 동화의 사례이다.

19 정답 ②

문화 상대주의는 다른 사회 문화를 그 사회의 맥락에서 이해하는 태도로 각각의 문화가 고유성과 가치를 지닌다고 본다.

20 정답 ①

언어·인종·종교 등 문화적 배경이 서로 다른 다양한 집단이 하나의 공동체를 구성함으로써 문화 다양성이 나타나는 사회를 다문화 사회라 한다. 다문화 사회의 갈등을 해결하기 위한 방안으로 소수 문화를 배척하는 것은 문화 다양성 측면에서 적절하지 않다.

21 정답 ④

지역화란 지역의 독특한 사회·문화적 특성이 세계적 가치를 지니게 되는 현상이다. 장소 마케팅, 지리적 표시제 등의 전략을 통해 특정 지역이 세계적인 가치를 가지게 되어 지역 경제가 활성화된다.

22 정답 ①

국제 사회 행위 주체는 국가, 국제 기구, 비정부 기구, 다국적 기업, 개별 국가 내의 지방 정부 등이 있다. 국제 사회를 구성하는 가장 기본적인 행위 주체는 국가이다.

23 정답 ②

이스라엘-팔레스타인 지역에서 종교 및 민족 간 갈등이 지속되고 있다. 2차 세계 대전 이후 팔레스타인 지역에 이스라엘이 건국되면서 분쟁이 시작되었다.

24 정답 ③

급격하게 인구가 증가하여 지역의 인구 한계를 초과하는 것을 인구 과잉 현상이라 한다.

오답피하기

① **고령화 현상** : 총인구 중에서 65세 이상 노년층 인구가 차지하는 비율이 높아지는 현상이다.

④ **초고령 사회** : 총인구 중에서 65세 이상 노년층 인구 비율이 20% 이상 차지하는 현상을 말한다.

25 정답 ④

천연가스는 신생대 제3기층에 석유와 함께 매장되어 있다. 주로 가정용으로 이용되며 에너지 효율이 높고 오염 물질 배출이 적은 청정 에너지이다. 냉동 액화 기술이 발달하면서 사용량이 증가하였다.

오답피하기

① 석유는 수송 기관 및 화력 발전의 연료, 난방 연료, 화학 공업 원료로 사용된다.

② 석탄은 산업 혁명 이후 동력 자원으로 이용되었다.

제2회 정답

본문 208~212p

01 ①	02 ①	03 ③	04 ②	05 ③
06 ③	07 ①	08 ①	09 ④	10 ④
11 ①	12 ②	13 ③	14 ④	15 ④
16 ②	17 ②	18 ④	19 ②	20 ①
21 ③	22 ③	23 ③	24 ①	25 ②

01 정답 ①

행복한 삶을 실현하기 위한 조건으로 질 높은 정주 환경, 경제적 안정, 민주주의 실현, 도덕적 실천과 성찰하는 삶이 있다.

㉠ 독재 국가나 권위주의적인 정치가 이루어지는 국가에서는 국민이 기본적 인권을 누리기 어렵고, 사람들이 자신의 삶에 만족하고 행복감을 느끼기 어렵다.

㉡ 인간과 자연이 조화와 공존을 이룰 수 있도록 도심 내 녹지 공간을 확대하고, 편리한 삶을 위한 교통과 통신 시설 확충 등의 쾌적한 정주 환경 조성은 행복한 삶을 위해 필요하다.

02 정답 ①

열대 기후는 적도 주변에 형성되며 일 년 내내 기온이 높다. 강수량이 많아 지붕의 경사는 급하며 뜨거운 열과 습기를 차단하기 위해 고상 가옥이 나타난다. 이동식 화전 농업을 통해 카사바, 얌 등을 재배한다.

03 정답 ③

자연을 바라보는 대표적인 관점으로 인간 중심주의와 생태 중심주의가 있다.

인간 중심주의는 인간을 다른 자연적 존재들보다 가치 있는 존재로 여기고, 인간의 이익을 먼저 고려하는 관점이다. 생태 중심주의는 자연 그 자체의 가치를 인정하고 무생물을 포함한 자연 전체를 도덕적 고려 대상으로 여기는 관점이다.

제시된 내용은 인간 중심주의로 인한 환경파괴 사례이다.

04 정답 ②

㉠ 사막화는 사막 주변의 장기간 가뭄, 인간의 과도한 방목 등으로 인해 나타나는 현상이다. 1994년 파리에서는 관련 문제에 대한 방지를 위해 사막화 방지 협약을 체결하였다.

㉡ 염화 플루오린화 탄소(CFCs)의 사용량 증가로 오존층이 파괴되어 피부암, 백내장, 식물 성장 저해 등의 영향을 준다. 염화 플루오린화 탄소(CFCs) 배출 규제를 위해 몬트리올 의정서를 체결하였다.

> **오답피하기**
> 람사르 협약은 희귀 동물 서식지 및 물새 서식지로서의 중요성을 가진 습지를 보호하기 위해 지정된 습지보호 협약이다.

05 정답 ③

산업화란 농업 중심의 사회에서 공업, 서비스업 중심으로 변화하는 현상이다. 산업화가 진행되면 촌락에서 도시로의 인구 이동이 활발해져 도시화의 가속화에도 영향을 준다.

> **오답피하기**
> ② 교외화는 도시의 인구와 기능이 주변 지역으로 분산되는 현상이다.

06 정답 ③

사이버 범죄는 컴퓨터 등을 악용하여 가상 공간에서 행해지는 모든 범죄로, 개인정보 유출, 사생활 침해, 인터넷 금융 사기, 악성 댓글 등이 있다.

> **오답피하기**
> ① 빨대 효과는 빨대로 컵의 음료를 빨아들이듯이, 교통이 편리한 지역이 상대적으로 교통이 불편한 지역의 경제력을 흡수하는 현상이다.
> ② 문화 획일화는 세계화로 인해 문화의 다양성이 사라지고 비슷한 문화가 나타나는 현상이다.
> ④ 윤리적 소비는 공익과 공동체를 고려하여 윤리적 판단에 따라 소비하는 것이다.

07 정답 ①

조사 주제 선정, 조사 지역 선정, 조사 내용 계획은 조사 계획 수립 단계이다.

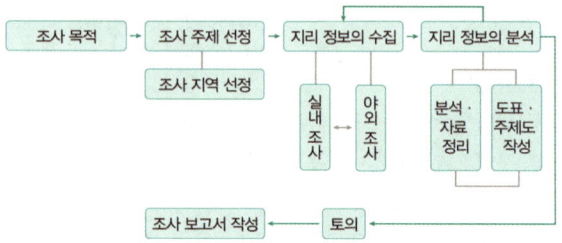

08 정답 ①

산업 혁명 이후 빈부 격차, 사회 불평등 심화로 사회적 약자의 인간다운 삶을 보장하고자 국가에 대하여 적극적인 배려를 요구할 수 있는 사회권은 독일 바이마르 헌법에 처음으로 명시되었다.

> **오답피하기**
> ② 자유권은 가장 오래된 기본권으로 국가로부터 개인의 자유로운 생활을 간섭받지 않을 권리이다.
> ③ 참정권은 국가의 의사 결정 과정에 참여할 수 있는 권리이다.
> ④ 평등권은 다른 기본권 보장의 전제 조건이다.

09 정답 ④

헌법 재판소는 위헌 법률 심판 제도나 헌법 소원 심판 제도를 통해 법률이나 공권력이 개인의 기본권을 침해했는지를 판단하여 기본권을 보장한다.

> **오답피하기**
> ① 권력 분립 제도는 국가 권력을 입법부, 사법부, 행정부로 나누어 서로 견제하고 균형을 이루어 인권을 보장한다.
> ② 민사 재판은 개인 간의 분쟁을 해결하는 재판이다.
> ③ 시장 경제는 시장을 통해 물건 거래를 중심으로 하여 성립하는 경제이다.

10 정답 ④

시민 불복종은 정의롭지 못한 법이나 정책을 변혁시키려는 목적으로 행하는 의도적인 위법 행위이다. 간디의 소금법 거부 운동은 대표적인 시민 불복종의 사례이다.

오답 피하기

① 뉴딜 정책은 미국이 수정 자본주의를 바탕으로 실업 구제 사업과 대규모 공공사업 등을 통해 유효 수요를 늘리는 정책이다.

② 1970년대 석유 공급 부족으로 석유 파동이 발생하였다.

③ 주민 소환 제도는 지방자치단체장이나 지방의원이 임기 중 문제가 있을 경우 주민투표를 통해 제재하는 제도이다.

11 정답 ①

인간이 생존에 필요한 최소한의 생활 필수품을 충족하지 못하는 상태를 절대적 빈곤이라 한다. 이러한 빈곤은 기아의 주요 원인 중 하나이다.

오답 피하기

② 고령화란 전체 인구 중 65세 이상 인구 비중이 높아지는 현상을 말한다.

12 정답 ②

기회비용은 어떤 것을 선택함으로써 포기한 것들 가운데 가장 가치가 큰 것으로 명시적 비용과 암묵적 비용을 합한 값이다. 명시적 비용이란 어떤 대안을 선택함으로써 실제로 지불하는 비용을 말하며, 암묵적 비용이란 실제로 지불한 것은 아니지만 어떤 대안을 선택함에 따라 얻을 수 있었으나 포기한 경제적 이익을 의미한다.

오답 피하기

③ 매몰 비용은 이미 지불하여 회수할 수 없는 비용으로 어떤 선택을 함에 있어 고려해서는 안 되는 비용이다.

13 정답 ③

미래의 위험과 불확실성을 감수하고, 혁신과 창의성을 바탕으로 새로운 상품 개발, 새로운 시장 개척을 통해 이윤을 추구하는 기업가의 자세를 '기업가 정신'이라 한다. 기업가 정신은 새로운 가치를 창출하고 사회적 혁신을 추구하는 자세이며, 생산성 향상, 소비자 만족으로 이어져 경제 발전에 도움이 된다.

오답 피하기

① 무임승차는 경제적 이득을 얻지만 그 대가를 지불하지 않는 것을 의미한다.

② 인플레이션은 화폐의 가치가 떨어져 물가가 올라가는 현상이다.

④ 소비자 주권은 시장의 가격 결정이나 기업의 생산에 소비자가 영향을 끼침으로써 시장에서 자원 배분의 방향을 결정하는 최종 권한이 소비자에게 있다는 원칙이다.

14 정답 ④

세계 무역 기구(WTO)는 국가 간 무역 갈등이 발생하면 분쟁을 조정하는 역할을 한다.

오답 피하기

① 유네스코(UNESCO)는 국제 연합의 기관으로서 교육, 과학, 문화의 보급과 국제 교류 증진을 통한 세계 평화를 추구한다.

② 국제 사면 위원회(AI)는 정치적, 종교적 신념으로 부당하게 투옥된 사람을 석방, 공정한 재판을 목표로 하는 비정부 기구이다.

③ 세계 보건 기구(WHO)는 모든 사람들이 최고의 건강 수준에 도달하는 것을 목적으로 수립되었다.

15 정답 ④

채권은 국가나 공공 기관, 기업 등이 미래에 일정한 이자를 지급할 것을 약속하고 돈을 빌린 후 제공하는 증서이다. 예금보다 안전성이 낮지만 수익성이 높고, 주식보다 수익성이 낮지만 안전성이 높은 특징이 나타난다.

오답피하기

① 세금은 국가를 운영하기 위해 필요한 자금을 국민으로부터 거두는 것이다.
② 연금은 일정 기간 동안 지급되는 돈이다.
③ 주식은 기업이 사업 자금 조달을 위해 발행하는 것으로 자금을 투자한 사람에게 그 대가로 회사 소유권의 일부를 지급하는 증서이다.

16 정답 ②

사회 보험은 개인과 정부, 기업이 보험료를 부담하여 사회적 위험에 대비하는 제도이다. 사회 보험에는 국민 건강 보험, 고용 보험, 국민 연금, 산업 재해 보상 보험이 있다.

오답피하기

① 공공 부조는 국가가 전액 지원하여 저소득 계층의 최저 생활을 보장하는 제도이다.
③ 의료 급여는 공공 부조 중 하나이다.
④ 사회 서비스는 도움이 필요한 모든 국민 대상으로 다양한 서비스 혜택을 지원하는 제도이다.

17 정답 ②

이슬람교는 5대 의무가 있다. 알라 외에 다른 신은 없다는 신앙 고백을 해야 하며, 하루에 다섯 번 메카를 향해 기도해야 한다. 연간 재산의 2.5%를 가난한 이들에게 기부하는 자선을 해야 한다. 이슬람력 9월인 라마단 한 달 동안 일출부터 일몰까지 금식해야 한다. 평생 한 번 메카를 순례해야 한다.

오답피하기

③ 갠지스강은 힌두교의 성지이다.
④ 부다가야는 불교의 성지이다.

18 정답 ④

리오그란데강은 앵글로아메리카와 라틴아메리카 문화권을 구분하는 기준이다. 앵글로아메리카는 미국과 캐나다가 있으며 영어를 사용하고 크리스트교 비율이 높다. 라틴아메리카는 멕시코, 브라질, 칠레, 아르헨티나 등의 국가가 있으며 크리스트교의 비율이 높다. 브라질은 포르투갈어, 나머지 국가들은 에스파냐어를 주로 사용한다.

오답피하기

① A는 아프리카 문화권이다.
② B는 동아시아 문화권이다.
③ C는 오세아니아 문화권이다.

19 정답 ②

문화 변동의 내재적 요인으로 발명과 발견이 있다. 외재적 요인으로는 직접 전파, 간접 전파, 자극 전파가 있다.
㉠ 존재하지 않았던 문화 요소를 만들어 내는 것은 발명이다.
㉡ 존재하고 있었지만 알려지지 않았던 것을 찾아내는 것은 발견이다.

오답피하기

문화 변동 결과
• **문화 병존** : 외부에서 들어온 문화와 기존의 문화가 함께 존재하는 현상이다(A + B = A · B).
• **문화 동화** : 기존 문화가 외부에서 들어온 문화 요소로 흡수되는 현상이다(A + B = A).
• **문화 융합** : 다른 사회 문화 요소가 전통 문화 요소와 결합하여 제3의 새로운 문화 요소가 만들어지는 현상이다(A + B = C).

20 정답 ①

문화를 이해하는 태도는 자문화 중심주의, 문화 상대주의, 문화 사대주의가 있다.
자문화 중심주의는 자기 사회의 문화는 우수하며 다른 사회 문화는 열등하다고 여기는 태도이다. 문화 상대주의는 다른 사회 문화를 해당 사회의 맥락에서 이해하는 태도

이다. 문화 사대주의는 다른 사회의 문화가 우월하며 자신의
문화를 열등하다고 여기는 태도로 자기 문화를 개선하는
데 기여할 수 있지만 자문화의 주체성을 상실할 우려가
있다.

21 정답 ③
세계 도시는 경제, 정치, 문화 등 다양한 측면에서 전 세계적
으로 중심지 역할을 하는 도시를 말한다. 최상위 세계 도시
는 뉴욕, 런던, 도쿄 등이 있다.

오답 피하기
① 가상 공간은 현실 세계가 아닌 컴퓨터, 인터넷 등으
  로 만들어진 공간이다.
② 생태 도시는 지속 가능한 도시 발전을 목표로 만들어
  진 도시이다.
④ 점이 지대는 두 지역의 특성이 함께 나타나는 지역
  이다.

22 정답 ③
카스피해는 러시아, 이란, 카자흐스탄, 아제르바이잔, 투
르크메니스탄 등 연안 국가들의 유전 지대와 관련된 갈등
지역이다.

오답 피하기
① 북극해는 러시아, 캐나다, 덴마크, 미국, 노르웨이
  등 북극권 인접국들이 자원 확보를 위해 갈등이
  일어나는 지역이다.
② 카슈미르 분쟁지역은 인도(힌두교)와 파키스탄(이
  슬람교)의 갈등 지역이다.
④ 팔레스타인 분쟁지역은 유대교와 이슬람교 간의
  갈등 지역이다.

23 정답 ③
비정부 기구(NGO)는 개인이나 민간단체 주도로 만들어진
국제 사회 행위 주체로 국제 사회의 보편적 가치인 환경
보호, 인권 보장 등을 위해 노력하고 있다.

오답 피하기
④ 정부 간 국제기구는 국가를 구성원으로 하는 국제
  사회 행위 주체로 국제 연합(UN), 세계 보건 기구
  (WHO), 국제 통화 기금(IMF) 등이 있다.

24 정답 ①
세계의 이동 유형에는 경제적 이동, 정치적 이동, 환경적
이동이 있다.
경제적 이동은 개발 도상국에서 선진국으로 일자리를 찾아
이동한다.

오답 피하기
② 기후적 이동은 사막화, 해수면 상승 등 기후 변화에
  따른 환경 재앙을 피해 이동한다.
③ 정치적 이동은 전쟁이나 분쟁에 의한 이동이다.

25 정답 ②
석탄은 고기 조산대 주변에 주로 매장되어 있다. 18세기
산업 혁명 시기에 증기 기관의 연료로 사용되었다. 석유보
다 수송·이용 면에서 불리하고, 연소 시 대기 오염 물질을
많이 배출한다.

오답 피하기
① 석유는 서남아시아 지역에 세계의 석유 60%가 매장되
  어 있으며 수송 기관, 화학 공업의 원료로 사용된다.
③ 원자력 발전은 전기를 생산하는 과정에서 대기 오염
  물질은 발생하지 않지만 폐기물 처리에 큰 문제가
  있다.
④ 천연가스는 석유와 함께 매장되어 있는 경우가 많으
  며 에너지 효율이 높고 오염 물질의 배출이 적은
  청정연료이다.

합격에 필요한 것은 다 있다!

6단계 완성 합격 커리큘럼

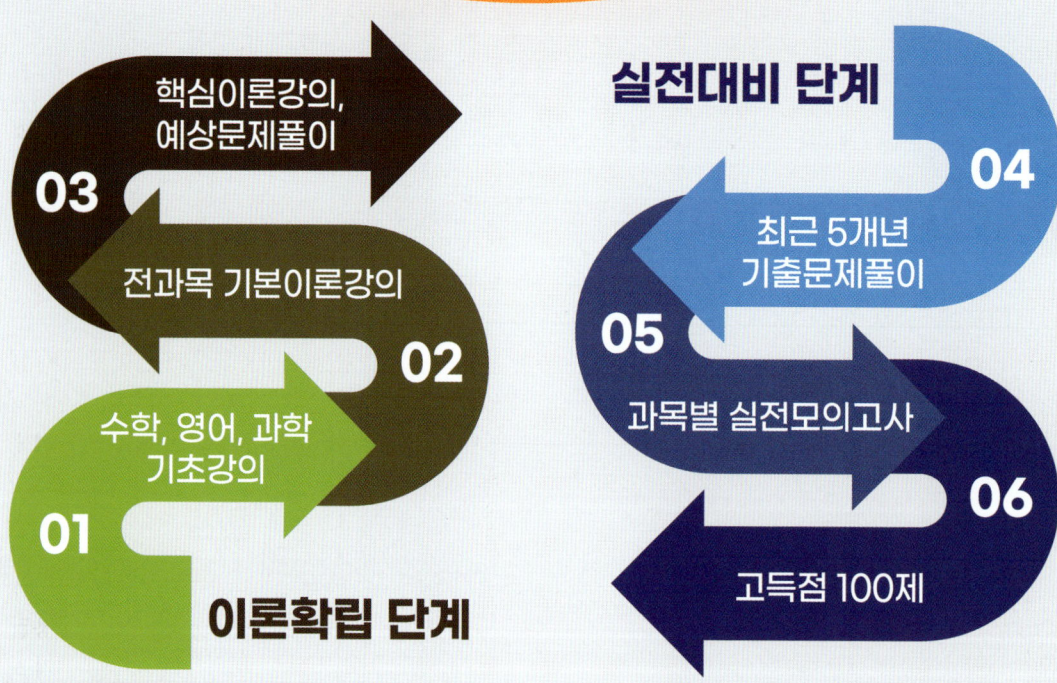

핵심이론강의, 예상문제풀이 03

전과목 기본이론강의 02

수학, 영어, 과학 기초강의 01

이론확립 단계

실전대비 단계

04 **최근 5개년 기출문제풀이** 05

과목별 실전모의고사 06

고득점 100제

1단계 : 수학,영어, 과학 기초강의 ┃ PDF 무료 다운
2단계 : 개념완성 및 문제풀이 ┃ EBS 검스타트 검정고시 기본서
3단계 : 핵심요약 정리 ┃ EBS 검스타트 검정고시 핵심총정리
4단계 : 기출문제 해설강의 ┃ EBS 검스타트 검정고시 기출문제집
5단계 : 실전모의고사 및 해설 ┃ EBS 검스타트 검정고시 실전모의고사
6단계 : 고득점 합격 100제 ┃ PDF 무료 다운

검스타트
검정고시
고졸 수학

2026 최신판

정답 및 해설

정답 및 해설

PART 01 다항식

01 다항식의 연산

실력 체크 문제				본문 16~19p
01 ③	02 ①	03 ②	04 ④	05 ①
06 ③	07 ④	08 ①	09 ③	10 ①
11 ③	12 ②	13 ①	14 ③	15 ①
16 ④	17 ③	18 ②		

01 정답 ③

| 풀이 |

세로셈을 이용한 덧셈은 동류항끼리 계산한다.

$$+ \begin{array}{r} 2x^2 + 2x + 3 \\ x^2 - x + 1 \\ \hline 3x^2 + 1x + 4 \end{array}$$

$\Rightarrow 3x^2 + x + 4$

02 정답 ①

| 풀이 |

$$+ \begin{array}{r} x^2 + 3x \\ x^2 + x + 5 \\ \hline 2x^2 + 4x + 5 \end{array}$$

$\Rightarrow 2x^2 + 4x + 5$

03 정답 ②

| 풀이 |

세로셈을 이용한 뺄셈은 ⊖를 ⊕ 부호로 바꾸고 모든 항의 부호를 바꾸어 더한다.

$$- \begin{array}{r} 2x^2 + 2x + 4 \\ x^2 + x + 5 \end{array} \Rightarrow + \begin{array}{r} 2x^2 + 2x + 4 \\ -x^2 - x - 5 \\ \hline 1x^2 + 1x - 1 \end{array}$$

$\Rightarrow x^2 + x - 1$

04 정답 ④

| 풀이 |

$$- \begin{array}{r} 3x^2 + 4x + 3 \\ x^2 + 2x + 1 \end{array} \Rightarrow + \begin{array}{r} 3x^2 + 4x + 3 \\ -x^2 - 2x - 1 \\ \hline 2x^2 + 2x + 2 \end{array}$$

$\Rightarrow 2x^2 + 2x + 2$

05 정답 ①

| 풀이 |

$A = 2x^2 + 4x + 2$, $B = x^2 + x + 1$이므로

$A + B = (2x^2 + 4x + 2) + (x^2 + x + 1)$

$\quad = 2x^2 + 4x + 2 + x^2 + x + 1$

$\quad = (2+1)x^2 + (4+1)x + (2+1)$

$\quad = 3x^2 + 5x + 3$

06 정답 ③

| 풀이 |

$A = x^2 + 2x + 4$, $B = x^2 + x$이므로

$A + 2B = (x^2 + 2x + 4) + 2(x^2 + x)$

$\quad = x^2 + 2x + 4 + 2x^2 + 2x$

$\quad = (1+2)x^2 + (2+2)x + 4$

$\quad = 3x^2 + 4x + 4$

07 정답 ④

| 풀이 |

$A = x^2 + 2x, \ B = x + 1$

$$2A - B = 2(x^2 + 2x) - (x + 1)$$
$$= 2x^2 + 4x - x - 1$$
$$= 2x^2 + (4 - 1)x - 1$$
$$= 2x^2 + 3x - 1$$

08 정답 ①

| 풀이 |

$A = x^2 + 2x, \ B = 3x^2 - 1$에 대하여

$$3A - B = 3(x^2 + 2x) - (3x^2 - 1)$$
$$= 3x^2 + 6x - 3x^2 + 1$$
$$= (3 - 3)x^2 + 6x + 1$$
$$= 6x + 1$$

09 정답 ③

| 풀이 |

단항식 $A = x$, 다항식 $B = x - 2$에 대하여

$AB = x \times (x - 2) = x^2 - 2x$ [분배법칙]

10 정답 ①

| 풀이 |

$(x + 2)(x - 2) = x^2 - 2x + 2x - 4 = x^2 - 4$

11 정답 ③

| 풀이 |

$A = x + 3, \ B = x - 2$에 대하여

$$AB = (x + 3)(x - 2)$$
$$= x^2 - 2x + 3x - 6$$
$$= x^2 + x - 6$$

12 정답 ②

| 풀이 |

곱셈공식 변형에 의해

$$x^2 + y^2 = (x + y)^2 - 2xy$$
$$= (3)^2 - 2 \times (2)$$
$$= 9 - 4 = 5$$

13 정답 ①

| 풀이 |

곱셈공식 변형에 의해

$$x^3 + y^3 = (x + y)^3 - 3xy(x + y)$$
$$= (2)^3 - 3 \times 1 \times (2)$$
$$= 8 - 6 = 2$$

14 정답 ③

| 풀이 |

곱셈공식 변형에 의해

$$x^2 + \frac{1}{x^2} = \left(x - \frac{1}{x}\right)^2 + 2$$
$$= (3)^2 + 2$$
$$= 11$$

15 정답 ①

| 풀이 |

$$
\begin{array}{r}
x + 2 \\
x + 1 \overline{\smash{\big)}\ x^2 + 3x + 5} \\
\underline{} \\
2x + 5 \\
\underline{2x + 2} \\
3
\end{array}
$$

빈칸에 알맞은 식은 나누는 식 $(x + 1)$과 x의 곱이므로,

$(x + 1) \times x = x^2 + x$이다.

16 정답 ④

| 풀이 |

$$
\begin{array}{r}
2x\ +1 \\
x+2\ \overline{)\ 2x^2+5x\ +5} \\
\underline{2x^2+4x} \\
\ \boxed{} \\
\underline{x+2} \\
3
\end{array}
$$

빈칸에 알맞은 식은 윗줄 $2x^2+5x+5$에서 아랫줄 $2x^2+4x$를 뺀 식이므로
$2x^2+5x+5-(2x^2+4x)$
$=2x^2+5x+5-2x^2-4x$
$=(2-2)x^2+(5-4)x+5$
$=x+5$

17 정답 ③

| 풀이 |

나누어지는 식이 3차식이므로 3차식을 1차식으로 나눈 몫은 2차식이 된다.
또한 조립제법의 결과에 쓰여 있는 수는 각항의 계수가 되므로 정리하면 $1x^2+0x+1$이다.
그러므로 몫은 x^2+1, 나머지는 1

18 정답 ②

| 풀이 |

다항식 x^3+5x^2-6x+2를 $x-1$로 나누는 과정을 조립제법으로 계산하면 다음과 같다.

$$
\begin{array}{c|cccc}
1 & 1 & 5 & -6 & 2 \\
& & 1 & \boxed{6} & \boxed{0} \\
\hline
& 1 & \boxed{6} & \boxed{0} & \boxed{2}
\end{array}
$$

이때, 몫은 x^2+6x, 나머지는 2가 된다.

실력 체크 문제				본문 27~29p
01 ④	02 ③	03 ④	04 ①	05 ②
06 ③	07 ①	08 ①	09 ①	10 ②
11 ②				

01 정답 ④

| 풀이 |

항등식은 문자에 어떤 값을 대입해도 항상 성립하는 등식을 말한다. 보기의 ①번~③번의 식은 모두 방정식이고, ④번의 식은 좌변을 전개하면 x^2+2x로 우변의 식과 같다. 따라서, 어떤 수를 대입하더라도 항상 참이므로 항등식이다.

02 정답 ③

| 풀이 |

항등식은 문자에 어떤 값을 대입해도 항상 성립하는 등식으로, 좌변과 우변이 같아야 한다.

① $(x+1)^2=x^2+2x+1$
→ 좌변을 전개하여 정리하면 x^2+2x+1이므로 항등식이다.

② $x^2-x=-x+x^2$
→ 우변을 내림차순으로 정리하면 x^2-x이므로 항등식이다.

③ $x^2+x=x(x+2)$
→ 우변을 분배법칙을 이용하여 전개하면 x^2+2x로 좌변과 일차항이 다르다. 항등식이 아니다.

④ $x(x+3)=x^2+3x$
→ 좌변을 분배법칙을 이용하여 전개하면 x^2+3x이므로 항등식이다.

03 정답 ④

| 풀이 |

항등식은 문자에 어떤 값을 대입해도 항상 성립하는 등식을 말한다. 좌변과 우변의 동류항의 계수가 각각 같음

을 이용하여 항등식의 계수를 결정하는 계수비교법을 이용하면 $a=3$, $b=2$, $c=5$이므로, $a+b+c=10$ 이다.

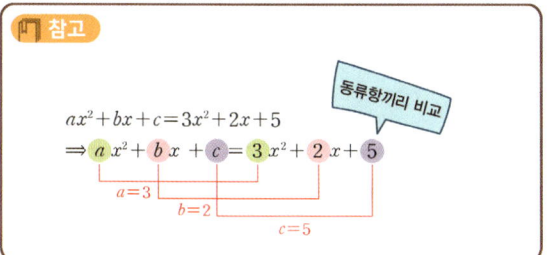

> **참고**
>
> $ax^2+bx+c=3x^2+2x+5$
> $\Rightarrow a\,x^2+\,b\,x\,+\,c\,=\,3\,x^2+\,2\,x\,+\,5$
>
> 동류항끼리 비교
>
> $a=3$
> $b=2$
> $c=5$

04 정답 ①

| 풀이 |

$(x-1)^2+a(x-1)+b=x^2-x+2$의 양변에 $x=2$를 대입하면 $1^2+a+b=4$이므로 $a+b=3$

| 다른 풀이 |

$x=1$을 대입하면, $b=2$

$x=2$를 대입하면 $1^2+a+b=4$ ➡ $a+b=3$이므로, $a=1$, $b=2$

05 정답 ②

| 풀이 |

$x^2-6x+9=(x-1)^2+a(x-1)+b$의 양변에 $x=1$을 대입하면, $1^2-6+9=b$ ➡ $b=4$ $x=0$을 대입하면, $9=1-a+b$ ➡ $9=1-a+4$ ➡ $a=-4$ 따라서, $a+b=0$이다.

| 다른 풀이 |

다항식의 우변을 전개하여 정리하면,

$x^2-6x+9=(x-1)^2+a(x-1)+b$

➡ $x^2-6x+9=x^2-2x+1+ax-a+b$

➡ $x^2-6x+9=x^2+(-2+a)x+(1-a+b)$이다.

동류항의 계수끼리 비교하면,

$-6=-2+a$, $9=1-a+b$이므로,

$a=-4$, $b=4$이다.

따라서, $a+b=0$이다.

06 정답 ③

| 풀이 |

주어진 식의 양변에 $x=1$을 대입하면,

$1^2-2\times1+3=0+R$ ➡ $1-2+3=R$ ➡ $R=2$

> **참고**
>
> 다항식 $P(x)$를
>
> $\underline{x-a}$로 나눈 나머지는 $\underline{P(a)}$와 같다.
>
> 나누는 식 $x-a=0$이 되는 x의 값 $x=a$를 대입한다.

07 정답 ①

| 풀이 |

다항식 x^3+x-2를 $P(x)$라 하자.

$P(x)$가 $x-2$로 나눈 나머지는 $P(2)$와 같다.

$P(2)=2^3+2-2=8$ ➡ 나머지는 8이다.

08 정답 ①

| 풀이 |

다항식 x^3-2x^2+ax+5를 $P(x)$라 하자.

$P(x)$가 $x-1$로 나누어떨어지므로, 인수정리에 의해 $P(1)=0$이다.

$P(1)=1-2+a+5=0$ ➡ $a=-4$

> **참고**
>
> 다항식 $P(x)$가
>
> 나누어 떨어지면 나머지가 0
>
> $\underline{x-a}$로 나누어 떨어지면 $\underline{P(a)=0}$
>
> 나누는 식 $x-a=0$이 되는 x의 값 $x=a$를 대입하면 0

09 정답 ①

| 풀이 |

다항식 $x^3 - x + k$를 $P(x)$라 하자.

$P(x)$를 $x - 2$로 나눈 나머지는 $P(2)$와 같다.

$P(2) = 2^3 - 2 + k = 4 \rightarrow k = -2$

> **참고**
>
> 다항식 $P(x)$를
>
> $x - a$로 나눈 나머지는 $P(a)$와 같다.
>
> 나누는 식 $x - a = 0$이 되는
> x의 값 $x = a$를 대입한다.

10 정답 ②

| 풀이 |

다항식 $x^3 + 2x + 5$를 $P(x)$라 하자.

$P(x)$를 $x + 1$로 나눈 나머지는 $P(-1)$과 같다.

$P(-1) = (-1)^3 + 2 \times (-1) + 5 = -1 - 2 + 5 = 2$

$\rightarrow$ 나머지는 2이다.

11 정답 ②

| 풀이 |

다항식 $x^2 - 2x + k$를 $P(x)$라 하자.

$P(x)$가 $x - 2$로 나누어떨어지므로, 인수정리에 의해 $P(2) = 0$이다.

$P(2) = 2^2 - 2 \times 2 + k = 0 \rightarrow k = 0$

> **참고**
>
> 다항식 $P(x)$가
>
> 나누어 떨어지면 나머지가 0
>
> $x - a$로 나누어 떨어지면 $P(a) = 0$
>
> 나누는 식 $x - a = 0$이 되는
> x의 값 $x = a$를 대입하면 0

> **실력 체크 문제** 본문 36~38p
>
> 01 ② 02 ③ 03 ① 04 ③ 05 ②
> 06 ② 07 ③ 08 ③ 09 ② 10 ③
> 11 ② 12 ①

01 정답 ②

| 풀이 |

두 수의 합과 곱을 이용하여 인수분해하면,

곱이 6인 수	합이 −5	
1, 6	×	
2, 3	×	$\rightarrow (x-2)(x-3)$
−1, −6	×	
−2, −3	○	

| 다른 풀이 |

멜빵공식을 이용하여 인수분해하면 다음과 같다.

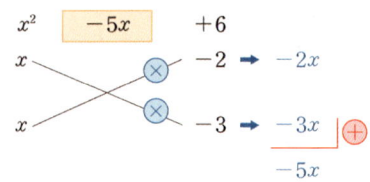

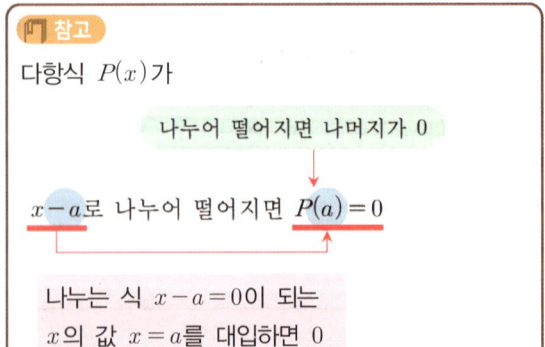

$= (x-2)(x-3)$

> **참고** 멜빵공식
>
>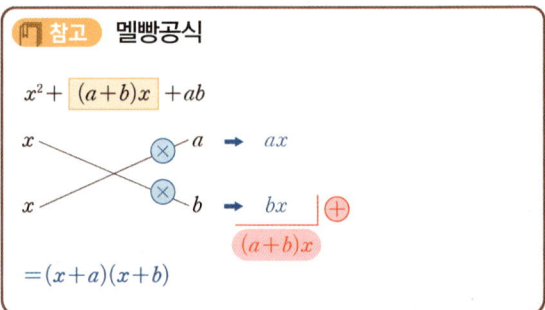
>
> $= (x+a)(x+b)$

02 정답 ③

| 풀이 |

두 수의 합과 곱을 이용하여 인수분해하면,

곱이 −10인 수	합이 −3
−1, 10	×
1, −10	×
2, −5	○
−2, 5	×

→ $(x+2)(x-5)$

| 다른 풀이 |

멜빵공식을 이용하여 인수분해하면 다음과 같다.

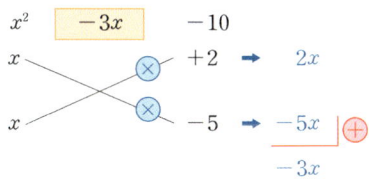

$= (x+2)(x-5)$

03 정답 ①

| 풀이 |

두 수의 합과 곱을 이용하여 인수분해하면,

곱이 2인 수	합이 3
1, 2	○
−1, −2	×

→ $(x+1)(x+2)$

이므로, $a=1$, $b=2$이거나 $a=2$, $b=1$이다.
따라서 $a+b=3$이다.

| 다른 풀이 |

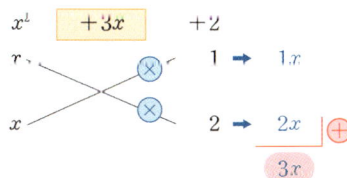

$= (x+1)(x+2)$

이므로, $a=1$, $b=2$이거나 $a=2$, $b=1$이다
따라서 $a+b=3$이다.

04 정답 ③

| 풀이 |

인수분해 공식 $a^2+2ab+b^2=(a+b)^2$에 a 대신 x, b 대신 2를 대입하여 인수분해하면,
$x^2+4x+4=(x+2)^2$이다.

05 정답 ②

| 풀이 |

$x^2-4=x^2-(2)^2$이므로
인수분해 공식 $a^2-b^2=(a+b)(a-b)$에 a 대신 x, b 대신 2를 대입하여 인수분해하면,
$x^2-4=(x+2)(x-2)$

06 정답 ②

| 풀이 |

인수분해 공식 $a^3-b^3=(a-b)(a^2+ab+b^2)$에 a 대신 x, b 대신 1을 대입하여 인수분해하면,
$x^3-1=(x-1)(x^2+x+1)$이므로,
$a=1$

07 정답 ③

| 풀이 |

인수분해 공식 $a^3+b^3=(a+b)(a^2-ab+b^2)$에 a 대신 x, b 대신 2를 대입하여 인수분해하면,
$x^3+2^3=(x+2)(x^2-2x+4)$이므로,
$a=2$

08 정답 ③

| 풀이 |

완전제곱식 $x^2+2ax+a^2=(x+a)^2$이 되려면
→ 일차항계수의 반의 제곱 = 상수항
을 만족해야 한다
∴ $k=\left(\dfrac{4}{2}\right)^2=2^2=4$

참고 완전제곱식

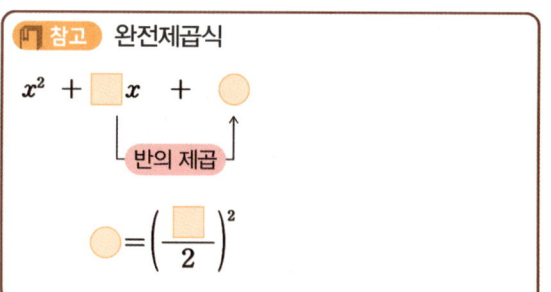

$$x^2 + \boxed{}x + \bigcirc$$

반의 제곱

$$\bigcirc = \left(\dfrac{\boxed{}}{2}\right)^2$$

09 정답 ②

|풀이|

완전제곱식 $x^2+2ax+a^2=(x+a)^2$ 에 의해
$x^2+6x+9=(x+3)^2$이므로 $k=3$

|다른 풀이|

다항식의 우변을 전개하여 정리하면,
$x^2+6x+9=(x+k)^2$
➡ $x^2+6x+9=x^2+2kx+k^2$이다.
동류항의 계수끼리 비교하면,
$6=2k$이므로, $k=3$이다.

10 정답 ③

|풀이|

완전제곱식 $x^2+2ax+a^2=(x+a)^2$ 이 되려면
➡ 일차항계수의 반의 제곱 = 상수항
을 만족해야 한다.
$\therefore \left(\dfrac{k}{2}\right)^2=16$ ➡ $k^2=64$ ➡ $k=8$ (k는 양수)

11 정답 ②

|풀이|

x^3-3x^2+3x-k를 인수분해한 식이 $(x-1)^3$이므로
$x^3-3x^2+3x-k=(x-1)^3$이다.
우변을 전개하여 좌변과 비교하면,
$(x-1)^3=x^3-3x^2+3x-1$이므로,
$k=1$이다.

12 정답 ①

|풀이|

인수분해 공식 $a^3-3a^2b+3ab^2-b^3=(a-b)^3$에 a 대신 x, b 대신 2를 대입하여 인수분해하면,
$x^3-6x^2+12x-8=(x-2)^3$이므로,
$k=-2$이다.

기출문제 체크

본문 40~43p

01 ④	**02** ①	**03** ①	**04** ①	**05** ④
06 ①	**07** ②	**08** ④	**09** ③	**10** ①
11 ①	**12** ②	**13** ②	**14** ④	**15** ④
16 ①				

01 정답 ④

| 풀이 |

$A = 2x^2 + x$, $B = x^2 - x$ 이므로

$$
\begin{aligned}
A - B &= (2x^2 + x) - (x^2 - x) \\
&= 2x^2 + x - x^2 + x \\
&= (2-1)x^2 + (1+1)x \\
&= x^2 + 2x
\end{aligned}
$$

02 정답 ①

| 풀이 |

$A = x^2 - x$, $B = -x^2 + 1$ 이므로

$$
\begin{aligned}
2A + B &= 2(x^2 - x) + (-x^2 + 1) \\
&= 2x^2 - 2x - x^2 + 1 \\
&= (2-1)x^2 - 2x + 1 \\
&= x^2 - 2x + 1
\end{aligned}
$$

03 정답 ①

| 풀이 |

$A = x^2 + x$, $B = 3x + 4$ 이므로

$$
\begin{aligned}
3A - B &= 3(x^2 + x) - (3x + 4) \\
&= 3x^2 + 3x - 3x - 4 \\
&= 3x^2 + (3-3)x - 4 \\
&= 3x^2 - 4
\end{aligned}
$$

04 정답 ①

| 풀이 |

$A = x$, $B = x - 3$ 이므로

$$
\begin{aligned}
AB &= x(x - 3) \\
&= x^2 - 3x \quad [\text{분배법칙을 이용하여 전개}]
\end{aligned}
$$

05 정답 ④

| 풀이 |

인수분해 공식 $x^3 + y^3 = (x+y)(x^2 - xy + y^2)$
을 이용하기 위해 y의 자리에 3을 대입하여 표현하면,
$x^3 + 3^3 = (x+3)(x^2 - x \times 3 + 3^2)$이 된다.
그러므로 $a = 9$임을 알 수 있다.

06 정답 ①

| 풀이 |

인수분해 공식 $x^3 - y^3 = (x-y)(x^2 + xy + y^2)$
을 이용하기 위해 y의 자리에 2를 대입하여 표현하면,
$x^3 - 2^3 = (x-2)(x^2 + x \times 2 + 2^2)$이 된다.
그러므로 $a = 2$임을 알 수 있다.

07 정답 ②

| 풀이 |

x에 대한 항등식이므로 x에 대해 정리한 후 동류항끼리
의 계수를 비교하여 좌변과 우변을 같게 하면, 항등식이
성립한다.
동류항끼리의 계수를 비교하면, $a = 3$, $b = -7$
∴ $a + b = -4$

08 정답 ④

| 풀이 |

x에 대한 항등식이므로 x에 대해 정리한 후 동류항끼리
의 계수를 비교하여 좌변과 우변을 같게 하면, 항등식이
된다.
①, ②번은 항등식이 아니다.
③의 좌변을 전개하면, $(x+1)^2 = x^2 + 2x + 1$이므로 역
시 항등식이 아니다.
④의 우변을 전개하면 $(x+1)(x-1) = x^2 - 1$
좌변과 우변이 같으므로 항등식이다.

09 정답 ③

| 풀이 |

x에 대한 항등식이므로 x에 대해 정리한 후 동류항끼리의 계수를 비교하여 좌변과 우변을 같게 하면, 항등식이 된다.

좌변을 전개하면, $2x^2 + 2x + 4$이므로 동류항끼리의 계수를 비교하면, $a = 2$, $b = 4$이다.

$\therefore a + b = 6$

10 정답 ①

| 풀이 |

x에 대한 항등식이므로 모든 x에 대해 참이고 어떤 숫자를 대입해도 식은 참이다.

양변에 $x = 1$을 대입하면

$0^2 + 2 \times 0 + a = 1^2$

$\therefore a = 1$이다.

11 정답 ①

| 풀이 |

다항식 $x^3 - 2x + a$을 $P(x)$라 하면,

$P(x) = x^3 - 2x + a$

$P(x)$가 $x - 1$로 나누어떨어지므로, 인수정리에 의해 $P(1) = 0$이다.

→ $P(1) = 1^3 - 2 \times 1 + a = 0$

$\therefore a = 1$

12 정답 ②

| 풀이 |

다항식 $2x^2 + 4x - 3$을 $P(x)$라 하면,

$P(x) = 2x^2 + 4x - 3$

$P(x)$를 $x - 1$로 나눈 나머지는 나머지 정리에 의해 (나머지)$R = P(1)$이다.

→ $P(1) = 2 \times 1^2 + 4 \times 1 - 3 = 2 + 4 - 3 = 3$

13 정답 ②

| 풀이 |

다항식 $x^3 - 3x^2 + ax + 5$를 $P(x)$라 하면,

$P(x) = x^3 - 3x^2 + ax + 5$

$P(x)$가 $x - 1$로 나누어떨어지므로, 인수정리에 의해 $P(1) = 0$이다.

→ $P(1) = 1^3 - 3 \times 1^2 + a \times 1 + 5 = 0$

→ $1 - 3 + a + 5 = 0$

$\therefore a = -3$

14 정답 ④

| 풀이 |

조립제법을 이용하여 몫을 구할 수 있다.

2	1	0	-2	1
		2	4	4
	1	2	2	5

삼차식을 일차식으로 나누었으므로 몫은 이차식이 되고, 조립제법의 결과인 $1, 2, 2$가 차례로 각 항의 계수가 되므로, 몫은 $x^2 + 2x + 2$이고, 나머지는 마지막의 숫자인 5가 된다.

15 정답 ④

| 풀이 |

조립제법을 이용하여 나머지를 구할 수 있다.

2	1	1	-1	1
		2	6	10
	1	3	5	R

위의 숫자와 아래 숫자의 합을 제일 아래에 쓰는 규칙대로 계산하면, $R = 1 + 10 = 11$이고, 나머지는 마지막의 숫자인 R이 된다.

따라서 나머지는 11이다.

16 정답 ①

| 풀이 |

(가)에 알맞은 식은

$2x^2 + x - 3$에서 $2x^2 + 2x$를 뺀 것이므로

$2x^2 + x - 3 - (2x^2 + 2x)$

$= 2x^2 + x - 3 - 2x^2 - 2x$

$= (2 - 2)x^2 + (1 - 2)x - 3$

$= -x - 3$

따라서 (가)에 알맞은 식은 $-x - 3$이다.

PART 02 방정식과 부등식

01 복소수와 이차방정식

실력 체크 문제   본문 57~62p

01 ④	02 ②	03 ④	04 ②	05 ④
06 ②	07 ④	08 ④	09 ②	10 ③
11 ③	12 ①	13 ④	14 ①	15 ④
16 ④	17 ①	18 ①	19 ④	20 ②
21 ②	22 ④			

01 정답 ④

| 풀이 |

$a = 0$, $b \neq 0$이면, 순허수이므로, ④는 옳지 않은 설명이다. 예를 들어 $a = 0, b = 3$이면 복소수 $a + bi = 3i$가 되어 순허수가 된다.

02 정답 ②

| 풀이 |

복소수 $a + bi$ $(a, b$는 실수)에서 $a = 0$, $b \neq 0$이면, 순허수이므로 보기의 주어진 수 중 순허수는 $3i$와 $-2i$의 2개이다.

03 정답 ④

| 풀이 |

$a + bi$에서 $b = 0$이면 실수, $b \neq 0$이면 허수,

$a = 0$, $b \neq 0$이면 순허수이다.

① 0 ➜ 실수

② $2 - i$ ➜ 허수

③ i^2 ➜ $i^2 = -1$이므로 실수

④ i^3 ➜ $i^3 = i^2 \times i = -1 \times i = -i$이므로 순허수

04 정답 ②

| 풀이 |

$6 + i + (3 + i)a$가 순허수가 되려면

실수부분 $=0$, 허수부분 $\neq 0$이어야 한다.
먼저 복소수를 실수부분과 허수부분으로 정리하면,
$6+i+3a+ai=(6+3a)+(1+a)i$ 이므로
$6+3a=0$ ➡ $a=-2$이다.

05 정답 ④

| 풀이 |

복소수상등에 의해 $a+bi=c+di$를 만족하면
$a=c$, $b=d$이다. 즉, 실수부분과 허수부분을 구분하여
각각 같으면 되므로 좌변의 실수부분인 3과 우변의 실
수부분인 a, 좌변의 허수부분인 b와 우변의 허수부분인
-2가 각각 같아야 한다.
∴ $a=3$, $b=-2$이다.

06 정답 ②

| 풀이 |

복소수의 상등 조건에 의해서 a, b, c, d가 실수일 때,
$a+bi=c+di$를 만족하면 $a=c$, $b=d$이다. 따라서,
$a+bi=2+3i$를 만족하기 위해선 $a=2$, $b=3$이 되어
야 한다.

07 정답 ④

| 풀이 |

주어진 조건을 만족하려면 실수부분과 허수부분이 모두
0이어야 한다.
따라서, $x=1$, $y=2$이므로 $x+y=1+2=3$

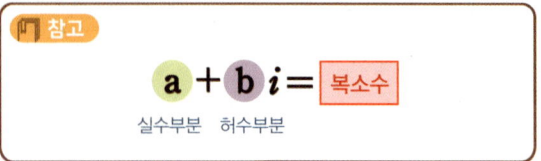

참고
$$\mathbf{a} + \mathbf{b}\,i = \boxed{\text{복소수}}$$
실수부분 허수부분

08 정답 ④

| 풀이 |

복소수상등에 의해 $a+bi=c+di$를 만족하면
$a=c$, $b=d$이다. 즉, 실수부분과 허수부분을 구분하여
각각 같으면 되므로 좌변의 실수부분인 $x+3$과 우변의

실수부분인 2, 좌변의 허수부분인 y와 우변의 허수부분
인 3이 각각 같아야 한다.
∴ $x=-1$, $y=3$이다.

09 정답 ②

| 풀이 |

x, y가 실수이므로 $x-1$, $y+3$도 실수이다.
두 복소수가 서로 같으려면 실수부분과 허수부분이 각
각 서로 같아야 하므로
$x-1=4$, $y+3=-2$ ➡ $x=5$, $y=-5$
이므로 $xy=-25$

10 정답 ③

| 풀이 |

켤레복소수는 허수부분의 부호를 반대로 바꾼 수로,
복소수 $a+bi$(단, a, b는 실수)의 켤레복소수는 $a-bi$이
다.
$2-3i$의 실수부분은 2, 허수부분은 -3이므로
$2-3i$의 켤레복소수는 $2+3i$가 된다.

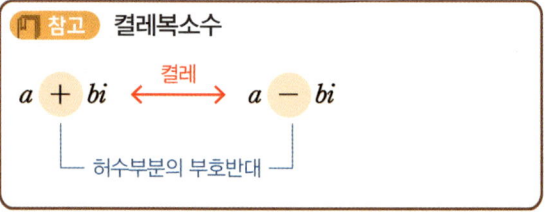

참고 켤레복소수
켤레
$$a + bi \longleftrightarrow a - bi$$
허수부분의 부호반대

11 정답 ③

| 풀이 |

켤레복소수는 허수부분의 부호를 반대로 바꾼 수로,
복소수 $a+bi$(단, a, b는 실수)의 켤레복소수는 $a-bi$
이다.
그러므로 좌변을 간단히 하면 $\overline{4-i}=4+i$이다.
$4+i=a+bi$에서 실수부분과 허수부분을 각각 비교하
면, $a=4$, $b=1$이므로 $a-b=4-1=3$

12 정답 ①

| 풀이 |

켤레복소수는 허수부분의 부호를 반대로 바꾼 수로,
복소수 $a+bi$(단, a, b는 실수)의 켤레복소수는 $a-bi$
이다.

그러므로 우변을 간단히 하면 $\overline{a+bi}=a-bi$이므로,
$2+i=a-bi$에서 실수부분과 허수부분을 각각 비교하면, $a=2$, $b=-1$이므로 $a+b=2+(-1)=1$

13 정답 ④

| 풀이 |

복소수의 곱셈에서는 허수단위 i를 문자로 생각하고, 그
과정에서 i^2이 나오면 $i^2=-1$임을 이용하여 계산한다.
좌변 $i(3-2i)$를 전개하여 계산하면
$i(3-2i)=3i-2i^2=3i-2\times(-1)=3i+2$
좌변 $3i+2$와 우변 $2+bi$를 비교하면
$2+3i=2+bi$이므로 $b=3$이다.

14 정답 ①

| 풀이 |

$$(-2+i)(3+5i)=-6-10i+3i+5i^2$$
$$=\{-6+(-5)\}+(-10+3)i$$
$$=-11-7i$$

이므로, 우변의 $a+bi$와 실수부분, 허수부분을 각각 비교하면, $a=-11$, $b=-7$이다.
이때, $a-b=-11+7=-4$

15 정답 ④

| 풀이 |

복소수의 덧셈, 뺄셈은 허수단위 i를 문자처럼 생각하여
다항식의 덧셈, 뺄셈과 같은 방법으로 계산한다.
$1+2i-(3-i)-1+2i \quad 3+i$
실수부분과 허수부분으로 나누어 정리한 후
각각 같음을 이용하면,
$(1-3)+(2+1)i=-2+3i$
이것을 우변인 $-2+ai$와 비교하면 $a=3$이다.

참고

복소수의 덧셈, 뺄셈
a, b, c, d가 실수일 때
❶ $(a+bi)+(c+di)=(a+c)+(b+d)i$
❷ $(a+bi)-(c+di)=(a-c)+(b-d)i$

16 정답 ④

| 풀이 |

α와 β에 주어진 복소수를 대입한 다음, 실수부분과 허수부분으로 나누어 계산한다.
$$2\alpha+\beta=2(3-i)+(1+2i)$$
$$=6-2i+1+2i$$
$$=7$$

참고

실수끼리

$$a+bi=c+di$$

허수끼리

끼리끼리 계산해요!

17 정답 ①

| 풀이 |

이차방정식이 중근을 갖기 위한 조건은
판별식 $D=b^2-4ac=0$이므로,
$D=(-4)^2-4\times1\times(k-2)=0$
$D=16-4(k-2)=0$
$16-4k+8=0$
$-4k=-24$
$k=6$

참고

이차방정식 $ax^2+bx+c=0$에서
판별식 $D>0$ ➡ 서로 다른 두 실근
$D=0$ ➡ 중근
$D<0$ ➡ 서로 다른 두 허근

18 정답 ①

| 풀이 |

이차방정식이 중근을 갖기 위한 조건은
판별식 $D = b^2 - 4ac = 0$ 이므로,

$D = (-6)^2 - 4 \times 1 \times k = 0$

$D = 36 - 4k = 0$

$\therefore k = 9$

19 정답 ④

| 풀이 |

이차방정식이 서로 다른 두 실근을 갖기 위한 조건은
판별식 $D = b^2 - 4ac > 0$ 이므로,

① $x^2 + x + 4 = 0$
→ $D = 1^2 - 4 \times 1 \times 4 = 1 - 16 = -15 < 0$
→ 서로 다른 두 허근

② $x^2 + 9 = 0$
→ $D = 0^2 - 4 \times 1 \times 9 = 0 - 36 = -36 < 0$
→ 서로 다른 두 허근

③ $x^2 + 2x + 1 = 0$
→ $D = 2^2 - 4 \times 1 \times 1 = 4 - 4 = 0$
→ 중근

④ $x^2 + x - 2 = 0$
→ $D = 1^2 - 4 \times 1 \times (-2) = 1 + 8 = 9 > 0$
→ 서로 다른 두 실근

> **참고**
>
> 이차방정식 $ax^2 + bx + c = 0$ 에서
> 판별식 $D > 0$ → 서로 다른 두 실근
> $\quad\quad\quad D = 0$ → 중근
> $\quad\quad\quad D < 0$ → 서로 다른 두 허근

20 정답 ②

| 풀이 |

이차방정식이 서로 다른 두 허근을 갖기 위한 조건은
판별식 $D = b^2 - 4ac < 0$ 이므로,

① $x^2 - 2x + 1 = 0$
→ $D = (-2)^2 - 4 \times 1 \times 1 = 4 - 4 = 0$
→ 중근

② $x^2 + x + 3 = 0$
→ $D = 1^2 - 4 \times 1 \times 3 = 1 - 12 = -11 < 0$
→ 서로 다른 두 허근

③ $x^2 + 4x + 4 = 0$
→ $D = 4^2 - 4 \times 1 \times 4 = 16 - 16 = 0$
→ 중근

④ $x^2 + x - 3 = 0$
→ $D = 1^2 - 4 \times 1 \times (-3) = 1 + 12 = 13 > 0$
→ 서로 다른 두 실근

21 정답 ②

| 풀이 |

$x^2 - 3x - 4 = 0$ 에서 근과 계수와의 관계에 의하여
$\alpha + \beta = 3$, $\alpha\beta = -4$ 이다.

$\alpha + \beta + \alpha\beta = 3 - 4 = -1$

> **참고** 근과 계수와의 관계
>
> $a\,x^2 + b\,x + c = 0$
>
> $\alpha + \beta = 합 = -\dfrac{b}{a}$ $\quad\quad$ $\alpha\beta = 곱 = \dfrac{c}{a}$

22 정답 ④

| 풀이 |

$x^2 - 6x - 7 = 0$ 에서 근과 계수와의 관계에 의하여
$\alpha + \beta = 6$, $\alpha\beta = -7$ 이다.

$\alpha + \beta - \alpha\beta = 6 + 7 = 13$

02 이차방정식과 이차함수

실력 체크 문제

본문 70~72p

01 ③	02 ③	03 ①	04 ①	05 ①
06 ④	07 ②	08 ②	09 ④	10 ①
11 ②				

01 정답 ③

| 풀이 |

이차함수 $y = x^2 - 4x + 3$의 그래프와 x축의 교점의 x좌표의 개수는 이차방정식 $x^2 - 4x + 3 = 0$의 해의 개수와 같다. (x축과의 교점을 구하기 위해, $y = 0$으로 놓아야 하므로, 이차방정식 $x^2 - 4x + 3 = 0$의 해와 같음을 알 수 있다.)

따라서 이차방정식 $x^2 - 4x + 3 = 0$의 해의 개수를 구하면, $D = (-4)^2 - 4 \times 1 \times 3 = 16 - 12 = 4 > 0$ 이므로
서로 다른 두 개의 실근을 갖으며,
교점의 개수 또한 두 개이다.

| 다른 풀이 |

이차함수 $y = x^2 - 4x + 3$의 그래프와 x축의 교점의 x좌표를 구하기 위해, $y = 0$으로 놓으면
$x^2 - 4x + 3 = 0$이므로
이 식을 인수분해하면, $(x - 3)(x - 1) = 0$
∴ $x = 1$ 또는 $x = 3$으로 교점의 개수는 2개이다.

02 정답 ③

| 풀이 |

이차함수 $y = x^2 - 5x + 6$의 그래프와 x축의 교점의 x좌표는 이차방정식 $x^2 - 5x + 6 = 0$의 해와 같다. (x축과의 교점을 구하기 위해, $y = 0$으로 놓아야 하므로, 이차방정식 $x^2 - 5x + 6 = 0$의 해와 같음을 알 수 있다.)

따라서 이차방정식 $x^2 - 5x + 6 = 0$의 해를 각각 α, β라 놓으면, 근과 계수와의 관계에 의해 $\alpha + \beta = 5$임을 알 수 있다.

| 다른 풀이 |

이차함수 $y = x^2 - 5x + 6$의 그래프와 x축의 교점의 x좌표를 구하기 위해, $y = 0$으로 놓으면
$x^2 - 5x + 6 = 0$이므로
이 식을 인수분해하면, $(x - 2)(x - 3) = 0$
∴ $x = 2$ 또는 $x = 3$으로
교점의 x좌표의 합 $\alpha + \beta = 2 + 3 = 5$이다.

03 정답 ①

| 풀이 |

아래로 볼록인 이차함수의 최솟값은 꼭짓점의 y좌표와 같다.
꼭짓점의 좌표가 $(1, -4)$이므로 최솟값은 -4이다.

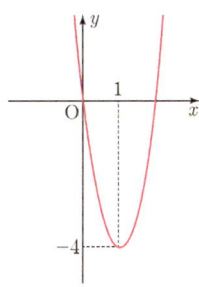

> **참고**
>
> 아래로 볼록인 이차함수는 최댓값을 갖지 않으며, 최솟값은 꼭짓점의 y좌표와 같다.

04 정답 ①

| 풀이 |

구간이 제한된 이차함수의 최댓값과 최솟값은 꼭짓점과 구간의 양 끝값을 이용하여 구한다.
$f(x) = -2(x-1)^2 + 3$ ($0 \le x \le 3$)라 놓으면,
꼭짓점의 좌표가 $(1, 3)$이고,
구간의 양 끝값은
$f(0) = -2(0-1)^2 + 3 = -2 \times 1 + 3 = 1$
$f(3) = -2(3-1)^2 + 3 = -2 \times 2^2 + 3$
$\qquad = -8 + 3 = -5$이므로,

이 중 가장 큰 3이 최댓값, 가장 작은 -5가 최솟값이다. 그러므로 최댓값과 최솟값의 합은 -2이다.

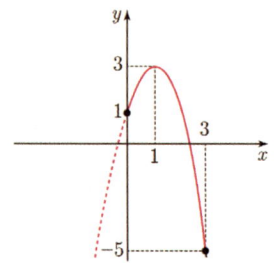

05 정답 ①

| 풀이 |

구간이 제한된 이차함수의 최댓값과 최솟값은 꼭짓점과 구간의 양 끝값을 이용하여 구한다.

그러나 그래프의 꼭짓점의 좌표가 $(1, -5)$로 구간에 포함되지 않으므로, 구간의 양 끝값이 최대, 최소가 된다.

$f(x) = (x-1)^2 - 5 \ (-2 \leq x \leq 0)$라 놓으면,

구간의 양 끝값은

$f(-2) = (-2-1)^2 - 5 = (-3)^2 - 5 = 9 - 5 = 4$

$f(0) = (0-1)^2 - 5 = 1 - 5 = -4$이다.

둘 중 큰 값인 4가 최댓값, 작은 값인 -4가 최솟값이 되어, $a = 4, b = -4$이다.

따라서 $a - b = 8$

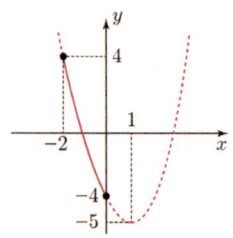

06 정답 ④

| 풀이 |

$f(x) = x^2 + 2x - 2 = (x+1)^2 - 3$

$-2 \leq x \leq 1$에서 $y = f(x)$의 그래프가 다음 그림과 같다.

구간이 제한된 이차함수의 최댓값과 최솟값은 꼭짓점과 구간의 양 끝값을 이용하여 구한다.

꼭짓점의 좌표는 $(-1, -3)$이므로 $f(-1) = -3$

구간의 양 끝값은 $f(-2) = -2$, $f(1) = 1$이다.

따라서 $f(x)$의 최댓값은 1이다.

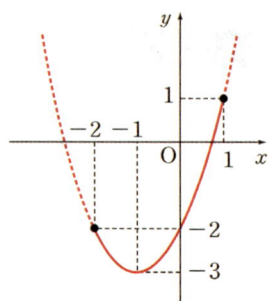

07 정답 ②

| 풀이 |

$f(x) = -x^2 + 4x - 3 \ (0 \leq x \leq 3)$

$f(x) = -x^2 + 4x - 3$

$\quad = -(x-2)^2 + 1$

$0 \leq x \leq 3$에서 $y = f(x)$의

그래프가 오른쪽 그림과 같다.

구간이 제한된 이차함수의

최댓값과 최솟값은 꼭짓점과 구간의 양 끝값을 이용하여 구한다.

꼭짓점의 좌표는 $(2, 1)$이므로 $f(2) = 1$

구간의 양 끝값은 $f(0) = -3$, $f(3) = 0$이다.

즉, $f(2) = 1$, $f(0) = -3$, $f(3) = 0$

따라서 $f(x)$의 최댓값은 1이다.

08 정답 ②

| 풀이 |

$f(x) = -x^2 + 1$

$(-1 \leq x \leq 2)$에

서 $y = f(x)$의 그래프는

오른쪽 그림과 같다. 즉,

$f(-1) = 0$, $f(0) = 1$,

$f(2) = -3$

따라서 $f(x)$의 최댓값은

1이다.

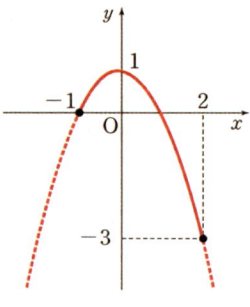

09 정답 ④

| 풀이 |

$f(x) = x^2 - 2x + 3$
$\quad = (x-1)^2 + 2$

$0 \leq x \leq 3$에서 $y = f(x)$의
그래프는 오른쪽 그림과 같
다. 즉, $f(0) = 3$, $f(1) = 2$,
$f(3) = 6$
따라서 $f(x)$의 최댓값은 6
이다.

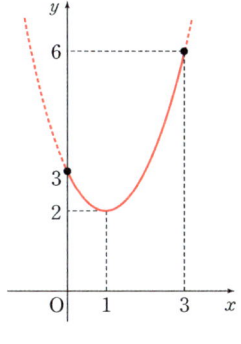

10 정답 ①

| 풀이 |

$y = x^2 - 2x + 4 = (x-1)^2 + 3$이므로
꼭짓점의 좌표는 $(1, 3)$이다.
$y = (x-p)^2 + q$의 그래프는 $x = p$일 때, 최솟값 q를 갖
는다. 따라서 $y = (x-1)^2 + 3$는 $x = 1$에서 최솟값 3을
가지므로 $a = 1$이다.

11 정답 ②

| 풀이 |

$y = x^2 - 2x + 2$를 완전제곱식의 형태로 바꾸면
$y = (x-1)^2 + 1$이고 꼭짓점은 $(1, 1)$이다.
$y = (x-p)^2 + q$의 그래프는 $x = p$일 때, 최솟값 q를 갖
는다. 따라서 $y = (x-1)^2 + 1$는 $x = 1$에서 최솟값 1을
가진다.
$\therefore a + b = 1 + 1 = 2$

03 여러 가지 방정식과 부등식

01 정답 ②

| 풀이 |

방정식의 근은 식에 대입하면 식을 참이 되게 하는 값이
므로 $x^3 + x + a = 0$에 $x = 1$을 대입하면, a의 값을 구할
수 있다. $1^3 + 1 + a = 0$ ➡ $a = -2$

> **참고** **방정식의 근(해)**
> 식을 참이 되게 하는 미지수의 값

02 정답 ②

| 풀이 |

방정식의 근은 식에 대입하면 식을 참이 되게 하는 값이므
로 $x^3 - x^2 + 2x + a = 0$에 $x = 1$을 대입하면, a의 값을
구할 수 있다.
$1^3 - 1^2 + 2 \times 1 + a = 0$
➡ $1 - 1 + 2 + a = 0$
➡ $a = -2$

03 정답 ②

| 풀이 |

연립방정식의 해는 두 식을 동시에 만족시키는 미지수
의 값이므로 식에 대입하면 모두 참이 된다.
$x = 1$, $y = b$를 두 식에 각각 대입하면,
$xy = 6$에서 $xy = 1 \times b = 6$이므로
$b = 6$
$x + y = a$에서 $x + y = 1 + 6 = 7$이므로
$a = 7$
$\therefore a + b = 6 + 7 = 13$

04 정답 ③

| 풀이 |

$y+z=a$에서 $y=1$, $z=2$를 대입하면 $a=3$
$x+y=4$에서 $y=1$을 대입하면 $x=3$이므로 $b=3$
따라서, $a+b=3+3=6$

05 정답 ①

| 풀이 |

$x-y=1$에서 $x=2$, $y=b$를 대입하면
$2-b=1$ ➡ $b=1$이므로 $x=2$, $y=1$이다.
$x^2-y^2=a$에서 $x=2$, $y=1$을 대입하면
$2^2-1^2=4-1=3$이므로 $a=3$이다.
$\therefore a+b=3+1=4$

06 정답 ③

| 풀이 |

$x+y=4$에서 $y=2$를 대입하면 $x=2$이므로 $b=2$이다.
$x^2+y^2=a$에서 $x=2$, $y=2$를 대입하면
$x^2+y^2=2^2+2^2=4+4=8$이므로
$a=8$임을 알 수 있다.
따라서, $a-b=8-2=6$이다.

07 정답 ④

| 풀이 |

절댓값을 포함한 일차부등식은 양수 a에 대하여
① $|x|<a$의 해는 $-a<x<a$
② $|x|>a$의 해는 $x<-a$ 또는 $x>a$이다.
이 성질을 이용하여 부등식 $|x-2|<3$을 풀면,
$-3<x-2<3$, 모든 변에 $+2$를 하면
⇨ $-1<x<5$이므로 이것을 수직선에 나타내면

08 정답 ②

| 풀이 |

절댓값을 포함한 일차부등식은 양수 a에 대하여
① $|x|\le a$의 해는 $-a\le x\le a$
② $|x|\ge a$의 해는 $x\le-a$ 또는 $x\ge a$이다.
이 성질을 이용하여 부등식 $|x-4|\le1$을 풀면,
$-1\le x-4\le1$, 모든 변에 $+4$를 하면
➡ $3\le x\le5$이므로 $a=5$

09 정답 ④

| 풀이 |

절댓값을 포함한 일차부등식은 양수 a에 대하여
① $|x|<a$의 해는 $-a<x<a$
② $|x|>a$의 해는 $x<-a$ 또는 $x>a$이다.
이 성질을 이용하여 부등식 $|x+2|>2$를 풀면,
$x+2<-2$ 또는 $x+2>2$
➡ $x<-4$ 또는 $x>0$이므로
$a=0$

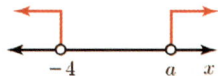

10 정답 ④

| 풀이 |

$\begin{cases} 4x-5<3 & \cdots\cdots\ ㉠ \\ 2-x\le5x-4 & \cdots\cdots\ ㉡ \end{cases}$

부등식 ㉠을 풀면 $4x<3+5$
$x<2$ $\cdots\cdots$ ㉢
부등식 ㉡을 풀면 $-x-5x\le-4-2$
$-6x\le-6$
$x\ge1$ $\cdots\cdots$ ㉣
이것을 수직선에 나타내어 공통범위를 찾으면

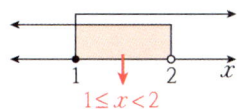

$1 \leq x < 2$

이다. 따라서 $1 \leq x < 2$

11 정답 ②

| 풀이 |

이차부등식 $(x-a)(x-b) \leq 0$의 해는 $a < b$일 때,
$a \leq x \leq b$이므로, $a = -2$, $b = 4$이다.
그러므로 $a+b = -2+4 = 2$
(만약, $b < a$인 경우는 $b \leq x \leq a$이고, $a = 4$, $b = -2$
가 된다. 그러나 $a+b = 4-2 = 2$로 같기 때문에 둘 중
한 가지로 놓고 풀어도 관계없다.)

📖 **참고**

$a < b$일 때,	그림	해
$(x-a)(x-b) < 0$		$a < x < b$
$(x-a)(x-b) \leq 0$		$a \leq x \leq b$
$(x-a)(x-b) > 0$		$x < a$ 또는 $x > b$
$(x-a)(x-b) \geq 0$		$x \leq a$ 또는 $x \geq b$

12 정답 ①

| 풀이 |

이차부등식 $(x-a)(x-b) \geq 0$의 해는 $a < b$일 때,
$x \leq a$ 또는 $x \geq b$이다.

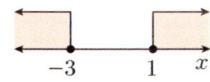

주어진 그림을 부등식으로 나타내면
$x \leq -3$ 또는 $x \geq 1$이므로, $a = -3$, $b = 1$이나.
그러므로 $ab = -3 \times 1 = -3$

13 정답 ④

| 풀이 |

이차부등식 $(x-a)(x-b) \geq 0$의 해는 $a < b$일 때,
$x \leq a$ 또는 $x \geq b$이다.
이것을 이용하여 $(x+1)(x-k) \geq 0$의 해를 구하면,
주어진 조건(문제의 그림)에 의해 $k > -1$이므로
$x \leq -1$ 또는 $x \geq k$임을 알 수 있다.
문제의 그림을 참고하면,

$x \leq -1$ 또는 $x \geq 1$이므로,
$k = 1$이다.

14 정답 ④

| 풀이 |

$\begin{cases} 3x-6 > 0 & \cdots\cdots ㉠ \\ (x-1)(x-4) < 0 & \cdots\cdots ㉡ \end{cases}$ 에서

㉠ $3x-6 > 0$ ➡ $x > 2$
㉡ $(x-1)(x-4) < 0$ ➡ $1 < x < 4$
두 식의 공통범위를 구하면 $2 < x < 4$이다.
따라서, $\alpha = 2$, $\beta = 4$이다.
∴ $\alpha\beta = 2 \times 4 = 8$

15 정답 ②

| 풀이 |

$\begin{cases} x > 1 & \cdots\cdots ㉠ \\ x^2-x-6 > 0 & \cdots\cdots ㉡ \end{cases}$

㉡의 좌변을 인수분해하면
$(x-3)(x+2) > 0$이다.
그러므로 $x < -2$ 또는 $x > 3$
㉠과 ㉡의 공통범위를 구하면, $x > 3$이 된다.

16 정답 ④

| 풀이 |

$$\begin{cases} x^2 - 6x - 7 < 0 & \cdots\cdots \ \text{㉠} \\ (x-2)(x-9) < 0 & \cdots\cdots \ \text{㉡} \end{cases}$$

㉠ $x^2 - 6x - 7 = (x+1)(x-7)$ 이므로

부등식 $x^2 - 6x - 7 < 0$의 해는 $-1 < x < 7$이다.

㉡ $(x-2)(x-9) < 0$의 해는 $2 < x < 9$이다.

두 부등식의 공통범위를 구하면 $2 < x < 7$이므로

$a = 7$이다.

> **📖 참고**
>
> 이차부등식 $(x-a)(x-b) < 0$의 해는 $a < b$일 때,
> $a < x < b$이다.

> **기출문제 체크**   본문 94~99p

> **기출문제 체크**
>
> | 01 ① | 02 ③ | 03 ③ | 04 ④ | 05 ③ |
> | 06 ② | 07 ③ | 08 ④ | 09 ④ | 10 ① |
> | 11 ③ | 12 ③ | 13 ③ | 14 ① | 15 ② |
> | 16 ② | 17 ④ | 18 ① | 19 ① | 20 ④ |
> | 21 ① | 22 ③ |

01 정답 ①

| 풀이 |

복소수의 곱셈은 분배법칙을 이용하여 전개한 후 실수부분과 허수부분으로 나누어 계산한다.

$i^2 = -1$임을 이용하여 간단히 한다.

$i(1+2i) = i + 2i^2 = i - 2 = -2 + i$이므로 $a = -2$이다.

02 정답 ③

| 풀이 |

복소수가 서로 같으려면, 실수부분과 허수부분이 각각 같아야 한다.

좌변의 실수부분은 $x - 1$, 우변의 실수부분은 2이고,

좌변의 허수부분은 $y + 2$, 우변의 허수부분은 3이므로

각각 같음을 이용하면, $x - 1 = 2$, $y + 2 = 3$이다.

$\therefore \ x = 3, \ y = 1$

> **📖 참고**
>
>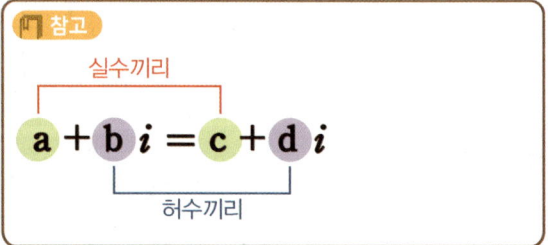
>
> 실수끼리
>
> $a + bi = c + di$
>
> 허수끼리

03 정답 ③

| 풀이 |

복소수의 덧셈, 뺄셈은 실수부분과 허수부분으로 나누어 계산한다. 두 식의 괄호를 풀어 실수부분과 허수부분끼리 정리하면 다음과 같다.

$(5 - 2i) - (1 - 4i) = 5 - 2i - 1 + 4i$

$= 5 - 1 - 2i + 4i = (5-1) + (-2+4)i = 4 + 2i$

$\therefore \ a = 2$

04 정답 ④

| 풀이 |

복소수의 덧셈, 뺄셈은 실수부분과 허수부분으로 나누어 계산한다. 두 식의 괄호를 풀어 실수부분과 허수부분끼리 정리하면 다음과 같다.

$(1+2i)-(3-i)=1+2i-3+i=1-3+2i+i$
$=(1-3)+(2+1)i=-2+3i$
$\therefore a=3$

05 정답 ③

| 풀이 |

복소수의 곱셈은 분배법칙을 이용하여 전개한 후 실수부분과 허수부분으로 나누어 계산한다.
$i^2=-1$임을 이용하여 간단히 한다.

$(1+2i)(3-i)=3-i+6i-2i^2=3-i+6i+2$
$=3+2-i+6i=(3+2)+(-1+6)i=5+5i$
$\therefore a=5$

06 정답 ②

| 풀이 |

이차방정식 $ax^2+bx+c=0$의 근을 판별하는 식을 판별식이라 하며, b^2-4ac와 같다.

이때, b^2-4ac가 양수이면 서로 다른 두 실근을, 0이면 중근을, 음수이면 서로 다른 두 허근을 갖는다.

① $b^2-4ac=0^2-4\times1\times3=-12$ ➡ 음수 ➡ 서로 다른 두 허근

② $b^2-4ac=1^2-4\times1\times(-2)=1+8=9$ ➡ 양수 ➡ 서로 다른 두 실근

③ $b^2-4ac=2^2-4\times1\times1=0$ ➡ 0 ➡ 중근

④ $b^2-4ac=3^2-4\times1\times5=9-20=-11$ ➡ 음수 ➡ 서로 다른 두 허근

07 정답 ③

| 풀이 |

이차방정식 $ax^2+bx+c=0$의 근을 판별하는 식을 판별식이라 하며, b^2-4ac와 같다.

이때, b^2-4ac가 양수이면 서로 다른 두 실근을, 0이면 중근을, 음수이면 서로 다른 두 허근을 갖는다.
주어진 식은 중근을 가지므로
$b^2-4ac=2^2-4\times1\times(m-3)=4-4(m-3)=0$
$4-4m+12=0$ ➡ $-4m=-16$
$\therefore m=4$

08 정답 ④

| 풀이 |

이차방정식의 근과 계수와의 관계를 이용하면,
$\alpha\beta=2$이다.

> **📖 참고 근과 계수와의 관계**
>
> $a\,x^2+b\,x+c=0$
>
> $\alpha+\beta=$ 합 $=-\dfrac{b}{a}$ $\alpha\beta=$ 곱 $=\dfrac{c}{a}$

09 정답 ④

| 풀이 |

이차방정식의 근과 계수와의 관계를 이용하면,
$\alpha+\beta=5$이다.

10 정답 ①

| 풀이 |

주어진 식을 $f(x)=x^2-3$
$(-1\le x\le2)$라 놓으면,
$-1<x<2$에서
$y=f(x)$의 그래프가
오른쪽 그림과 같다.
구간이 제한된 이차함수의
최댓값과 최솟값은 꼭짓점과
구간의 양 끝값을 이용하여 구한다.
꼭짓점의 좌표는 $(0,-3)$이므로
$f(0)=-3$

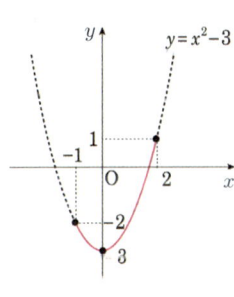

구간의 양 끝값은 $f(-1)=-2$, $f(2)=1$이다.
그러므로 $f(x)$의 최솟값은 -3이다.

11 정답 ③

| 풀이 |

주어진 식을
$f(x)=(x-2)^2-3$
$(1 \leq x \leq 4)$라 놓으면,
$1 \leq x \leq 4$에서
$y=f(x)$의 그래프가 오른쪽
그림과 같다.
구간이 제한된 이차함수의

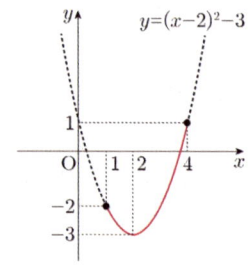

최댓값과 최솟값은 꼭짓점과 구간의 양 끝값을 이용하여 구한다.
꼭짓점의 좌표는 $(2, -3)$이므로
$f(2)=-3$
구간의 양 끝값은 $f(1)=-2$, $f(4)=1$이다.
그러므로 $f(x)$의 최댓값은 1이다.

12 정답 ③

| 풀이 |

주어진 식을
$f(x)=-(x+1)^2+4$
$-3 \leq x \leq 0$라 놓으면,
$-3 \leq x \leq 0$에서
$y=f(x)$의 그래프가
오른쪽 그림과 같다.
구간이 제한된 이차함수
의 최댓값과 최솟값은 꼭
짓점과 구간의 양 끝값을 이용하여 구한다.
꼭짓점의 좌표는 $(-1, 4)$이므로
$f(-1)=4$
구간의 양 끝값은 $f(-3)=0$, $f(0)=3$이다.
그러므로 $f(x)$의 최댓값은 4이다.

13 정답 ③

| 풀이 |

주어진 식을
$f(x)=(x-1)^2-2$
$(2 \leq x \leq 4)$라 놓으면,
$2 \leq x \leq 4$에서 $y=f(x)$의
그래프가 오른쪽 그림과 같다.
구간이 제한된 이차함수의
최댓값과 최솟값은 꼭짓점
과 구간의 양 끝값을 이용하여 구한다.
주어진 구간 안에 꼭짓점이 없는 경우이므로 구간의 양
끝값이 최대, 최소가 된다.
구간의 양 끝값은 $f(2)=-1$, $f(4)=7$이다.
그러므로 $f(x)$의 최댓값은 7, 최솟값은 -1이다.
최댓값과 최솟값의 합을 구하면 $7-1=6$

14 정답 ①

| 풀이 |

방정식의 근은 식에 대입하면 식을 참이 되게 하는 값이
므로 $x^3-2x^2+ax+4=0$에 $x=2$를 대입하면, a의 값
을 구할 수 있다.
$2^3-2\times2^2+a\times2+4=0$ ➔ $8-8+2a+4=0$
➔ $a=-2$

15 정답 ②

| 풀이 |

방정식의 근은 식에 대입하면 식을 참이 되게 하는 값이
므로 $x^3-x^2+3x+a=0$에 $x=1$을 대입하면, a의 값
을 구할 수 있다.
$1^3-1^2+3\times1+a=0$ ➔ $1-1+3+a=0$
➔ $a=-3$

16 정답 ②

| 풀이 |

연립방정식의 해는 두 식을 동시에 만족하는 미지수
x, y의 값이므로 식에 대입하여 문제를 해결할 수 있다.

연립방정식 $\begin{cases} x-y=1 & \cdots\cdots ㉠ \\ x^2-y^2=a & \cdots\cdots ㉡ \end{cases}$ 의 해가

$x=3, y=b$이므로, $x=3, y=b$를 식 ㉠, ㉡에 각각 대입하면,

㉠ $3-b=1$ ➡ $b=2$

㉡ $3^2-b^2=a$ ➡ $9-4=a$ ➡ $a=5$

∴ $a+b=5+2=7$이다.

17 정답 ④

| 풀이 |

연립방정식의 해는 두 식을 동시에 만족하는 미지수 x, y의 값이므로 식에 대입하여 문제를 해결할 수 있다.

연립방정식 $\begin{cases} x+y=1 & \cdots\cdots ㉠ \\ y-z=2 & \cdots\cdots ㉡ \\ z-x=3 & \cdots\cdots ㉢ \end{cases}$ 의 해가

$x=-2, y=a, z=b$이므로, 식 ㉠, ㉡, ㉢에 각각 대입하면,

㉠ $-2+a=1$ ➡ $a=3$

㉡ $a-b=2$

㉢ $b+2=3$ ➡ $b=1$

∴ $a+b=3+1=4$

18 정답 ①

| 풀이 |

$\begin{cases} 3x<2x+5 & \cdots\cdots ㉠ \\ 4x>3x-1 & \cdots\cdots ㉡ \end{cases}$ 에서

㉠ $3x<2x+5$ ➡ $x<5$

㉡ $4x>3x-1$ ➡ $4x-3x>-1$ ➡ $x>-1$

두 식의 공통범위를 구하면 $-1<x<5$이다.

∴ $a=5$이다.

19 정답 ①

| 풀이 |

$|x| \le a$ (단, $a>0$)의 해는 $-a \le x \le a$임을 이용하면, $|x-2| \le 2$의 해는

$-2 \le x-2 \le 2$ ➡ $0 \le x \le 4$

이것을 수직선에 나타내면

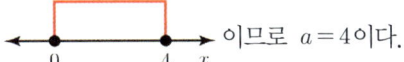 이므로 $a=4$이다.

20 정답 ④

| 풀이 |

$|x| \le a$ (단, $a>0$)의 해는 $-a \le x \le a$임을 이용하면, $|x-1| \le 3$의 해는

$-3 \le x-1 \le 3$ ➡ $-2 \le x \le 4$

이것을 수직선에 나타내면

21 정답 ①

| 풀이 |

$-a<-b$인 경우, 이차부등식 $(x+a)(x+b) \ge 0$의 해를 구하면, $x \le -a$ 또는 $x \ge -b$가 된다.

문제에 주어진 수직선은 $x \le 1$ 또는 $x \ge 3$이므로, $a=-1, b=-3$이 된다. $a+b=-1+(-3)=-4$

> 📎 **참고**
>
> $-a>-b$인 경우 $a=-3, b=-1$이 되어, $a+b=-4$로 합은 같으므로 한 가지의 경우로 생각하여 문제를 풀면 된다.

22 정답 ③

| 풀이 |

$a<b$인 경우, 이차부등식 $(x-a)(x-b) \le 0$의 해를 구하면, $a \le x \le b$가 된다.

그러므로 주어진 그림을 이용하면, $a=-1, b=2$임을 알 수 있다. $a+b=-1+2=1$

> 📎 **참고**
>
> $a>b$인 경우 $a=2, b=-1$이 되어, $a+b=1$로 합은 같으므로 한 가지의 경우로 생각하여 문제를 풀면 된다.

PART 03 도형의 방정식

01 평면좌표

실력 체크 문제				본문 106~107p
01 ④	02 ③	03 ①	04 ①	05 ①
06 ①	07 ④	08 ②		

01 정답 ④

| 풀이 |

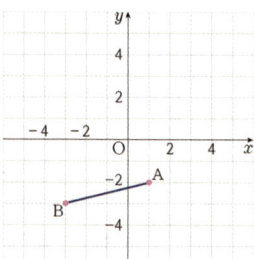

두 점 사이의 거리 공식에 의해

$$\overline{AB} = \sqrt{(-3-1)^2 + (-3+2)^2}$$
$$= \sqrt{16+1}$$
$$= \sqrt{17}$$

> **참고**
>
> 좌표평면에서의 두 점 $A(x_1, y_1)$, $B(x_2, y_2)$에 대하여, 두 점 A, B 사이의 거리는
> $\overline{AB} = \sqrt{(x_2-x_1)^2+(y_2-y_1)^2}$ 이다.

02 정답 ③

| 풀이 |

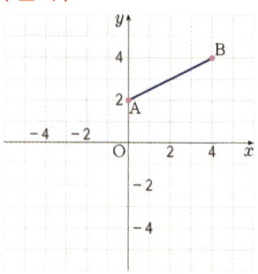

두 점 사이의 거리 공식에 의해

$$\overline{AB} = \sqrt{(4-0)^2 + (4-2)^2}$$
$$= \sqrt{16+4} = \sqrt{20} = 2\sqrt{5}$$

03 정답 ①

| 풀이 |

두 점 $A(1, 2)$, $B(-3, 4)$를 이은 선분의 중점의 좌표는 $\left(\dfrac{1-3}{2}, \dfrac{2+4}{2}\right) = (-1, 3)$이다.

> **참고**
>
> 선분 AB의 중점 M의 좌표는
> $\left(\dfrac{x\,좌표의\,합}{2}, \dfrac{y\,좌표의\,합}{2}\right)$

04 정답 ①

| 풀이 |

두 점 $A(-2, 4)$ $B(2, -2)$를 이은 선분의 중점의 좌표는 $\left(\dfrac{-2+2}{2}, \dfrac{4-2}{2}\right) = (0, 1)$이다.

05 정답 ①

| 풀이 |

$A(1, 4)$와 $B(3, 2)$의 중점을 구하면,

$\left(\dfrac{1+3}{2}, \dfrac{4+2}{2}\right) = (2, 3)$이다.

두 점 사이의 거리 공식에 의해, 원점으로부터 M까지의 거리를 구하면,

$\overline{OM} = \sqrt{2^2+3^2} = \sqrt{4+9} = \sqrt{13}$ 이다.

06 정답 ①

| 풀이 |

선분 AP와 선분 BP의 길이는 같으므로

$$\sqrt{(x-6)^2+2^2} = \sqrt{\{x-(-1)\}^2+5^2}$$

양변을 제곱하여 계산하면

$$(x-6)^2+4 = (x+1)^2+25$$
$$x^2-12x+36+4 = x^2+2x+1+25$$

$-14x = -14$

$x = 1$이므로 점 P의 좌표는 $(1, 0)$이다.

07 정답 ④

| 풀이 |

내분점 공식을 이용한다.

$x = \dfrac{3 \times 10 + 1 \times 2}{3 + 1} = \dfrac{30 + 2}{4} = 8$

08 정답 ②

| 풀이 |

내분점 공식을 이용하여 문제를 해결한다.

$A(2, 2)$, $B(8, 5)$를 $2 : 1$로 내분하는 점 P의 좌표는

$P\left(\dfrac{2 \times 8 + 1 \times 2}{2 + 1}, \dfrac{2 \times 5 + 1 \times 2}{2 + 1}\right) = (6, 4)$

> 🚩 **참고**
>
> 좌표평면 위의 두 점 $A(x_1, y_1)$, $B(x_2, y_2)$에 대하여 선분 AB를 $m : n (m > 0, n > 0)$으로 내분하는 점을 P, 외분하는 점을 Q라 하면,
>
> $P\left(\dfrac{mx_2 + nx_1}{m + n}, \dfrac{my_2 + ny_1}{m + n}\right)$,
>
> $Q\left(\dfrac{mx_2 - nx_1}{m - n}, \dfrac{my_2 - ny_1}{m - n}\right)$ $(m \neq n)$

02 직선의 방정식

> **실력 체크 문제** 본문 119~122p
>
> 01 ④　02 ④　03 ④　04 ②　05 ③
> 06 ①　07 ③　08 ②　09 ③　10 ②
> 11 ①　12 ④　13 ④　14 ①　15 ③
> 16 ①

01 정답 ④

| 풀이 |

$y = -x + 3$의 기울기는 x의 계수인 -1이고, y절편은 상수항인 3이다.

그러므로 기울기와 y절편을 차례로 구하면 $-1, 3$

> 🚩 **참고** **직선의 방정식**
>
>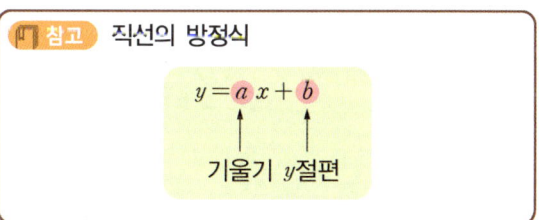

02 정답 ④

| 풀이 |

그래프의 기울기는

$a = \dfrac{(y\text{값의 증가량})}{(x\text{값의 증가량})} = \dfrac{2 - 0}{0 - (-1)} = \dfrac{2}{1} = 2$이다.

또한 x절편은 -1이고, y절편은 2이다.

직선의 방정식을 구하면, $y = 2x + 2$가 되므로 옳지 않은 보기는 ④번이다.

03 정답 ④

| 풀이 |

$2x - y - 1 = 0$을 y에 대한 함수식으로 바꾸면 $y = 2x - 1$이다. 평행이므로 기울기가 같고, 점 $(0, 3)$을 지나므로 y절편이 3이다.

따라서, 구하려는 직선의 방정식은 $y = 2x + 3$이다.

04 정답 ②

| 풀이 |

$y=2x+1$에 수직이려면 기울기의 곱이 -1이 되어야 하므로 구하려는 직선의 방정식의 기울기는 $-\dfrac{1}{2}$이다.

또한, 원점을 지나므로 직선의 방정식은 $y=-\dfrac{1}{2}x$이다.

05 정답 ③

| 풀이 |

$y=x+3$에 평행인 직선의 방정식은 기울기는 같고 y절편은 다르다. 그러므로 구하려는 직선의 방정식의 기울기는 1이고, $y=x+b$라 할 수 있다.

또한 이 직선이 점 $(0,5)$를 지나므로 식에 대입하면,

$5=0+b$ ➡ $b=5$

따라서, 구하려는 직선의 방정식은 $y=x+5$이다.

06 정답 ①

| 풀이 |

$3x-y=0$을 y에 대하여 정리하면, $y=3x$이다.

두 직선이 서로 수직으로 만나려면 두 기울기의 곱이 -1이므로 $3\times m=-1$에서 $m=-\dfrac{1}{3}$이다.

07 정답 ③

| 풀이 |

두 직선이 평행하려면 기울기는 같고, y절편은 달라야 한다. 두 직선 $x+y+1=0$, $ax+y+3=0$을 각각 y에

대해 정리하면,

$y=-x-1$, $y=-ax-3$이므로,

두 직선의 기울기가 같음을 이용하면,

$-1=-a$

$a=1$

08 정답 ②

| 풀이 |

수직인 두 직선의 기울기의 곱은 -1이다.

문제에 주어진 직선 $2x-y+1=0$을 y에 대하여 정리하면, $y=2x+1$이므로 기울기가 2이다.

기울기가 2인 직선과 수직인 직선의 기울기를 m이라 하면,

$2\times m=-1$이므로 $m=-\dfrac{1}{2}$이 된다.

따라서 보기에서 기울기가 $-\dfrac{1}{2}$인 직선을 찾으면,

$y=-\dfrac{1}{2}x$이다.

09 정답 ③

| 풀이 |

구하려는 직선의 방정식을 $y=ax+b$라 하면

직선 $y=x+4$에 수직이므로 기울기의 곱 $a\times 1=-1$이어야 한다. 따라서, $a=-1$이므로 $y=-x+b$이다.

또한, 이 직선이 점 $(1,1)$을 지나므로 $1=-1+b$를 만족한다.

따라서, $b=2$이므로 직선의 방정식은 $y=-x+2$이다.

10 정답 ②

| 풀이 |

구하려는 직선의 방정식을 $y=ax+b$라 하면

그래프의 기울기는

$a=\dfrac{(y값의\ 증가량)}{(x값의\ 증가량)}=\dfrac{4-0}{0-2}=\dfrac{4}{-2}=-2$이다.

또한 y절편이 4이므로

직선의 방정식을 구하면, $y=-2x+4$이다.

11 정답 ①

| 풀이 |

구하려는 직선의 방정식을 $y = ax + b$라 하면 그래프의 기울기는

$a = \dfrac{(y값의\ 증가량)}{(x값의\ 증가량)} = \dfrac{2-0}{0-1} = \dfrac{2}{-1} = -2$이다.

또한 y절편이 2이므로

직선의 방정식을 구하면, $y = -2x + 2$이다.

12 정답 ④

| 풀이 |

구하려는 직선의 방정식을 $y = ax + b$라 하면 그래프의 기울기는

$a = \dfrac{(y값의\ 증가량)}{(x값의\ 증가량)} = \dfrac{-3-1}{2\ \ 0} = \dfrac{-4}{2} = -2$이다.

또한 y절편이 1이므로

직선의 방정식을 구하면, $y = -2x + 1$이다.

13 정답 ④

| 풀이 |

기울기가 3인 직선의 방정식은 $y = 3x + b$로 놓을 수 있다. 이 직선이 점 $(-1,\ 2)$를 지나므로 직선의 방정식에 대입하면 $2 = -3 + b$이다. 따라서, $b = 5$이므로 직선의 방정식은 $y = 3x + 5$이다.

14 정답 ①

| 풀이 |

구하려는 직선의 방정식을 $y = ax + b$라 하면 그래프의 기울기는

$a = \dfrac{(y값의\ 증가량)}{(x값의\ 증가량)} = \dfrac{1-5}{3-1} = \dfrac{-4}{2} = -2$

이다. 따라서 직선의 방정식은 $y = -2x + b$가 되고 지나는 두 점 중 하나의 점 $(1, 5)$를 식에 대입하면, $5 = -2 + b$ ➡ $b = 7$

이므로 직선의 방정식은 $y = -2x + 7$이 된다.

15 정답 ③

| 풀이 |

구하려는 직선의 방정식을 $y = ax + b$라 하면 그래프의 기울기는

$a = \dfrac{(y값의\ 증가량)}{(x값의\ 증가량)} = \dfrac{0-6}{3-0} = \dfrac{-6}{3} = -2$이다.

또한 y절편이 6이므로

직선의 방정식을 구하면, $y = -2x + 6$

16 정답 ①

| 풀이 |

좌표평면 위의 두 점 $A(1, 1)$, $B(1, -2)$를 지나는 직선을 그래프로 그리면, $x = 1$임을 알 수 있다.

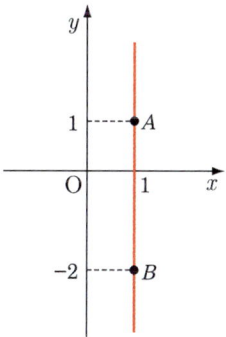

03 원의 방정식

01 정답 ②

| 풀이 |

원의 중심이 (a, b)이고, 반지름의 길이가 r인 원의 방정식은 $(x-a)^2+(y-b)^2=r^2$이다.
원 $(x-3)^2+(y+2)^2=1$의 중심의 좌표는 $(3, -2)$이다.

02 정답 ②

| 풀이 |

원의 중심이 (a, b)이고, 반지름의 길이가 r인 원의 방정식은 $(x-a)^2+(y-b)^2=r^2$이다.
원 $(x+2)^2+(y+1)^2=4$에서
$r^2=4$이고 $r=2(r>0)$이므로, 반지름은 2이다.

03 정답 ③

| 풀이 |

중심이 (a, b)이고 반지름의 길이가 r인 원의 방정식은 $(x-a)^2+(y-b)^2=r^2$이다.
따라서, 중심이 $(-1, 2)$이고 반지름의 길이가 5인 원의 방정식은 $(x+1)^2+(y-2)^2=25$이다.

04 정답 ③

| 풀이 |

중심이 (a, b)이고 반지름의 길이가 r인 원의 방정식은 $(x-a)^2+(y-b)^2=r^2$이다.
중심이 $(2, -3)$이고 반지름의 길이가 3인 원의 방정식은 $(x-2)^2+(y+3)^2=9$이다.

05 정답 ①

| 풀이 |

A, B가 지름의 양 끝점이므로 중심이 $\overline{AB}$의 중점이다.
따라서 중심 $=\left(\dfrac{4+0}{2}, \dfrac{0+4}{2}\right)=(2, 2)$이다.

또한 $\overline{AB}$의 길이가 지름이므로,
$\overline{AB}=\sqrt{4^2+4^2}=\sqrt{32}=4\sqrt{2}$가 되어 원의 반지름은 $2\sqrt{2}$이다.
중심이 $(2, 2)$이고, 반지름이 $2\sqrt{2}$인 원의 방정식은 $(x-2)^2+(y-2)^2=8$이다.

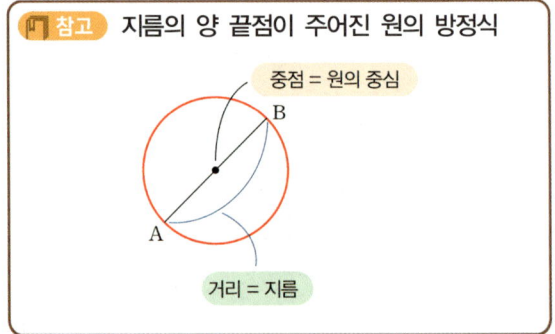

참고   **지름의 양 끝점이 주어진 원의 방정식**

중점 = 원의 중심

거리 = 지름

06 정답 ④

| 풀이 |

A, B가 지름의 양 끝점이므로 중심이 $\overline{AB}$의 중점이 된다.
따라서 중심 $=\left(\dfrac{-3+1}{2}, \dfrac{0+0}{2}\right)=(-1, 0)$이다.

또한 $\overline{AB}$의 길이가 지름이므로, $\overline{AB}=4$가 되어 원의 반지름은 2이다.
중심이 $(-1, 0)$이고, 반지름이 2인 원의 방정식은 $(x+1)^2+y^2=4$이다.

07 정답 ④

| 풀이 |

중심이 $C(2, -1)$이므로 원의 방정식은 $(x-2)^2+(y+1)^2=r^2$이다. 원점을 지나므로 원점을 식에 대입하면 $2^2+1^2=5=r^2$이다.
따라서 원의 방정식은 $(x-2)^2+(y+1)^2=5$

08 정답 ③

| 풀이 |

중심이 $(3, 2)$이므로 원의 방정식은
$(x-3)^2+(y-2)^2=r^2$이다.
원점을 지나므로 원점을 식에 대입하면
$3^2+2^2=9+4=13=r^2$이다.
따라서 원의 방정식은 $(x-3)^2+(y-2)^2=13$

09 정답 ②

| 풀이 |

중심이 $(1, -3)$이므로 $(x-1)^2+(y+3)^2=r^2$이다.
원이 y축에 접하므로 반지름의 길이 = $|\,x\,$좌표$\,|$가 되어, 반지름 $=1$이다.
따라서 원의 방정식은 $(x-1)^2+(y+3)^2=1$

10 정답 ①

| 풀이 |

중심이 $(2, 1)$이므로 구하려는 원의 방정식은
$(x-2)^2+(y-1)^2=r^2$이다. x축에 접하므로 반지름의 길이는 1이다.
따라서 원의 방정식은 $(x-2)^2+(y-1)^2=1$이다.

11 정답 ④

| 풀이 |

중심이 $(2, 2)$이므로 원의 방정식은
$(x-2)^2+(y-2)^2=r^2$으로 놓을 수 있다.
x축과 y축에 동시에 접하므로 반지름의 길이는 2이다.
따라서 원의 방정식은 $(x-2)^2+(y-2)^2=4$이다.

12 정답 ④

| 풀이 |

중심이 $(6, 2)$이므로 $(x-6)^2+(y-2)^2=r^2$이다.
원이 x축에 접하므로 반지름의 길이 = $|\,y\,$좌표$\,|$가 되어, 반지름 $=2$이다.
따라서 원의 방정식은 $(x-6)^2+(y-2)^2=4$이고,

보기에서 알맞은 답을 찾기 위해 위의 식을 전개하여
정리하면, $x^2-12x+36+y^2-4y+4=4$
→ $x^2+y^2-12x-4y+36=0$

13 정답 ②

| 풀이 |

원의 방정식을 완전제곱식을 이용하여 표준형으로 변형하면,
$x^2+2x+y^2-3=0$
→ $x^2+2x+y^2=3$
→ $(x^2+2x+1)+y^2=3+1$
→ $(x+1)^2+y^2=4$
이므로, 반지름의 길이는 2이다.

14 정답 ②

| 풀이 |

원의 중심의 좌표 $(0, 0)$이 $y=x$ 위에 있기 때문에, 중심으로부터 직선까지의 거리는 0이다.
$0 < 3$(반지름)이므로, $d < r$이 되어 원과 직선의 위치관계는 서로 다른 두 점에서 만나게 된다.

| 다른 풀이 |

원의 중심의 좌표 $(0, 0)$으로부터 $x-y=0$까지의 거리를 점과 직선 사이의 거리 공식을 이용하여 구하면
$d=\dfrac{|\,0\,|}{\sqrt{1^2+1^2}}=0$
$0 < 3$(반지름)이므로, $d < r$이 되어 원과 직선의 위치관계는 서로 다른 두 점에서 만나게 된다.

| 다른 풀이 |

원 $x^2+y^2=9$에 $y=x$를 대입하면, $x^2+x^2=9$
$2x^2-9=0$이다.
이차방정식의 해의 개수가 원과 직선의 교점이므로, 판별식에 넣어보면 $D=0^2-4\times2\times(-9)=72>0$이므로 원과 직선의 위치관계는 서로 다른 두 점에서 만나게 된다.

참고 원과 직선의 위치관계

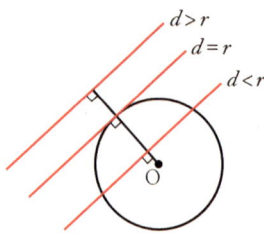

d : 중심으로부터 직선까지의 거리

r : 원의 반지름

04 평행이동과 대칭이동

실력 체크 문제
본문 139~141p

01 ②	02 ③	03 ③	04 ③	05 ①
06 ④	07 ②	08 ④	09 ④	10 ④
11 ②	12 ②			

01 정답 ②

| 풀이 |

점의 평행이동에서 (x, y)를 x축 방향으로 a만큼, y축 방향으로 b만큼 평행이동한 점은 $(x+a, y+b)$가 된다. 따라서, 문제에서 주어진 점을 평행이동하면 새로운 점의 좌표는 $(-2+3, 0+3) = (1, 3)$이다.

02 정답 ③

| 풀이 |

점의 평행이동에서 임의의 점 (x, y)를 x축의 방향으로 a만큼, y축의 방향으로 b만큼 평행이동한 점은 $(x+a, y+b)$이다.

따라서, 문제에서 주어진 점을 x축의 방향으로 5만큼, y축의 방향으로 2만큼 평행이동한 점의 좌표는 $(-1+5, 3-2) = (4, 1)$이다.

03 정답 ③

| 풀이 |

점의 평행이동에서 임의의 점 (x, y)를 x축의 방향으로 a만큼, y축의 방향으로 b만큼 평행이동한 점은 $(x+a, y+b)$이다. 따라서, 점 B의 좌표를 구하면 B$(-1+3, 3+4)$ ➔ B$(2, 7)$이다.

04 정답 ③

| 풀이 |

좌표평면 위의 점 P를 한 점 또는 한 직선에 대하여 대칭인 점 P′로 옮기는 것을 각각 그 점 또는 그 직선에 대한 대칭이동이라 한다.

좌표평면 위의 점 $P(x, y)$를 원점에 대하여 대칭이동한 점은 $(-x, -y)$로 x좌표와 y좌표의 부호를 모두 바꿔야 한다. 따라서 점 $(2, 3)$을 원점에 대하여 대칭이동한 점의 좌표는 $(-2, -3)$이다.

05 정답 ①

| 풀이 |

좌표평면 위의 점 P를 y축에 대칭인 점 P'로 옮기는 것을 그 점에 대한 y축 대칭이동이라 하고,
점 $P(x, y)$를 y축에 대하여 대칭이동한 점 P'은 $P'(-x, y)$이다.
즉, 점의 x좌표의 부호를 바꾸고 y좌표는 그대로 두면 되므로, $P'(-4, -2)$

06 정답 ④

| 풀이 |

좌표평면 위의 점 P를 한 점 또는 한 직선에 대하여 대칭인 점 P'로 옮기는 것을 각각 그 점 또는 그 직선에 대한 대칭이동이라 하고, 점 $P(x, y)$를 $y=x$에 대하여 대칭이동한 점 P'는 $P'(y, x)$이므로 점 $(-3, 5)$를 $y=x$에 대하여 대칭이동한 점의 좌표는 $(5, -3)$이다.

> **🔖참고** **점 또는 직선의 대칭이동**
> 좌표평면 위의 점 (x, y)를
> ❶ x축에 대하여 대칭이동한 점은 $(x, -y)$
> ❷ y축에 대하여 대칭이동한 점은 $(-x, y)$
> ❸ 원점에 대하여 대칭이동한 점은 $(-x, -y)$
> ❹ 직선 $y=x$에 대하여 대칭이동한 점은 (y, x)

07 정답 ②

| 풀이 |

x축에 대하여 대칭이동하면 y좌표의 부호가 바뀐다.
따라서, 점 $(-2, 5)$를 x축에 대하여 대칭이동한 점은
➡ $(-2, -5)$이다.

08 정답 ④

| 풀이 |

x축에 대하여 대칭이동하면 y좌표의 부호가 바뀌고,
y축에 대하여 대칭이동하면 x좌표의 부호가 바뀐다.
따라서, B, C의 좌표를 구하면
$B(1, -3)$, $C(-1, 3)$이다.
삼각형 ABC의 밑변을 $\overline{AC}$라 하고, 높이를 $\overline{AB}$라 하면, $\overline{AC}=2$, $\overline{AB}=6$이므로,
$$S=\frac{1}{2}\times2\times6=6$$

09 정답 ④

| 풀이 |

x축에 대하여 대칭이동하면 y좌표의 부호가 바뀌고,
y축에 대하여 대칭이동하면 x좌표의 부호가 바뀐다.
따라서, B, C의 좌표를 구하면
$B(3, 4)$, $C(-3, -4)$이다.
두 점 사이의 거리 공식을 이용하여, $\overline{BC}$를 구하면,
$$\begin{aligned}\overline{BC}&=\sqrt{\{3-(-3)\}^2+\{4-(-4)\}^2}\\&=\sqrt{6^2+8^2}=\sqrt{36+64}=\sqrt{100}=10\end{aligned}$$

10 정답 ④

| 풀이 |

x축에 대하여 대칭이동하면 y좌표의 부호가 바뀐다. 따라서 $y=2x-2$에 y 대신 $-y$를 대입하면
$-y=2x-2$이다.
이 식을 y에 대한 식으로 정리하면, $y=-2x+2$이다.

11 정답 ②

| 풀이 |

y축에 대하여 대칭이동하면 x좌표의 부호가 바뀐다.
따라서, 주어진 직선의 방정식에 x 대신 $-x$를 대입하면 $y=-3x-3$

12 정답 ②

| 풀이 |

y축에 대하여 대칭이동하면 x좌표의 부호가 바뀐다.

따라서 주어진 원의 방정식에 x 대신 $-x$를 대입하면

$(-x+3)^2+(y+2)^2=4$가 된다.

$(-x+3)^2=(x-3)^2$이므로

$(x-3)^2+(y+2)^2=4$가 된다.

기출문제 체크   본문 144~148p

01 ③	**02** ③	**03** ②	**04** ④	**05** ②
06 ①	**07** ①	**08** ③	**09** ④	**10** ③
11 ④	**12** ②	**13** ③	**14** ②	**15** ③
16 ③	**17** ①	**18** ④		

01 정답 ③

| 풀이 |

좌표평면 위의 두 점 $A(-2, 1)$, $B(2, 4)$ 사이의 거리

는 $\overline{AB}=\sqrt{(x_2-x_1)^2+(y_2-y_1)^2}$ 이므로,

공식에 대입하면,

$\overline{AB}$

$=\sqrt{\{2-(-2)\}^2+(4-1)^2}=\sqrt{16+9}=\sqrt{25}=5$

| 다른 풀이 |

다음 그림과 같이 축에 평행한 직선을 그어 직각삼각형

을 만들면 피타고라스의 정리를 이용할 수 있다.

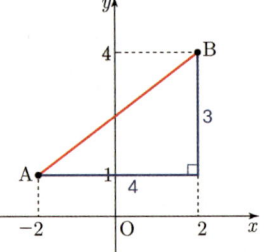

$\rightarrow \overline{AB}^2=4^2+3^2$

$\qquad\quad =16+9$

$\qquad\quad =25$

$\therefore \overline{AB}=5$

02 정답 ③

| 풀이 |

좌표평면 위의 두 점 $A(-1, 1)$, $B(2, 3)$ 사이의 거리

는 $\overline{AB}=\sqrt{(x_2-x_1)^2+(y_2-y_1)^2}$ 이므로,

공식에 대입하면,

$\overline{AB}=\sqrt{\{2-(-1)\}^2+(3-1)^2}=\sqrt{9+4}=\sqrt{13}$

| 다른 풀이 |

다음 그림과 같이 축에 평행한 직선을 그어 직각삼각형을 만들면 피타고라스의 정리를 이용할 수 있다.

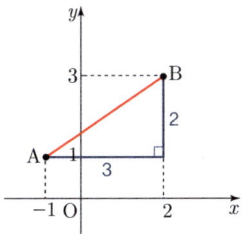

→ $\overline{AB}^2 = 3^2 + 2^2$
   $\qquad = 9 + 4$
   $\qquad = 13$
   $\therefore \overline{AB} = \sqrt{13}$

03 정답 ②

| 풀이 |

좌표평면 위의 두 점 $A(x_1, y_1)$, $B(x_2, y_2)$의 중점의 좌표는 $\left(\dfrac{x_1 + x_2}{2}, \dfrac{y_1 + y_2}{2} \right)$이므로

공식에 대입하면,

중점 $= \left(\dfrac{-5 + 1}{2}, \dfrac{7 + 1}{2} \right) = \left(\dfrac{-4}{2}, \dfrac{8}{2} \right) = (-2, 4)$

04 정답 ④

| 풀이 |

직선 $y = 2x + 3$에 평행하므로, 기울기가 2이고, 점 $(0, 6)$을 지나므로 y절편이 6인 직선의 방정식이다.

기울기가 a이고, y절편이 b인 직선의 방정식은 $y = ax + b$임을 이용하여 식을 구하면, $y = 2x + 6$이다.

> **참고**
>
> $$y = \boxed{a}\, x + \boxed{b}$$
>
> 기울기 y절편

05 정답 ②

| 풀이 |

서로 수직인 직선의 방정식은 기울기의 곱이 -1이다. 그러므로 직선 $y = x + 1$에 수직인 직선의 기울기는 -1이고, 점 $(0, 2)$를 지나므로 y절편이 2인 직선의 방정식이다.

기울기가 a이고, y절편이 b인 직선의 방정식은 $y = ax + b$임을 이용하여 식을 구하면,

$y = -x + 2$이다.

06 정답 ①

| 풀이 |

두 점을 이용하여 기울기를 구하면, $\dfrac{4}{2} = 2$이므로

직선의 식은 $y = 2x + b$이다.

y절편이 -3이므로 $b = -3$

그러므로 직선의 방정식은 $y = 2x - 3$이다.

07 정답 ①

| 풀이 |

두 점을 이용하여 기울기를 구하면, $\dfrac{4}{2} = 2$이므로

직선의 식은 $y = 2x + b$이다.

y절편이 4이므로 $b = 4$

그러므로 직선의 방정식은 $y = 2x + 4$이다.

08 정답 ③

| 풀이 |

두 점 $(2, -1)$, $(2, 3)$을 지나는 직선의 방정식은 y축에 평행한 $x = k$ 꼴의 방정식이다.

그러므로 지나는 x좌표를 넣어주면 $x = 2$

09 정답 ④

| 풀이 |

A, B가 지름의 양 끝점이므로 중심이 $\overline{AB}$의 중점이 된다.

따라서 중심 $= \left(\dfrac{-1 + 3}{2}, \dfrac{-1 + 3}{2} \right) = (1, 1)$이다.

또한 $\overline{\mathrm{AB}}$의 길이가 지름이므로,
$$\overline{\mathrm{AB}} = \sqrt{\{3-(-1)\}^2 + \{3-(-1)\}^2}$$
$$= \sqrt{16+16} = \sqrt{32} = 4\sqrt{2} \text{가 되어}$$
원의 반지름은 $2\sqrt{2}$이다.
중심이 $(1, 1)$이고, 반지름이 $2\sqrt{2}$인 원의 방정식은
$(x-1)^2 + (y-1)^2 = 8$이다.

10 정답 ③

| 풀이 |

중심이 $\mathrm{C}(-2, 1)$이므로 원의 방정식은
$(x+2)^2 + (y-1)^2 = r^2$이다. 원점을 지나므로 원점을
식에 대입하면 $2^2 + 1^2 = 5 = r^2$이다.
그러므로 원의 방정식은 $(x+2)^2 + (y-1)^2 = 5$

11 정답 ④

| 풀이 |

중심이 점 $(3, 2)$이고 반지름의 길이가 1이므로,
중심이 (a, b)이고, 반지름의 길이가 r인 원의 방정식이
$(x-a)^2 + (y-b)^2 = r^2$과 같음을 이용하면,
$(x-3)^2 + (y-2)^2 = 1$이 된다.

12 정답 ④

| 풀이 |

중심이 점 $(-1, 3)$이고 반지름의 길이가 2이므로,
중심이 (a, b)이고, 반지름의 길이가 r인 원의 방정식이
$(x-a)^2 + (y-b)^2 = r^2$과 같음을 이용하면,
$(x+1)^2 + (y-3)^2 = 2^2$이 된다.

13 정답 ③

| 풀이 |

주어진 원의 중심은 $(2, 1)$이고, x축에 접하므로 반지름
이 1이다.
중심이 (a, b)이고, 반지름의 길이가 r인 원의 방정식이
$(x-a)^2 + (y-b)^2 = r^2$과 같음을 이용하면,
$(x-2)^2 + (y-1)^2 = 1^2$이 된다.

14 정답 ②

| 풀이 |

점 $(2, 1)$을 x축의 방향으로 -2만큼, y축의 방향으로
2만큼 평행이동한 점의 좌표는
$(2-2, 1+2) = (0, 3)$

15 정답 ③

| 풀이 |

점 $(2, 5)$를 x축에 대하여 대칭이동하면, y좌표의 부호
가 반대로 바뀌므로 $(2, -5)$가 된다.
(음수 ➡ 양수, 양수 ➡ 음수)

16 정답 ③

| 풀이 |

점 $(1, -3)$을 x축에 대하여 대칭이동하면, y좌표의 부
호가 반대로 바뀌므로 $(1, 3)$이 된다.
원점으로부터 (x_1, y_1)까지의 거리 $= \sqrt{(x_1)^2 + (y_1)^2}$
이므로, 공식에 대입하면,
$$\overline{\mathrm{OB}} = \sqrt{1^2 + 3^2} = \sqrt{1+9} = \sqrt{10}$$

17 정답 ①

| 풀이 |

점 $(3, 4)$를 원점에 대하여 대칭이동하면, x좌표와 y좌표
의 부호가 모두 반대로 바뀌므로 $(-3, -4)$가 된다.
(음수 ➡ 양수, 양수 ➡ 음수)

18 정답 ④

| 풀이 |

점 $(4, 5)$를 $y=x$에 대하여 대칭이동하면, x좌표와
y좌표가 서로 바뀌므로 $(5, 4)$가 된다.

PART 04 집합과 명제

01 집합

01 정답 ④

| 풀이 |

집합은 정확한 기준이 있는 모임이다. 보기의 ①, ②, ③은 정확한 기준이 있지 않기 때문에 집합이라 할 수 없다. 따라서 집합인 것은 ④이다.

02 정답 ③

| 풀이 |

$A = \{2,\ 4,\ 6,\ 8,\ 10\}$이므로
$5 \notin A$이다.

03 정답 ④

| 풀이 |

모든 원소가 같은 두 집합을 서로 같은 집합이라 한다. 그러므로 $a = 4$이면 $A = \{1, 2, 4\}$, $B = \{1, 2, 4\}$가 되어 서로 같은 집합이다.

04 정답 ②

| 풀이 |

집합 $A = B$이면 A, B의 모든 원소들이 같아야 한다.
A의 원소 ➡ $2,\ 3,\ a+2$
B의 원소 ➡ $2,\ a-1,\ 6$이므로
$a+2 = 6$, $a-1 = 3$이어야 한다.
$a+2 = 6$ ➡ $a = 4$,
$a-1 = 3$ ➡ $a = 4$
$\therefore\ a = 4$

05 정답 ③

| 풀이 |

$A \cap B = \varnothing$이라 함은 집합 A와 집합 B의 공통원소가 없다는 뜻이다. 보기에 주어진 두 집합의 교집합을 구해 보면,
① $A \cap B = \{1\}$
② $A \cap B = \{c\}$
③ $A \cap B = \phi$
④ $A \cap B = \{2\}$
따라서 공통원소가 없는 두 집합을 찾으면 ③이 답이다.

06 정답 ②

| 풀이 |

$A = \{x \mid x$는 5 이하의 짝수$\}$를 원소나열법으로 나타내면, $A = \{2, 4\}$이다. $A \cup B$는 집합 A, B에 대하여 집합 A에 속하거나 집합 B에 속하는 모든 원소로 이루어진 집합을 말하므로, $A \cup B = \{2, 4, 6\}$

07 정답 ②

| 풀이 |

그림에서 색칠한 부분은 두 집합 A, B의 교집합이다. $B = \{1, 2, 4\}$이므로 A와의 공통원소를 찾으면 2가 있다.

08 정답 ④

| 풀이 |

집합 A의 여집합이란, 전체집합 중 집합 A에 포함되지 않는 원소들의 모임을 뜻한다. 따라서, 전체집합 $U = \{1, 2, 3, 4, 5, 6\}$ 중 집합 A에 포함되지 않는 원소는 2, 5, 6이므로 원소나열법으로 나타내면 $\{2, 5, 6\}$이다.

09 정답 ①

| 풀이 |

그림에서 색칠한 부분은 두 집합 A, B에 전부 속하지 않는 부분이다. 따라서, 전체집합 U에서 두 집합의 합집합에 포함된 원소를 제외한 나머지 원소이다.

$B = \{1, 2, 4, 8\}$이므로 $A \cup B = \{1, 2, 4, 6, 8\}$이다.

이 집합에 속하지 않는 원소는 3, 5, 7이다.

그러므로 색칠한 부분의 원소는 3, 5, 7이고 보기 중 색칠한 부분의 원소가 아닌 것은 1이다.

10 정답 ③

| 풀이 |

$A \cap B^C = A - B$는 두 집합 A, B에 대하여 집합 A에는 속하지만 집합 B에는 속하지 않는 모든 원소로 이루어진 집합이다. 즉, $A - B = \{x | x \in A \text{ 그리고 } x \notin B\}$를 만족하는 부분의 영역은 ③이다.

11 정답 ②

| 풀이 |

집합 A에 대한 집합 B의 차집합 $A - B$는 집합 A의 원소 중 집합 B에 포함되지 않는 원소들을 구하면 된다.

$A \cap B = \{c, d\}$이므로 $A - B = \{a, b\}$이다.

12 정답 ④

| 풀이 |

$A \cap B^C$을 벤다이어그램으로 나타내면 다음과 같다.

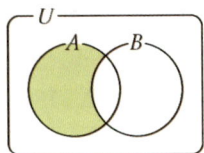

따라서, $A \cap B^C = A - B$가 성립한다. 그러므로 $A - B$를 구하면 된다.

$A - B$는 두 집합 A, B에 대하여 집합 A에는 속하지만 집합 B에는 속하지 않는 모든 원소로 이루어진 집합이다. 즉, $A - B = \{x | x \in A \text{ 그리고 } x \notin B\}$

원소 4, 5는 A, B에 모두 속해 있고, 1, 2, 3은 A에만

속하므로

$\therefore \ A - B = \{1, 2, 3\}$

13 정답 ④

| 풀이 |

두 집합 A, B에 대하여 집합 A에 속하거나 집합 B에 속하는 모든 원소로 이루어진 집합을 A와 B의 합집합이라 한다. 기호 ➡ $A \cup B$

$A = \{3, 6, 9\}$, $B = \{1, 3, 5, 7, 9\}$이므로

$A \cup B = \{1, 3, 5, 6, 7, 9\}$이고,

집합 A의 원소가 유한개일 때, A의 원소의 개수를 기호 $n(A)$로 나타낸다.

원소는 모두 6개이므로

$\therefore \ n(A \cup B) = 6$

14 정답 ③

| 풀이 |

$A \cap B^C$은 $A - B$와 같고, 두 집합 A, B에 대하여 집합 A에는 속하지만 집합 B에는 속하지 않는 모든 원소로 이루어진 집합이다.

즉, $A - B = \{x | x \in A \text{ 그리고 } x \notin B\}$

원소 2, 4, 6은 A, B에 모두 속해 있고, 1, 3, 5는 A에만 속하므로 $A \cap B^C = \{1, 3, 5\}$이고

$n(A \cap B^C) = 3$이다.

15 정답 ①

| 풀이 |

두 집합 A, B에 대하여 집합 A에도 속하고 집합 B에도 속하는 모든 원소로 이루어진 집합을 A와 B의 교집합이라 하고, 이것을 기호로 $A \cap B$라 한다.

즉, $A \cap B = \{x | x \in A \text{ 그리고 } x \in B\}$이다.

$A = \{4, 8\}$, $B = \{1, 3, 5, 7, 9\}$이므로, 두 집합의 공통 원소는 없다. 그러므로 $A \cap B = \phi$

$n(A \cap B) = 0$

16 정답 ④

| 풀이 |

$A = \{4, 8, 12\}$, $B = \{3, 7, 12\}$이므로

$$n(A \cup B) = n(A) + n(B) - n(A \cap B)$$
$$= 3 + 3 - 1 = 5$$

| 다른 풀이 |

$A = \{4, 8, 12\}$, $B = \{3, 7, 12\}$이므로,

$A \cup B = \{3, 4, 7, 8, 12\}$이다.

그러므로 $n(A \cup B) = 5$

참고 **합집합의 원소의 개수**

$$n(A \cup B) = n(A) + n(B) - n(A \cap B)$$

[겹치는 원소를 빼야 한다.]

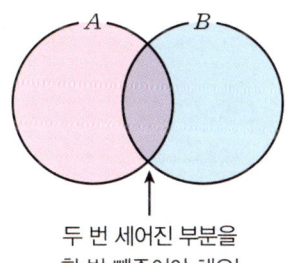

두 번 세어진 부분을
한 번 빼주어야 해요!

▶ **주의!!**

$$n(A \cup B) \neq n(A) + n(B)$$

---

01 정답 ③

| 풀이 |

참, 거짓이 명확한 문장 또는 식을 명제라 한다.

① $x + 1 = x + 1$ ➡ 항등식이므로 x에 관계없이 항상 참이다. 따라서 명제이다.

② 2는 홀수이다. ➡ 항상 거짓인 명제이다.

③ $x + 2 > 4$ ➡ x의 값에 따라 참, 거짓이 바뀌므로 명제가 아니다.

④ 3은 9의 약수이다. ➡ 항상 참인 명제이다.

02 정답 ④

| 풀이 |

참, 거짓이 명확한 문장 또는 식을 명제라 한다.

① 4의 배수는 8의 배수이다. ➡ 거짓인 명제이다.

② 정사각형은 마름모이다. ➡ 정사각형은 모두 마름모이므로 참인 명제이다.

③ $x = 4$이면 $x + 2 > 4$이다. ➡ $x = 4$이면 $x + 2 > 4$는 참이므로 참인 명제이다.

④ $x + 1 = x^0 + x + 1$ ➡ x의 값에 따라 참, 거짓이 바뀌므로 명제가 아니다.

03 정답 ②

| 풀이 |

참, 거짓이 명확한 문장 또는 식을 명제라 한다.

ㄱ. $x^2 = 1$ ➡ $x = 1$ 또는 $x = -1$이면 참이지만, 그 외의 값을 넣으면 거짓. 그러므로 명제가 아니다.

ㄴ. $x < 1$ ➡ x의 값에 따라 참, 거짓이 바뀌므로 명제가 아니다.

ㄷ. 꽃은 아름답다. ➡ 보는 사람마다 다르게 느낄 수 있기 때문에 명제라 할 수 없다.

ㄹ. $2+3=6$ ➡ 항상 거짓인 명제이다.

ㅁ. 4는 짝수이다. ➡ 참인 명제이다.

그러므로 명제는 ㄹ, ㅁ으로 2개이다.

04 정답 ③

| 풀이 |

참, 거짓이 명확한 문장 또는 식을 명제라 한다.

① $x-2<6$ ➡ x의 값에 따라 참, 거짓이 바뀌므로 명제가 아니다.

② $x=3$ ➡ x의 값에 따라 참, 거짓이 바뀌므로 명제가 아니다.

③ 9는 4의 배수이다. ➡ 9는 4의 배수가 아니므로 항상 거짓이다. 그러므로 거짓인 명제이다.

④ 가을은 아름답다. ➡ 사람마다 다르게 느낄 수 있기 때문에 명제라 할 수 없다.

05 정답 ③

| 풀이 |

① $2+2=4$이므로 $4<5$이다. 따라서 거짓이다.

② x의 값에 따라 참이 되거나 거짓이 되므로 명제가 아니다.

③ $x=2$이면 $x+2=4$이다. 그러므로 참인 명제이다.

④ 2의 배수는 2, 4, 6, …이 있다. 그런데 2, 6, …은 4의 배수에 포함되지 않는다. 그러므로 거짓인 명제이다.

06 정답 ②

| 풀이 |

① $4+3=7$이므로 $7>5$이다. 따라서 거짓인 명제이다.

② 약수가 1과 자신 2개뿐인 자연수를 소수라 한다. 2는 소수이다. 그러므로 참인 명제이다.

③ 마름모는 네 각의 크기가 같지 않을 수 있으므로 정사각형이 아니다. 따라서 거짓이다.

④ $x^2=1$이 되는 x는 1 또는 -1이다. 만약 $x=-1$이면 거짓이 되므로 거짓인 명제이다.

07 정답 ③

| 풀이 |

내용이 참인지 거짓인지를 명확하게 판별할 수 있는 문장이나 식을 명제라 한다.

① 직사각형은 정사각형이다. ➡ 직사각형은 네 변의 길이가 같지 않을 수 있으므로 정사각형이 될 수 없다. 그러므로 거짓인 명제이다.

② 12의 약수는 6의 약수이다. ➡ 12의 약수는 1, 2, 3, 4, 6, 12이고, 6의 약수는 1, 2, 3, 6이므로 거짓인 명제이다.

③ 4의 배수는 2의 배수이다. ➡ 4의 배수는 모두 2의 배수이므로 참인 명제이다.

④ 이등변삼각형의 세 내각의 크기는 같다. ➡ 이등변삼각형은 두 밑각의 크기가 같으므로 거짓인 명제이다.

08 정답 ③

| 풀이 |

명제 $p \rightarrow \sim q$ 가 참이므로 반드시 참인 명제는 그 대우인 $q \rightarrow \sim p$ 이다.

09 정답 ④

| 풀이 |

명제의 대우는 가정과 결론을 부정하여 순서를 바꾼 것으로, 가정인 $\sim p$의 부정은 p이고, 결론인 q의 부정은 $\sim q$이므로, 대우명제는 '$\sim q$이면 p이다.'가 된다.

10 정답 ②

| 풀이 |

주어진 명제의 가정과 결론을 각각 부정하여 서로 바꾸어 놓은 명제를 그 명제의 대우라고 한다.

명제 'a가 짝수이면 a는 4의 배수이다.'

가정 ➡ a가 짝수이다. (부정 ➡ a는 짝수가 아니다.)

결론 ➡ a는 4의 배수이다. (부정 ➡ a는 4의 배수가 아니다.)

이므로 대우를 구하면,

a가 4의 배수가 아니면, a는 짝수가 아니다.

11 정답 ④

| 풀이 |

$x \geq 1$이면 $x^2 \geq 1$이다.

명제 $p \to q$에 대하여 가정 p와 결론 q의 위치를 바꾼 명제를 역이라 한다. 명제 '$x \geq 1$이면 $x^2 \geq 1$이다.'에서

가정 ➡ $x \geq 1$, 결론 ➡ $x^2 \geq 1$이므로

가정과 결론의 위치를 바꾸면 '$x^2 \geq 1$이면 $x \geq 1$이다.'

12 정답 ④

| 풀이 |

주어진 명제 '$x^2 + y^2 = 0$이면 $x = 0$이고 $y = 0$이다.'
에서 가정과 결론을 각각 구하면,

[가정(p) : $x^2 + y^2 = 0$이다.],

[결론(q) : $x = 0$이고 $y = 0$이다.]와 같다.

[가정의 부정($\sim p$) : $x^2 + y^2 \neq 0$이다.],

[결론의 부정($\sim q$) : $x \neq 0$이거나 $y \neq 0$이다.]

명제의 대우는 가정과 결론을 부정하여 순서를 바꾼 것
으로, '$x \neq 0$이거나 $y \neq 0$이면 $x^2 + y^2 \neq 0$이다.'가 된다.

> 🔖 **참고**
>
> '그리고'의 부정은 '또는'이다.

13 정답 ②

| 풀이 |

주어진 명제 'a가 3의 배수이면 a는 6의 배수이다.'
에서 가정과 결론을 각각 구하면,

[가정(p) : a는 3의 배수이다.],

[결론(q) : a는 6의 배수이다.]와 같다.

[가정의 부정($\sim p$) : a는 3의 배수가 아니다.],

[결론의 부정($\sim q$) : a는 6의 배수가 아니다.]

명제의 대우는 가정과 결론을 부정하여 순서를 바꾼 것
으로, 'a가 6의 배수가 아니면 a는 3의 배수가 아니다.'
가 된다.

14 정답 ④

| 풀이 |

두 조건 p, q의 진리집합을 각각 P, Q라고 할 때
$P \subset Q$이면 명제 $p \to q$는 참이다.

주어진 조건은 $Q \subset P$이므로 $q \to p$는 참이다.

15 정답 ③

| 풀이 |

주어진 명제가 참이므로 대우 명제도 참이 됨을 이용한다.
따라서, 주어진 명제의 대우 명제를 찾으면 된다.

주어진 명제가 '$x = 2$이면 $x^2 = 4$이다.'이므로, 그에 대
한 대우 명제는 '$x^2 \neq 4$이면 $x \neq 2$이다.'가 된다.

16 정답 ④

| 풀이 |

주어진 명제 '정삼각형이면 이등변삼각형이다.'에서
가정과 결론을 각각 구하면,

[가정(p) : 정삼각형이다.],

[결론(q) : 이등변삼각형이다.]와 같다.

[가정의 부정($\sim p$) : 정삼각형이 아니다.],

[결론의 부정($\sim q$) : 이등변삼각형이 아니다.]

명제의 대우는 가정과 결론을 부정하여 순서를 바꾼 것
으로, '이등변삼각형이 아니면 정삼각형이 아니다.'가 된
다.

17 정답 ④

| 풀이 |

주어진 명제 '$x > 2$이면 $x^2 > 4$이다.'에서 가정과 결론
을 각각 구하면,

[가정(p) : $x > 2$이다.],

[결론(q) : $x^2 > 4$이다.]와 같다.

[가정의 부정($\sim p$) : $x \leq 2$이다.],

[결론의 부정($\sim q$) : $x^2 \leq 4$이다.]

명제의 대우는 가정과 결론을 부정하여 순서를 바꾼 것
으로, '$x^2 \leq 4$이면 $x \leq 2$이다.'가 된다.

18 정답 ②

| 풀이 |

주어진 명제 '$x=3$이면 $x^2=9$이다.'에서 가정과 결론을 각각 구하면,

[가정(p) : $x=3$이다.],

[결론(q) : $x^2=9$이다.]와 같다.

[가정의 부정($\sim p$) : $x \neq 3$이다.],

[결론의 부정($\sim q$) : $x^2 \neq 9$이다.]

명제의 대우는 가정과 결론을 부정하여 순서를 바꾼 것으로, '$x^2 \neq 9$이면 $x \neq 3$이다.'가 된다.

19 정답 ②

| 풀이 |

$x=1$을 $x^2=1$에 대입하면 만족하므로

'$x=1$이면 $x^2=1$'은 참이다.

그러나 $x^2=1$이면 $x=1$ 또는 $x=-1$이므로

'$x^2=1$이면 $x=1$이다.'는 거짓이다.

즉, $x=1$ ➡ $x^2=1$만을 만족하므로

$x=1$은 $x^2=1$이기 위한 충분조건이다.

20 정답 ③

| 풀이 |

$(x-2)(x-3)=0$이면 $x=2$ 또는 $x=3$이다.

그러므로 $(x-2)(x-3)=0$이면 $x=2$이다.는 거짓이고, 반대로 $x=2$이면 $(x-2)(x-3)=0$은 참이다.

즉, $x=2$ ➡ $(x-2)(x-3)=0$만을 만족하므로

$(x-2)(x-3)=0$이면 $x=2$가 참이 되기 위해서는 추가 조건이 필요하다.

그러므로 $(x-2)(x-3)=0$은 $x=2$이기 위한 필요조건이다.

기출문제 체크

본문 180~183p

01 ③	02 ②	03 ①	04 ④	05 ①
06 ④	07 ①	08 ③	09 ①	10 ②
11 ③	12 ①	13 ④	14 ①	15 ④
16 ④				

01 정답 ③

| 풀이 |

집합은 정확한 기준이 있는 모임이다.

보기의 ①, ②, ④는 정확한 기준이 있지 않기 때문에 집합이라 할 수 없다. 보기 ③의 10보다 작은 자연수는 명확한 기준에 의해 1, 2, 3, 4, 5, 6, 7, 8, 9로 정해지므로 정답은 ③이다.

02 정답 ②

| 풀이 |

두 집합 A, B에 대하여 집합 A에도 속하고 집합 B에도 속하는 모든 원소로 이루어진 집합을 A와 B의 교집합이라 하고, 이것을 기호로 $A \cap B$라 한다.

즉, $A \cap B = \{x \mid x \in A$ 그리고 $x \in B\}$이다.

$A=\{2,3,5,7\}$, $B=\{1,2,4\}$이므로, 두 집합의 공통원소는 2이다. 그러므로 $A \cap B = \{2\}$

03 정답 ①

| 풀이 |

$A \cap B = \phi$는 "집합 A와 집합 B의 공통원소가 하나도 없다"를 뜻하는 기호이므로, 보기의 집합을 모두 원소나열법으로 나타내어 공통원소가 없는 두 집합을 찾으면 된다.

① $A=\{1,3\}$, $B=\{2,4,6\}$ ➡ $A \cap B = \phi$

② $A=\{a,b,c\}$, $B=\{c,d,e\}$ ➡ $A \cap B = \{c\}$

③ $A=\{1,2,4\}$, $B=\{x \mid x$는 6의 약수$\}$

　➡ $A=\{1,2,4\}$, $B=\{1,2,3,6\}$

　➡ $A \cap B = \{1,2\}$

④ $A=\{x \mid x$는 5 이하의 짝수$\}$, $B=\{1,2,3\}$

　➡ $A=\{2,4\}$, $B=\{1,2,3\}$

　➡ $A \cap B = \{2\}$

04 정답 ④

| 풀이 |

$A-B=\{x \mid x\in A, x\not\in B\}$이다.

즉, A에는 포함되고, B에는 포함되지 않는 원소를 구하면 된다. 집합 A의 원소 1, 2, 3, 6 중 B와 공통인 교집합의 원소는 2, 3이므로 $A-B=\{1, 6\}$이다.

05 정답 ①

| 풀이 |

$A\cap B^C=A-B=\{x \mid x\in A, x\not\in B\}$이다.

즉, A에는 포함되고, B에는 포함되지 않는 원소를 구하면 된다. 집합 A의 원소 1, 2, 3, 4 중 B와 공통인 교집합의 원소는 3, 4이므로 $A-B=\{1, 2\}$이다.

06 정답 ④

| 풀이 |

모든 원소가 같은 두 집합을 서로 같은 집합이라 한다.

그러므로 $a-1=5$, $a+1=7$이면 서로 같은 집합이다.

∴ $a=6$

07 정답 ①

| 풀이 |

두 집합 A, B에 대하여 집합 A에도 속하고 집합 B에도 속하는 모든 원소로 이루어진 집합을 A와 B의 교집합이라 하고, 이것을 기호로 $A\cap B$라 한다.

즉, $A\cap B=\{x \mid x\in A$ 그리고 $x\in B\}$이다.

집합 $A=\{1, 2, 3, 6\}$, $B=\{1, 2, 4, 8\}$이므로,

두 집합의 공통원소는 1, 2이다.

그러므로 $A\cap B=\{1, 2\}$

$n(A\cap B)=2$

08 정답 ③

| 풀이 |

두 집합 A, B에 대하여 집합 A에 속하거나 집합 B에 속하는 모든 원소로 이루어진 집합을 A와 B의 합집합이라 한다. 기호 ➡ $A\cup B$

$A=\{1, 3, 4\}$, $B=\{2, 4, 5\}$이므로

$A\cup B=\{1, 2, 3, 4, 5\}$이고, 집합 A의 원소가 유한개일 때, A의 원소의 개수를 기호 $n(A)$로 나타낸다.

원소는 모두 5개이므로

∴ $n(A\cup B)=5$

09 정답 ①

| 풀이 |

명제란 참, 거짓이 명확한 문장 또는 식이다.

① x의 값에 따라 참, 거짓이 바뀌므로 명제가 아니다.

② 항상 참이므로 참인 명제이다.

③ 항상 참이므로 참인 명제이다.

④ 항상 참이므로 참인 명제이다.

10 정답 ②

| 풀이 |

① 정사각형은 직사각형이다. ➡ 정사각형은 네 각이 모두 직각이므로 직사각형이다. 그러므로 참인 명제이다.

② 12의 약수는 6의 약수이다. ➡ 12의 약수 중 12는 6의 약수가 아니므로 거짓이 된다. 따라서 거짓인 명제이다.

③ 두 유리수의 합은 유리수이다. ➡ 두 유리수의 합은 언제나 유리수이므로 참인 명제이다.

④ 정삼각형의 세 내각의 크기는 같다. ➡ 정삼각형은 세 변과 세 각의 크기가 각각 같으므로 참인 명제이다.

11 정답 ③

| 풀이 |

주어진 명제 '$x=1$이면 $x^3=1$이다.'에서 가정과 결론을 각각 구하면,

[가정 : $x=1$이다.], [결론 : $x^3=1$이다.]와 같다.

명제의 역은 가정과 결론의 순서를 바꾼 것으로,

'$x^3=1$이면 $x=1$이다.'가 된다.

12 정답 ①

| 풀이 |

주어진 명제 'a가 짝수이면 a는 4의 배수이다.'에서 가정과 결론을 각각 구하면,

[가정 : a는 짝수이다.], [결론 : a는 4의 배수이다.]와 같다.

명제의 역은 가정과 결론의 순서를 바꾼 것으로, 'a가 4의 배수이면 a가 짝수이다.'가 된다.

13 정답 ④

| 풀이 |

주어진 명제 '$x = 2$이면 $x^2 = 4$이다.'에서 가정과 결론을 각각 구하면,

[가정(p) : $x = 2$이다.],

[결론(q) : $x^2 = 4$이다.]와 같다.

[가정의 부정($\sim p$) : $x \neq 2$이다.],

[결론의 부정($\sim q$) : $x^2 \neq 4$이다.]

명제의 대우는 가정과 결론을 부정하여 순서를 바꾼 것으로, '$x^2 \neq 4$이면 $x \neq 2$이다.'가 된다.

14 정답 ①

| 풀이 |

주어진 명제 '$x^2 \neq 1$이면 $x \neq 1$이다.'에서 가정과 결론을 각각 구하면,

[가정(p) : $x^2 \neq 1$이다.],

[결론(q) : $x \neq 1$이다.]와 같다.

[가정의 부정($\sim p$) : $x^2 = 1$이다.],

[결론의 부정($\sim q$) : $x = 1$이다.]

명제의 대우는 가정과 결론을 부정하여 순서를 바꾼 것으로, '$x = 1$이면 $x^2 = 1$이다.'가 된다.

15 정답 ④

| 풀이 |

주어진 명제 '$x > 1$이면 $x^2 > 1$이다.'에서 가정과 결론을 각각 구하면,

[가정(p) : $x > 1$이다.],

[결론(q) : $x^2 > 1$이다.]와 같다.

[가정의 부정($\sim p$) : $x \leq 1$이다.],

[결론의 부정($\sim q$) : $x^2 \leq 1$이다.]

명제의 대우는 가정과 결론을 부정하여 순서를 바꾼 것으로, '$x^2 \leq 1$이면 $x \leq 1$이다.'가 된다.

16 정답 ④

| 풀이 |

주어진 명제 '정사각형이면 직사각형이다.'에서 가정과 결론을 각각 구하면,

[가정(p) : 정사각형이다.],

[결론(q) : 직사각형이다.]와 같다.

[가정의 부정($\sim p$) : 정사각형이 아니다.],

[결론의 부정($\sim q$) : 직사각형이 아니다.]

명제의 대우는 가정과 결론을 부정하여 순서를 바꾼 것으로, '직사각형이 아니면 정사각형이 아니다.'가 된다.

PART 05 함수

01 여러 가지 함수

<table>
<tr><th colspan="6">실력 체크 문제</th></tr>
<tr><td colspan="6" align="right">본문 200~203p</td></tr>
<tr><td>01 ④</td><td>02 ③</td><td>03 ④</td><td>04 ④</td><td>05 ①</td></tr>
<tr><td>06 ②</td><td>07 ②</td><td>08 ②</td><td>09 ①</td><td>10 ③</td></tr>
<tr><td>11 ②</td><td>12 ④</td><td>13 ④</td><td>14 ④</td><td>15 ①</td></tr>
<tr><td>16 ④</td><td></td><td></td><td></td><td></td></tr>
</table>

01 정답 ④

| 풀이 |

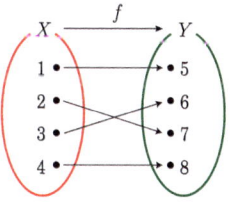

정의역은 집합 X로 $\{1, 2, 3, 4\}$이고,
공역은 집합 Y로 $\{5, 6, 7, 8\}$이다.
치역은 함숫값 전체의 집합으로 x와 대응되는 y의 값들로 이루어진 집합이므로, $\{5, 6, 7, 8\}$이다.
④ $f(2)$는 $x=2$일 때, 대응되는 y의 값으로 대응관계를 참고하면, $f(2)=7$임을 알 수 있다.
그러므로 틀린 설명은 ④번이다.

02 정답 ③

| 풀이 |

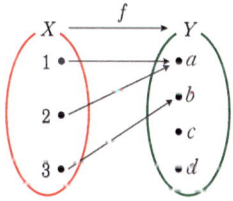

정의역은 집합 X로 $\{1, 2, 3\}$이고,
공역은 집합 Y로 $\{a, b, c, d\}$이다.
치역은 함숫값 전체의 집합으로 x와 대응되는 y의 값들로 이루어진 집합이므로, $\{a, b\}$이다.

$f(2)$는 $x=2$일 때, 대응되는 y의 값으로 대응관계를 참고하면, $f(2)=a$임을 알 수 있다.
그러므로 틀린 설명은 ③번이다.

03 정답 ④

| 풀이 |

X에서 Y로의 함수가 되려면 X의 모든 원소의 짝이 Y에 오직 하나만 있어야 한다. 그러므로 정의역의 각 원소 a에 대하여, y축에 평행한 직선인 $x=a$와 오직 한 점에서 만나면 되고, 어떤 그래프가 $x=a$와 두 점 이상에서 만난다면, 그 그래프는 함수의 그래프가 될 수 없다.
④ 그래프는 무수히 많은 y값이 대응되는 x의 값이 있으므로 함수가 아니다.

04 정답 ④

| 풀이 |

X에서 Y로의 함수가 되려면 X의 모든 원소의 짝이 Y에 오직 하나만 있어야 한다. 그러므로 정의역의 각 원소 a에 대하여, y축에 평행한 직선인 $x=a$와 오직 한 점에서 만나면 되고, 어떤 그래프가 $x=a$와 두 점 이상에서 만난다면, 그 그래프는 함수의 그래프가 될 수 없다.
또한, 일대일함수의 그래프는 x축에 평행인 직선을 그어 오직 한 점에서 만나야 한다.
④ x축에 평행직선을 그어보면 그래프와 두 점에서 만나므로 일대일함수가 아니다.

05 정답 ①

| 풀이 |

정의역의 모든 원소가 공역의 단 하나의 원소로만 대응될 때, 즉 $f : X \rightarrow Y$, $f(x)=c$(c는 상수)이면, 이 함수 f를 상수함수라 한다.
상수함수의 치역의 원소는 한 개뿐이다.
$f : X \rightarrow Y$가 상수함수이고, $f(1)=5$이므로 상수함수 $f : X \rightarrow Y$ 치역은 5, 즉 한 개뿐이다.
$\therefore f(2)=5$

06 정답 ②

| 풀이 |

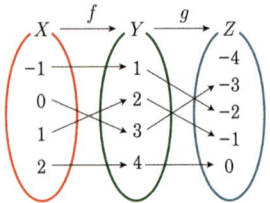

$(g \circ f)(0) = g(f(0))$과 같다.

위의 그림을 보고 $f(0)$을 먼저 구하면, 3이 됨을 알 수 있으므로, $(g \circ f)(0) = g(f(0)) = g(3)$

$g(3)$ 역시 위의 그림을 보면 -3이 된다.

따라서 $(g \circ f)(0) = g(f(0)) = g(3) = -3$

07 정답 ②

| 풀이 |

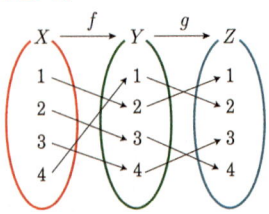

$(g \circ f)(4) = g(f(4))$와 같다.

위의 그림을 보고 $f(4)$를 먼저 구하면, 1이 됨을 알 수 있으므로, $(g \circ f)(4) = g(f(4)) = g(1)$

$g(1)$ 역시 위의 그림을 보면 2가 된다.

따라서 $(g \circ f)(4) = g(f(4)) = g(1) = 2$

08 정답 ②

| 풀이 |

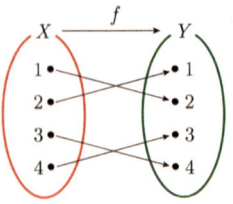

$(f \circ f)(2) = f(f(2))$와 같다.

위의 그림을 보고 $f(2)$를 먼저 구하면, 1이 됨을 알 수 있으므로, $(f \circ f)(2) = f(f(2)) = f(1)$

$f(1)$ 역시 위의 그림을 보면 2가 된다.

따라서 $(f \circ f)(2) = f(f(2)) = f(1) = 2$

09 정답 ①

| 풀이 |

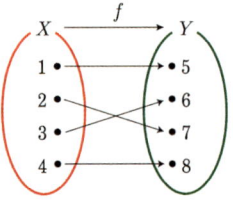

$f^{-1}(6) = a$이면 $f(a) = 6$이다.

$f : X \to Y$에서 3에 대응하는 Y의 원소가 6이므로 $a = 3$이다. 따라서, $f^{-1}(6) = 3$

$f(1)$은 위의 대응표에 의해 $f(1) = 5$이다.

그러므로 $f^{-1}(6) + f(1) = 3 + 5 = 8$

10 정답 ③

| 풀이 |

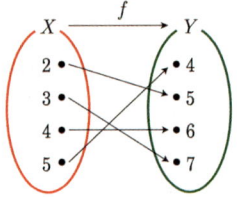

$f^{-1}(a) = 5$이면 $f(5) = a$이다.

$f : X \to Y$에서 5에 대응하는 Y의 원소가 4이므로 $a = 4$이다.

또한 $f^{-1}(b) = 4$이면 $f(4) = b$이다.

$f : X \to Y$에서 4에 대응하는 Y의 원소가 6이므로 $b = 6$이다. 그러므로 $a + b = 10$

11 정답 ②

| 풀이 |

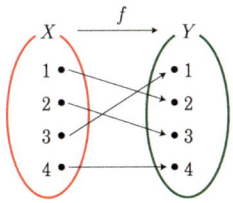

$f^{-1}(a) = 1$이면 $f(1) = a$이다.

$f: X \to Y$에서 1에 대응하는 Y의 원소가 2이므로 $a = 2$이다.

또한 $f^{-1}(c) = 3$이면 $f(3) = c$이다.

$f: X \to Y$에서 3에 대응하는 Y의 원소가 1이므로 $c = 1$이다. 그러므로 $ac = 2 \times 1 = 2$

12 정답 ④

| 풀이 |

$f^{-1}(2) = a$라 하면 $f(a) = 2$이므로,

$f(a) = a - 2 = 2$ ➡ $a = 4$

따라서, 이를 만족하는 a를 구하면 $a = 4$가 된다.

13 정답 ④

| 풀이 |

$f^{-1}(1) = k$라 놓으면 $f(k) = 1$이다.

$k + 2 = 1$을 풀면 $k = -1$이다.

| 다른 풀이 |

역함수를 직접 구해서 푸는 방법도 있다.

$y = x + 2$의 역함수는 x, y를 바꾸는 것이므로

$x = y + 2$에서 $y = x - 2$가 된다.

따라서, 이 함수에 1을 대입하면 $1 - 2 = -1$이 된다.

14 정답 ④

| 풀이 |

합성함수에서 $(f \circ g)(x) = f(g(x))$이다.

따라서, $(f \circ g)(1) = f(g(1))$이므로 $x = 1$을 먼저 $g(x)$에 대입하면 $g(1) = 1^2 - 1 = 0$이다.

이 값을 다시 $f(x)$에 대입하면

$f(g(1)) = f(0) = 2 \times 0 + 5 = 5$

15 정답 ①

| 풀이 |

$(f \circ g)(1) = f(g(1))$과 같다.

$x = 1$을 함수 $g(x)$에 먼저 대입하고 나서, 나오는 함숫값을 다시 $f(x)$에 대입하여 구하면

$g(1) = 2 \times 1^2 = 2$이므로

$f(g(1)) = f(2) = 3 \times 2 - 1 = 5$이다.

16 정답 ④

| 풀이 |

역함수의 성질에서

$f^{-1} \circ f = f \circ f^{-1} = I$(항등함수)이다. 즉, x와 y의 값이 같아지므로 4가 된다.

01 정답 ③

| 풀이 |

통분하여 계산하면,

$$\frac{1}{x} - \frac{1}{x+1} = \frac{x+1}{x(x+1)} - \frac{x}{x(x+1)}$$
$$= \frac{1}{x(x+1)}$$

02 정답 ②

| 풀이 |

$$\frac{x+1}{x^2-1} = \frac{x+1}{(x-1)(x+1)} = \frac{1}{x-1}$$

03 정답 ②

| 풀이 |

점근선의 방정식이 $x = -1$, $y = -2$이므로

$y = \dfrac{1}{x}$의 그래프를 x축의 방향으로 -1만큼,

y축의 방향으로 -2만큼 평행이동한 함수이다.
따라서, $a = -1$이다.

04 정답 ③

| 풀이 |

점근선의 방정식이 $x = 1$, $y = -2$이므로

$y = \dfrac{1}{x}$의 그래프를 x축의 방향으로 1만큼,

y축의 방향으로 -2만큼 평행이동한 함수이다.
따라서, $a = -2$이다.

05 정답 ②

| 풀이 |

점근선의 방정식이 $x = 1$, $y = 2$이므로

$y = \dfrac{1}{x}$의 그래프를 x축의 방향으로 1만큼,

y축의 방향으로 2만큼 평행이동한 함수이다.
따라서, $a = 2$이다.

06 정답 ③

| 풀이 |

점근선의 방정식이 $x = 2$, $y = -1$이므로

$y = -\dfrac{1}{x}$의 그래프를 x축의 방향으로 2만큼,

y축의 방향으로 -1만큼 평행이동한 함수이다.
따라서, $a = 2$이다.

07 정답 ④

| 풀이 |

도형의 평행이동에서 x축의 방향으로 2만큼, y축의 방향으로 3만큼 평행이동하면 x 대신 $x-2$를, y 대신 $y-3$을 대입한다. 따라서 $y = \dfrac{2}{x}$를 평행이동한 식은

$y - 3 = \dfrac{2}{x-2}$이다. 이를 y에 대한 식으로 정리하면

$y = \dfrac{2}{x-2} + 3$과 같고, 이는 $y = \dfrac{2}{x-a} + b$와 같아진다.

따라서, $a = 2$, $b = 3$이므로 $a + b = 5$가 된다.

08 정답 ①

| 풀이 |

도형의 평행이동에서 x축의 방향으로 2만큼, y축의 방향으로 -5만큼 평행이동하면 x 대신 $x-2$를, y 대신 $y+5$를 대입한다. 따라서 $y = \dfrac{1}{x}$을 평행이동한

식은 $y + 5 = \dfrac{1}{x-2}$이다.

이를 y에 대한 식으로 정리하면 $y = \dfrac{1}{x-2} - 5$와 같고,

이는 $y = \dfrac{1}{x-a} + b$와 같아진다.

따라서, $a = 2$, $b = -5$이므로 $a+b = -3$이 된다.

09 정답 ④

| 풀이 |

그래프 위의 점이므로 함수식에 대입하면 식을 만족한다.
점 $(2, k)$를 주어진 분수함수에 대입하면

$k = \dfrac{2}{2-1} + 3 = 2 + 3 = 5$

10 정답 ③

| 풀이 |

그래프 위의 점이므로 함수식에 대입하면 식을 만족한다.
점 $(1, a)$를 주어진 분수함수에 대입하면

$a = \dfrac{4 \times 1 - 1}{1+2} = \dfrac{3}{3} = 1$

11 정답 ③

| 풀이 |

무리함수 $y = \sqrt{x-a}$의 그래프는 $y = \sqrt{x}$의 그래프를 x축의 방향으로 a만큼 평행이동한 그래프이고, 주어진 그래프는 그래프의 시작점이 $(0, 0)$에서 $(-2, 0)$으로 x축의 방향으로 -2만큼 평행이동한 것이다. 그러므로 $a = -2$이다.

12 정답 ②

| 풀이 |

무리함수 $y = \sqrt{x-2} + a$의 그래프는 $y = \sqrt{x}$이 그래프를 x축의 방향으로 2만큼, y축의 방향으로 a만큼 평행이동한 그래프이고, 주어진 그래프는 그래프의 시작점이 $(0, 0)$에서 $(2, 3)$으로 x축의 방향으로 2만큼, y축의 방향으로 3만큼 평행이동한 것이다. 그러므로 $a = 3$이다.

13 정답 ③

| 풀이 |

무리함수 $y = \sqrt{x-2} + 4$의 그래프는 함수 $y = \sqrt{x}$의 그래프를 x축의 방향으로 2만큼, y축의 방향으로 4만큼 평행이동한 것이다. 그러므로 $a = 2, b = 4$이고, $a+b = 6$이다.

14 정답 ③

| 풀이 |

$y = \sqrt{x-2} + 2$의 그래프는 함수 $y = \sqrt{x}$의 그래프를 x축의 방향으로 2만큼, y축의 방향으로 2만큼 평행이동한 그래프이다. 그러므로 $a = 2, b = 2$이고, $a+b = 4$이다.

15 정답 ①

| 풀이 |

무리함수 $y = \sqrt{x-a} + b$의 그래프는 $y = \sqrt{x}$의 그래프를 x축의 방향으로 a만큼, y축의 방향으로 b만큼 평행이동한 그래프이고, 주어진 그래프는 그래프의 시작점이 $(0, 0)$에서 $(-2, 1)$로 x축의 방향으로 -2만큼, y축의 방향으로 1만큼 평행이동한 것이다. 그러므로 $a = -2, b = 1$이고, $a+b = -1$이다.

16 정답 ②

| 풀이 |

$y = -\sqrt{-x+a} + b$는 $y = -\sqrt{-x}$ 그래프를 x축의 방향으로 a만큼, y축의 방향으로 b만큼 평행이동한 그래프이다.
그래프의 시작점이 $(0, 0)$에서 $(1, 1)$로 평행이동되었으므로 $a = 1, b = 1$이고, $a-b = 0$이다.

01 정답 ④

| 풀이 |

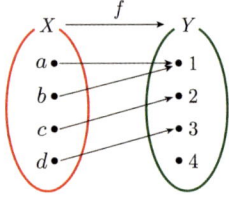

정의역은 집합 X로 $\{a, b, c, d\}$이고,
공역은 집합 Y로 $\{1, 2, 3, 4\}$이다.
치역은 함숫값 전체의 집합으로 x와 대응되는 y의 값들로 이루어진 집합이므로, $\{1, 2, 3\}$이다.

④ $f(a) = 2$는 $x = a$일 때, 대응되는 y의 값이 2라는 뜻으로 대응관계를 참고하면, $f(a) = 1$임을 알 수 있다. 그러므로 이는 틀린 설명이다.

02 정답 ①

| 풀이 |

상수함수는 정의역 X의 모든 원소에 공역 Y의 오직 한 원소가 대응하는 함수를 말한다.
$f(3) = 4$이므로, 정의역 X의 모든 원소는 4에 대응되므로 $f(1) = 4$이다.

03 정답 ④

| 풀이 |

$(f \circ f)(2) = f(f(2))$와 같다.
제시된 그림을 보고 $f(2)$를 먼저 구하면, 3이 됨을 알 수 있으므로, $(f \circ f)(2) = f(f(2)) = f(3)$
$f(3)$ 역시 문제의 그림을 참고하면 4가 된다.
∴ $(f \circ f)(2) = f(f(2)) = f(3) = 4$

04 정답 ①

| 풀이 |

$(g \circ f)(2) = g(f(2))$와 같다.
제시된 그림을 보고 $f(2)$를 먼저 구하면, a가 됨을 알 수 있으므로, $(g \circ f)(2) = g(f(2)) = g(a)$
$g(a)$ 역시 이 그림을 보면 4가 된다.
∴ $(g \circ f)(2) = g(f(2)) = g(a) = 4$

05 정답 ①

| 풀이 |

$f^{-1}(a) = 4$이면, $f(4) = a$이다.
$f : X \to Y$에서 4에 대응하는 원소가 2이므로 $a = 2$이다.

06 정답 ④

| 풀이 |

$f^{-1}(4) = a$이면 $f(a) = 4$이다.
$f : X \to Y$에서 5에 대응하는 Y의 원소가 4이므로 $a = 5$이다. 따라서, $f^{-1}(4) = 5$
$f(4)$는 문제의 대응표에 의해 $f(4) = 6$이다.
그러므로 $f(4) + f^{-1}(4) = 6 + 5 = 11$이다.

07 정답 ②

| 풀이 |

주어진 그래프의 점근선의 방정식이 $x = 3$, $y = 4$이다.
그러므로, $y = \dfrac{1}{x}$의 그래프를 x축의 방향으로 3만큼,
y축의 방향으로 4만큼 평행이동한 함수이다.
$y = \dfrac{1}{x-a} + 4$는 $y = \dfrac{1}{x}$을 x축의 방향으로 a만큼,
y축의 방향으로 4만큼 평행이동한 그래프이므로
➡ $a = 3$이다.

08 정답 ②

| 풀이 |

점근선의 방정식이 $x=1$, $y=2$이므로,

$y=\dfrac{1}{x}$의 그래프를 x축의 방향으로 1만큼, y축의 방향으로 2만큼 평행이동한 함수이다.

$y=\dfrac{1}{x-1}+a$는 $y=\dfrac{1}{x}$을 x축의 방향으로 1만큼,

y축의 방향으로 a만큼 평행이동한 함수이다.

따라서, $a=2$이다.

09 정답 ①

| 풀이 |

유리함수 $y=\dfrac{1}{x-2}+3$의 점근선은 $x=2$, $y=3$이다.

10 정답 ①

| 풀이 |

도형의 평행이동에서 x축의 방향으로 1만큼, y축의 방향으로 -2만큼 평행이동하면 x 대신 $x-1$을, y 대신 $y+2$를 대입한다. 따라서 $y=\dfrac{2}{x}$를 평행이동한 식은

$y+2=\dfrac{2}{x-1}$이다. 이를 y에 대한 식으로 정리하면

$y=\dfrac{2}{x-1}-2$와 같고, 이는 $y=\dfrac{2}{x+a}+b$와 같아진다.

$\therefore a=-1$, $b=-2$이므로 $a+b=-3$이 된다.

11 정답 ①

| 풀이 |

그래프에서 시작점을 찾으면 $(1, -2)$이고,

무리함수 $y=\sqrt{x-1}+a$의 그래프에서 시작점은 $(1, a)$이므로 $a=-2$이다.

12 정답 ①

| 풀이 |

함수 $y=\sqrt{x-2}$의 그래프는 함수 $y=\sqrt{x}$의 그래프를 x축의 방향으로 2만큼 평행이동한 것이므로 그래프는 ①이다.

| 다른 풀이 |

$y=\sqrt{x-2}$의 그래프는 시작점이 $(2, 0)$이므로 보기에서 알맞은 그래프는 ①이다.

13 정답 ④

| 풀이 |

$y=\sqrt{x}$를 x축의 방향으로 a만큼, y축의 방향으로 b만큼 평행이동하면 $y=\sqrt{x-a}+b$이고,

$y=\sqrt{x-a}+b=\sqrt{x-1}+2$이므로

$a=1$, $b=2$이다.

$\therefore a+b=1+2=3$

| 다른 풀이 |

그래프에서 시작점을 찾으면 평행이동을 알 수 있다.

무리함수 $y=\sqrt{x-a}+b$의 그래프에서 시작점은 (a, b)이고, 그래프에서 시작점을 읽으면 $(1, 2)$이므로 $a=1$, $b=2$이다.

$\therefore a+b=1+2=3$

14 정답 ④

| 풀이 |

$y=\sqrt{x-a}$는 $y=\sqrt{x}$를 x축의 방향으로 a만큼 평행이동한 그래프이다.

그래프가 x축의 방향으로 2만큼 이동되었으므로,

$a=2$이다.

| 다른 풀이 |

그래프에서 시작점을 찾으면 평행이동을 알 수 있다.

무리함수 $y=\sqrt{x-a}$의 그래프에서 시작점은 $(a, 0)$이고, 그래프에서 시작점을 읽으면 $(2, 0)$이므로 $a=2$이다.

01 경우의 수

실력 체크 문제

본문 228~229p

| 01 ④ | 02 ① | 03 ③ | 04 ② | 05 ④ |
| 06 ③ |

01 정답 ④

| 풀이 |

소설책을 고르는 경우의 수는 5가지이고, 신문을 고르는 경우의 수는 3가지이다.

두 사건은 동시에 일어날 수 없는 사건이므로 합의 법칙을 이용하여 구하면,

경우의 수는 $5+3=8$(가지)이다.

02 정답 ①

| 풀이 |

붉은색 꽃이 5종류, 흰색 꽃이 3종류, 노란색 꽃이 2종류이므로 각각의 꽃을 한 송이씩 뽑아 꽃다발을 만드는 방법의 수는 $5 \times 3 \times 2 = 30$이다.

이때, 각 사건은 동시에 일어날 수 있으므로, 곱의 법칙을 사용한다.

03 정답 ③

| 풀이 |

A 지점에서 B 지점으로 버스를 타고 가는 방법이 3가지이고, 그 각각에 대하여 B 지점에서 A 지점으로 지하철을 타고 가는 방법이 2가지이므로 구하는 경우의 수는 $3 \times 2 = 6$이다.

위와 같이 연속적으로 일어나는 사건은 동시에 일어날 수 있으므로, 곱의 법칙을 사용한다.

04 정답 ②

| 풀이 |

남자 선수 7명 중에서 혼합복식 조원 1명을 뽑는 경우의 수는 7가지, 여자 선수 5명 중에서 혼합복식 조원 1명을 뽑는 경우의 수는 5가지이다.

이때, 두 사건은 동시에 일어날 수 있으므로, 곱의 법칙을 사용하여 구하면 $7 \times 5 = 35$(가지)

05 정답 ④

| 풀이 |

2개의 자음 ㄱ, ㄴ과 4개의 모음 ㅏ, ㅑ, ㅓ, ㅕ

이 중에서 자음 한 개와 모음 한 개를 짝지어 만들 수 있는 글자의 개수는 곱의 법칙을 이용하여 $2 \times 4 = 8$이다.

이때, 두 사건은 동시에 일어날 수 있으므로, 곱의 법칙을 사용한다.

06 정답 ③

| 풀이 |

A, B 두 개의 주사위를 동시에 던질 때,

주사위 A에서 3의 배수의 눈이 나오는 경우는 3, 6으로 경우의 수는 2가지,

B에서 6의 약수의 눈이 나오는 경우는 1, 2, 3, 6으로 경우의 수는 4가지이다.

두 경우의 수는 동시에 일어날 수 있으므로, $2 \times 4 = 8$가지이다.

02 ▸ 순열과 조합

01 정답 ④

| 풀이 |

5장의 카드에서 3장을 뽑는 순열의 수이므로

$_5P_3 = 5 \times 4 \times 3 = 60$

02 정답 ②

| 풀이 |

4명을 일렬로 세우는 경우의 수는

$4! = 4 \times 3 \times 2 \times 1 = 24$

03 정답 ①

| 풀이 |

6명의 학생 중에서 2명을 뽑아 일렬로 나열하는 경우의 수와 같으므로

$_6P_2 = 6 \times 5 = 30$

04 정답 ④

| 풀이 |

서로 다른 5가지 음식 중에서 3가지를 선택하는 경우의 수는 $_5C_3 = \dfrac{5 \times 4 \times 3}{3 \times 2 \times 1} = 10$이다.

담는 자리나 순서는 구별하지 않으므로 조합으로 계산한다.

05 정답 ④

| 풀이 |

10개의 서로 다른 아이스크림 중에서 2개를 택하는 경우의 수는 순서를 고려하지 않으므로 조합으로 계산할 수 있다.

$_{10}C_2 = \dfrac{10 \times 9}{2 \times 1} = 45$

06 정답 ③

| 풀이 |

8팀 중에서 2팀을 택하면 한 경기가 이루어지므로 구하는 경기의 수는

$_8C_2 = \dfrac{8 \times 7}{2 \times 1} = 28$

01 정답 ④

| 풀이 |

A 주사위에 짝수의 눈이 나오는 경우는 2, 4, 6으로 3가지이고,

B 주사위에 3의 배수의 눈이 나오는 경우는 3, 6으로 2가지이다.

이때, 두 사건은 동시에 일어날 수 있으므로, 곱의 법칙을 사용하여 $3 \times 2 = 6$으로 구한다.

경우의 수는 6가지이다.

02 정답 ④

| 풀이 |

P 도시에서 Q 도시로 가는 길은 3가지이고,

Q 도시에서 R 도시로 가는 길은 2가지이다.

이때, P에서 출발하여 Q를 거쳐 R로 가는 경우의 수는 곱의 법칙을 이용하여 계산하므로 $3 \times 2 = 6$가지이다.

03 정답 ②

| 풀이 |

3종류의 과일에서 1개, 2종류의 채소에서 1개를 선택하는 경우의 수이므로, 먼저 곱의 법칙을 이용하여 경우의 수를 구하면, $3 \times 2 = 6$가지이다.

곱의 법칙을 이용하는 이유는 과일의 선택과 채소의 선택은 동시에 일어날 수 있는 사건이기 때문이다.

04 정답 ①

| 풀이 |

농구, 배구, 축구, 탁구의 4가지 종목 중 2개의 종목을 선택하여 일렬로 나열하는 경우의 수는 $4 \times 3 = 12$가지이다.

| 다른 풀이 |

농구를 1, 배구를 2, 축구를 3, 탁구를 4라고 생각하면,

아래 4장의 카드 중 2개를 골라 일렬로 세우는 경우와 같은 문제이다.

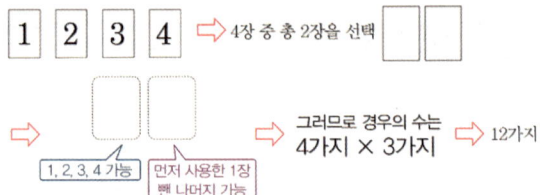

| 다른 풀이 |

4개의 종목에서 2개를 뽑아 일렬로 세우는 순열의 수이므로 $_4P_2 = 4 \times 3 = 12$가지

05 정답 ②

| 풀이 |

3장의 카드에서 2장의 카드를 선택하여 일렬로 나열하는 경우의 수이므로 $3 \times 2 = 6$가지이다.

| 다른 풀이 |

3개의 서로 다른 카드에서 2개를 뽑아 일렬로 세우는 순열의 수이므로 $_3P_2 = 3 \times 2 = 6$가지

06 정답 ①

| 풀이 |

3장의 카드에서 2장의 카드를 선택하여 일렬로 나열하는 경우의 수이므로 $3 \times 2 = 6$가지이다.

| 다른 풀이 |

3개의 서로 다른 카드에서 2개를 뽑아 일렬로 세우는 순열의 수이므로 $_3P_2 = 3 \times 2 = 6$가지

[카드로 정수를 만듦으로 순열의 수이다.]

07 정답 ②

| 풀이 |

서로 다른 5가지 중에 2개를 선택하는 경우의 수이므로 $\dfrac{5 \times 4}{2} = 10$가지이다. 이때, 2로 나누어주는 이유는 선택된 2개의 순서가 바뀌면 겹치는 경우가 생기기 때문이다.

📖 정육면체와 정사면체 = 정사면체와 정육면체

| 다른 풀이 |

서로 다른 5가지 정다면체 중에서 2가지를 선택하는 경우의 수는 $_5C_2 = \dfrac{5 \times 4}{2 \times 1} = 10$이다.

선택하는 순서가 다르다고 해도 다른 사건으로 구별하지 않으므로 조합으로 계산한다.

08 정답 ③

| 풀이 |

서로 다른 4가지 중에 2개를 선택하는 경우의 수이므로 $\dfrac{4 \times 3}{2} = 6$가지이다. 이때, 2로 나누어주는 이유는 선택된 2개의 순서가 바뀌면 겹치는 경우가 생기기 때문이다.

💬 그네 타기와 팽이치기 = 팽이치기와 그네 타기

| 다른 풀이 |

서로 다른 4가지의 민속놀이 중에서 2가지를 선택하는 경우의 수는 $_4C_2 = \dfrac{4 \times 3}{2 \times 1} = 6$이다.

선택하는 순서가 달라도 다른 사건으로 구별하지 않으므로 조합으로 계산한다.

PART 07 실전모의고사

제1회 정답   본문 246~250p

01 ③	02 ③	03 ②	04 ①	05 ④
06 ③	07 ①	08 ②	09 ③	10 ④
11 ④	12 ①	13 ④	14 ②	15 ③
16 ④	17 ④	18 ①	19 ②	20 ④

01 정답 ③

| 풀이 |

$A = x^2 + 5x + 7$, $B = 3x - 1$이므로

$$
\begin{aligned}
A + 2B &= (x^2 + 5x + 7) + 2(3x - 1) \\
&= x^2 + 5x + 7 + 6x - 2 \\
&= x^2 + (5 + 6)x + 7 - 2 \\
&= x^2 + 11x + 5
\end{aligned}
$$

02 정답 ③

| 풀이 |

x에 대한 항등식이므로 x에 대해 정리한 후 동류항끼리의 계수를 비교하여 좌변과 우변을 같게 하면, 항등식이 성립한다.

좌변과 우변의 이차항의 계수와 상수항은 각각 같고, 일차항의 계수는 a와 3이므로 $a = 3$

03 정답 ②

| 풀이 |

다항식 $x^3 - x^2 + ax + 3$을 $P(x)$라 하면,

$P(x) = x^3 - x^2 + ax + 3$

$P(x)$가 $x + 1$로 나누어떨어지므로, 인수정리에 의해

$P(-1) = 0$이다.

➡ $P(-1) = -1 - 1 - a + 3 = 0$

$\therefore a = 1$

04 정답 ①

| 풀이 |

인수분해 공식 $x^3 - y^3 = (x-y)(x^2 + xy + y^2)$

을 이용하기 위해 y의 자리에 a를 대입하여 표현하면,

$x^3 - a^3 = (x-a)(x^2 + x \times a + a^2)$ 이 된다.

그러므로 $a = 2$임을 알 수 있다.

05 정답 ④

| 풀이 |

복소수가 서로 같으려면, 실수부분과 허수부분이 각각 같아야 한다.

좌변의 실수부분은 $a-1$, 우변의 실수부분은 2이고, 좌변의 허수부분은 3, 우변의 허수부분은 b이므로 각각 같음을 이용하면, $a = 3$, $b = 3$이다.

06 정답 ③

| 풀이 |

이차방정식 $ax^2 + bx + c = 0$의 근을 판별하는 식을 판별식이라 하며, $b^2 - 4ac$와 같다.

이때, $b^2 - 4ac$가 양수이면 서로 다른 두 실근을, 0이면 중근을, 음수이면 서로 다른 두 허근을 갖는다.

주어진 식은 중근을 가지므로

$b^2 - 4ac = 4^2 - 4 \times 1 \times k = 16 - 4k = 0$

$\therefore k = 4$

07 정답 ①

| 풀이 |

$0 \le x \le 4$일 때, 이차함수 $y = (x-1)^2 - 1$의 최댓값을 그래프를 통해 찾을 수 있다.

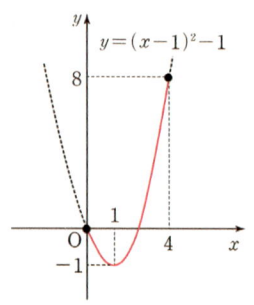

문제의 그림에서 실선으로 표시된 부분이 $0 \le x \le 4$의 범위이고, 최댓값은 이 중 가장 큰 y의 값을 뜻한다. 따라서, 가장 위에 위치한 점을 찾아 y좌표를 읽으면, 그것이 최댓값이 된다.

가장 위에 위치한 점은 이차함수의 구간의 끝값인 $(4, 8)$이고, 그때의 y의 값은 8이므로 최댓값은 8이다.

08 정답 ②

| 풀이 |

연립방정식의 해는 두 식을 동시에 만족하는 미지수 x, y의 값이므로 식에 대입하여 문제를 해결할 수 있다.

연립방정식 $\begin{cases} x^2 + y^2 = a & \cdots\cdots \ \text{㉠} \\ xy = -4 & \cdots\cdots \ \text{㉡} \end{cases}$ 의 해가

$x = b, y = -1$이므로, 이것을 식 ㉠, ㉡에 각각 대입하면,

㉠ $b^2 + (-1)^2 = a$

㉡ $b \times (-1) = -4$ ➡ $b = 4$

$b = 4$를 다시 ㉠에 대입하면,

➡ $4^2 + (-1)^2 = 16 + 1 = 17 = a$

그러므로 연립방정식의 해는 $x = 4, y = -1$

이 되고, $a - b$의 값을 구하면,

$a - b = 17 - 4 = 13$이다.

09 정답 ③

| 풀이 |

$|x| \le a$ (단, $a > 0$)의 해는 $-a \le x \le a$임을 이용하면, $|x-5| \le 3$의 해는 $-3 \le x-5 \le 3$이므로 부등식의 성질을 이용하여 모두 $+5$를 하면,

$2 \le x \le 8$이 된다.

이것을 수직선에 나타내면

이므로 $a = 8$이다.

10 정답 ④

| 풀이 |

$a < b$인 경우, 이차부등식 $(x-a)(x-b) > 0$의 해를 구하면, $x < a$ 또는 $x > b$가 된다.

(이때, a, b의 값은 $x-a$와 $x-b$가 각각 0이 되는 값이다.)

그러므로 이차부등식 $(x-2)(x+4) > 0$의 해를 구하면, 식 $x-2$와 $x+4$가 각각 0이 되는 x의 값은 2와 -4이므로 $x < -4$ 또는 $x > 2$가 된다.

11 정답 ④

| 풀이 |

좌표평면 위의 두 점 $A(x_1,\ y_1), B(x_2,\ y_2)$의 중점의

좌표는 $\left(\dfrac{x_1+x_2}{2},\ \dfrac{y_1+y_2}{2} \right)$이므로

공식에 대입하면,

중점 $= \left(\dfrac{-1+3}{2},\ \dfrac{4-4}{2} \right) = \left(\dfrac{2}{2},\ \dfrac{0}{2} \right) = (1, 0)$

12 정답 ①

| 풀이 |

서로 수직인 직선의 방정식은 기울기의 곱이 -1이다. 그러므로 직선 $y = 2x - 1$에 수직인 직선의 기울기는

$-\dfrac{1}{2}$이고, 점 $(0, 2)$를 지나므로 y절편이 2인 직선의

방정식이다.

기울기가 a이고, y절편이 b인 직선의 방정식은

$y = ax + b$임을 이용하여 식을 구하면,

$y = -\dfrac{1}{2}x + 2$이다.

13 정답 ④

| 풀이 |

중심이 점 $(3, 4)$이므로, 중심이 (a, b)이고, 반지름의 길이가 r인 원의 방정식이

$(x-a)^2 + (y-b)^2 = r^2$과 같음을 이용하면,

$(x-3)^2 + (y-4)^2 = r^2$이 된다.

원의 방정식이 $(6, 0)$을 지나므로 식에 대입하면,

$(6-3)^2 + (0-4)^2 = r^2$

$9 + 16 = r^2$

$r^2 = 25$

그러므로 원의 방정식은 $(x-3)^2 + (y-4)^2 = 25$

14 정답 ②

| 풀이 |

점 $(1, 4)$를 x축의 방향으로 1만큼, y축의 방향으로 -4만큼 평행이동한 점의 좌표는

$(1+1, 4-4) = (2, 0)$

15 정답 ③

| 풀이 |

$A \cap B^C = A - B = \{x \mid x \in A, x \notin B\}$이다.

즉, A에는 포함되고, B에는 포함되지 않는 원소를 구하면 된다. 집합 A의 원소 $1, 4, 5, 7$ 중 B와 공통인 교집합의 원소는 $4, 5$이므로 $A - B = \{1, 7\}$이다.

그러므로 $n(A \cap B^C) = n(A - B) = 2$

16 정답 ④

| 풀이 |

① 한라산은 높다. ➡ 참, 거짓이 명확한 문장이 아니므로 명제가 아니다.

② $x^2 = 1$이면 $x = 1$이다. ➡ $x^2 = 1$을 만족하는 x의 값은 $x = 1$ 또는 -1이므로 $x = -1$일 때 거짓이 된다. 따라서 거짓인 명제이다.

③ $x > 2$이다. ➡ x의 값에 따라 참과 거짓이 바뀌므로 명제가 아니다.

④ $x = 3$이면 $x + 1 = 4$이다. ➡ $x = 3$이면, $x + 1$은 항상 4이므로 참인 명제이다.

17 정답 ④

| 풀이 |

합성함수에서 $(f \circ g)(x) = f(g(x))$이다.

따라서, $(f \circ g)(1) = f(g(1))$이므로 $x = 1$을 먼저 $g(x)$에 대입하면 $g(1) = 1^2 - 1 = 0$이다.

이 값을 다시 $f(x)$에 대입하면

$f(g(1)) = f(0) = 2 \times 0 - 1 = -1$

18 정답 ①

| 풀이 |

유리함수 $y = \dfrac{1}{x+a} + b$의 그래프의 점근선은

$x = -a, y = b$이다.

또한, 주어진 그래프의 점근선은 $x = -2, y = -3$이므로, $-a = -2,\ b = -3$이다.

즉, $a = 2, b = -3$이 되고, $a + b = -1$이다.

19 정답 ②

| 풀이 |

1, 3, 5, 7이 적혀있는 네 장의 카드 중 서로 다른 두 장의 카드를 골라 만들 수 있는 두 자리 정수는 4×3으로 12가지이다.

1, 3, 5, 7 가능   먼저 사용한 1장 뺀 나머지 가능

→ 그러므로 경우의 수는

4가지 × 3가지

| 다른 풀이 |

서로 다른 네 장의 카드에서 두 장을 뽑아 일렬로 나열하여 두 자리 정수를 만드는 경우의 수는 순열을 이용하여 계산할 수 있다.

$_4P_2 = 4 \times 3 = 12$

20 정답 ④

| 풀이 |

서로 다른 5가지의 화분 중에서 2가지를 선택하는

경우의 수는 $\dfrac{5 \times 4}{2} = 10$이다.

이때, 2로 나누는 이유는 고르는 순서는 구분하지 않으므로 겹치는 경우를 제외하기 위해서이다.

| 다른 풀이 |

서로 다른 5가지의 화분 중에서 2가지를 선택하는

경우의 수는 $_5C_2 = \dfrac{5 \times 4}{2 \times 1} = 10$이다.

고르는 순서는 구분하지 않으므로 조합으로 계산한다.

제2회 정답

본문 251~255p

01	③	02	④	03	③	04	①	05	④
06	①	07	③	08	④	09	②	10	④
11	④	12	④	13	③	14	③	15	④
16	①	17	②	18	④	19	④	20	④

01 정답 ③

| 풀이 |

$A = x^2 - 2x + 4$, $B = 2x^2 + x$ 이므로

$$
\begin{aligned}
2A - B &= 2(x^2 - 2x + 4) - (2x^2 + x) \\
&= 2x^2 - 4x + 8 - 2x^2 - x \\
&= (2-2)x^2 + (-4-1)x + 8 \\
&= -5x + 8
\end{aligned}
$$

02 정답 ④

| 풀이 |

x에 대한 항등식이므로 x에 대해 정리한 후 동류항끼리의 계수를 비교하여 좌변과 우변을 같게 하면, 항등식이 성립한다.

좌변과 우변의 이차항의 계수는 각각 3과 a이고, 일차항의 계수는 각각 같으며,

상수항은 b와 1이므로 $a = 3$, $b = 1$이다.

그러므로 $a + b = 4$이다.

03 정답 ③

| 풀이 |

조립제법을 이용하여 빈칸을 채우면 다음과 같다.

$$
\begin{array}{r|rrr|r}
2 & 1 & -5 & 3 & -1 \\
  &   & 2 & -6 & -6 \\
\hline
  & 1 & -3 & -3 & -7 \\
\end{array}
$$

이때, 몫은 이차식이 되고, 조립제법의 결과인 1, -3, -3이 차례로 각 항의 계수와 상수항이 되므로, 몫은 $x^2 - 3x - 3$이고, 나머지는 마지막의 숫자인 -7이 된다.

04 정답 ①

| 풀이 |

곱셈공식 변형에 의해

$$
\begin{aligned}
x^2 + \frac{1}{x^2} &= \left(x + \frac{1}{x} \right)^2 - 2 \\
&= 3^2 - 2 \\
&= 7
\end{aligned}
$$

05 정답 ④

| 풀이 |

복소수의 곱셈에서는 허수단위 i를 문자로 생각하고, 그 과정에서 i^2이 나오면 $i^2 = -1$임을 이용하여 계산한다.

좌변 $i(3 + 2i)$를 전개하여 계산하면

$i(3 + 2i) = 3i + 2i^2 = 3i + 2 \times (-1) = 3i - 2$

좌변 $3i - 2$와 우변 $-2 + ai$를 비교하면

$-2 + 3i = -2 + ai$이므로 $a = 3$이다.

06 정답 ①

| 풀이 |

$x^2 + 3x - 4 = 0$에서 근과 계수와의 관계에 의하여

$\alpha + \beta = -3$, $\alpha\beta = -4$이다.

$\alpha + \beta + \alpha\beta = -3 - 4 = -7$

> **참고** 근과 계수와의 관계
>
> $a\,x^2 + b\,x + c = 0$
>
> $\alpha + \beta = \text{합} = -\dfrac{b}{a}$ $\qquad$ $\alpha\beta = \text{곱} = \dfrac{c}{a}$

07 정답 ③

| 풀이 |

주어진 식을

$f(x) = (x-2)^2 - 2$

$(3 \le x \le 5)$라

놓으면, $3 \le x \le 5$에서

$y = f(x)$의 그래프가 오른쪽 그림과 같다.

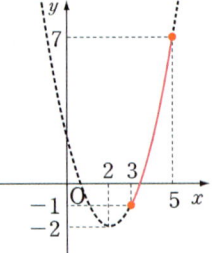

구간이 제한된 이차함수의 최댓값과 최솟값은 꼭짓점과 구간의 양 끝값을 이용하여 구한다.
주어진 구간 안에 꼭짓점이 없는 경우이므로 구간의 양끝값이 최대, 최소가 된다.
구간의 양 끝값은 $f(3) = -1, f(5) = 7$이다.
그러므로 $f(x)$의 최솟값은 -1이다.

08 정답 ④

| 풀이 |

방정식의 해는 식을 만족하는 미지수 x의 값이므로 식에 대입하여 문제를 해결할 수 있다.
삼차방정식 $x^3 + 3x^2 - x + a = 0$의 해가 -1이므로, 식에 대입하면,
$(-1)^3 + 3 \times (-1)^2 - (-1) + a = 0$
➡ $-1 + 3 + 1 + a = 0$
➡ $a = -3$
그러므로 상수 a의 값은 -3이다.

09 정답 ②

| 풀이 |

$\begin{cases} 3x - 2 > 4 & \cdots\cdots ㉠ \\ -2 + 3x \leq x + 4 & \cdots\cdots ㉡ \end{cases}$
부등식 ㉠을 풀면 $3x - 2 > 4$ ➡ $3x > 6$
$x > 2$ $\cdots\cdots$ ㉢
부등식 ㉡을 풀면 $-2 + 3x \leq x + 4$ ➡ $3x - x \leq 4 + 2$
$2x \leq 6$
$x \leq 3$ $\cdots\cdots$ ㉣
이것을 수직선에 나타내어 공통범위를 찾으면

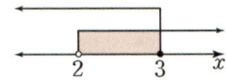

이다. ➡ $2 < x \leq 3$

10 정답 ④

| 풀이 |

우선, 부등호방향이 양쪽으로 벌어져 있으므로, 이차부등식 > 0 꼴임을 알 수 있다.
또한, $a < b$인 경우, 이차부등식 $(x - a)(x - b) > 0$의 해를 구하면, $x < a$ 또는 $x > b$가 된다.
이것을 수직선 위의 점과 비교하면 $a = -1, b = 4$임을 알 수 있다. 그러므로 식에 대입하면,
그림과 같은 해를 갖는 이차부등식은
$(x + 1)(x - 4) > 0$임을 알 수 있다.
[$a < b$라는 조건이 문제에 없으므로 $b < a$인 경우 $a = 4, b = -1$이 될 수도 있으나 두 경우 모두 순서만 다를 뿐 식의 형태가 같으므로 둘 중 하나의 경우로 특정하여 문제를 해결하여도 관계없다.]

11 정답 ④

| 풀이 |

좌표평면 위의 두 점 $A(x_1, y_1), B(x_2, y_2)$ 사이의
거리 $\overline{AB} = \sqrt{(x_2 - x_1)^2 + (y_2 - y_1)^2}$이므로,
$\overline{AB} = \sqrt{(3 - 0)^2 + \{3 - (-1)\}^2}$
$= \sqrt{9 + 16} = \sqrt{25} = 5$

12 정답 ④

| 풀이 |

직선 $y = -3x + 2$에 평행하므로, 기울기가 -3이고, 점 $(0, -1)$을 지나므로 y절편이 -1인 직선의 방정식이다.
기울기가 a이고, y절편이 b인 직선의 방정식은 $y = ax + b$임을 이용하여 식을 구하면, $y = -3x - 1$이다.

13 정답 ③

| 풀이 |

중심이 $(-2, 3)$이므로, $(x + 2)^2 + (y - 3)^2 = r^2$이다.
원이 y축에 접하므로 반지름의 길이 $=$ | x 좌표 | 가 되어, 반지름 $= 2$이다.
따라서 원의 방정식은 $(x + 2)^2 + (y - 3)^2 = 2^2$이다.

14 정답 ③

| 풀이 |

점 $A(1, 3)$을 원점에 대하여 대칭이동하면, x와 y좌표의 부호가 모두 반대로 바뀌므로 $B(-1, -3)$이 된다. (음수 ➡ 양수, 양수 ➡ 음수)

이때 원점 $O(0, 0)$과 $B(-1, -3)$ 사이의 거리를 구하기 위해 두 점 사이의 거리 공식에 대입하면,

$\overline{OB} = \sqrt{(-1)^2 + (-3)^2} = \sqrt{1+9} = \sqrt{10}$ 이다.

15 정답 ④

| 풀이 |

$A \cap B = \phi$은 "집합 A와 집합 B의 공통원소가 하나도 없다"를 뜻하는 기호이므로,

보기의 집합을 모두 원소나열법으로 나타내어 공통원소가 없는 두 집합을 찾으면 된다.

① $A = \{1, 2\}$, $B = \{2, 3, 5\}$ ➡ $A \cap B = \{2\}$

② $A = \{a, b\}$, $B = \{a, c, d\}$ ➡ $A \cap B = \{a\}$

③ $A = \{1, 2, 4\}$, $B = \{x \mid x$는 10 이하의 소수$\}$
  ➡ $A = \{1, 2, 4\}$, $B = \{2, 3, 5, 7\}$
  ➡ $A \cap B = \{2\}$
  [소수 : 1보다 큰 자연수 중 약수가 2개인 수]

④ $A = \{x \mid x$는 10 이하의 짝수$\}$,
  $B = \{x \mid x$는 9의 약수$\}$
  ➡ $A = \{2, 4, 6, 8, 10\}$, $B = \{1, 3, 9\}$
  ➡ $A \cap B = \phi$

16 정답 ①

| 풀이 |

주어진 명제 '$x = 2$이면 $x^3 = 8$이다.'에서 가정과 결론을 각각 구하면,

[가정(p) : $x = 2$이다.],

[결론(q) : $x^3 = 8$이다.]와 같다.

명제의 역은 가정과 결론의 순서를 바꾼 것이므로,

'$x^3 = 8$이면 $x = 2$이다.'가 된다.

17 정답 ②

| 풀이 |

$f(1)$은 x가 1일 때, 함숫값을 뜻하므로,

1과 대응된 원소를 찾으면, 화살표가 2에 향함을 알 수 있다. 그러므로 $f(1) = 2$이다.

또한, $f^{-1}(3)$은 f의 역함수의 함숫값을 뜻한다.

$f^{-1}(3) = k$라 하면, 역함수의 성질에 의해 $f(k) = 3$이므로, 함숫값, 즉 y의 값이 3이 되는 x의 값을 찾으면 된다.

Y의 3과 대응된 X의 원소는 2이므로 $k = 2$임을 알 수 있다. 그러므로 $f(1) = 2$, $f^{-1}(3) = 2$이고, 두 함숫값의 합은 4이다.

18 정답 ④

| 풀이 |

$y = \sqrt{x}$를 x축의 방향으로 a만큼, y축의 방향으로 b만큼 평행이동하면 $y = \sqrt{x-a} + b$이고,

주어진 그래프의 식은 $y = \sqrt{x-1} + 4$이므로

비교하여 a, b의 값을 구하면,

$a = 1$, $b = 4$이다.

$\therefore a + b = 1 + 4 = 5$

| 다른 풀이 |

그래프에서 시작점을 찾으면 평행이동을 알 수 있다.

무리함수 $y = \sqrt{x-a} + b$의 그래프에서 시작점은 (a, b)이고, 그래프에서 시작점을 읽으면 $(1, 4)$이므로 $a = 1$, $b = 4$이다.

$\therefore a + b = 1 + 4 = 5$

19 정답 ④

| 풀이 |

서로 다른 다섯 개의 종목 중 두 개의 종목을 골라 일렬로 나열하는 경우의 수는 5×4로 20가지이다.

| 다른 풀이 |

서로 다른 5가지 종목 중 서로 다른 두 가지 종목을 선택하여 일렬로 나열하는 경우의 수는 순열을 이용하여 계산할 수 있다.

$$_5P_2 = 5 \times 4 = 20$$

20 정답 ④

| 풀이 |

서로 다른 5가지의 음식 중 2개의 음식을 택하는 경우의 수

이므로 $\dfrac{5 \times 4}{2} = 10$가지이다.

[이때, 2로 나누는 이유는 음식을 2가지 선택하였을 때, 순서가 바뀌어도 같은 결과로 보기 때문이다.]

| 다른 풀이 |

서로 다른 5가지 음식 중에서 2가지를 선택하는 경우의

수는 $_5C_2 = \dfrac{5 \times 4}{2 \times 1} = 10$이다. 담는 자리나 순서는 구별

하지 않으므로 조합으로 계산한다.

PART 08 2025년 기출문제

제1회 정답 본문 258~261p

01 ③	**02** ①	**03** ①	**04** ③	**05** ②
06 ①	**07** ④	**08** ④	**09** ④	**10** ①
11 ②	**12** ④	**13** ③	**14** ④	**15** ②
16 ③	**17** ①	**18** ①	**19** ②	**20** ②

01 정답 ③

| 풀이 |

$A = 2x^2 + 3x$, $B = ax^2 + x$ 이므로

$$\begin{aligned} A + B &= (2x^2 + 3x) + (ax^2 + x) \quad \leftarrow \text{괄호풀기} \\ &= 2x^2 + 3x + ax^2 + x \quad \leftarrow \text{동류항끼리 정리} \\ &= (2+a)x^2 + (3+1)x \quad \leftarrow \text{동류항끼리 계산} \\ &= (2+a)x^2 + 4x \end{aligned}$$

이때, 문제에서 $A + B = bx$라 했으므로,

$(2+a)x^2 + 4x = bx$

동류항끼리 같음을 이용하여 a와 b의 값을 구할 수 있다.

좌변의 이차항의 계수는 $2+a$이고 우변의 이차항의 계수는 0이므로,

$2 + a = 0$ ➔ $a = -2$이다.

또한 좌변의 일차항의 계수는 4이고 우변의 일차항의 계수는 b이므로,

$b = 4$이다.

$\therefore a + b = -2 + 4 = 2$

따라서 정답은 ③이다.

> **참고**
>
> 항등식은 좌변과 우변이 항상 같은 식으로,
> $ax^2 + bx + c = dx^2 + ex + f$가 x에 대한 항등식이면,
> $a = d$, $b = e$, $c = f$이다.

02 정답 ①

| 풀이 |

다항식 $x^3 + ax^2 - 4$를 $P(x)$라 하면,

$P(x) = x^3 + ax^2 - 4$이다.

$P(x)$가 $x-1$로 나누어 떨어지므로, 인수정리에 의해

$P(1) = 0$이다.

→ $P(1) = 1^3 + a \times 1^2 - 4 = 1 + a - 4 = 0$

→ $-3 + a = 0$

→ $a = 3$

따라서 정답은 ①이다.

03 정답 ①

| 풀이 |

인수분해 공식 $x^3 + y^3 = (x+y)(x^2 - xy + y^2)$을 이용해 y의 자리에 2를 대입하여 표현하면,

$x^3 + 2^3 = (x+2)(x^2 - 2x + 2^2)$이 된다.

우변을 정리하여 식을 간단히 하면,

$x^3 + 2^3 = (x+2)(x^2 - 2x + 4)$이다.

그러므로 $a = -2$임을 알 수 있다.

따라서 정답은 ①이다.

04 정답 ③

| 풀이 |

켤레복소수는 허수부분의 부호를 반대로 바꾼 수를 말하며, 기호로 $\bar{z}$로 표현한다.

복소수 $a + 2i$의 실수부분은 a, 허수부분은 2이므로, $a + 2i$의 허수부분의 부호를 반대로 바꾸어 켤레복소수를 구하면, $a - 2i$가 된다.

∴ $\bar{z} = a - 2i$

$z + \bar{z} = a + 2i + a - 2i = 2a = 6$이므로,

$a = 3$이다.

따라서 정답은 ③이다.

참고 **켤레복소수**

$$a + bi \overset{\text{켤레}}{\longleftrightarrow} a - bi$$

허수부분의 부호 반대

05 정답 ②

| 풀이 |

이차방정식 $ax^2 + bx + c = 0$이 서로 다른 두 실근을 갖기 위한 조건은 판별식 $D = b^2 - 4ac > 0$이므로,

$D = (a)^2 - 4 \times 1 \times 4 > 0$

→ $a^2 - 16 > 0$ → $a^2 - 4^2 > 0$ → $(a+4)(a-4) > 0$

→ $a < -4$ or $a > 4$

따라서 정답은 ②이다.

참고

이차방정식이 서로 다른 두 실근을 가질 조건

이차방정식 $ax^2 + bx + c = 0$에서

판별식 $D = b^2 - 4ac > 0$이면 이차방정식은 서로 다른 두 실근을 갖는다.

참고 **인수분해 공식**

$$a^2 - b^2 = (a+b)(a-b)$$

참고 **이차부등식의 해**

$a < b$일 때,	그림	해
$(x-a)(x-b) < 0$		$a < x < b$
$(x-a)(x-b) \leq 0$		$a \leq x \leq b$
$(x-a)(x-b) > 0$		$x < a$ 또는 $x > b$
$(x-a)(x-b) \geq 0$		$x \leq a$ 또는 $x \geq b$

06 정답 ①

| 풀이 |

근과 계수와의 관계 공식을 이용하여 문제를 해결할 수
있다. $x^2-4x+a=0$에서 두 근을 α, β라 하면,
공식에 의해, 두 근의 곱 $\alpha\beta=a$가 된다.

$\alpha\beta=(2+\sqrt{2})(2-\sqrt{2})=2^2-\sqrt{2}^2=4-2=2$이므로,
$a=2$이다.

따라서 정답은 ①이다.

> **참고**
>
> $\boxed{a}\,x^2+\boxed{b}\,x+\boxed{c}=0$에서 두 근을 α, β라 하면,
>
> $\alpha+\beta=$합$=-\dfrac{\boxed{b}}{\boxed{a}}$, $\alpha\beta=$곱$=\dfrac{\boxed{c}}{\boxed{a}}$

07 정답 ④

| 풀이 |

구간이 제한된 이차함수의 최댓값과 최솟값은 꼭짓점과
구간의 양 끝값을 이용하여 구한다.

주어진 이차함수의 꼭짓점은 $(1, 2)$이고,
주어진 구간 $-1 \le x \le 2$은 이차함수의 꼭짓점이 포함
된 구간이므로, $f(x)=(x-1)^2+2$라 하면,
구간의 양 끝값은

$f(-1)=(-1-1)^2+2=(-2)^2+2=4+2=6$,
$f(2)=(2-1)^2+2=1+2=3$이고,
꼭짓점의 좌표가 $(1, 2)$이므로, $f(1)=2$이다.
이들 중 가장 작은 값은 2이므로 최솟값은 2이다.
따라서 정답은 ④이다.

> **참고 이차함수의 최대, 최소**
>
> [x의 범위에 꼭짓점이 포함된 경우]
> 구간의 양 끝 함숫값과 꼭짓점의 좌표 중 가장 큰 값
> 을 최댓값, 가장 작은 값을 최솟값이라고 한다.

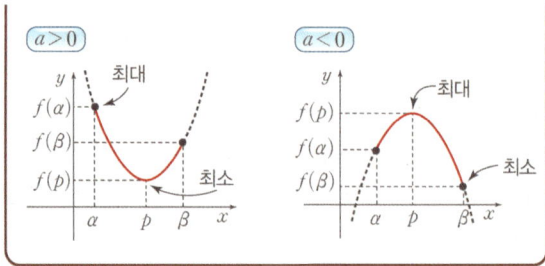

08 정답 ④

| 풀이 |

연립방정식의 해는 두 식을 동시에 만족시키는 미지수
의 값이므로 식에 대입하면 두 식 모두 참이 된다.

$\begin{cases} x-2y=0 & \cdots\cdots \,\text{㉠} \\ x^2+2y^2=a & \cdots\cdots \,\text{㉡} \end{cases}$ 라 놓고,

i) $x=-2$, $y=-1$를 ㉡에 대입하면,

㉡ : $x^2+2y^2=a$
- ➡ $(-2)^2+2\times(-1)^2=a$
- ➡ $4+2=a$
- ➡ $a=6$

ii) $x=2$, $y=b$를 ㉠에 대입하면,

㉠ : $2-2\times b=0$
- ➡ $2-2b=0$
- ➡ $-2b=-2$
- ➡ $b=1$

$\therefore\ a+b=6+1=7$

따라서 정답은 ④이다.

> **참고 연립방정식의 해**
>
> 두 개 이상의 식을 동시에 만족시키는 x, y의 값
> 또는 그 순서쌍 (x, y)

09 정답 ④

| 풀이 |

이차부등식 $(x-a)(x-b)>0$의 해는 $a<b$일 때,
$x<a$ or $x>b$이다.
주어진 이차부등식은 $(x-1)(x-3)>0$이므로,
$a=1$, $b=3$이다.
그러므로 해는 $x<1$ 또는 $x>3$이 된다.

따라서 정답은 ④이다.

(만약, $b < a$인 경우는 $x < b$ or $x > a$이고,

$a = 3$, $b = 1$가 된다. 그러나 해를 구하면 $x < 1$ 또는 $x > 3$로 같기 때문에 둘 중 한가지로 놓고 풀어도 관계 없다.)

> **참고** 이차부등식의 해
>
> | $a < b$일 때, | 그림 | 해 |
> |---|---|---|
> | $(x-a)(x-b) < 0$ | | $a < x < b$ |
> | $(x-a)(x-b) \leq 0$ | | $a \leq x \leq b$ |
> | $(x-a)(x-b) > 0$ | | $x < a$ 또는 $x > b$ |
> | $(x-a)(x-b) \geq 0$ | | $x \leq a$ 또는 $x \geq b$ |

10 정답 ①

| 풀이 |

내분점 공식을 이용하여 내분하는 점의 좌표를 구하면,

$\left(\dfrac{1 \times 6 + 2 \times (-3)}{1+2}, \dfrac{1 \times (-1) + 2 \times 5}{1+2} \right)$

$= \left(\dfrac{0}{3}, \dfrac{9}{3} \right) = (0, 3)$이다.

따라서 정답은 ①이다.

> **참고** 내분점 공식
>
> 좌표평면 위의 두 점 $A(x_1, y_1)$, $B(x_2, y_2)$에 대하여 선분 AB를 $m : n (m > 0, n > 0)$으로 내분하는 점을 P라 하면, $P\left(\dfrac{mx_2 + nx_1}{m+n}, \dfrac{my_2 + ny_1}{m+n} \right)$이다.

11 정답 ②

| 풀이 |

원점 $(0, 0)$과 직선 $3x + 4y - 12 = 0$ 사이의 거리는 점과 직선사이의 거리 공식을 이용하여 구할 수 있다.

점 $P(x_1, y_1)$와 직선 $l : ax + by + c = 0$ 사이의 거리는

$d = \dfrac{|ax_1 + by_1 + c|}{\sqrt{a^2 + b^2}}$임을 이용하여

$x_1 = 0$, $y_1 = 0$, $a = 3$, $b = 4$, $c = -12$를 공식에 대입

하면, $d = \dfrac{|3 \times 0 + 4 \times 0 - 12|}{\sqrt{3^2 + 4^2}} = \dfrac{12}{\sqrt{25}} = \dfrac{12}{5}$

따라서 정답은 ②이다.

> **참고** 점과 직선 사이의 거리 공식
>
>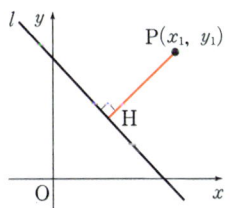
>
> 점 $P(x_1, y_1)$와 직선 $l : ax + by + c = 0$ 사이의 거리는 $d = \dfrac{|ax_1 + by_1 + c|}{\sqrt{a^2 + b^2}}$이다.

12 정답 ④

| 풀이 |

원 $x^2 + y^2 = 9$와 직선 $x = a$를 그려 원과 만나는 관계를 찾아보자. 원 $x^2 + y^2 = 9$는 중심이 원점이고 반지름이 3인 원이므로,

① 원 $x^2 + y^2 = 9$와 직선 $x = 1$

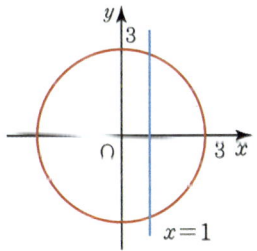

[서로 다른 두 점에서 만난다.]

② 원 $x^2+y^2=9$와 직선 $x=2$

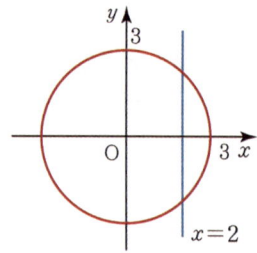

[서로 다른 두 점에서 만난다.]

③ 원 $x^2+y^2=9$와 직선 $x=3$

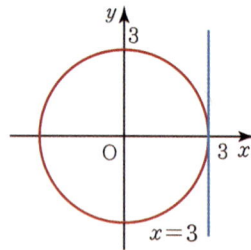

[한 점에서 만난다(접한다).]

④ 원 $x^2+y^2=9$와 직선 $x=4$

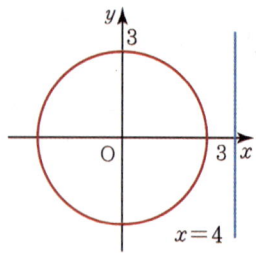

[만나지 않는다.]

따라서 만나지 않는 것은 ④임을 알 수 있다.

13 정답 ③

| 풀이 |

도형의 방정식을 x축에 대하여 대칭이동하면 y 대신 $-y$를 대입하면 되므로,

$(x-2)^2+(-y-1)^2=1$이다.

식을 정리하면, $(x-2)^2+(y+1)^2=1$이다.

따라서 정답은 ③이다.

🚩 **참고** x축 대칭

점 $P(x, y)$를 x축에 대해 대칭이동한 점을 Q라 하면, $Q(x, -y)$가 된다.

🚩 **참고**

$(-y-1)^2=\{-(y+1)\}^2=(-1)^2(y+1)^2$
$\qquad\qquad =(y+1)^2$

| 다른 풀이 |

문제에서 주어진 원의 중심은 $(2, 1)$이므로, 중심을 x축에 대하여 대칭이동하면, y좌표의 부호가 바뀌어 $(2, -1)$이 된다.

문제의 보기에서 중심의 좌표가 $(2, -1)$인 점을 찾으면, ③임을 알 수 있다.

따라서 정답은 ③이다.

🚩 **참고** 원의 방정식 표준형

중심의 좌표가 (a, b)이고 반지름의 길이가 r인 원의 방정식은 ➡ $(x-a)^2+(y-b)^2=r^2$

14 정답 ④

| 풀이 |

$A \cup B$는 A 또는 B에 속하는 모든 원소로 이루어진 집합이다.

$A \cup B=\{1, 3, 4, 5, 6, 7, 9\}$

$\therefore\ n(A \cup B)=7$

또한 $A \cap B$는 집합 A와 B의 공통원소를 원소로 하는 집합이다.

두 집합의 공통원소를 찾으면, 3, 5이므로,

$A \cap B=\{3, 5\}$이다.

$\therefore n(A \cap B)=2$

$\therefore n(A \cup B)+n(A \cap B)=7+2=9$

따라서 정답은 ④이다.

> **참고** 집합
>
> [합집합]
> 집합 A에 속하거나 집합 B에 속하는 모든 원소로 이루어진 집합
> → 기호 : $A \cup B$
> → $A \cup B = \{x \mid x \in A \ \text{또는} \ x \in B\}$
>
> [교집합]
> 집합 A에 속하고 집합 B에도 속하는 모든 원소로 이루어진 집합
> → 기호 : $A \cap B$
> → $A \cap B = \{x \mid x \in A \ \text{그리고} \ x \in B\}$

15 정답 ②

| 풀이 |

q가 p이기 위한 필요조건이 되기 위해서는
명제 $p \to q$가 참이어야 하므로,
조건 $p : x - 3 = 0$, 즉 $x = 3$을 조건
$q : x^2 - ax - 3 = 0$에 대입하였을 때 참이 되어야 한다.
$\therefore 3^2 - a \times 3 - 3 = 0 \to 9 - 3a - 3 = 0 \to 6 - 3a = 0$
$\quad\quad\quad\quad\quad\quad\quad \to 3a = 6 \to a = 2$
따라서 정답은 ②이다.

> **참고**
>
> 명제 $p \to q$가 참일 때, p는 q이기 위한 충분조건,
> q는 p이기 위한 필요조건이라 한다.

16 정답 ③

| 풀이 |

$(g \circ f)(1) = g(f(1))$과 같다.
$f(1) = 3 \times 1 - 1 = 3 - 1 = 2$,
$(g \circ f)(1) = g(f(1)) = g(2)$
$g(2) = -2 \times 2 + 5 = -4 + 5 = 1$
그러므로 $(g \circ f)(1) = g(f(1)) = g(2) = 1$
따라서 답은 ③이다.

> **참고** 합성함수의 함숫값 구하기
>
> f와 g의 합성함수에서 $x = a$일 때의 함숫값을 구하면,
> ① $(f \circ g)(x) = f(g(x))$이므로,
> $\quad (f \circ g)(a) = f(g(a))$이다.
> ② $(g \circ f)(x) = g(f(x))$이므로,
> $\quad (g \circ f)(a) = g(f(a))$이다.

17 정답 ①

| 풀이 |

$f^{-1}(4) = k$라 놓으면 $f(k) = 4$이다.
$f : X \to Y$에서 X의 1에 대응하는 Y의 원소가 4이므로
$k = 1$이다.
그러므로 $f^{-1}(4) = 1$이다.
따라서 정답은 ①이다.

> **참고** 역함수의 성질
>
> $f(\ a\ ) = b$
>
> $f^{-1}(\ b\ ) = a$

18 정답 ①

| 풀이 |

도형의 평행이동을 이용하여 유리함수 $y = \dfrac{1}{x}$을 x축의 방향으로 1만큼, y축의 방향으로 b만큼 평행이동하면,
$y = \dfrac{1}{x-1} + b$가 되고, 주어진 식은 $y = \dfrac{1}{x+a} + 2$이므로, $a = -1$, $b = 2$이다.
$\therefore a - b = -1 - 2 = -3$
따라서 정답은 ①이다.

| 다른 풀이 |

$y = \dfrac{1}{x+a} + 2$의 점근선은 $x = -a$, $y = 2$이고,
$y = \dfrac{1}{x}$ 의 점근선은 $x = 0$, $y = 0$이므로

유리함수 $y = \dfrac{1}{x}$ 의 그래프를 x축의 방향으로 $-a$만큼,

y축의 방향으로 2만큼 평행이동한 그래프는

$y = \dfrac{1}{x+a} + 2$임을 알 수 있다.

$-a = 1$, $b = 2$ ➡ $a = -1$, $b = 2$

∴ $a - b = -1 - 2 = -3$

19 정답 ②

| 풀이 |

5장의 카드 중에서 2장을 동시에 뽑아 카드에 적힌 수의 합을 구하면, 두 수의 합은 최소 3, 최대 9이다.

그러므로 그 중 3의 배수는 3, 6, 9이다.

합이 3인 경우는 (1, 2)

합이 6인 경우는 (1, 5), (2, 4)

합이 9인 경우는 (4, 5)

총 4가지의 경우의 수가 있음을 알 수 있다.

따라서 정답은 ②이다.

20 정답 ②

| 풀이 |

5가지의 토핑 중에서 서로 다른 토핑 4개를 선택하는 경우의 수는

$\dfrac{5 \times 4 \times 3 \times 2}{4 \times 3 \times 2 \times 1} = 5$로, 5가지이다.

이때, $4 \times 3 \times 2 \times 1$로 나누는 이유는 토핑 4가지를 선택하였을 때, 순서가 바뀌어도 같은 결과로 보기 때문이다.

예 바나나, 시리얼, 아몬드, 초코볼 = 시리얼, 아몬드, 초코볼, 바나나 등

따라서 정답은 ②이다.

| 다른 풀이 |

5가지의 토핑 중에서 서로 다른 토핑 4개를 선택하는 경우의 수는 선택하는 순서가 바뀌어도 결과가 같기 때문에 조합을 이용하여 구할 수 있다.

따라서 $_5C_4 = \dfrac{5 \times 4 \times 3 \times 2}{4!} = \dfrac{5 \times 4 \times 3 \times 2}{4 \times 3 \times 2 \times 1} = 5$로,

경우의 수는 5가지이다.

01 정답 ①

| 풀이 |

$A = 2x^2 + 5$, $B = x^2 - 4x$이므로

$A + B = (2x^2 + 5) + (x^2 - 4x)$ ← 괄호풀기

$\qquad = 2x^2 + 5 + x^2 - 4x$ ← 동류항끼리 정리

$\qquad = (2+1)x^2 - 4x + 5$ ← 동류항끼리 계산

$\qquad = 3x^2 - 4x + 5$

따라서 정답은 ①이다.

> **참고**
>
> 다항식의 덧셈과 뺄셈은 동류항끼리 계산한다.
> 이때, 동류항의 계산은 계수끼리 분배법칙을 이용하여 다음과 같이 계산한다.
>
> 계수끼리 계산
>
> $3x^2 - 2x^2 = 3 \times x^2 - 2 \times x^2 = (3-2) \times x^2$
>
> 동류항끼리!
>
> $\qquad = 1x^2 = x^2$

02 정답 ④

| 풀이 |

x에 대한 항등식이므로 동류항의 계수가 같음을 이용하여 a, b의 값을 구할 수 있다.

좌변의 이차항의 계수는 a이고, 우변의 이차항의 계수는 4이므로, $a = 4$이다.

또한 좌변의 일차항의 계수는 1이고, 우변의 일차항의 계수는 b이므로, $b = 1$이다.

그러므로 $a - b = 4 - 1 = 3$이다.

따라서 정답은 ④이다.

> **참고**
>
> 항등식은 좌변과 우변이 항상 같은 식으로, $ax^2+bx+c=dx^2+ex+f$가 x에 대한 항등식이면, $a=d$, $b=e$, $c=f$이다.

03 정답 ②

| 풀이 |

다항식 x^3-2x^2+5를 $P(x)$라 하면,
$P(x)=x^3-2x^2+5$이다.
$P(x)$를 $x-1$로 나눈 나머지는 나머지 정리에 의해
(나머지)$R=P(1)$이다.
→ $P(1)=1^3-2\times1^2+5=1-2+5=4$
따라서 정답은 ②이다.

> **참고**
>
> 다항식 $P(x)$를
> $x-a$로 나눈 나머지는 $P(a)$와 같다.
> 나누는 식 $x-a=0$이 되는
> x의 값 $x=a$를 대입한다.

04 정답 ①

| 풀이 |

인수분해 공식 $x^3-3x^2y+3xy^2-y^3=(x-y)^3$을 이용하기 위해 y의 자리에 1을 대입하여 표현하면,
$x^3-3x^2\times1+3x\times(1)^2-(1)^3=(x-1)^3$이 된다.
좌변을 정리하여 식을 간단히 하면,
$x^3-3x^2+3x-1=(x-1)^3$이다.
그러므로 $a=1$임을 알 수 있다.
따라서 정답은 ①이다.

05 정답 ③

| 풀이 |

켤레복소수는 허수부분의 부호를 반대로 바꾼 수를 말한다.
복소수 $3-4i$의 실수부분은 3, 허수부분은 -4이므로, $3-4i$의 허수부분의 부호를 반대로 바꾸어 켤레복소수를 구하면, $3+4i$가 된다.
∴ $a=3$, $b=4$
  $a+b=3+4=7$
따라서 정답은 ③이다.

> **참고** **켤레복소수**
>
> $a + bi$ ←켤레→ $a - bi$
> 허수부분의 부호 반대

06 정답 ③

| 풀이 |

① 방정식의 근은 식에 대입하면 식을 참이 되게 하므로, 식에 대입해 보면 알 수 있다.
  $x^2+2x+3=0$에 $x=-4$를 대입하면,
  $(-4)^2+2\times(-4)+3=16-8+3=11\neq0$이므로, 식이 참이 되지 않는다. 따라서 ①은 틀린 보기이다.
② 이차방정식 $x^2+2x+3=0$을 근과 계수와의 관계 (합)공식에 대입하면, $\alpha+\beta=-2$이므로 틀린 보기이다.
③ 이차방정식 $x^2+2x+3=0$을 근과 계수와의 관계 (곱)공식에 대입하면, $\alpha\beta=3$이므로 맞는 보기이다.
④ 이차방정식의 근을 판별하려면 판별식에 대입하면 된다. $D=(2)^2-4\times1\times3=4-12=-8$이므로, 이 차방정식은 서로 다른 두 허근을 갖는다. 틀린 보기이다.
따라서 정답은 ③이다.

07 정답 ②

| 풀이 |

구간이 제한된 이차함수의 최댓값과 최솟값은 꼭짓점과 구간의 양 끝값을 이용하여 구한다.

주어진 구간 $1 \le x \le 3$의 꼭짓점과 구간의 양 끝값을 비교하면,

$f(x) = -x^2+6x-3 \quad (1 \le x \le 3)$이라 놓으면,

구간의 양 끝값은 $f(1)=2$, $f(3)=6$이고,

꼭짓점의 y좌표 역시 6이다.

이들 중 가장 작은 값은 2이므로 최솟값은 2이다.

따라서 정답은 ②이다.

> **참고** 이차함수의 최대, 최소
>
> [x의 범위에 꼭짓점이 포함된 경우]
>
> 구간의 양 끝 함숫값과 꼭짓점의 y좌표 중 가장 큰 값을 최댓값, 가장 작은 값을 최솟값이라고 한다.
>
>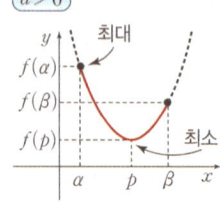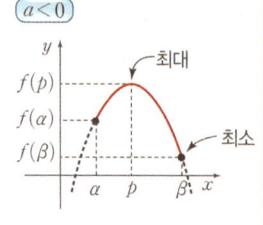

08 정답 ④

| 풀이 |

연립방정식의 해는 두 식을 동시에 만족시키는 미지수의 값이므로 식에 대입하면 두 식 모두 참이 된다.

$$\begin{cases} x+y=5 & \cdots\cdots \text{⊙} \\ xy=a & \cdots\cdots \text{ⓛ} \end{cases}\text{라 놓고,}$$

$x=3$, $y=b$를 두 식에 각각 대입하면,

⊙ : $x+y=5$ ➜ $3+b=5$이므로 $b=2$

ⓛ : $xy=a$ ➜ $3 \times b = a$이므로

위에서 구한 b의 값을 식에 대입하면,

$3 \times 2 = a$ ➜ $a=6$

$\therefore a+b = 6+2 = 8$

따라서 정답은 ④이다.

> **참고** 연립방정식의 해
>
> 두 개 이상의 식을 동시에 만족시키는 x, y의 값 또는 그 순서쌍 (x, y)

09 정답 ②

| 풀이 |

절댓값을 포함한 일차부등식은 양수 a에 대하여

① $|x| \le a$의 해는 $-a \le x \le a$

② $|x| \ge a$의 해는 $x \le -a$ 또는 $x \ge a$이다.

이 성질을 이용하여 부등식 $|x-1| \le 4$를 풀면,

$-4 \le x-1 \le 4$ 모든 변에 $+1$을 하면,

➜ $-3 \le x \le 5$이므로 이것을 수직선에 나타내면,

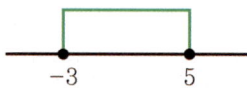

$\therefore a = -3$이다.

따라서 정답은 ②이다.

10 정답 ③

| 풀이 |

내분점 공식에 넣어 내분하는 점의 좌표를 구하면,

$$\frac{4 \times 8 + 3 \times 1}{4+3} = \frac{35}{7} = 5\text{이다.}$$

따라서 정답은 ③이다.

수직선 위의 두 점 $A(x_1)$, $B(x_2)$에 대하여 선분 AB를 $m:n(m>0,\ n>0)$으로 내분하는 점을 P라 하면, $P\left(\dfrac{mx_2+nx_1}{m+n}\right)$이다.

11 정답 ①

| 풀이 |

수직인 두 직선의 기울기의 곱이 -1임을 이용하면, 직선 $y=-x+2$에 수직인 직선의 기울기는 1이다. 또한 점 $(0,\ 5)$를 지나므로 y절편이 5인 직선의 방정식이다. 이때, 기울기가 a이고, y절편이 b인 직선의 방정식은 $y=ax+b$임을 이용하여 식을 구하면, $y=x+5$이다. 따라서 정답은 ①이다.

참고

■ **수직인 두 직선**

두 직선 $y=mx+n$, $y=m'x+n'$이 수직일 때, 기울기의 곱은 $m\times m'=-1$이다.

■ **기울기와 y절편이 주어진 직선의 방정식**

$$y=\overset{\text{기울기}}{\textcircled{a}}\,x+\overset{y\text{절편}}{\textcircled{b}}$$

12 정답 ④

| 풀이 |

중심이 점 $(3,3)$이고 x축과 y축에 동시에 접하므로 반지름의 길이가 3이다.

중심이 (a,b)이고, 반지름의 길이가 r인 원의 방정식이 $(x-a)^2+(y-b)^2=r^2$과 같음을 이용하면,

$(x-3)^2+(y-3)^2=3^2$ 즉, $(x-3)^2+(y-3)^2=9$가 된다.

따라서 정답은 ④이다.

참고 원의 방정식 표준형

중심의 좌표가 (a,b)이고 반지름의 길이가 r인 원의 방정식은 ➡ $(x-a)^2+(y-b)^2=r^2$

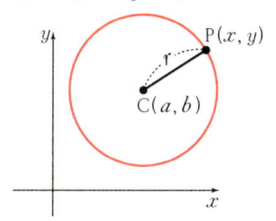

13 정답 ②

| 풀이 |

점 $(-1,\ -4)$를 y축에 대하여 대칭이동하면, x좌표의 부호가 반대로 바뀌므로 $(1,\ -4)$가 된다. 따라서 정답은 ②이다.

참고 y축 대칭

점 $P(x,y)$를 y축에 대해 대칭이동한 점을 Q라 하면, $Q(-x,y)$가 된다.

14 정답 ④

| 풀이 |

집합은 명확한 기준이 있는 모임을 말한다.

따라서 주어진 문장이 집합인지 아닌지는 기준이 명확한지 확인하면 된다.

ㄱ. '큰 수'는 명확한 기준이 없으므로 집합이라 할 수 없다.

ㄴ. '사인수'는 명확한 기준이 있으므로 집합이다.

ㄷ. '넓이가 작은'은 명확한 기준이 아니므로 집합이라 할 수 없다.

ㄹ. '10 이상 20 이하인 홀수'는 명확한 기준이 있으므로 집합이다.

그러므로 집합은 ㄴ, ㄹ이다.

따라서 정답은 ④이다.

15 정답 ③

| 풀이 |

두 집합이 서로 같기 위해서는 두 집합의 모든 원소가 일치해야 한다.

따라서 $A = B$가 성립하려면, $2 = a - 3$, $a + 1 = 6$이어야 한다.

$a - 3 = 2$ ➡ $a = 5$이고, 이것을 다시 대입하여 확인하면, $A = \{2, 4, 6\}$, $B = \{2, 4, 6\}$이므로, $A = B$임을 알 수 있다.

따라서 정답은 ③이다.

16 정답 ①

| 풀이 |

명제 $p \rightarrow q$에 대하여 가정 p와 결론 q의 위치를 바꾼 명제 $q \rightarrow p$를 명제의 역이라 한다.

주어진 명제 '$x = 1$이면 $x^4 = 1$이다.'에서 가정과 결론을 각각 구하면,

[가정(p) : $x = 1$이다.], [결론(q) : $x^4 = 1$이다.]와 같다.

가정과 결론의 위치를 바꾸어 역을 구하면 '$x^4 = 1$이면 $x = 1$이다.'가 된다.

따라서 정답은 ①이다.

> **참고 명제의 역**
>
>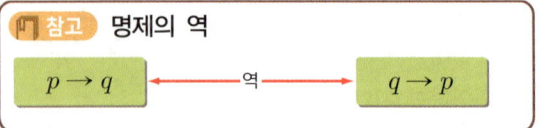

17 정답 ②

| 풀이 |

$f^{-1}(a) = k$라 놓고, 역함수의 성질을 이용하면,

$f^{-1}(a) = k$이면 $f(k) = a$이다.

$f : X \rightarrow Y$에서 2에 대응하는 Y의 원소가 a이므로 $k = 2$이다.

그러므로, $f^{-1}(a) = 2$가 된다.

따라서 정답은 ②이다.

> **참고**
>
> 역함수의 정의에 의해 다음이 성립한다.
>
>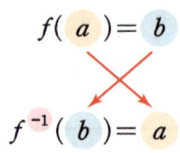

18 정답 ②

| 풀이 |

무리함수 $y = \sqrt{x - a} + b$의 그래프는 $y = \sqrt{x}$의 그래프를 x축의 방향으로 a만큼 y축의 방향으로 b만큼 평행이동한 그래프이다. 그러므로 $y = \sqrt{x - 3} + b$의 그래프는 $y = \sqrt{x}$의 그래프를 x축의 방향으로 3만큼, y축의 방향으로 b만큼 평행이동한 그래프이며, 문제의 조건에서 y축의 방향으로 5만큼 평행이동했다고 하였으므로, $a = 3$, $b = 5$임을 알 수 있다.

$\therefore \ a + b = 3 + 5 = 8$

따라서 정답은 ②이다.

> **참고** $y = \sqrt{x}$ 와 $y = \sqrt{x - m} + n$
>
>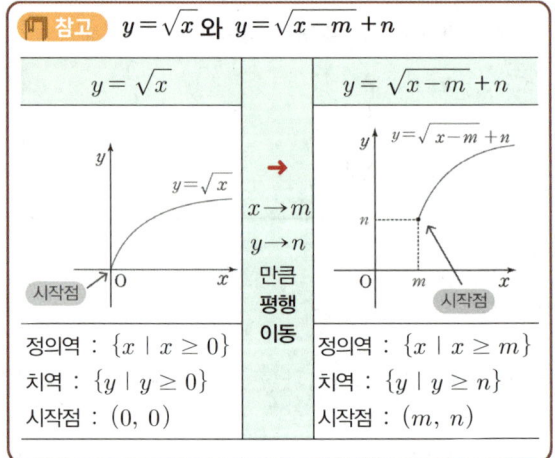

19 정답 ③

| 풀이 |

5개의 직업 체험 프로그램 중 2개를 골라 순서대로 체험하는 경우의 수는 5가지 중 2가지를 순열로 택하는 경우의 수와 같으므로 $_5P_2 = 5 \times 4 = 20$가지이다.

따라서 정답은 ③이다.

20 정답 ①

| 풀이 |

4종류의 잡곡 중에서 서로 다른 2종류의 잡곡을 선택하는 경우의 수는 $\dfrac{4 \times 3}{2 \times 1} = 6$으로, 6가지이다.

따라서 정답은 ①이다.

> **참고**
>
> 이때, 2×1로 나누는 이유는 잡곡을 2가지 선택하였을 때, 순서가 바뀌어도 같은 결과로 보기 때문이다.
> 예 보리, 팥 = 팥, 보리

| 다른 풀이 |

4종류의 잡곡 중에서 서로 다른 2종류의 잡곡을 선택하는 경우의 수는 잡곡을 선택하는 순서가 바뀌어도 같은 결과이기 때문에 조합을 이용하여 구할 수 있다.

따라서 $_4C_2 = \dfrac{4 \times 3}{2!} = \dfrac{4 \times 3}{2 \times 1} = 6$으로, 경우의 수는 6가지이다.

합격에 필요한 것은 다 있다!

6단계 완성 합격 커리큘럼

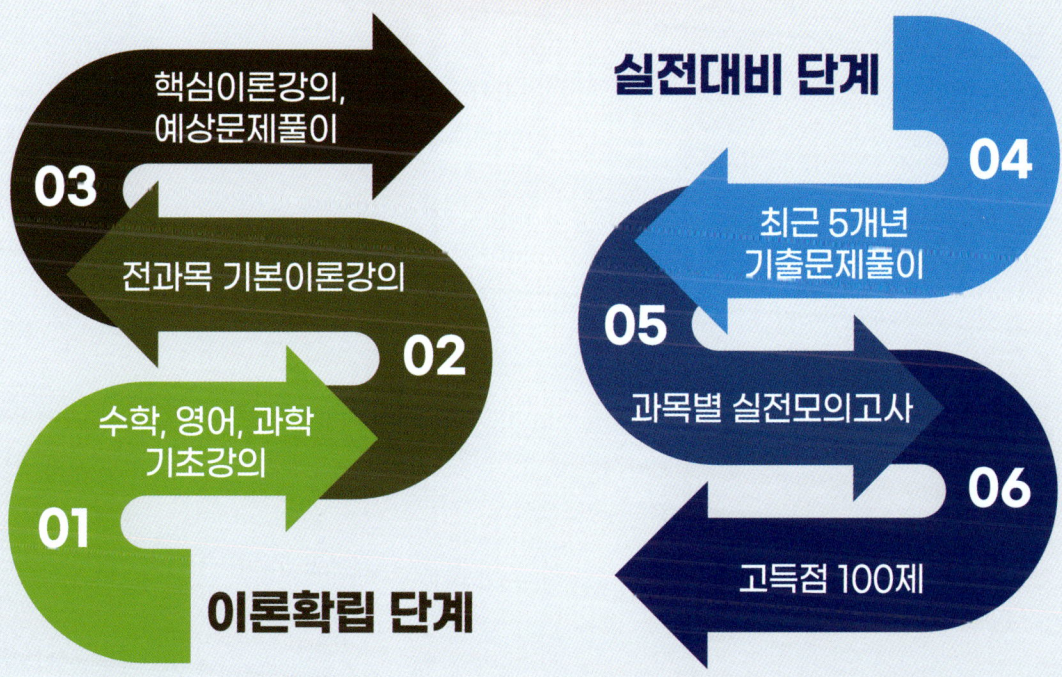

실전대비 단계

03 핵심이론강의, 예상문제풀이

전과목 기본이론강의

02

01 수학, 영어, 과학 기초강의

이론확립 단계

04

최근 5개년 기출문제풀이

05 과목별 실전모의고사

06

고득점 100제

1단계 : 수학,영어, 과학 기초강의 ㅣ PDF 무료 다운
2단계 : 개념완성 및 문제풀이 ㅣ EBS 검스타트 검정고시 기본서
3단계 : 핵심요약 정리 ㅣ EBS 검스타트 검정고시 핵심총정리
4단계 : 기출문제 해설강의 ㅣ EBS 검스타트 검정고시 기출문제집
5단계 : 실전모의고사 및 해설 ㅣ EBS 김스다트 검정고시 실전모의고사
6단계 : 고득점 합격 100제 ㅣ PDF 무료 다운

G 검스타트

검스타트
검정고시
고졸 수학

정답 및 해설